国家出版基金项目
NATIONAL PUBLICATION FOUNDATION

中国南海文化研究丛书

广东省珠江文化研究会 组编

黄伟宗 主编

U0844955

THE SOUTH CHINA SEA

中国南海海洋文化史

司徒尚纪 著

广东省出版集团
广东经济出版社
·广州·

图书在版编目（CIP）数据

中国南海海洋文化史 / 司徒尚纪著. —广州：广东经济出版社，2013.7
（中国南海文化研究丛书，广东省珠江文化研究会组编/黄伟宗主编）
ISBN 978－7－5454－1901－6

Ⅰ.①中… Ⅱ.①司… Ⅲ.①南海—文化史 Ⅳ.①K296.6

中国版本图书馆 CIP 数据核字（2013）第 145593 号

出版发行	广东经济出版社（广州市环市东路水荫路 11 号 11～12 楼）
经销	全国新华书店
印刷	广东天鑫源印刷有限责任公司（广州大道南新滘南路上涌南约大街 9 号）
开本	787 毫米×1092 毫米 1/16
印张	28.5
字数	466 000 字
版次	2013 年 7 月第 1 版
印次	2013 年 7 月第 1 次
印数	1～5 000 册
书号	ISBN 978－7－5454－1901－6
定价	70.00 元

如发现印装质量问题，影响阅读，请与承印厂联系调换。

发行部地址：广州市环市东路水荫路 11 号 11 楼 电话：(020) 38306055 38306107 邮政编码：510075

邮购地址：广州市环市东路水荫路 11 号 11 楼 电话：(020) 37601950 营销网址：http://www.gebook.com

广东经济出版社新浪官方微博：http://e.weibo.com/gebook

广东经济出版社常年法律顾问：何剑桥律师

《话说中国海洋》丛书编委会

封金章（上海海洋大学副校长）
陈　勇（大连海洋大学副校长）
何建国（中山大学海洋学院院长）
金庆焕（广州海洋地质调查局高级工程师、中国工程院院士）
李　杰（海军军事学术研究所研究员）
沈文周（国家海洋局海洋战略研究所研究员）
黄伟宗（中山大学中文系教授）
司徒尚纪（中山大学地理科学与规划学院教授）
向晓梅（广东省社会科学院产业研究所所长、研究员）
庄国土（厦门大学南洋学院院长、教授）
李金明（厦门大学南洋学院教授）
柳和勇（浙江海洋学院海洋文化研究所所长、教授）
齐雨藻（暨南大学水生物研究所所长、教授）
黄小平（中国科学院南海海洋研究所研究员）
陈清潮（中国科学院南海海洋研究所研究员）
何起祥（国土部青岛海洋地质研究所原所长）
莫　杰（国土部青岛海洋地质研究所研究员）
秦　颖（南方出版传媒股份有限公司出版部总监）
姚丹林（广东经济出版社社长）

总序
Zong Xu

林　雄

自古以来，华夏文明的辞典中，就不乏“海国”一词。华夏民族，并不从一开始就是闭关锁国的，而是有着大海一般宽阔的胸怀。正是大海，一直激发着我们这个有着五千年历史的文明古国的想象力和创造力。一部中国海洋文化的历史是波澜壮阔的历史，让后人壮怀激烈，意气风发。

金轮乍涌三更日，宝气遥腾百粤山。

影聚帆樯通累译，祥开海国放欢颜。

古人寥寥几行诗，便把广东遍被海洋文明之华泽，充分地展现了出来。两千多年的海上丝绸之路，就是从广东起锚，不仅令广东无负“天之南库”之盛名，更留下千古传诵的“合浦珠还”等众多的神话传说。而指南针的发明，造船业的兴盛，尤其是航海牵星术，更令中国之为海国，赢得了全世界的声望。唐代广州的“通海夷道”、南汉的“笼海得法”、宋代的市舶司制度，充分显示了我们作为海洋大国的强势地位。明代郑和七下西洋，更创造了古代对外贸易、和平外交的出色典范。尽管自元代开始，有了禁海的反复，但明清“十三行”，在推动开海贸易上功不可没，并带来了大航海时代先进的人文与科学思潮，也为中国近代革命作出长期的铺垫，成为两千多年海上丝绸之路上的华彩乐段。新中国的广交会，可以说是“十三行”的延续，为打破列强的海上封锁，更为今日走向全面的对外开放，功高至伟。改革开放之初，以粤商为主体的国际华商，成为中国来自海外投资最早的，也是最大的份额。这也证实了中国民主革命的先驱孙中山先生所说的，国力强弱在海不在陆。海权优胜，则国力优胜。他的海洋实力计划，更在《建国方略》中一一加以了阐述。进入21世纪，中国制定了《全国海洋经济发展规划纲要》，提出了要把我国建设成为海洋强国的宏伟目标。海洋强则国家强，海业兴则民族兴。曾经有着辉煌的海洋文明的中国历史和现实充分印证了这一点。

正是在这个意义上，国家的强盛，历史之进步，无不与海洋相关。今日改革开放之所以取得如此巨大的成功，包含了当日海洋文化传统得以发扬光大的成果。在经济腾飞的今天，文化在综合竞争力中的地位已日益突出。而作为华夏文化的重要组成部分之一 —— 海洋文化，更早早显示出其强劲的势头。当我们致力于提高文化的创新力、辐射力、影响力与形象力之际，更应当从海洋文化中吸取取之不竭、用之不尽的活力源泉。

为此，我们出版《话说中国海洋》丛书，给海洋文化建设添加一汪活水，为推动广东乃至全国的海洋经济建设，使我国在更高层次，更宽领域参与国际合作与竞争，发挥一份力量。丛书亦可进一步增强国民的海洋意识，让国民认识海洋，了解海洋，普及海洋知识，激发开发海洋、维护海权的热情。这在当前，是一件很有现实意义的事情。

历经千年不息的海上丝路，来往的何止是数不胜数的宝舶，奔腾而来的更是始终推动世界文明进步的海洋文化。灿烂的东方海洋文化走到今天，当有更辉煌的乐章，从展开部推向高潮部，愈加丰富多彩，愈加激动人心。《话说中国海洋》丛书的出版，当为这一高潮部增色，令高亢、激越的乐曲久久回荡在无边的大海之上，永不止歇！

是为序。

（作者系中共广东省委常委、宣传部部长）

珠江文化与海洋文化

——《中国南海文化研究丛书》引论

黄伟宗

广东省珠江文化研究会同仁，在完成“中国珠江文化史”课题之后，即请缨向“中国南海文化研究”的课题进军，主要缘由在于两点：一是纵深发展的感悟，即在历时多年的珠江文化研究中，越来越深刻地感到要真正地把握珠江文化的特质和古今发展走向，必须再向前走一步，持续研究珠江文化与中国南海以至与世界海洋文化的关系；二是当今时代的感悟，即海洋问题已成为当今世界的热点和焦点，越来越受到举世关注，尤其是近年中国南海主权及开发之争白热化，掀起了政治、经济、外交以至军事上的纷争波澜，从而也必然链接于史地和文化上的来龙去脉及其风风雨雨。

联合国在《21 世纪议程》中指出：21 世纪是世界海洋世纪。人类开发海洋的时代正式开始，发展海洋的高潮正在滚滚而来。在这个背景下，世界临海国家纷纷制定海洋开发战略目标，调整自己的产业结构和布局，实施发展海洋经济的对策和措施。我国作为一个海洋大国，更不甘人后。2002 年 11 月，“实施海洋开发”被写进了党的十六大报告。2003 年 5 月，国务院在《全国海洋经济发展规划纲要》中，明确提出了“逐步把我国建设成为海洋强国”的目标。2009 年 4 月，胡锦涛总书记在山东视察时，提出了构建“蓝色经济区”的战略要求，拉开了新世纪我国发展蓝色经济的历史帷幕，为我国加快建设海洋经济强国指明了前进方向。2010 年，国家启动了海洋经济发展试点工作，把鲁、浙、粤三省作为首批试点地区，以加快我国转变经济发展方式，实现陆海统筹发展的步伐。目前，以环渤海、长江三角洲和珠江三角洲地区为代表的区域海洋经济发展迅速，沿海地区“3 + N”的经济区发展布局业已形成，沿海各省区闻风而动，纷纷提出、制定开发海洋、振兴海洋的战略或口号，形成向海洋进军的时代潮流。从来是改革开放“排头兵”的广东，更不会甘于落后，早在2008年3月，在京举行全国人民代表大会期间，新到任广东省委书记不久的中共中央政治局委员汪洋同志，亲自到国家海洋局表示：“广东是海洋大省，海岸线比较长，经济相对比较发达。广东一定认真落实好国家海洋局对广东海洋工作的要求，努力争当全国海洋工作和海洋经济工作的排头兵，在全国带个好头。”（见2008年3月14日《中国海洋报》）这个表态，显然是出自世界海洋文化意识的真知灼见，尤其重要的是：首次为“广东是海洋大省”作出了明确的定位。随后即制定了一系列规划、采取一系列措施（包括支持本科研项目在内），大力发展海洋经济、科研、文化等各项事业。

一、珠江文化的海洋性

笔者曾在多部关于珠江文化的论著中，以三首古诗形象譬喻中国三大江河文化的不同风格：黄河文化有似李白诗“黄河之水天上来，奔流到海不复回”，长江文化恰如“大江东去，浪淘尽千古风流人物”，珠江文化则如岭南第一诗人张九龄的诗“海上生明月，天涯共此时”，说明珠江文化有特强特重的海洋性，也即是说，在珠江文化中有特强特重的海洋文化因素，海洋文化对珠江文化有特强特重的影响。

海洋文化，是指人类从受海洋影响而形成的受制海洋而又利用海洋的观念意识，及其相应的思维方式和行为方式。具体地说，就是沿海的人群由于承受海洋的广阔、宽宏、运动、潮汐、风暴、狂飙、风险、深厚、神秘、丰富、灵变、流通等特性，而衍生的人文特性与精神，以及由此而体现在人的思维活动和在经济、政治、文化、生活等方面而产生的行为准则及方式。由于珠江流域位于南海北岸，海岸线长，江河出海口多，江海一体，所以自古至今都有特深特厚的传统海洋文化。

中外文化学者都认为：自然环境对于形成人的文化特性有很大关系；在一定的自然环境中的人群所构成的人文环境，更是造就人的文化特性的直接孵化温床。所以，一定水域或地域的文化特性，总是由一定的自然环境与人文环境合铸而成的，又是随其环境的发展变化而发展变化的。一般来说，自然环境发展变化缓慢，人文环境发展变化相对快些，对文化特性影响更直接些，但也须相当长的历史积淀才能显出发展变化之痕迹，所以，形成的文化特性有较长的历史性和相对的稳定性。

珠江流域的地理环境和人文环境，造就了珠江人共有的文化特性，即珠江文化特性。但在这水系流域中，各地带的文化特性也是千差万别的，是极其丰富多彩的。但就珠江水系汇集的轴心地带（广东）的文化特性进行分析，其受海洋文化影响特别明显，以至使其特性都具有特强的海洋性，或者说都具有因海洋性而衍生的特性。如：

（一）宽宏性、共时性、领潮性

珠江流域濒临南海，有特长的海岸线，有多个江河出海口，又有悠久的海洋文化史。生活在这样的自然与环境中的人群，必然是海洋性特强的。张九龄的诗“海上生明月，天涯共此时”，形象生动地概括了珠江文化有大海似的宽宏风格与特质，点出了宽宏性、共时性、领潮性的文化特性。自16世纪后，世界进入了海洋时代，海洋经济和海洋文化主导着世界潮流。珠江流域的近海优势，使其最早得“明月”，最快得“共时”，最敏捷地迎海潮而“领潮”。著名学者梁启超曾指出，广东之在中国“实为传播思想之一枢要”，正是指广东文化的海洋性、共时性、领潮性特强之意。历来称广东人是第一个敢吃螃蟹的人，近年尤其强调“敢为天下先”的开拓进取精神是广东人精神，就是这三种链接特性的活灵活现。

（二）多元性、包容性、开放性

珠江是由多条江河构成的水系，在珠江流域地带尚有许多其他江河纵横。这样的自然环境，与其多民族、多民系人群在其间交错聚居的人文环境和谐一致，同是多元一体的结构组合，从而也即形成珠江文化具有特别鲜明的多元性、包容性。从珠江水系总体上看，是以西江、北江、东江汇流珠江三角洲轴心的扇形结构。这结构，既是由轴心而多“龙”会“珠”的多元、包容形象，又是以轴心为“珠”而“珠光四射”的形象，即可谓开放的形象。可见珠江文化的多元性、包容性与其开放性，是有机链接的。自古以来都是如此，改革开放后更是鲜明突出。20世纪80年代初办特区的时候，来自全国各地，尤其是珠江流域的企业、资金、劳力，似多龙会聚，涌向广东；特区所引进的港澳和海外的观念、体制、经济、文化，又似万丈光芒，辐射内地，不正是这种多元性、包容性、开放性的充分写照么？这种特性也是“海纳百川，有容乃大”的海洋性缩影。

（三）重商性、务实性、时效性

珠江文化的海洋性，还突出地体现在其重商性，因为海洋国家、民族之间的交往主要是商贸交往，所谓海上丝绸之路，主要是商贸之路。广东海岸线长，港口多、历史久、路线长，省内外贸易历来发达。所以，广东有悠久的商贸文化传统，珠江文化有特强的重商性。商贸是务实的，从而重实践、实用、实惠、实利；商贸的生命在商机，从而重时机、效率、效果，也即讲究时效，因而重商性与务实性、时效性密切关联。当然，广东人的务实性、时效性不仅在于商界，而是各界普遍的风格。改革开放后尤其普遍，深圳蛇口最早以“时间就是金钱，效率就是生命”为口号，可谓一语道破了珠江文化重商性、务实性、时效性三位一体的天机。

（四）敏感性、变通性、机缘性

从堪舆学的眼光来看，江河为龙，龙头不是在江河发源地，而是在其出海或与其他江河交汇处，龙口在出海口或河口。珠江在南海有八个门（即出海口），也即是龙口。八个龙口汲取海洋精华，既多且近地得风气之先，故有先天的敏感性，也即灵活性。海洋气候多变，近水使人灵，江海环境也会孕育人的灵活善变，即有变通性。广东人被称为“精仔”，就在于有突出的敏感性和变通性。改革开放中，所谓“饮头啖汤”“用足政策”，以及“红灯绕道走、绿灯快速走、黄灯抢前走”等说法，更是这种特性的普及版本。与此关联的机缘性，源于商贸所需的公关，根自传统的观念和关系网，亲朋好友、“死党”老乡，固是情分机缘、偶然接触、初次交往，也是难得机遇，皆可灵变借此机缘，将事办好办成。所谓“随机应变”“机动灵活”“机不可失”“转危为机”等词语之“机”，皆时机、机会、机遇、机缘等意也，每个词语都是敏感性、变通性、机缘性的密切关联并连锁反应之生动体现。

（五）移民性、开拓性、适应性

以广东为代表的珠江流域，移民至世界各地的华人华侨特多。华侨华人文化与侨乡文化，实质上属移民文化。从中国向海外移民，是海洋文化移民性、开拓性、适应性的体现，因海外移民漂洋过海，创业谋生，而且很快能适应异国生存，并代代相传，根深叶茂。广东向外国的移民，有悠久的历史，从而也就形成这种传统文化。从现有史料看，在 16 世纪中叶，即明代中叶开始，从珠江三角洲，尤其是“四邑”（台山、开平、恩平、新会）向东南亚、美洲的移民逐年增多，这显然与西方资本主义兴起吸收外来劳力有密切关系。就中国来说，从有关南雄珠玑巷南迁移民的史料可见，以罗贵为首的一批南宋时期的南下移民，在江门蓬江区良溪村一带立足，开发珠江三角洲一段时间之后，其后裔即向海外发展。所以，良溪是中原移民南下后又向海外开拓的中转站，故可称其为“后珠玑巷”。迄今广东省南雄珠玑巷后裔联谊会有许多华人华侨后裔，也证实了这样的历史事实。另据美国华人学者编著的华工史料称：大批“四邑”华工是在美国修建东西铁路时远涉大洋赴美的，所以现在美国旧金山市华人多是“四邑”人，而广东的珠江三角洲和“四邑”则是最古老的侨乡，具有最深厚的传统华侨华人文化与侨乡文化。前不久，以中西合璧建筑为特色的开平碉楼，被联合国教科文组织确定为世界物质文化遗产，它是对华人华侨文化与侨乡文化是珠江文化特有的传统文化的有力肯定，也是珠江文化海洋性特质的生动体现。改革开放后，又有大批从广东出境的新华人华侨，其中有许多在海外深造后又回国服务的“海归”派，以及许多在中国与外国轮流居住的“双侨民”（既是华侨，又是有护照国之“侨”），使华侨华人文化和侨乡文化增添了许多新方式、新地域、新内涵、新色彩，更充分地体现了这种文化特性持续发展的勃勃生机。

（六）平民性、平等性、自在性

珠江文化的古代哲圣——六祖惠能《坛经》有云，“下下人有上上智”，“人人心中有佛”，“见性是功，平等是德”，“我心自有佛，自佛是真佛”，可谓全面体现平民、平等、自在的思想，毛泽东称赞他将印度的佛教“中国化”“平民化”，是老百姓的佛教。这是珠江文化具有平民性（也即大众性）、平等性、自在性的最早体现和理论。平民性和平等性，也即造就个性，个性化即自在性，所以这三者也是连锁反应的特性。这些特性，是珠江文化的海洋性、重商性衍生出来的，所谓“在金钱面前人人平等”“在法律面前人人平等”“在分数面前人人平等”，要求“公正、公平、公开”等口号，都是这些特性的现代版本，流行歌曲《潇洒走一回》更将这三位一体之特性唱透唱红，传遍神州大地！

二、珠江文化海洋性的历史发展时期

珠江文化的海洋性是不断发展的。从史前到现在的数千年历史，其发展进程大致可划分为四个时期：

第一，百越族时期，或称自然生态时期，亦称“海上明月”时期。

在秦始皇统一南粤之前，广东是百越族生息之地。《汉书·地理志》称：“自交趾至会稽七八千里，百越杂处，多有种姓。”现已证实，百越族是中国南方沿海一带栖居的海上民族，在广东的称南越。有史料称：越人“水行而山处，以船为车，以楫为马，往若飘风，去则难从”。又称：越人“识水，善舟”，“食海中鱼”，“不畏风雨禽兽”。人多文身，刺龙图样，以求在水中为其护佑。居住的是杆栏式屋，离地有空层，以防蛇虫袭蚀。前些年在珠海市沙丘先秦时代遗址中，发现有房址、墓葬、制造石器陶器的遗存，尤其是古越人捕鱼的石锚、宝镜湾上的岩画，以及在香港、深圳等地的考古发现等等，均说明珠江三角洲在新石器时代有一个自成系统的文化区，并可能是连通东南亚和太平洋的南岛语系族群。此外，在西江河畔高要市金利镇茅岗村，尚存有水上结构建筑遗址，在发现的文物中，除陶、木、竹器和人兽遗骸之外，还发现一批渔猎工具和一堵由贝、蚌、蚝堆积而成的层墙，现已证实是3000年前先秦时期水上居民遗址，是广东近江河最大一处水上木结构建筑遗址。由此可见，从南海边到内江河都是古越人的栖息地，百越族时期的广东先民尚处在以海为生的状态中，海是他们生存的条件和希望，所以，百越族时期是自然生态时期，是海洋文化在广东的萌生期，亦可称之为“海上明月”时期。

第二，古代时期，是海上丝绸之路时期，亦称“海上敦煌”时期。

秦始皇统一南粤后，广东进入了古代时期。在广州南越王墓出土文物中，有玛瑙、翡翠等海外珍宝，说明秦代的广东已有与海外国家的贸易和交往。而我们从《汉书·地理志》中，查找到汉武帝于元鼎六年（公元前111年），派黄门驿长由徐闻、合浦从海上赴日南（今越南）等地的记载。我们多次到现场考察，并经学术论证，确实徐闻是西汉时期海上丝绸之路始发港，比联合国教科文组织所认定的中国海上丝绸之路史提前1300多年。从而确定海上丝绸之路与以西安为标志的陆上丝绸之路的始发时间大致相同，并且由此找到了海洋文化在广东最早的史书记载和历史遗址，海上丝绸之路是中国海上交通与海外各国的通商和文化交流之路，也是海洋文化的重要体现和标志，中国古代的“四大发明”以及丝绸、青铜、瓷器都是由此途径传播世界的。我们还在南海从东到西的重要港口（包括：饶平、潮州、澄海、汕头、汕尾、惠州、深圳、广州、香港、澳门、珠海、台山、阳江、电白、湛江、遂溪、雷州、徐闻、北海、合浦、钦州、防城等），查到从汉代至清代的历代海上丝绸之路古港，而且发现这些古港在历史上往往是此盛彼衰的，又因此而构成了一部较完整的近三千年的广东海上丝绸之路史，从而证实广东是海上丝绸之路历史最早、年代最齐、港口最多、线路最长的古代海洋文化大省。尤其是在阳江发现的南海I号宋代沉船，经国家文物局专家确定，是迄今海上考古发现文物中，年代最早、保存最完整、数量最多、价值最高的“四最”文物，初步估计船上拥有文物5万~8万件，比拥有5万件文物的、作为陆上丝绸之路标志的甘肃敦煌还多，由此我们于2003年前往考察时，为其作出“海上敦煌”的文化定位。从上可见，广东自秦汉以来的海洋文化遗存是极其悠久、丰富、全面、珍贵的，所体现的广东古代海洋文化是极其辉煌的。海上丝绸之路文化在这时尤为辉煌，所以称这时期为海上丝绸之路时期；南海I号更是其辉煌之最。所以，也可以将其文化定位为这一时期的广东海洋文化的代号，称为“海上敦煌”时期。

第三，近代时期，是东西学互渐时期，亦称“海洋文明”时期。

中国著名文化大师季羡林教授说：“在中国五千年历史上，文化交流有过几次高潮，最后一次也是最重要的一次是西方文化的传入，这一次传入的起点在时间上是明末清初，在地域上就是澳门。”季教授所指的“最后一次也是最重要的一次”，即是以意大利人利玛窦为代表的西方传教士从澳门进入广东，并逐步在全中国传播基督教和西方文化，从而掀起了后来被中国首位留美博士容闳（珠海人）称之为“西学东渐”的文化热潮；又由于这些传教士同时也向西方传播中国文化和东方文化，也在西方世界掀起了“东学（或中学）西渐”热潮，从而对应地并称为“东西学互渐”文化热潮。这个热潮，从16世纪至19世纪，持续三百多年之久。这时期，西方海洋文化从澳门进入肇庆，沿西江传遍广东，再北上内地、遍及大陆，而中国文化也从广东传入西方，是中西方文化大交流时期。在这个时期，利玛窦等传教士在广东传进了第一张世界地图、第一座自鸣钟、第一部汉葡词典，引进了西方数学、天文学、历学、医药学、物理学、水利学等等，从而在广东涌现了许多在全国领先的文化，如教堂、西医院、图书馆、报纸等的“第一家”都是在广东出现的。尤其是以容闳为代表的清末“放眼看世界”的有识之士，倡导并督办向西方派儿童留学生等活动，更使西方海洋文明大量传入，使广东成为东西方文化交流的桥头堡。所以，这个近代时期，是东西学互渐时期，亦可称“海洋文明”时期。

第四，现代时期，亦称“现代海洋文化”时期。

此前三个时期与现代海洋文化时期的最大区别，就是：对于海洋文化，前者是自发性的，后者则是逐步自觉的。这个时期先后有三个浪潮层层迭进，可以说是从自发逐步转化为自觉的过程。我们当今正处在第三个浪潮的启端，应当更自觉地去完成这个过程，在过去自发辉煌的基础上，再创造自觉性的新辉煌。

这个时期，是从1978年三中全会确定改革开放开始的，在邓小平理论的指引下，一切都有了新的发端。而且，这发端一直持续发展，迄今仅30余年，即持续不断地取得举世公认的成就，并呈现出方兴未艾、前景无限的发展势头。

从现代文化学的眼光来看，广东改革开放三十年的历程，实质上是世界海洋文化浪潮在广东及珠江流域掀起的历程。在这期间，可以说一直风生水起，波澜不断，而具有跨越龙门性质的大浪潮，则只有三次：

第一次浪潮，是从20世纪80年代开始至90年代中期的浪潮。这次大浪潮的主要标志，是创办经济特区和开放沿海城市。选择深圳、珠海、汕头和海南等沿海城市为对外开放经济特区，这策略本身即具有世界海洋文化的意识和内涵。因为这些城市在南海之滨，自古是广东以至中国对外交往的桥头堡，且毗邻港澳，与海外交往便捷。这次浪潮的启端是从“三来一补”“借鸡下蛋”，到承包或独资经营等方式，大量引进港澳和海外投资，引进外资的经营和管理模式，尤其是在体制上肯定和采取了市场经济为导向的观念和做法，对于原有的计划经济观念和制度，产生了巨大的冲击波。这些观念和做法，就是引入海洋经济而发生的，同时也即是海洋文化所产生的成果。

何以这样说呢？因为海洋文化，是指人类从受海洋影响而形成的受制海洋而又利用海洋的观念意识，及其相应的思维方式和行为方式。具体地说，就是沿海的人群由于承受海洋的广阔、宽宏、运动、潮汐、风暴、狂飙、风险、深厚、神秘、丰富、灵变、流通等特性，而衍生的人文特性与精神，以及由此而体现在人的思维活动和在经济、政治、文化、生活等方面而产生的行为准则及方式。从改革开放初期所采取的措施及其所取得的效果上来看，“敢为天下先”，“杀出一条血路来”和“摸着石头过河”的思想，正是海洋文化意识和精神的典型体现；引入外资和市场经济，则可谓在思维方式和行为方式上，接受了海洋经济同时也即是海洋文化的实质与行为。而在文化上提出“排污不排外”的口号，以及直接从西方搬入“时间就是金钱，效率就是生命”的名言作为“特区精神”，更是海洋文化在广东的实质原版。

第二次浪潮，是本世纪初开始的浪潮。这次浪潮的主要标志，是珠江三角洲（包括广州）的崛起和泛珠三角合作区域的形成。这次浪潮，意味着世界海洋经济与文化在特区登陆之后，从珠江口进一步扩展，在珠三角形成了新的海洋经济城市群，同时也是海洋文化城市群。接着又在中央提出建设三个沿海经济圈（即黄河三角洲即环渤海湾经济圈、长江三角洲经济圈、珠江三角洲经济圈）的背景下，从珠三角发展为粤港澳构建的“大珠三角”，进而扩展为“泛珠三角”（包括珠江流域及周边地区，即广东、广西、贵州、云南、湖南、江西、福建、海南、四川，以及香港、澳门，即“9 + 2”）。这次浪潮，显然标志着海洋经济和海洋文化以更大的规模和声势延伸内陆以至全国，同时又标志着海洋文化与中国传统的江河文化、山地文化，开始了从对撞到结合之势。因为泛珠三角合作区域的构成，本身就体现了从江海一体到山海相通的结合，而以中国三条主干大河的出海三角洲而建设经济圈的战略举措，显然是既有这种文化结合的内涵，又具有以出海口引入海洋文化，润化三江流域，并向全国辐射的意义。

从现代文化学的意义上说，这次浪潮的特点在于：以当今世界的大文化理念和自觉的文化意识，冲击和取代沉积多年的狭隘地域观念和浅小的文化观念；并以水域文化为纽带，引入并扩展海洋经济与文化的综合力和自主创新力，强化区域的交流与合作；自觉的文化意识指导决策，提出建设文化大省、教育强省、科技强省、和谐广东等口号，也都是世界海洋文化理念的新体现和再创造。

第三次浪潮，是于2008年掀起的浪潮。这次浪潮的主要标志是：用新一轮思想大解放带动新一轮大发展，以世界眼光实践科学发展观。这个浪潮，如今正处在拉开序幕的阶段，但其具有世界海洋文化的性质也初显端倪了。2008年11月，中共中央政治局委员、广东省委书记汪洋在广东省第六次海洋工作会议上指出，推动海洋事业大发展，是广东现代化建设的重要任务；必须重新认识海洋，切实增强加快海洋事业发展的责任感和紧迫感，努力把广东建设成为全国海洋经济国际竞争力的核心区、海洋经济科学发展的示范区。广东在"十二五"规划中，也将"建设海洋经济综合开发试验区"单列成章，提出"率先基本建成海洋强省，争当全国海洋事业科学发展排头兵"的目标。同时，《广东海洋经济发展试验区发展规划》原则上已获国务院批复，这标志着广东将进入全新的海洋时代。"向海洋要资源，要环境，要空间"成为广东未来的重要发展方向，沿海经济带将成为与珠三角并行的广东经济发展的重要撬动板。广东海洋经济发展试点的特色，主要体现在南海开发和"三生共融"的综合发展上。以南海海洋资源的勘探和开发，带动海洋科技和产业的发展，推动广东产业转型升级，把广东引向"海洋时代"。"三生共融"即注重生产、生活、生态的全方位统筹综合开发，实践海洋的科学发展。在经济战略上，最典型的是现在刚开始进行的珠江三角洲生产"双转移"（工业生产设备和劳动力）的重大举措。其具体做法是：让珠三角地区的工业生产企业向广东内地和山区转移。这样做，一方面是使珠三角发达地区腾出空间，以便引进当今世界最先进的高科技企业，另一方面是使欠发达地区有了新的企业引进，使全省形成梯形的发展格局和生产转型。这项举措的核心，是以世界高科技企业的引进和更新为红线，串联珠三角与内地的互动关系，使经济既突出重点又带动弱点的梯形增长。从文化眼光看来，这项举措是要使最得益海洋文化的珠三角，在向内地转移虽然稍旧但未过时的企业之后，既以此而将海洋文化延伸内陆，同时又及时地引入世界最新海洋经济、科技、文化，使得我省能在战略和实体上，始终保持着世界的领先和领潮地位。显然，这项举措是世界海洋文化在我省层层深化的杰作。同时，在经济建设指导思想上，强调以人为本和文化决策意识，引进西方最新的“文化软实力”理念，结合科技是“第一生产力”的思想，推动全局；在文化上，着力倡导当今世界最先进的创意产业和企业，也都是世界海洋文化最新成果和新潮的引进与同步。

总体而言，新时期这三次浪潮的发展态势，是层层迭进、一浪高过一浪的，是世界海洋文化步步深入，又是我省对其步步消化并步步再生创造的过程。如果要为这三次浪潮取名的话，我看可以依次称之为：特区浪潮、泛珠三角浪潮，以及现在正值的海洋大省浪潮。

三、中国南海海洋文化刍议

中国南海环抱珠江流域地带，珠江八个出海口及相邻江河都汇入南海，从水域和地域上说，是江海一体的；从文化上说，也是相通相连的，可以说珠江文化是中国南海文化的一部分，中国南海文化包括珠江文化。

环中国南海的地域包括广东、广西、海南、香港、澳门、福建、台湾、西沙群岛，直至曾母暗沙等省区，毗邻国家是菲律宾、印度尼西亚、马来西亚、文莱、越南、新加坡、柬埔寨、泰国等。中国南海文化覆盖或辐射这大片的地域与海域，也即是这片地域与海域的文化。

这片地域和海域，从自然地理条件而言，是以海为邻，生活习性相似，经济文化相通，虽有不同的国情、地情、族情和人文历史，但在若干世界性的重大历史事件中，却是同受其乐或共受其害的。

首先从族群的谱系上看，如果当今世界人类起源学的新说之一，即“南岛语系说”可以成立，而且史前遍布中国南海海边和珠江流域的百越族，又是这海上族群的登岸发展之分支的话，那么，显然现在中国南海生息的诸多族群，皆同为“南岛语系族”之后裔，称“同宗共祖”并不为过。

最实在的是公元16世纪，明代永乐年间郑和七下西洋，历时十余年，每次出海都到达或经过中国南海，在这片海域留下了郑和群礁、永乐群岛、宣德群岛、晋卿岛、道明群礁、景宏岛、马欢岛、费信岛等一大批地名印记，成为南海文化史上的块块碑石。

18—19世纪，以英国为代表的西方帝国主义兴起，包括荷兰、葡萄牙、德国、法国的帝国主义势力相继侵入南海诸国，使这片海域大都沦为帝国主义的殖民地。相同海域的中国也同受欺凌，鸦片战争后更使整个中国沦为世界最大的半封建半殖民地。尤其是20世纪30—40年代，日本帝国主义将第二次世界大战战火最早在中国点燃，很快蔓延于南海，使南海诸国同陷入战火之中。南海水域诸国近三个世纪共患难、共抗争的历史，自然会结成友好传统，精神文化相通，从而促使中国南海文化更具有相对共性的形态亮点。

第二次世界大战结束后的20世纪后期至今，殖民地解体，各国逐步独立；世界从美苏势力割据，到政治阵营分化；亚洲“四小龙”腾飞，中国改革开放，改变了世界格局，也促使中国南海诸国格局转化，进入了群雄竞起的新局面。当今南海之争，正是这局面的体现。然而，眼前之争，不等于历史之结束，传统之断裂，文化之变异，形态之解体。有史以来，任何纷争不管规模多大、历时多长，都不过是过眼烟云、历史一瞬。虽然有些时候文化受政治、经济、军事的制约，但文化毕竟是社会的精神支柱和基础，深层次地说，文化是有其自身发展规律的，是会反作用于政治、经济、军事、外交等决策的。历史最持久的是文化，文化是永恒的历史。

所以，我等持以历史为重、学术为先，旨在以“中国南海文化研究”为课题，潜心论证，分工合作，以求确立“书系”。所含各部，即《中国南海海洋文化论》《中国南海海洋文化史》《中国南海海洋文化传》《中国南海古人类文化考》《中国南海经贸文化志》《中国南海民俗风情文化辨》，分别以“论”、“史”、“传”、“考”、“志”、“辨”的写作方式，从不同学术视点和观点入题，各立其著，合成一统。

所谓“一统”，不仅是指整个书系的立论一致，还在于探究整个中国南海的海洋文化之共性特质，概括出作为一片地域和海域的文化形态特征。这些特质或特征，还有待本丛书完成后，继续深入探讨，但现在起码可以说，开放兼容、独立自主、抗暴奋争、奋发图强等文化精神，是一致具有并自古承传的。

文化研究的旨趣，既在于从错综复杂、变幻莫测的现象中，找出其“同”，同时，又在“同”中找出其“异”；从而使研究对象同中有异，异中有同，眉目清楚，系统井然；进而在对其把握上，既可求同存异、和而不同，更可各呈异彩、共存共荣。对中国南海海洋文化研究，正当如此。

其实，同珠江文化一样，中国南海海洋文化虽有其自身特有的文化特质和形态，但又不是孤立的。它是世界四大海洋之冠——太平洋的一个部分，而且与另一大洋——印度洋唇齿相依。从南海之口——马六甲海峡，即进入印度洋，沿边的印度、斯里兰卡、巴基斯坦、伊朗、沙特阿拉伯、也门及东非诸国，早在西汉时期即有中国从广东徐闻开始的海上丝绸之路交往，其经济文化相通程度，并不亚于沿中国南海诸国。自16世纪后，西太平洋和大西洋沿岸诸国，与包括中国南海在内的东太平洋、印度洋沿岸诸国的交往更是频繁的。所以，实际上就海洋文化而言，整个世界是一体的，各大洋或海域之间的文化虽有差异，但实质上是相通一致的。所以，对中国南海文化的研究，既不应离开相邻海洋或海域文化的研究，更不应离开世界海洋文化的背景去孤立地研究，而是应当确立中国特色的世界文化观去进行研究。所以，海洋文化课题是世界性的。

四、中国特色的世界海洋文化观初探

世界各海洋或海域文化的不同，最直接而明显的是体现在世界海洋文化观的差异上。中西方海洋文化的差异，在海洋文化观上，尤其明显。自19世纪以来，以黑格尔为代表的西方学者，即逐步确立了西方的海洋文化观及其理论体系，代表作是黑格尔的名著《历史哲学》。黑格尔在这名著中，充分论述了西方国家由于工业发达，开辟了海上交通，发展了海上贸易，繁荣了经济，吸取了海洋文化，征服了海洋，成为世界的先进国家，并且说具有海洋文明的国家才是先进国家。值得注意的是，他在这本书中同时又说：中国虽有海洋，但海洋“没有影响于他们的文化”，中国“没有分享到海洋所赋予的文明”。显然，这说法既有对中国文化欠缺了解的因素，更重要的是其世界海洋文化观的差异，或者说世界海洋观的性质不同。例如，哥伦布探险而发现新大陆，同中国明代郑和下西洋，就是西方和中国海洋文化观不同的典型范例。显然，黑格尔的世界海洋文化观是代表和体现哥伦布探险而发现新大陆，以至发展为侵占弱国为殖民地的世界海洋文化观，是帝国主义、霸权主义从海上交通向中国输入鸦片毒害人民、在海上称霸的世界海洋文化观。而中国式的或中国特色的世界海洋文化观是怎样的呢？迄今似乎尚未完全确立或明朗地概括出来，在学术上很有进行研究确立的必要。

从历史事实上看，中国自有史以来即有开发海洋、征服海洋的光辉业绩，先秦时代有百越族在南海“善水、作舟”的历史；秦代有秦始皇派徐福带五百童男童女东渡东瀛的传说；汉武帝派黄门驿长从徐闻、合浦出发印度洋，从此正式开辟了海上丝绸之路，源源不断地向西方运去丝绸、陶瓷、茶叶等特产与东方文明；唐代的“广州通海夷道”，全程达1.4万公里，沿途经过30多个国家和地区，远至东非和欧洲；宋代与广州通商的国家和地区达50多个；到元代又增至140多个，明清时代的广州通商航线，已通全球。其中尤其是郑和七下西洋，几乎走遍世界，虽然在当时年代，明朝已是世界头等强国，但郑和的航海行动，对他国不诉诸武力，不强行霸占，重于“显国威”“纳进贡”，行贸易，促交流，完全是亲善的、和平的、友好的、商贸的、文明的航行之举。从数千年的历史事实可见，中国传统的世界海洋文化观，是和善、交流、文明而又有“国威”的。

中国自古以来都有许多关于海洋的科学文化著作。例如，最早的著作《山海经》《庄子》，神话故事传说“精卫填海”“哪吒闹海”“八仙过海”“张羽煮海”等，以及对海神妈祖（天后、天妃）的崇拜习俗，尤其是宋代著名学者余靖所著的《海潮图序》，是中国首部海洋科学著作，充分显示了中国人对海洋潮汐规律的科学把握和探索精神。特别值得注意的是，按列宁关于统治者的思想是社会的主导思想的说法看来，被西方称为中国千年封闭国家的统治者们，都是以“山”为崇拜偶像的“山文化”观念为主的，但历代也不乏关注海洋的“名君”。如中国第一个封建君主秦始皇，统一中国后，即到山东海边“祭海”，并派童男童女渡海；汉武帝统一岭南，即派黄门驿长出海，开辟海上丝绸之路；明成祖朱棣坐稳江山后，即派贴身三保太监郑和下西洋，几乎发现美洲新大陆。三国时“挟天子以令诸侯”的曹操，在力求统一中国的征战中，偶经河北省北戴河海边碣石，写下著名诗篇：“东临碣石，以观沧海”，并认为此行“幸甚至哉，歌以咏志。”从古代文化著作与“名君”行为可见，中国统治者对海洋是陌生而充满神秘感的，是希求了解、征服、利用而探索的，所以可以说是一种希求探秘而力求征服、以显“国威”的世界文化观。

从以上历史事实和文化著作及“名君”行为可见，中国并非如黑格尔所说海洋“没有影响”其文化，更不是中国文化中“没有海洋文化因素”，而是他不了解、不理解中国的世界海洋文化观的存在和特质、特色。

应该看到，中国特色的世界海洋文化观是有其逐步形成和发展过程的，同时又是有其突出的典型代表的。笔者认为，由于南海是中国最大海域，是中国最早、最直接、最广泛通向世界的海域，所以，中国南海文化是中国海洋文化的突出典型代表，而江海一体的珠江文化，则是更具体的中国特色海洋文化观的体现实例。正如珠江文化海洋性的发展有几个历史时期一样，中国特色海洋文化观也有其形成和发展的历史时期。

大致而言，在鸦片战争前，中国的世界海洋文化观尚属自在的范畴，是一种自发的文化意识，但却有着明确的探究、征服、利用的观念和“国威”思想。上述中国古代关于海洋的历史事实和著作等即是例证。

18 世纪鸦片战争前后，直至 20 世纪中国“文化大革命”结束的两百年间，可说是被迫地接受西方海洋文化而力求确立中国特色的世界海洋文化观时期，可谓文化观的半自在、半自觉时期。在这个时期，由于先后受到西方帝国主义、日本帝国主义、美帝国主义、苏联社会帝国主义的侵略、包围、孤立或“援助”，同时又受其世界海洋文化的强制和影响，造成了从西化、日化、美化到苏化的轮番侵蚀的历史，从而使得中国人对其海洋文化观既被迫接受而又有所保留，既有所吸取而又有所对立以至对抗的状态。“第一个睁眼看世界的人”林则徐，对西方海洋文化是“以夷制夷”，张之洞是“中学为体，西学为用”，容闳是“西学东渐”，康有为鼓吹“君立立宪”和“民主维新”，梁启超更加以“新民说”变通，孙中山以“三民主义”“五权宪法”《建国方略》而运用，蒋介石则以“立宪”和倡导“新生活运动”等等，都是中国式的半自在、半自觉的世界文化观的实例和体现。

中华人民共和国成立后，中国人民真正站起来了，但在世界上还是处于孤立状态的，对海洋和海洋文化，尚是陌生的，由于政治意识形态的对立，对西方海洋文化更是对立，甚至有以革命的文化观取代海洋文化观的现象。耐人寻味的是毛泽东在曹操游碣石一千多年后，到了北戴河，也写下了名诗：“大雨落幽燕，白浪滔天。秦皇岛外打鱼船，一片汪洋都不见，知向谁边？往事越千年，魏武挥鞭，东临碣石有遗篇。萧瑟秋风今又是，换了人间。”此诗所见的是“一片汪洋都不见，知向谁边”的海洋，明显有一种陌生、渺茫感。此外，毛泽东还在其他写及海洋的诗中，也明显表现出一种以山为海、以海喻怒（革命）、以海泄愤，以及“冷眼向洋看世界”的对立情绪，如：“山，倒海翻江卷巨澜，奔腾急，万马战犹酣”，“四海翻腾云水怒，五洲震荡风雷急”，“冷眼向洋看世界，热风吹雨洒江天”等，都正如郭沫若在供毛泽东和诗的《满江红》开头所写“沧海横流，方显英雄本色”，毛泽东是抱着革命英雄的海洋观，去“冷眼”对视、“横流”对抗西方的海洋文化的。其实，这是一种以“国威”英雄观取代海洋文化观的体现。毛泽东这种“英雄本色”，与曹操在“东临碣石，以观沧海”中抒写的情怀，显然是有“国威”观念在一脉相承的。所以，这种以“国威”为主导的世界海洋文化观，既是中国传统，又是在受外国势力欺凌条件下，半自在、半自觉的中国特色世界文化观的体现。

20 世纪 80 年代开始的改革开放，是中国特色的世界文化观自觉确立的时期。这个时期的主要特征，是全方位地向海洋文化开放，主动地吸取西方海洋文化营养，科学地总结中国历代海洋文化传统及其精华，积极地推动中华文化走向世界，步步深入地在改革开放进程中确立中国特色的世界海洋观体系。邓小平理论、“三个代表”重要思想、科学发展观，是确立中国特色的世界海洋文化观的指针，都有明确的英明的世界海洋文化的重大决策和举措，鲜明地体现了中国特色的世界文化观进入了自觉、自主、自立的时期。

特别明显的是：中共中央于 2011 年 10 月举行十七届六中全会，通过了《中共中央关于深化文化体制改革推动社会主义文化大发展大繁荣若干重大问题的决定》。中共中央总书记、国家主席胡锦涛同志在全会上所作的《坚定不移走中国特色社会主义文化发展道路努力建设社会主义文化强国》报告中指出：“当今世界正处在大发展大变革大调整时期，当代中国正在新的历史起点上向新的奋斗目标迈进，文化的作用更加广泛而深刻。从国际看，综合国力竞争的一个显著特点就是文化的地位和作用更加凸显，许多国家特别是主要大国都把提高文化软实力作为增强国家核心竞争力的重要战略。在世界范围内各种思想文化交流交融交锋更加频繁的背景下，谁占领了文化发展制高点，谁拥有了强大的文化软实力，谁就能够在激烈的国际竞争中赢得主动。同时，我们必须清醒地看到，国际敌对势力正在对我国实施西化、分化战略图谋，思想文化领域是他们长期渗透的重点领域。我们要深刻认识意识形态领域斗争的严重性、复杂性，警钟长鸣，警惕长存，采取有力措施加以防范和应付。”

胡锦涛还指出：“坚持中国特色社会主义文化发展道路，必须继承和发扬中华优秀文化传统，大力弘扬中华文化，建设中华民族共有精神家园。”“推进社会主义文化大发展大繁荣，必须大力弘扬中华优秀文化传统，大力弘扬五四运动以来形成的革命文化传统，大力弘扬改革开放以来文化领域形成的一系列新思想新观念新风尚，立足中国特色社会主义伟大实践，发展社会主义先进文化；必须以更加开阔的视野，更加博大的胸怀对待外来文化，积极参与国际文化交流合作，学习借鉴一切有利于我国文化改革发展的有益经验和优秀成果。”

这些重大决定和重要论述，是全局性的、纲领性的、方针性的文化战略，其总体思想是具有明显的世界海洋观意识的，是中国特色的世界海洋观及其体系的思想基础和特质所在，标志着中国特色的世界海洋观的正式确立和自觉时期的实现，从此必会迈开更大而健康成熟的步伐，向建设社会主义文化强国的伟大目标奋进！

2012 年 1 月 15 日写于广州康乐园

（本文作者是：广东省人民政府参事、中山大学教授、广东省珠江文化研究会会长、广东省广府学会会长、广东省海上丝绸之路研究开发项目组组长。）

注：《中国南海文化研究丛书》由黄伟宗任主编，共约 200 万字，含 6 部专著：《中国南海海洋文化论》（谭元亨等著）、《中国南海海洋文化史》（司徒尚纪著）、《中国南海海洋文化传》（戴胜德著）、《中国南海古人类文化考》（张镇洪、邱立诚著）、《中国南海经贸文化志》（潘义勇著）、《中国南海民俗风情文化辨（岭南沿海篇）》（蒋明智著），由广东经济出版社 2013 年 6 月起陆续出版。

目　录

第一章　海洋文化基本理论 …… 1
第一节　海洋文化概念 …… 1
第二节　海洋文化内涵 …… 4
第三节　海洋文化特质 …… 8
第四节　中国海洋文化研究历史和现状 …… 12
第二章　中国南海海洋文化形成的地理环境 …… 16
第一节　中国南海自然地理环境 …… 16
第二节　人文社会环境 …… 19
第三节　华侨和穗港澳对中国南海海洋文化的作用和影响 …… 23
第四节　海洋时代与中国南海海洋文化的关系 …… 30
第三章　史前时期中国南海海洋文化孕育 …… 35
第一节　基于考古证据的中国南海地区文化往来 …… 35
第二节　图腾崇拜与史前时期中国南海海洋文化的起源 …… 44
第四章　先秦时期中国南海海洋文化初始 …… 54
第一节　先秦古籍《山海经》等记载的中国南海先民海上活动 …… 54

第二节 南海以海为田的海洋农业文化嚆矢 …… 58
第三节 百家争鸣下关于天地关系的涉海观 …… 59
第五章 秦汉南北朝时期中国南海海洋文化发展 …… 62
第一节 古越铜鼓反映的人类海上活动和文化交流 …… 62
第二节 西汉海上丝绸之路开辟 …… 64
第三节 海上活动对中国南海环境资源的认识 …… 75
第六章 隋唐南汉时期中国南海海洋文化兴盛 …… 78
第一节 中国政府对中国南海地区的主权管理和行政建置 …… 78
第二节 “广州通海夷道”开辟与广州世界大港地位崛起 …… 80
第三节 中外海洋文化交流与传播 …… 85
第四节 南海神崇拜的兴起和祭祀 …… 101
第五节 涉海文学作品出现 …… 108
第七章 宋元开放背景下中国南海海洋文化的繁荣 …… 115
第一节 宋元对中国南海的主权管理 …… 115
第二节 宋元高度重视海上贸易政策的确立 …… 116
第三节 沿海滩涂围垦与海洋农业文化成就 …… 120
第四节 造船和航海的技术进步 …… 126
第五节 南宋沉船“南海Ⅰ号”承载海洋文化信息 …… 131
第六节 新作物的传进与粮食生产的第一次革命 …… 135
第七节 海神妈祖等海神崇拜及其文化风格 …… 137
第八节 涉海文化著作的成就 …… 152
第八章 明代中国南海海洋文化发展的高峰 …… 163
第一节 海禁背景下中国南海独擅海上贸易之利 …… 163
第二节 郑和下西洋与中国海洋文化对外传播 …… 167
第三节 海外新作物品种引入及其效益 …… 175
第四节 以海为田的海洋农业文化的勃兴 …… 181
第五节 澳门作为中西文化交流中心的形成 …… 189
第六节 利玛窦入粤 …… 196

第七节　海盗文化复兴…………………………………………………… 202
第八节　海疆文化的兴盛…………………………………………………… 210
第九节　海洋文学艺术的辉煌……………………………………………… 217
第九章　清代前期中国南海海洋文化盛衰交替 ………………………… 224
第一节　清初海禁政策影响下的海上贸易式微…………………………… 224
第二节　清中叶海上丝路的鼎盛与全球循环大格局的形成……………… 227
第三节　商帮集团的产生及其海洋文化风格……………………………… 232
第四节　中国南海传统疆域的确定与中国政府的主权管辖……………… 251
第五节　海盗文化再度兴盛………………………………………………… 261
第十章　近代转型时期中国南海海洋文化的蜕变与新生 ……………… 271
第一节　鸦片战争后海上丝绸之路的终结………………………………… 271
第二节　中西文化交流的新格局…………………………………………… 273
第三节　中西文化交流产生的政治思想文化成就………………………… 302
第四节　华侨文化形成及其对海内外文化的贡献………………………… 344
第五节　涉海文学艺术的隆盛……………………………………………… 362
第十一章　现代中国南海海洋文化在曲折中前进 ……………………… 378
第一节　中国政府和人民维护中国南海和南海诸岛领海主权的斗争
……………………………………………………………………………… 379
第二节　近现代对中国南海海洋观念的产生和发展……………………… 388
第三节　港澳领土主权的丧失和回归……………………………………… 393
第四节　现代海洋农业文化成就…………………………………………… 398
第五节　现代海洋商业文化异军突起……………………………………… 409
第六节　改革开放背景下的中西文化大交流……………………………… 413
第七节　花繁果硕的涉海科技、史地和文艺作品………………………… 419
后记 ……………………………………………………………………… 424

第一章 海洋文化基本理论

第一节 海洋文化概念

文化是一个内涵很广泛的概念，其界定也是见仁见智。美国人类学家克鲁伯和克罗孔合著《文化，关于概念和定义的检讨》罗列1871—1951年80年间关于文化的定义至少有164种①。后来提出的文化定义也不在少数。不管对文化概念有多少种理解，文化最为流行的概念，是指人类创造的物质财富和精神财富的总和，也包括人类为适应环境所采取的方式。这个文化概念用于海洋，是指人类利用海洋资源所创造的物质财富和精神财富的总和，以及人类为适应海洋环境所采取的方式。前者如围垦海涂，化荒原为沃壤，变荆榛为稻粱，或围海成塘，放养鱼虾、珍珠宝贝，或引海水晒盐，提取各种化学元素，以及利用潮汐、风能、温差、盐度差发电等，都是来源于海洋的物质财富。为了适应海风含盐、风力大等特点，人们采用耐腐蚀材料，建造低矮房屋，在村落周围种上防护林，也属海洋文化概念之内。这些物质层面的海洋文化，是可视的，或可悟的，或可视又可悟的，具有直观、实在等特点，因而为人瞩目、理解，是海洋文化最重要的一部分。而同样重要的另一部分，是非物质层面的海洋文化。这其中可分为海洋制度文化和海洋精神文化。前者为监督、管理好海洋资源和环境而采取的带有强制性、普遍性政治制度、法律制度和各种法规、条约等。如我国古代的市舶制度、外侨居住制度、定期交易制度、食盐官卖制度、疍民管理的河泊所制度等，我国现代的领海制度、海商法、毗连区法、《联合

① 转见徐志良：《探索中国走向海洋的文化精神》，载广东炎黄文化研究会、阳江市人民政府编《岭峤春秋——海洋文化论集（四）》，海洋出版社，2003年，第67页。

国海洋法公约》所规定领海、公海、大陆架、专属经济区、领海基线等一系列制度和行为准则等，都是海洋制度文化。人类在认识、开发利用、守卫海洋中形成的各种观念，包括对海洋的宗教信仰、海神崇拜、故事传说、风俗活动、岁时节庆、审美情趣、性格特点、价值体系、艺术作品、科学哲理、伦理道德等，都属海洋精神文化之列，最为普遍而富有感召力的妈祖崇拜，老少皆知的哪吒闹海、精卫填海、张羽煮海等，神话色彩甚浓，流传甚广，成为人们的某种精神家园，自然是海洋精神文化的范畴。

在这里，可以援引中国海洋大学曲金良教授在其《海洋文化概论》中对海洋文化的定义作一个小结，即“海洋文化作为人类文化的一个重要组成和体系，就是人类认识、把握、开发、利用海洋，调整人和海洋的关系，在利用海洋的社会实践中形成的精神成果和物质成果的总和。具体表现为人类对海洋的认识、观念、思想、意识、心态以及由此而产生的生活方式。”①

文化是一个历史范畴，既是时间的投影，也是历史的积淀，所以文化因时而异，即文化的时代性。大陆文化如此，海洋文化也不例外。一种文化随着时代变迁可能会消失得无影无踪，但也有的被保留下来，或融合渗透在新诞生的文化之中，形成文化层次结构，如同地层古生物一样，层层积压，呈现文化纵向剖面，是认识、研究文化发展历史的一种有效方法，也是研究的一种结果。众所周知的港澳文化，本是岭南文化的一部分，但由于特殊的历史原因，港澳被英国、葡萄牙统治之后，西方文化在港澳地区大量渗入、传播，与本土文化交流整合，形成以海洋性为特质的港澳文化。本土文化不是被融合就是作为底层文化沉淀下来，形成西方文化和本土文化的叠加现象。借助于文化剖面分析法，可以分出港澳文化的时代序列，西方文化在上层，本土文化在下层，它们各自对应于英葡殖民主义和中国封建王朝对港澳统治的历史。而 1997 年和 1999 年港澳回归以后，内地文化更多地进入港澳，给港澳文化增添了内地文化色彩。这一文化层次，显然是港澳回归后出现的，是港澳新历史的文化篇章，具有强烈的时代性。港澳文化的层次结构，说明了文化概念的动态性，随时代而变迁，但文化变迁往往滞后于社会经济的变迁。另外，文化各元素的交融和整合，也模糊了彼此间的界线。但不管怎样，文化的时代差异，是认识文

① 转见徐志良：《探索中国走向海洋的文化精神》，载广东炎黄文化研究会、阳江市人民政府编《岭峤春秋——海洋文化论集（四）》，海洋出版社，2003 年，第 68 页。

化概念，包括海洋文化概念的一个基本出发点。这恰如著名史地学家复旦大学谭其骧教授指出的，“任何时代都不存在一种全国共同的文化”，即文化有时代差异，包括海洋文化在内。不同时代有不同的海洋文化主题，古代海洋文化以海产捕捞、滩涂围垦和海上航行、海上贸易为主，到了近现代，海上贸易成为海洋文化一项最主要内容。欧洲中世纪，特别是文艺复兴时期以来，海洋文化核心就是海上贸易。早期资本主义荷兰、葡萄牙、西班牙、英国等国家的崛起，海上贸易和海上霸权建立发挥重要作用。我国在唐宋时期海上贸易很兴旺，明初郑和七下西洋更是彪炳世界海洋文化史册的大事。只是明清实行闭关锁国政策，海上贸易萎缩，海洋文化发展大受打击，与西方国家比较，相形见绌。当代开发海洋已发展为一项规模巨大、科技含量最高的产业，海洋文化也由此提升到一个最高的发展水平。

同文化的时代差异一样，文化还有地域差异，这是由于文化形成的地理环境不同而产生的。谭其骧教授也同样指出，“中国文化有地区性，不能不问地区笼统地谈中国文化”[①]。基于此，近年辽宁教育出版社出版了一套中国地域文化丛书，把全国划分为 24 种地域文化，属南海周边省区的就有岭南文化、八桂文化、琼州文化等，即为文化地域差异的反映，也说明文化概念共同性存在于这些地域文化的个性之中。诚然，海洋文化的地域性有自己的特点，如何划分海洋文化区，容进一步探讨。但它的地域差异同大陆文化一样，也是客观存在，不容忽视，如渤海海洋文化、黄海海洋文化、东海海洋文化、南海海洋文化等，都各有自己的文化特质和风格。但海水是流动的，全世界的海洋是一个整体，非常方便相互交通往来，这决定海洋文化相对大陆文化具有较多的共同之处。一般说来，凡是临近海洋的地区，海洋文化都应为当地文化的主流，但由于种种原因，也会有例外。山东古代渔盐业很发达，但到明前期，由于“海禁”政策，规定片板不许下海，切断了与海洋联系，到明中叶，山东人甚至不吃鱼，海洋经济式微，海洋文化大为萎缩，山东这时不属海洋文化区域。[②] 而在同样“海禁”背景下，广州仍维持一口对外通商地位，岭南“山高皇帝远”，沿海百姓仍冒险出海，从事海事活动，海洋经济和海洋文化从未断层，岭南也从来就属海洋文化区域。即使是深处岭南内陆的客家山区，也在明

① 谭其骧：《中国文化的时代差异和区域差异》，见《复旦学报》1986 年第 2 期第 5 页。
② 徐晓望：《妈祖的子民——闽台海洋文化研究》，学林出版社，1999 年，第 19 页。

清时期，由于人口激增，土地资源不足，迫使大量人口迁移，一部分人迁往沿海，如台山赤溪、中山五桂山区、琼雷沿海、北部湾北岸以及一些海岛（如涠洲岛），在保持内陆文化之同时，也接受海洋文化，从事海洋捕捞、围垦滩涂；另一部分人远走异国他乡，成为华侨，除了在侨居国办实业，也从事海上贸易，实为岭南海洋文化在海外的延伸。留在原地的客家人，不少人从事内陆与海上贸易，是“广州帮”“潮州帮”商人集团以外的另一个客家商人集团，在岭南商业史上占有重要地位。这样，客家地区同样可纳入海洋文化地域范围。

由上述可见，海洋文化概念离不开特定的历史时空，具有鲜明的时代性和地域性；即使在同样的时空背景下，也由于各地区、各族群对海洋认识、开发利用程度不同，海洋文化发展水平参差不齐。在岭南，粤东地区潮汕人、雷州半岛雷州人、珠江三角洲地区广府人对海洋依赖、资源使用程度远远超过粤东北和粤北客家人，其海洋文化水平自然要高些，稳定程度要大些，产生的效应也要深广些。充分认识海洋文化概念这些特点，对于下面将要论及南海海洋文化相关理论、相关历史和实践问题都是不可或缺的。

第二节　海洋文化内涵

海洋文化研究的对象是海洋，这个占地球表面71%面积的最大地域单元，它的特性迥异于大陆。著名德国哲学家黑格尔说：“大海给了我们茫茫无定、浩浩无际和渺渺无限的观念；人类在大海的无限里感到自己的无限的时候，他们就被激起了勇气，要去超越那有限的一切。大海邀请人类从事征服，从事掠夺，但是同时也鼓励人类追求利润，从事商业。平凡的土地，平凡的平原流域把人类束缚在土壤上，把他卷入无穷的依赖性里边，但是，大海却挟持着人类超越那些思想和行动的有限的圈子。航海的人都想获利，然而，他们所用的手段却是缘木求鱼。因为，他们是冒了生命财产的危险来求利的。因此，他们所用的手段和他们所追求的目标恰好相反。这一层关系使他们的营利、他们的职业，有超过营利和职业而成了勇敢的、高尚的事情。从事贸易必须要有勇气，智慧必须和勇敢结合在一起。因为勇敢的人到了海上，就不得不应付那奸诈的、最不可靠的、最诡谲的元素，所以他们同时必须具有权谋——机警。这片横无边际的水面是绝对地柔顺——它对于任何压力，即使一丝的风息，也是不抵抗的。它表面上看起来是十分无邪、驯服、和蔼、可亲；然而，正是这种驯服的性质，将海变成了最危险、最激烈的元素。人类仅仅依靠一叶扁舟，来对付这种欺诈和暴力，他所依靠的完全是他的勇敢和沉着；他便是这样从一片巩固的陆地上，移到一片不稳定的海面上，随身带着他那人造的地盘，船——这个海上的天鹅，它以敏捷而巧妙的动作，破浪而前，凌凌以行——这一种工具的发明，是人类胆力和理智的最大光荣。这种超越土地限制、渡过大海的活动，是亚细亚各国所没有的。"① 虽然黑格尔在这里否定了亚洲具有海洋文化，但他对海洋文化和大陆文化的区别，海洋文化的本质和内涵是作了深入分析的，故200多年来，这个论断被人们反复引用，特别是海洋环境对海洋文化产生的作用和肯定海洋文化的商业性，已成为不刊之论。从这个文化视角来观察海洋文化研究内容，大致可包括如下几个方面。

1．海洋文化赖以产生的历史的地理基础

恩格斯说："如果地球是某种逐渐生成的东西，那么它现在的地质的、地理的、气候的状况，它的植物和动物，也一定是某种逐渐生成的东西。它一定不仅有在空间中互相邻近的历史，而且还有时间上前后相继的历史。"② 海洋文化也是如此，与任何一个区域文化面貌一样，总是由多种多样的元素长期作用形成的。这包括了自然、政治、历史、技术、经济、心理等元素的特定历史迁移的产物。创造海洋文化的主体是人，人主要生活在大陆，所以海洋文化必须以大陆为依托而产生，由此决定研究海洋文化，也必须同时研究大陆环境，而不仅仅是研究海洋环境。大陆与海洋环境的统一或者综合，加之它们各自的历史过程，共同构成了海洋文化生成的历史的地理基础。

2．海洋文化的经济基础

举凡人类涉及海洋的一切经济活动，都属海洋文化的经济基础，这包括海洋交通、海洋商业、海洋矿业、海洋工业、海洋手工业、海洋渔业、海洋种植业等。③ 海洋文化是在这些经济基础上产生的，但这些经济基础并不等于海洋文化，海洋文化凝聚了这些经济基础的科技成果，是在这些基础上产生的理论总结、规律性升华，更多的具有理性层面的原理、价值等，而不囿于这些产业

① 黑格尔：《历史哲学》，三联书店，1956年，第135页。

② 恩格斯：《自然辩证法》，人民出版社，1971年，第12页。

③ 徐晓望：《妈祖的子民——闽台海洋文化研究》，学林出版社，1999年，第12页。

本身的研究和表达。例如海洋交通作为一项产业，涉及海洋经济众多领域，但从海洋文化立场，只研究与之相关密切的造船技术、航海技术、导航技术以及航线、港口的技术进步水平，反映某个时代海洋交通的科技成果，以有别于海洋交通经济所注重的交通成本、货流结构、经济效益及其分配等，这些属海洋交通经济学范畴。海洋文化与它有联系，但不能取代和混为一谈，否则海洋文化覆盖范围过广、外延过大，也就失去自己的内涵，故廓清海洋文化概念的内涵与外延，在研究实践上非常重要。众所周知，一个概念的外延越广，它的内涵也就越小。

3. 海洋文化的社会结构

创造海洋文化的主体是社会人类群体，包括农、渔、商、工、军人等形成海洋文化的社会结构。他们各有自己的职业、行为、气质、性格等，成为海洋文化重要组成元素。沿海居民“以海为田”，从事海产采集、捕捞或围海涂为田，是海洋农业文化主体；在海上漂泊，以舟楫为家宅的海上疍民，作为一个特殊群落，生产生活方式皆以海洋展开，婚姻、习俗等都异于陆上居民，文化风貌自成一体。岭南商帮集团，既浪迹天涯，遍设会馆于神州大地，也“以海为商”，把生意做遍全世界，成为最富冒险、超越精神文化的一群，并以此区别于我国的徽商和晋商。南海中有些海岛长期为“海盗”盘踞，其中不少是失地农民，无以为生，漂泊岛上，靠打劫往来商船为生。他们桀骜不驯，敢与官府对抗，引导得当，可成为反封建、反殖民主义的坚强力量，同样是海洋文化的一个载体。举凡这些涉及海洋的人群，包括他们的社会分层、家庭、家族构成、文化禀赋，生活习俗等，无不彰显着海洋文化品格，列入海洋文化研究内容。

4. 海洋精神文化

即狭义的海洋文化，包括人类对海洋的崇奉、海洋神话、信仰、宗教、戏剧、艺术、歌谣、舞蹈等，它们都与海洋文化的传承有密切关系。例如华侨作为海洋文化一个特殊群体向海外漂泊、开拓，使中华文化特别是岭南文化在海外弘扬、绵延、传播，为中国海洋文化在五大洲取得一定地位作出积极贡献。

5. 海洋制度文化

海洋茫无际涯，人类活动多处于漂流、自由状态，不易约束。海洋生活的这种特殊性，比陆地生活提出了更高的管理要求，亟须要法律制度加以规范。

翻开海洋史，海盗出没，劫掠客商之事史不绝书。时至今日，海盗为祸南海、印度洋之事时有所闻，无论古代或近代。实际上在原始资本积累时期，欧洲殖民主义者在亚洲、非洲、美洲洋面上的所作所为，多为海盗行为，几无法律可言。随着海洋在社会经济生活中的地位日益凸现，尤其是海底油气资源的发现和开采，海洋权益争端成为当今世界不安的一个根源。1982 年《联合国海洋法公约》通过和后来的实施，特别是 200 海里专属经济区的划分，使临海国家在海洋权益上的矛盾和争端日趋复杂尖锐，所以临海国家自定海洋法规与国际海洋法规之间的不整合，更需要通过平等协调方法解决。我国海洋法制的建设严重滞后于大陆法制建设，也同时面临着与国际海洋法的对接等问题，所以海洋制度文化的研究，迫切地摆在海洋文化研究者面前。

大海的波涛，造就了沿海百姓剽悍的民风。不少志书都说生活在海边的古越人好斗轻生，一言不合，即使父子之间，也拳脚相向。有人指出，“湛江沿海地区村斗之多，在中国是罕见的。村斗不管出自何因，同姓人都赶来助斗，往往酿成几千人手持凶器，你死我活的大厮杀。造成严重伤亡的村斗，在历史上例不胜举”[①]。这种现象在沿海地区带有普遍性。其深层根源仍是法律意识薄弱，无视或蔑视法律所致。

即使在不少政府官员那里，海洋法制意识的缺失或松弛，也是很普遍的。古代海上走私犯案的事例甚多，20 世纪 80 年代初，海南岛汽车走私案震动全国。至今这种案件仍大不乏其例，尤以沿海地区为甚，其中不少是海关官员中招落马的。基于此，海洋制度文化研究教育和普及，实是一项长期而迫切的任务。

6. 海洋文化资源的开发利用

在海洋历史发展的长河中，留下许多宝贵的海洋文化资源，既有物质形态，也有非物质形态，都蕴含有丰富的科学、哲学、文学、艺术等价值，可为海洋科技史、海洋自然哲学史、海洋文学史、海洋艺术史研究、沿海城市和区域开发、海洋观光旅游以及其他各项海洋开发事业提供决策上的重要参考。例如 2007 年 12 月 22 日在南海阳江海域出水宋代沉船“南海 I 号定量”的综合研究，就有非同寻常的科学价值。前些年发现珠海高栏岛宝镜湾摩崖石刻，保

① 廖宗麟：《试论加入 WTO 后我国海洋文化发展的法制意识趋势》，见广东炎黄文化研究会、阳江市人民政府编《岭峤春秋——海洋文化论集（四）》，海洋出版社，2005 年，第 140 页。

留了许多至今未解的古越人活动文化信息，有待人们破译。珠江三角洲经济起飞，深圳、珠海经济特区崛起，港澳经济领先，法制观念在这些地区深入人心等许多人文社会现象，都需要从它们的文化海洋性上找根源，而它们的发展规划，更需从它们海洋文化宝库中借鉴经验和教训。至海洋风光之胜，海洋魅力之强，更是发展海上旅游、振兴海洋产业的有力杠杆。这些都展示了海洋文化资源开发利用的潜力非常巨大，前景无比瑰丽辉煌。

第三节　海洋文化特质

文化史专家冯天瑜先生对文化实质或特质有过一段精辟闻述："文化的实质性含义是'人类化'，是人类价值观念在社会实践过程中的对象化，是人类创造的文化价值，经由符号这一介质在传播中的实现过程，而这种实现过程包括外在文化产品的创造和人自身心智的塑造。"① 质而言之，文化特质是指文化的价值，它一方面体现了自然界在人类创造文化过程中的作用和变化，另一方面也蕴含了人类自身性质、内在特点及其变化，是两者紧密关联和互动的产物。

文化特质的这一界定，用于大陆文化，是大陆自然资源和环境对文化产生的参与，另外更为重要的是人类在其中的能动作用，最后制造出来的文化产品，体现了自然和人类活动的统一。大陆有许多高山深谷，把各个国家和民族分隔开来，在特定环境里产生区域的或民族的文化，各有自己的文化特质和风格，而海洋没有自然界限，因而是世界性的。有人据此认为海洋文化是世界性的文化现象。② 倘若如此，则海洋文化的特质也应该是一致的。然而，海洋文化到底要依托大陆而产生，无论大陆或海洋某一部分，都有自己的环境和资源特点，这不能不影响到海洋文化同样有地域个性。但将海洋文化的共同性和特殊性相比较，前者毕竟是第一位的。广西民族大学徐杰舜先生把海洋文化基本

① 冯天瑜等：《中华文化史》，上海人民出版社，1990 年，第 26 页。

② 徐晓望：《妈祖的子民——闽台海洋文化研究》，学林出版社，1999 年，第 16～17 页。

特征归结为外向性、开放性、冒险性、崇商性、多元性，[①] 看来是十分精到的。但恰如郦道元《水经注》曰："水德融和，变通在我。"看来，还应加上一个包容性或兼容性才能全面、系统地反映海洋文化特质。

1．外向性

作为海洋文化载体或者介质，海水永远处于无休止的运动中，处于从不间断的流动中。人类必须适应海洋这种属性和环境来进行创造海洋文化的活动。因海水不停顿地在一个海区与另一个海区之间交换，具有稳定的外向运动特点，所以海洋文化也从它产生的海区或大海边缘向外传播。特别是在交通不发达的古代，海洋是人类往来的重要通道，文化交流藉此而发生，这比大陆要容易得多，这也决定了海洋文化的外向性特质。

古代孤悬海外的海南岛不但沿岛居民生活资仰于海洋，而且深处五指山区的黎人，也以输出槟榔、椰子为经济来源。宋人王象之指出："琼人以槟榔为命……岁过闽广者不知其几千百万也。又市舶门曰：'非槟榔之利，不能此一州也'。"[②] 槟榔文化支持了海南经济发展，这种文化完全是外向型的，是海洋文化外向性一个范例。

2．开放性

海洋是一个大系统，这个系统下的某个海区、海岛、海湾、海峡、海岸带等都是它的子系统，不但在这些大小系统内不断进行物质和能量的交流，以维持各自生存、运动和平衡，而且在海洋和大陆之间，也发生同样的过程，舍此海洋文化不能产生，这就决定了海洋文化必定是开放性的。另外，只有依靠这种开放性，海洋文化的结构、功能、景观等才不断得到调整，其文化势能、动能才得以消长，产生势位差，形成文化运动即文化交流，产生文化区域效应，推动社会经济发展。海洋文化的这种开放性是它优越于大陆文化的特质之一。日本是个资源贫乏的岛国，完全依赖海外资源、技术等发展起来，海洋文化为其立国之本。亚洲"四小龙"（中国香港、新加坡、中国台湾、韩国）或为海岛，或为半岛同样敞开自己大门，吸纳四海各种资源，充实、壮大自己，在世

---

① 徐杰舜：《海洋文化理论架构散论》，廖宗麟：《试论加入 WTO 后我国海洋文化发展的法制意识趋势》，见广东炎黄文化研究会、阳江市人民政府编《岭峤春秋——海洋文化论集（四）》，海洋出版社，2005 年，第 65 ~ 66 页。

② ［宋］王象之：《舆地纪胜》卷 124，《琼州》条。

界经济版图上赢得一席之地。

海洋文化的外向性和开放性都是一种事物的两个侧面，外向性必须以开放性为条件才能实现；同样的，开放性的结果必定是外向性的。这两个特质的价值深刻影响到一个国家、一个民族、一个地区对外来文化的态度，也势必影响到自己的发展。在中国历史上，虽然长期实行闭关锁国政策，但广东却因区位、政策等因素，始终保持对外开放状态，故广东人早就不断假道海洋，迈出国门，走上与世界各地交往的道路，吸收海外先进文化，滋润壮大自己，形成远胜于内陆的岭南文化海洋性风格。恰是得益于这种文化风格，广东才在近现代中国历史上表现得有声有色，对推动中国历史发展做出重大贡献。

3. 冒险性

海洋风波险恶，变幻莫测，历被视为畏途。宋代苏东坡过琼州海峡“舣舟将济，股栗魂丧”①，直到海上交通颇为发达的明代，进入海南的人“稍有识者，当少知避”②，琼州海峡自是一道巨大障碍。近现代航海技术进步，但要超越海洋，仍有许多风险，包括狂风恶浪和海盗的剽杀等。在这种海洋环境下创造的海洋文化，冒险是它的一个最普遍、最显著的特征。明清时期，海上走私贸易十分兴旺，实际上这些商人集团不少是海盗式的，一方面出于武装自保，另一方面则是为了掠夺。史称明嘉靖年间“闽广徽浙，无赖亡命，潜匿倭国者，不下千数，居成里巷，街名大唐，有资本者则纠倭贸易，无财力者则联夷肆劫”③。鸦片战争以后，“自外夷通商以来，商船大半歇业，前之受雇于访商者，多以衣食无资，流而为匪”④。活跃在南海洋面上的著名海盗商人集团就有广东张琏、陈祖义，澄海林道乾，潮州林凤等⑤。所以海洋文化冒险性，就是指在海上活动要有冒险心态，有不惜以生命为代价的价值观，以及敢于面对大海、挑战大海的大无畏精神。两广华侨漂洋过海在侨居地开拓、拼搏，即冒着极大的海洋自然和人为艰险。广东顺德自梳女、三水“红头巾”远涉鲸波，远走南洋谋生，其冒险性丝毫不让须眉，堪为岭南文化海洋性的一个最高

① 赵汝适：《诸蕃志》卷下，《海南》。

② 正德《琼台志》卷四十二，《杂事》。

③ 《明经世文编》卷二八三，中华书局，1962 年，第 2997 页。

④ 故宫博物院《史料旬刊》36 期，1931 年。

⑤ 据陈伟明：《从中国走向世界——十六世纪中叶至二十世纪初的粤闽海商》，中国华侨出版社，2003 年，第 17～18 页。

典范。

4. 崇商性，或曰重商性

黑格尔在《历史哲学》中谈到西方海洋文化，实际就是海上贸易，说中国没有海洋文化，没有分享海洋赋予的文明，也就是缺少海上贸易。这种与事实相反的悖论，虽不足取，但也说明海上贸易确是海洋文化一个最主要的内涵。海上贸易不仅发生在沿海，而且穿过海洋腹地，抵达远方港口，是最富于商性业、冒险性的活动，因而是海洋文化一个不可或缺的研究内容。岭南人自古以来，从物质形态到精神形态都充分表现出对商品的价值取向。广州是中国历史上历时最长的外贸中心，唐代有著名的“广州通海夷道”，宋代与50多个、元代与140多个国家和地区通商，明清时形成近乎全民经商狂热。屈大均《广东新语·事语·食语》说广东“无官不贾，且又无贾不官”，“民之贾十三，而官之贾十七”，“儒从商者为数众多”，“而官之贾日多，遍于山海之间，或坐或行，近而广（东）之十郡，远而东西二洋，无不有也”。在长期经商中形成的粤商集团，以经营舶来品著称，著名的“广州十三行”就是一个舶卖洋货之地。近年改革开放，广东商品经济大放异彩，一方面是“广货”节节北上，另一方面大批岭北人南下，形成“东西南北中，发财到广东”时代潮流，即为岭南海洋文化重商性在当代的一种折射。它已成为当今经济全球化背景下广东接受世界经济转移和对外辐射的一种强大原动力。

5. 多元性

《易》曰：“海纳百川，有容乃大。”江河与大海对接使海洋能接受多种文化成分，兼收并蓄，融会贯通，形成多元文化特质。岭南文化的海洋性，除了缘于南海海洋环境，主要还有假道南海传播而来的海外印度文化、波斯文化、阿拉伯文化、近世西洋文化等，既相互融合，又和而不同，共生共存共荣，形成一种复合型文化，其多元性甲于内地许多地域文化。著名人文地理学者、北京大学胡兆量教授云：“广东是世界上历史文化十分复杂，因而也是十分典型的省份，加上海南岛，自成一个历史文化区，进行深入研究，十分必要。”① 当然，多元性并不是海洋文化所独有的，许多地域文化都有这种特性，但海洋的宽广无涯、江海相通、海水强大亲和力等性质，却是大陆难以相比的，在此

① 北京大学胡兆量教授给作者的来信。

基础上产生的海洋文化更富有多元性也是不争的事实。香港、澳门作为中西文化交流中心，其文化的多元性，既是一个背景，也是这种交流的一种结果，都与它们的海洋文化环境息息相关。

6. 包容性（兼容性）

海水有溶解万物的自然属性，且不停地流动、交换。海洋这种作用可以将不同地域、民族的文化在海水所到之处找到自己的位置，能够相互容忍、自由地发展，并相互交流、整合，形成你中有我、我中有你的状态，这就是海洋文化的包容性。在岭南文化发展史上，绝少出现因文化特质差异而发生重大冲突、对抗的事件，从明末西风东渐以降从西方传进被北方一些人喻为“奇技淫巧”的科技文化到近年改革开放传进新鲜事物，无不如此。相反，一些大陆文化，因缺乏包容性而凸现、强化了它们的排他性，结果由文化冲突导致政治、军事冲突。中东地区近年暴力事件不断，从深层根源来说与文化的排他性不无关系。

实际上，海洋文化这些特质都是一个整体，相互之间不但可以沟通，而且相互影响。上述外向性与开放性的关系如此，多元性与包容性的关系也一样如此。又海洋文化主要以海上商业贸易为主，商品生产和流通具有强烈的外向性和扩张性，目的是追逐利润，由此必然要有勇气、有胆识、有谋略去挑战大海，渡过惊涛骇浪，航行到利润所在的一切地方，为此，也必然要承担风险。所以海洋文化的冒险性与生俱来，在商业贸易背景之下，商品价值观念、交换观念、竞争观念等深入民心，崇商性也就成为海洋民族最本质的一个文化个性。

海洋文化这些特性，是在海洋文化发展过程中形成的，基于时代和地域差异，它们表现程度和海区可能不一，但都属海洋文化史应研究和反映的内容。在中国传统四海之中，南海最大，这些文化特质无疑彰显得最为完备、充分，也最有代表性。

第四节　中国海洋文化研究历史和现状

中国是一个海陆兼具的国家，中国人民自古以来就活跃在广袤的海洋国土上，从事海洋生产和生活，创造了光辉灿烂的海洋文明。特别是南海，作为我国最大一片海区，在海洋文化各个层面上，都有其巨大的海洋文化成就，彪炳了我国海洋文化史册。其他海区也一样，有其可圈可点的海洋文化辉煌。问题在于，这些海洋文化成就，作为一种历史存在无可置疑，是不争的历史事实。但在我国漫长的封建社会里，海洋文化较之大陆文化，毕竟是处于非主流地位，且海洋农业文化又居于海洋商业文化之上，这与海洋文化主要内涵是“以海为商”存在很大距离。基于此，我国海洋文化史在很大程度上归结于海洋农业文化史，包括海洋渔业史、海水制盐史、滩涂围垦史等。尽管由于地区发展不平衡，海洋商业文化在我国南方还是有相当的发展，特别是南海海上商业贸易长期兴旺发达，以此为内涵的南海海洋文化在区域文化中占有独到地位。它所涉及的内容，包括海洋资源开发利用，海上航行，海洋科技，海洋政策，海洋与战争，海洋与宗教、民间信仰，海洋与文学艺术，海洋与旅游、风俗，海洋与哲学等。① 记载描述这些内容的正史、方志、舆图、笔记、论著、歌谣、传说、文学艺术作品等，都属于海洋文化史素材，具有重要的研究价值。例如东汉番禺（广州）学者杨孚《异物志》记载了“涨海”（即南海）潮汐、珊瑚礁等海洋水文、生物现象，晋张华《博物志》记载了南海多种特殊海洋生物，唐刘恂《岭表录异》对海洋生物牡蛎、水母、鲸等习性记述尤详。到宋元时，涉海著作更多，如周去非《岭外代答》、范成大《桂海虞衡志》、赵汝适《诸蕃志》，元代陈大震《南海志》，汪大渊《岛夷志略》等，即有不少关于海洋生物、地形、水文、气象气候，以及南海及周边一些国家和地区的自然人文风俗状况。明清以降，这类作品大量出现，反映我国海洋文化达到一个新高度，仅与郑和七下西洋有关的著作，就有巩珍《西洋番国志》、黄省曾《西洋朝贡典录》、茅元仪《武备志》、费信《星槎胜览》、马欢《瀛涯胜览》等。另外，还有黄衷《海语》，张燮《东西洋考》，罗日炯《咸宾录》，陈伦炯《海国闻见录》，谢清高口述、杨炳南笔录《海录》，林则徐《四洲志》（1841年），魏源《海国图志》（1841年）等，都是很有历史文化价值的文献资料。

地图作为领土主权一个标志，历史上备受重视，有献图等于献城之说，故“荆轲刺秦王，图穷匕首现”的历史流传甚广。虽然海洋地图远不如陆上地图发达，但我国涉海地图也有其成就，如在1973年长沙马王堆三号汉墓出土的

① 宋正海：《东方蓝色文化——中国海洋文化传统》目录，广东教育出版社，1995年，第1~3页。

《地形图》上，珠江口是个大海湾，占了很大面积，显示南海深入广州附近。宋代方志兴盛，内中插图不少，在岭南涉海的地图，已知广州凌策《海外诸蕃地理图》、李符《海外诸蕃图》等（均佚）。地图是测量的结果，元代我国在纬度测量上取得重大成果，其中包括对南海观测。主持这次全国性“四海测验”工作的是著名天文学家郭守敬，千里迢迢来到南海一个岛屿上观察它的纬度，这个岛一说在西沙①，一说在中沙黄岩岛②，测得它在北纬15°（元制，今为14°17′）。郭守敬还根据有关数据，推算出黄岩岛在东经117°45′。元世祖统一全国以后，确定大都（北京）到南海的新子午线（即经线）来代替旧的子午线。这条新子午线南面起点，据考证推算，也在黄岩岛。直到18世纪初清政府组织有西洋教士参加的全国纬度实测，其结果与500年前郭守敬所测元代大都——南海这条子午线相差无几，反映对南海测量在元代已达很高水平。明代，地图编制始进入一个新局面，方志中地图大量增加，其中涉海的即有万历郭棐《粤大记·广东沿海图》、茅元仪《武备志·郑和航海图》、郑舜功《日本一鉴·桴海图经》、郑若曾《筹海图编》、罗洪先《广舆图》（包括南沙群岛）等。入清，以雍正八年（1730年）高凉总兵陈伦炯《海国闻见录·四海总图》为现在能见到的关于南海诸岛的较早的地图，以后又有《广东海防图》、《广东舆地全图》等。这些涉海地图，同文献资料一样，仅为海洋文化史积累研究原始素材而已。

近世以来，海洋交通、商贸、渔业、科技、地名、灾害等研究渐兴，相继出版一些成果，可纳入海洋文化史范畴。包括冯承钧《中国南洋交通史》（1937年），岑仲勉《中外史地考证》（1962年），张星烺等《中西交通史料汇编》（1977年），李长傅《中国殖民史》（1937年），《海国闻见录校注》（1985年），《南洋史地与华侨华人研究》（2006年），章巽《中国航海科技史》（1991年），张震东、杨金森《中国海洋渔业简史》，陆人骥《中国历代灾害性海潮史料》（1984年），孙光圻《中国古代航海史》，郑鹤声等《郑和下西洋资料汇编》（1984年），中国古代潮汐论著选译编辑组《中国古代潮汐论著选译》（1980年），王结、周华斌编《中国海洋民间故事》（1987年），宋正海、郭永芳、陈瑞平《中国古代海洋学史》（1989年）等。基于以海为商是

① 厉国青、钮仲勋：《郭守敬南海测量》，见《地理知识》1卷1期，1982年3月。
② 韩振华编：《南海诸岛史地考证论集》，中华书局，1981年。

海洋文化的主要内容，故这方面的研究成果最丰，如姚贤镐《中国近代对外贸易史资料》（1962 年），格林堡著《鸦片战争前中英通商史》（1964 年），聂宝璋编《中国近代航运史资料》（1983 年），王赓武著、姚楠编译《南海贸易与南洋华人》（1988 年），陈柏坚、黄启臣《广州外贸史》（1995 年），沈光耀《中国古代对外贸易史》（1985 年），陈高华《宋元时期的海外贸易》（1981 年），张天译著、姚楠等译《中葡早期通商史》（1988 年），黄启臣等《广东海上丝绸之路史》（2003 年），陈伟明《从中国走向世界——十六世纪中叶至二十世纪初的粤闽海商》（2003 年），李庆新《濒海之地——南海贸易与中外关系史研究》（2010 年）等。然而这些研究，仅从商业经济活动视角，剖析海上商贸的经济问题，还未上升到海洋商业的精神、价值、制度、管理等深层次问题，这种状况长期没有改变。

近 20 年来，特别是进入 21 世纪海洋时代，真正意义的海洋文化论著作才渐见兴起，属于理论性海洋文化著作的有曲金良《海洋文化概论》（1999 年）；海洋文化史性质的有宋正海《东方蓝色文化——中国海洋文化传统》（1995 年），陈智勇、曲金良《中国海洋文化史》（2008 年）；海洋文化门类性质的有王荣国《海洋神灵——中国海神信仰与社会经济》（2003 年），陈尚胜《怀柔与抑商——明代海洋力量兴衰研究》（1997 年）；区域性海洋文化著作的有徐晓望《妈祖的子民——闽台海洋文化研究》（1999 年），司徒尚纪《中国南海海洋文化》（2009 年），陈智勇《海南海洋文化》（2008 年），以及广东炎黄文化研究会编《岭峤春秋——海洋文化论集》（1 ~4 集，1997—2003 年）。至于海洋文化论文，广见于有关海洋杂志、报刊等，与海洋开发大潮，海洋产业兴起相响应，展示海洋文化新气象的到来。但不管怎样，海洋文化史的研究严重滞后现象却是不争的事实，而中国南海海洋文化史也属其列。在中国南海海洋权益争端日趋尖锐复杂的背景下，对这一海区文化史的研究显得尤为必要和迫切，这恰是本书写作最主要的一个缘由。

第二章　中国南海海洋文化形成的地理环境

中国南海海洋文化是以中国南海海洋和濒临它的大陆地理环境的性质和特点为基础，经过人类长期以海洋为中心的社会政治、经济、文化、军事等活动创造、积淀而成的一种文化体系。海洋文化的地域范围，毫无疑问是以海洋为主体。但人类的海事活动，必须以大陆为依托，即使有些远离海洋的地区，由于它们的活动直接或间接与海洋有不可分割的联系，海洋文化深刻影响到当地的社会经济和文化发展，所以这些地区也与海岸带一样，属于海洋文化的地域范围。中国南海海洋文化就是在这种海洋和大陆及其相互作用下孕育、形成和发展的。

第一节　中国南海自然地理环境

1. 地理区位

在中国沿边五大海区中，中国南海是最大的边缘海，位于北纬3°11′—23°15′，东经98°00′—120°15′，南北跨20°多纬度，东西跨22°多经度。南北长约1600公里，东西宽约1212公里，呈东北—西南走向的菱形或称“U”形。面积约350万平方公里，约是渤海、黄海、东海面积之和的3倍（台湾省以东的太平洋海域面积缺）。平均水深1212米，最大深度5559米。中国南海这个地理区位和幅员，全在热带范围之内，故海洋生物量最大，一年四季可以航行或从事生产作业，包括沿海采集、养殖、海上捕捞等，海产最丰、海洋文化发展也最盛，比之亚热带或副热带、四季分明的渤海、东海、黄海等，实胜一筹。

中国南海入海的主要河流有中国的珠江，越南的红河、湄公河和泰国的湄南河等。其中珠江由西江、东江、北江以及珠江三角洲网河水系组成，径流丰富，仅次于长江。西江源于云南曲靖马雄山，长2214公里。珠江由虎门、蕉门、洪奇沥、横门、磨刀门、鸡啼门、虎跳门、崖门八口归海。此外，在中国境内独流注入南海的尚有韩江、榕江、漠阳江、鉴江、九洲江、南渡江、昌化江、万泉河、南流江、大风江、钦江、北仑河等。这些河流腹地纵深广阔，连接中国南方大部分省区，不但带来大量冲积物沉积于河口和沿岸地区，形成大面积河口三角洲（如珠江三角洲、韩江三角洲、漠阳江三角洲等）和滩涂，以供耕凿和海水养殖、增殖，而且作为海陆相连的纽带，也为海上贸易、中外文化交流发挥巨大的作用。特别是珠江水系缩毂广州附近的扇形地理格局，造就了千年不衰的港市广州，也是中国南海海洋文化最大的一个中心。按照大江大河必有大城市的原理，其他江河出海口，也形成了规模不等的海洋文化中心城市，如潮州、汕头、汕尾、香港、深圳、珠海、澳门、阳江、湛江、海口、三亚、北海、钦州、防城等，星罗棋布于中国南海海岸线上。其数量之多、分布之广、海洋文化特质之鲜明，甲于中国其他海区沿海城市。

2. 众多港湾

港湾是海洋的一部分，根据地质构造、地貌背景和海岸动力等条件及其组合区域差异，中国南海北部具有山地溺谷、台地溺谷、潟湖、河口和人工港湾等类型港湾48处，约占全国沿海可建港址总数的30%①。这些港湾大部分水深，纳潮量大，沉积物少，可建设为良港。民国初年，孙中山在《建国方略·实业计划》中列入开发建设的即有广州、钦州、汕头、电白、海口、汕尾、海安、榆林港等。此后，港湾建设时有兴衰，改革开放以来始形成蓬勃发展之势。这些港湾背靠中国大陆，拥有辽阔陆向腹地，同时拥有范围更为广大的东南亚、印度洋、阿拉伯海，乃至环太平洋等海向腹地。借助于海上丝绸之路，我国与这些海区国家和地区自古以来就发生贸易往来，形成“以海为商”的海洋商业文化模式和传统，成为中国南海海洋文化特质最彰显的一个表现。

3. 丰富的海洋资源

中国南海不但拥有丰富的海水化学、动力、海洋生物、滩涂、海岛、港湾、旅游等资源，而且近年随着海洋科技、海洋勘探技术的进步，油气资源相继被发现，部分已投入开采。据有关报道，在中国南海至少可以找到200个油

① 中国科学院、国家计委自然资源综合考察委员会《中国国土资源数据集》一卷，1989年印，第320页。

气田，总探明可采石油储量约为200亿吨，天然气储量约为4万亿立方米。[①]近年这些数字不断被刷新。南沙群岛由于油气资源丰富而被誉为“第二个波斯湾”。在中国南海北部大陆架，则有珠江口盆地、北部湾盆地、莺歌海盆地、琼东南盆地、台湾浅滩南盆地（台西南盆地）等油气田，有的已在开采，有的在勘探，前景非常看好。一批石油重化工业也在沿海港湾城市崛起，出现像茂名、湛江东海岛这样的石油城。“石油文化”由此应运而生，成为新兴海洋文化类型，并大放异彩，预兆着海洋文化支持下南海海洋产业光辉的前景。

4. 季风气候

由于海陆热力差异，中国南海盛行季风，冬季吹东北风，夏季吹西南风，已成为风向规律，古代称信风。中国人早就利用季风扬帆南溟，从事对外经济文化交流，所以又把季风称为“贸易风”，夏季风称为“舶棹风”。宋代著名文学家苏东坡还写过一首《舶棹风》诗，内曰：“三旬已过黄梅雨，万里初来舶棹风。”说明至迟从宋代起，中国人假道中国南海的商贸活动就非常兴旺，“以海为商”的海洋商业文化达到相当高水平。梁启超在《世界史上广东之位置》一文中指出：“自宋以前，以广东之交通，而一国食其利。”元代吴莱在《渊颖集》中更说：“广海在南服万里，为天子外府。”指的是朝廷对广东海上商贸税收的严重依赖。明清以来海上商贸活动更频繁，给沿海地区带来可观的经济效益。屈大均《广东新语·食语》说，广州地区商人“其黠者南走澳门，至于红毛、日本、琉球、暹罗斛、吕宋，帆蹥二洋，倏忽数千万里，以中国珍丽之物相贸易，获大赢利”。清同治二年（1863年）广东巡抚郭嵩焘奏曰：“广东之富，在商不在农。”海洋文化令岭南富庶可见一斑。这点连远古时舜帝都极为赞美。《古诗源》引述《孔子家语》说“舜弹五弦之琴，歌南风之诗”，其辞曰：“南风之薰兮，可以解吾民之愠兮。南风之时兮，可以阜吾民之财兮。”[②]舜帝这首《南风歌》隐喻着对中国南海将带来经济利益，改善民生的祈望。近年，人们把有华侨、港澳台关系称“南风窗”，意亦指依赖于海上贸易或来源于海外而致富。

当然，中国南海也是世界台风最频繁的海区之一，影响中国南海的台风平均每年有14个左右，有产生于中国南海的“土台风”，也有发源于菲律宾以

① 金庆焕主编：《南海地质与油气资源》，地质出版社，1989年，第408页。
② 罗甸甸：《舜帝的〈南风歌〉》，见《珠江文化》创刊号，2007年，第96页。

东的西太平洋台风。土台风范围小、强度弱，但风向多变，难预测其登陆地点，且来势猛烈，在气象学上称“非常态台风”，对海上作业和沿海人民生命财产带来很大威胁。但生活在中国南海周边的中国人民，像熟悉季风一样了解台风，并创造了适应台风的文化模式。例如采用矮脚稻种，防止台风吹拂而倒伏，在沿海或村落、橡胶场周边种植防护林，尽量减少台风带来的损失。另外，岭南人对台风见惯不怪，大海的波涛造就了他们敢于和善于向外开拓进取的精神。岭南沿岸“人多以舟楫为食”，“逐海洋之利”，其人“习海竞渡角旺”①，“粤东（广东）滨海地区，耕三渔七”②，成为沿海居民共有的海洋文化品格。故著名地理学者华南师范大学曾昭璇教授说“炎黄文化，众流所宗；岭南亲海，热带民风”③。即总结了中国南海热带海洋对岭南历史文化的作用和贡献。这里面蕴含着大量历史文化资源可供研究。

第二节 人文社会环境

1. 历史地缘政治格局

海洋文化具有的开放性、外向性、重商性和冒险性等特质，在中国南海海洋文化史上有着充分的表现。因为中国南海周边拥有与中国交往最多的国家和地区，是东南亚海上交通要冲，形成稳定的历史、政治、经济、宗教、外交、文化等往来，奠定了中国南海海洋文化发生、发展的一个重要地缘基础。中国海疆地理形势，黄海东邻朝鲜、韩国，东海东邻日本。过了这些国家就是浩瀚无涯的太平洋，历史上通过黄海、东海主要与上述国家交往，没有能力超越太平洋。而中国南海则不同，它周边有菲律宾、印度尼西亚、马来西亚、文莱、越南、新加坡、柬埔寨、泰国等。经过马六甲海峡，入印度洋，沿边有印度、斯里兰卡、巴基斯坦、伊朗、沙特阿拉伯、也门以及东非诸国。这些国家和地区历史上有不同名称，都曾与中国发生政治、经济、文化关系，西汉时从徐

---

① 胡朴安：《中华全国风俗志》上篇，卷8，中州古籍出版社，1991年。

② 萧令裕：《粤东市舶论》，见《小方壶舆地丛钞》第九帙。

③ 曾昭璇、曾宪珊：《论我国海洋文化发展与珠海市建设》，见广东炎黄文化研究会编《岭峤春秋——海洋文化论集》，广东人民出版社，1997年，第21页。

闻、合浦港出发海上丝绸之路，即抵达上述不少国家。唐代，据《新唐书·地理志》所载，由广州出发“广州通海夷道”，全程长1.4万公里，沿途经过30多个国家和地区，已远至东非和欧洲。宋代与广州通商国家和地区多达50多个，到元代又增加到140多个。明清开辟由广州发航通爪哇、帝汶岛，经菲律宾到南美洲、到日本长崎、到大洋洲、到俄罗斯等航线，形成全球性海上交通大循环，使岭南文化、珠江文化走上与世界各地文化交往的道路。古今这些航线都要经中国南海海区，同时带来海外文化，包括印度文化、波斯文化、阿拉伯文化、东南亚文化，以及西洋文化等。这些异质文化与岭南文化、珠江文化以及中华文化交流、整合，成为岭南珠江文化的一部分，充分凸现岭南珠江文化海洋性风格，也在历代文人墨客中留下大量吟诵这种和平友好往来的诗章。唐代刘禹锡写珠江河面“连天浪静长鲸息，映日帆多宝舶来”，宋杨万里见广东沿海到处可见远洋的商船，有诗云“须臾满眼贾胡船，万顷一碧波粘天”。宋代另外两位诗人陶弼和张俞《广州》诗则带着强烈的感情色彩曰，“外国衣装盛，中原气象非”，“巨舶通蕃国，孤云远帝乡”。海外文化占领了广州文化空间和视野，似乎排斥了中原文化。明清大部分时间严行海禁，但独留广州一口对外通商。郑和船队七下西洋，每次都经过中国南海海面，也是非常重要的中外文化交流。明初诗人林弼诗曰，“殊方入贡梯航旧，上国归来冠盖新”，道出了中外文化交流盛况。郑和远航在中国南海留下郑和群礁、永乐群岛、宣德群岛、晋卿岛、道明群礁、景宏岛、马欢岛、费信岛等一大批与下西洋人物和事件相关的地名，成为中国南海海洋文化史上重大事件的一块块碑石。

鸦片战争以后，欧洲殖民主义者大规模入侵中国，主要是取道中国南海爬上中国海岸的。在这段以剑与火写成的中国近代历史上，在传入西方科技文化之同时，在中国南海也留下一些以西方人姓名命名的英文地名，如中沙群岛礼乐滩称为 Reed Bank，Reed 为英国船长；东沙群岛北卫滩和屏卫滩称为 North Vereker 和 Sauth Vereker，此中 Vereker 亦为英国船长（Hon F. C. P. Vereker）；南沙群岛乐斯暗沙，乐斯即为英国海军上尉 V. H. lys；南沙雄南滩1885年被定名为 Marie Louise Bank，Marie Louise 即为拿破仑第二个妻子（1791—1847年）。南海诸岛有252个岛、礁、洲、暗沙、暗滩（1983年），粤、琼、桂三省区沿海500平方米以上的海岛达1758个①。这些岛礁不少是海上交通港口、

① 转见司徒尚纪：《岭南海洋国土》，广东人民出版社，1996年，第11页。

导航、补给设施等所在，在连接岭南与海外诸国经济、文化交流中发挥重要作用，是中国南海海洋文化形成一个不可忽视的因素。

2. 历代中国政府对中国南海管理政策

岭南海陆区域，跨热带、亚热带和赤道带，加上地形影响，又兼具寒带、温带、亚热带等垂直地带性特点，形成水平和垂直两个方向上复杂的地理环境。水、土、光、热和生物资源极其丰富，为人类驯化生物品种、捕捞水产、创造丰富多样的物质文明提供强大后备基地，所以古人说广东“兼中外之所产，备南北之所有”①。这除了在广东本土出产的以外，还包括通过中国南海海上贸易从海外得到奇珍异宝，以满足中央王朝对这些物品的需求。另外，海上贸易带来的巨额利润也是中央和地方政府的财政之源，从晋代起，广州就有“天子南库”之誉。这类依赖中国南海及其商贸而致富之例，史不绝书，兹可列数例。

如果说舜帝《南风歌》，“阜吾民以财兮”还带有某种传疑成分的话，那么到商代伊尹制定《四方献令》，对南方各民族“请令以珠玑、玳瑁、象齿、文犀、翠羽、菌鹤、短狗为献”②，则已成为事实。南方大部处中国南海之滨，或中国南海中特产宝货。春秋时，楚国强大，降服粤人，即称“无求于晋”，因得中国南海宝货之故。另据《白云越秀二山合志》关于越人公师隅条下说，“时三晋惟魏最强，越王与魏通好，于是使隅往南海，求犀角、象齿以献之魏”，为越王勾践复国而集南海珍宝献魏，此事后见出土《古本竹书记年》。秦始皇在灭六国，统一天下以后，即发兵50万，平岭南，置南海、桂林、象郡三郡，部分原因是利越人之犀、象、珠玑。汉初赵佗立南越国，很重视海外贸易。《史记·主父偃传》曰：“边境之民靡敝愁苦，将吏相疑外市，故赵佗、章邯得成其私。”广州南越王墓出土非洲象牙、波斯银盒即为南越海上贸易兴盛的旁证。汉代番禺（广州）为全国性经济都会，《汉书·地理志》说，“中国往商贾者多取富焉”。晋代广州有至爪哇航船，50天一往返。太康二年（281年）大秦国（东罗马帝国）来广州献火布。《晋书·吴隐之传》称“（广州）一箧之宝，可资数世”；五代时，《南齐书·王琨传》云“世云，广州刺史但经城门一过，便得三千万也”，即广州海关收入甚肥，三千万不在少数。唐代“广州通海夷道”远至东非，广州海向腹地甚广。唐僖宗乾符五年（878

① 邱浚：《南溟奇甸赋有序》，见乾隆《邱文庄公集》卷8。

② 《逸周书》卷7，王会解。

年)，黄巢起义军攻克广州。黄巢上表请为岭南节度使即归顺不反，唐僖宗不许，认为“贼得益富，而国用乃屈”[①]。可见南海贸易获利甚巨，为唐帝国主要收入来源。南汉刘龑政权，虽偏安岭南一隅，但颇注意发展外贸，故府库充实。《南汉书·黄损传》云，广州“犀、象、珠、玉、翠、玳、果布之富，甲于天下”。其时首都兴王府（广州）修离宫别苑数百所，所耗巨资，几取之于海上贸易所得。宋代中国南海商船横渡印度洋，阿拉伯商人来广州经商的甚多。宋代广州东、西、中三城，比唐代大四倍又开新南城区，其资金一部分为阿拉伯商人捐赠。元代通商规模又比宋代大，陈大震《南海志·船货》称“珍货之盛，倍于前志所书”。明清海上贸易兴旺，清代“广州十三行”出现国际性富商，如伍浩官、潘正炜家族，年贡皇银 5 万 ~ 15 万两，举凡皇帝大寿、军费、治河等费用亦靠行商。无怪郑和说：“国家欲富强，不可置海洋于不顾，财富取于海上，危险也来自海上。”[②] 这已为中国南海海洋文化史所验证。这些事例显示，中国南海贸易为封建王朝提供大量财源，故中央政府对岭南一直采取保护开放政策，即使明清闭关锁国之时，也或明或暗开放广州口岸，维持海上财源不致中断。隋文帝平陈之初，在《安边诏》中令：南海诸国“使人欲来京邑（指今南京），所有船舶沿溯江河，任其载运”[③]，对海上贸易采取开放政策，岭南更不例外，隋在广州港建南海神庙即为对外开放一个最好的例证。唐代比过去更加开放，唐高宗显庆六年（661 年）颁布《定夷舶市场例敕》，内云：“南中有诸国舶，宜令所司，每年四月以前预支应须市物，委本道长史，船至十日内，依数交付价值，市了任百姓交易，其官市物送少府监简择进内。”[④] 进一步明确了广州商民开始与外国商人贸易。唐玄宗开元二年（714 年）始有“安南市舶使”记载。市舶使职能类似海关，安南市舶使也是岭南道的市舶使。作为对外海上贸易专门机构的设置，显示唐政府对岭南海上贸易重视有加，极大地促进了“以海为商”岭南海洋商业文化的繁荣。在广州出现专为阿拉伯商人聚居而设的“蕃坊”，即为海外文化在岭南传播、立足的见证。

宋元一秉唐代对外开放政策，故有上述广州商业繁盛。明代出于防倭和断绝逃亡海上张士诚、方国珍余党与内地联系，在中国沿海严行海禁，只准许与

---

① 《新唐书·黄巢传》

② 王曙光主编：《海洋开发战略研究》，海洋出版社，2004 年，第 31 页。

③ 许敬宗：《文馆词林》卷 664。

④ 陆心源：《唐文拾遗》卷 1。

明朝有朝贡关系的国家实行朝贡贸易，但对广东却有例外，准许非朝贡国家船舶入广东贸易，出现“番舶不绝于海滏，蛮夷杂遝于州城”[①] 的繁荣景象。嘉靖中，由于各种原因，“遂革福建、浙江二市舶司，惟荐广东市舶司”[②]。南海诸国与中国贸易“俱在广州，设市舶司领之”[③]，以及“凡夷船趁贸货物，具赴省城（广州）公卖输税”[④]。同时规定“广州船舶往诸蕃出虎头门，始入大洋”[⑤]。内地商人只好将货物运到广州后再出口，称曰“走广”。到隆庆六年（1572 年）部分开放海禁后，“广州几垄断西南海之航线，西洋海舶常泊广州”[⑥]。这些特殊政策使广州成为与南海诸国等唯一的通商口岸。入清以后，虽然也实行海禁和迁海政策，但广东仍有人铤而走险，走私贸易仍很猖獗，保持中国南海对外通商贸易。康熙中，沿海局势安定，废除海禁，设粤海、江海、浙海、闽海四个海关为对外通商口岸，粤海关居四关之首，税收至丰。到乾隆二十二年（1757 年），清政府又封闭闽海、浙海、江海三个海关，规定“蕃商将来只许在广东收泊贸易”[⑦]，这个规定后来又被强化。自此，粤海关成为全国对外通商唯一口岸，直到鸦片战争结束。

综观历代中央王朝，几毫无例外对广东实行各种特殊开放政策，保持中国南海海上贸易强大通道从不间断，由此带来经济、社会、文化等效应，也是中国南海海洋文化形成及其特质异于其他海区海洋文化的一个优势背景和强大动因。

第三节　华侨和穗港澳对中国南海海洋文化的作用和影响

1. 华侨与中国南海海洋文化

华侨既是中国南海海洋文化的一个载体，也是促进其形成发展的一个外部

① 《明武宗实录》卷一九四，正德十五年大二月己丑。
② 《明史》卷七十五，职官四。
③ 《明史》卷三二五，外国六。
④ 康熙《香山县志》卷 32S。
⑤ 顾炎武：《天下郡国利病书》卷一零二，海外诸番，入贡互市。
⑥ 谢清高口述，杨炳南撰：《海录》卷上。
⑦ 《清宫广州十三行档案精选》，《军机处上谕档》，广东经济出版社，2002 年，第 107 页。

条件。华侨这种双重角色，借助于华侨文化形式发挥其中介作用和影响。岭南华侨是个巨大群体，数量大、分布广，联系频繁、广泛，在南海海洋文化历史上有举足轻重的作用。

由华侨兴起和传播的文化是华侨文化。华侨文化虽然形成于海外，但其根仍在中国，故华侨文化实可分为两部分，一部分在侨居地，一部分在侨乡，前者姑且称为侨居地文化，后者称为侨乡文化。华侨通过探亲往返，书信往来，保持与家乡联系：有的回乡办实业、教育、医院以及其他福利慈善事业，影响或改变当地文化结构和景观，使之更具海外文化特质和风格。而中国南海是华侨出洋最重要，甚至是唯一通道，同是连接侨居地和侨乡的中介和纽带，故华侨文化特质、风格、文化势能的强弱及其时空分布差异，也必然在中国南海洋文化形成过程和结果中留下深刻的烙印，彰显出自己鲜明的海洋文化的个性，并比雄于其他海区文化。

岭南人出国，最早可追溯到东汉。唐代岭南海上贸易发达，华商经中国南海到波斯湾者量不在少数，故后世华侨自称为唐人，称中国为唐山。两宋华人“过海外是岁不归者，谓之住蕃”①，长期住蕃不归者称为“土生唐人”，但留居地以东南亚一带为主。元代海运发达，闽广商人已抵达红海沿岸和两河流域。明清时期，南海海上丝绸之路延伸得更广更远，华侨足迹几及世界各地。但只在鸦片战争以后，华人才大量出国，有更多机会接触、吸收当时先进的西方文化或其他域外文化，并使之与岭南文化交融、整合。华侨文化作为岭南文化的一部分得以形成，也是中国南海海洋文化最富有海外文化特点的组成部分。据有关统计，1945 年前后，世界华侨总数已近 1100 万人，其中，祖籍广东华侨华人约 700 万人②，人数最多、分布最广，世界上有海水到达之处，几乎都有广东籍华侨的足迹。1985 年统计，粤籍华侨约 1034.62 万人，其中亚洲为 847.75 万人，占 81.9%，美洲为 146.82 万人，占 14.2%，欧洲、澳大利亚等为 40.05 万人，占 3.9%。③ 而一般认为，中国有华侨约 3000 万人，其中 2/3 在广东。不管怎样，岭南是中国最大华侨祖居地。由于华侨分布地区包括各个自然地带，不同人种、民族、风俗、语言、宗教等，通过华侨把这些地

---

① 朱彧：《萍洲可谈》卷 2。

② 广东省地方史志编纂委员会编《广东省志・华侨志》，广东人民出版社，1996 年，第 57 页。

③ 司徒尚纪主编：《广东历史地图集》，广东省地图出版社，1995 年，第 49、126 页。

区文化引入国内，故岭南文化成分更加丰富多彩。宋代首先传入广东、福建等地占城稻、花生，明代传入番薯、玉米、菠萝、南瓜、辣椒、甘蓝等作物，都直接或间接与华侨有关。近世华侨在海南引入橡胶、咖啡等热带作物，成为中国土地利用史上一件破天荒的大事。20 世纪初，华侨从南洋引入地中海地区建筑骑楼，普遍采用于岭南城镇。广东五邑侨乡碉楼，更是中西建筑文化结合的结晶。在中国近代史上，许多杰出的历史人物或产生于广东，或得到华侨的帮助，例如孙中山、黄遵宪、陈宜禧、詹天佑、司徒美堂等，他们的气质、性格、思维和行为都反映了西方文化与岭南文化的结合和发展的轨迹。特别是华侨开辟国外市场，把中国商品输出海外，或从事远洋航运，发展沿海贸易，都要依赖中国南海海洋运输，对发展岭南经济做出了贡献。所以，无论物质还是精神文化层面，华侨都是中国南海海洋文化形成发展史上一个不可或缺的元素。

按照侨乡划分标准，广东被划分为珠江三角洲、五邑、潮汕、东江——兴梅、琼东北五大华侨文化区①。其中东江——兴梅区深入广东内地，因为有华侨文化的参与，当地文化特质仍表现出强烈的海洋文化特点。如不少男子远走南洋为生，华侨在祖居地所建住房同样为中西合璧式，华洋出资兴办各种公益事业，如修桥、铺路、建学校、建医院等至为普遍。当地方言中既夹杂有大量英语，也有不少马来语，后者如接吻曰“占”（tism），领带叫“拉西”（casi），杂货店叫“阿弄店”（alongtiam）等，说明海外文化在这些客家地区同样占有重要的一席之地，故距离海洋较远的广东侨乡也可纳入中国南海海洋文化区域范围。这样一来，中国南海海洋文化分布的空间格局，不仅包括岭南沿海，还深入岭南内地，在海洋与内地即海陆之间，形成空间互动关系。例如东江——兴梅客家地区有尊师重教文化传统，这个地区华侨多在东南亚从事工商、采矿、种胶等业，富者不多，在侨乡出资所办以文化教育为主，各类中小学校林立，成为侨乡文化一大特色，也堪为海洋文化在这里的一个投影。反观五邑侨乡，华侨集中在经济发达的北美，侨汇为当地主要经济来源，侨乡文化的经济基础坚实。侨资所建，包括新宁铁路，开平、台山大量碉楼、赤坎骑楼、五邑大学等，皆耗巨资。当地民风，也深染西方文化，如市面流行美元、加拿大元、英镑、港币等，统称“西纸”。在思想文化层面，过去一些农村，

---

① 许桂灵、司徒尚纪：《广东华侨文化景观及其地域分异》，见《地理研究》2004 年第 2 期，第 419 页。

妇女敢与男子在宗族祠堂开展辩论，以示男女平等。这在内地简直匪夷所思，无不展示西方海洋文化在当地浸染之深、影响之大。

2. 穗港澳对中国南海海洋文化的作用和影响

漫长的海岸线，众多的港湾和海岛都是海洋文化赖以形成、传播的依托，而其中的港口城市，又起到这种形成和传播的核心作用。恰如马克思说的："城市本身表明了人口、生产工具、享乐和需要的集中，而在乡村里看到的却是完全相反的情况：孤立和分散。"① 列宁也指出："城市是经济政治和人民的精神生活的中心，是前进的主要动力。"② 城市对文化、对区域发展的这种作用，古今中外毫无例外。故研究中国南海海洋文化历史不能忽视、脱离城市，尤其像中国南海这样与珠江流域和众多独流入海江河有紧密不可分割地缘关系的海区，其文化形成和传播，归根到底要依赖港市所提供的商业贸易条件，要在港市集中表现自己的文化特质和风格。位居三江交会之区的广州、香港、澳门三座港口城市，则是中国南海海洋文化在珠江口生长、凝聚和传播的中心，它们的城市性质、功能、运作和管理状况，不仅直接决定自己城市的文化特质和风格，而且作为区域文化生长和辐射中心，也深刻影响周边地区的文化特质和风格。事实上，穗港澳作为一个区域文化综合体，既有单独，但更多的是共同体现对中国南海海洋文化史的形成和传播的核心作用的，这可以从它们文化发展历程中得到验证。

珠江三角洲顶点城市广州，受惠于东江、西江、北江在附近入海优势，即《汉书·地理志》称"处近海"，汉初已成为对外贸易港口。秦筑灵渠和唐张九龄开凿大庾岭道，使广州作为河港腹地不限于珠江流域而可抵达长江、淮河流域；而作为海港，通过秦汉以来开辟的海上丝绸之路可达东、西二洋，乃至东非、欧洲、南北美洲和大洋洲，走上与世界交往的道路。古代广州城下，烟波浩淼，舟楫交击，中外商贾云集，蔚为大观。中外文化交流也伴随政治、经济往来而从未中断。历史早期如此，迨明清时期，这种对外文化交流更由于广东经济地位上升，珠江三角洲和沿海地区的区域开发进一步高涨而获得空前发展。加上广州作为岭南政治中心的地位从未动摇和削弱，又极大地提高了它的区域文化中心地位。史称："五岭以南，郡以十数，县以百数，幅员数千里，

---

① 《马克思恩格斯全集》第3卷，人民出版社，1956年，第57页。

② 《列宁全集》第19卷，人民出版社，1959年，第419页。

咸执秩拱稽受治于广州之长。”① 特别是明末以来，广州作为西风东渐首受之区，中西器物文化、宗教文化、理性科学文化、制度文化在此交流，中国南海海洋文化内涵在这里被充实与提高，发展成为时代先进文化。故屈大均在《广东新语·文语》中说：“天下之文明至斯而极……至有明乃照于四方焉，故今天下言文者必称广东。”以广州为核心的岭南文化具有很强的文化势能，并以高屋建瓴之势，形成向国内外辐射的格局。这可从洪秀全太平天国运动、康梁变法、孙中山民主革命以及詹天佑、容闳等科技文化成就中得到充分反映。新中国成立后，内地文化在社会主义体制下独立发展，由于经济建设的挫折和“文化大革命”动乱而处于停滞状态。只是自改革开放30多年来，珠江三角洲成为全国经济高峰区，其中海洋商业经济又高踞主导地位，使广州文化更加丰富多彩和向着更加先进道路发展。岭南文化由此积累更加强大文化势能，不断向外倾泻，以粤语、广货、影视、音像作品、时装、流行音乐，以及新潮生活方式、价值观念等在全国流布，即为新时代背景下岭南文化脱羽、成熟的标志。但岭南文化这些特性，带有浓重的“咸水味”，即洋味，主要是通过港澳吸纳西方文化成果，并加以改造、完善和创新而成。广州这种文化角色从未动摇，无论古今都高踞岭南文化中心地位，带动周边地区文化发展，保障珠江三角洲能够成为中国南海海洋文化一个重心和代表。

珠江口西岸的澳门自明嘉靖三十二年（1553年）被葡萄牙人赁居后，很快发展为一个世界性贸易港口、中西文化交流最早一个基地。西方文化由此大举传入内地，首先是珠江三角洲，继北上全国其他地区。关于澳门文化特质，有人总结指出，“有浓厚的拉丁色彩，与香港的盎格鲁撒克逊传统不同，澳门在种族、语言、法律、行政、建筑、民族、饮食等方面受拉丁文化的影响较深，中西文化交融的和谐性突出”②。而澳门稳定、宽松的社会环境、悠久的历史、华人占当地居民绝大多数，在这种背景下形成的澳门文化保留了许多传统的广府文化，同时糅合了形形色色的西方文化，是一种多元混合型文化。澳门文化海洋性无论在哪个文化层面都有充分表现，包括底层南越文化，中层广府文化，上层葡萄牙文化等。如欧洲古典主义和新古典主义色彩建筑，甚至马

---

① 光绪《番禺县志》卷10。

② 魏美昌：《澳门文化的特色、优势与前景》，转见许锡挥、李萍主编：《粤港澳文化关系》，中山大学出版社，2001年，第30页。

路上的斑马线都被绘成水波状。种类繁多的宗教信仰和民间崇拜，有“语言博物馆”之称的多种方言，以及形形色色节庆习俗和饮食传统等城市文化景观。如在澳门葡萄牙人多数经商，他们有“祈风”之俗。一年利用季候风出洋贸易。商船将返，妇女儿童便“绕舍呼号以祈南风”，如果出洋的人不归，则“相率行乞于市”，乞者常至千人，说明澳门对海洋的严重依赖。澳门文化形成以后，不断向珠江三角洲、广东全省，以及省外辐射，从早期利玛窦由澳门进入肇庆传播天主教、西方科技到鸦片战争前以澳门为西风东渐最重要基地都莫不如此。关于澳门在中西文化交流史上的地位和作用，正如著名国学大师、北京大学季羡林教授1993年为陈炎著《海上丝绸之路与中外文化交流》（未刊稿）一书所写序言中说的：“在中国五千年的历史上，文化交流有过几次高潮。最后一次也是最重要的一次，是西方文化的传入。这一次传入的起点，从时间上来说，是明末清初；从地域上来说，就是澳门。整个清代将近三百年时间，这种传入时断时续，时强时弱，但一直没有断过（中国文化当然也传入西方，这不是我在这里要谈的问题）；五四运动，不管声势多么大，只是这次文化交流的余绪。可惜的是，澳门在中西文化交流中这十分重要的地位，注意之者甚少。我说这话，完全是根据历史事实。明末最初传入西方文化者实为葡人，而据点则在澳门。”[①] 这个评价是十分公允的。澳门以港兴市、以港旺市、以港建城，葡人又是海洋民族，澳门文化是海洋文化也是不争的事实。澳门文化对内对外传播都以中国南海航运为工具，对中国南海海洋文化形成发展的不可替代历史作用，举世公认，无可置疑。

珠江口东岸香港，战前曾是广州外港，唐代“广州通海夷道”即经过今香港屯门水域。明正德到嘉靖年间葡萄牙武装船舰多次闯入屯门水域要求通商，但被明政府拒绝。以后随着葡萄牙海上霸权丧失，澳门逐渐衰落，香港地位上升。鸦片战争前林则徐指出：“而就粤省海道而论，则凡东越惠潮，北往闽浙之船，均不能不由该处经过。”[②] 道光二十一年（1841年）闽浙总督伯涛也说：“香港为商船内驶必由之路，其岛曰红香炉，上有营汛居民，并非偏僻小岛可比。”[③] 正由于香港在海上交通区位优势，故在鸦片战争中为英国侵略

① 转见黄启臣：《澳门通史》，广东教育出版社，1959年，第132页。

② 林则徐：《夷务始末》卷10。

③ 文庆等编：《筹办夷务始末》，道光朝，卷30。

者看中而要求割让绝非偶然。战后，香港割让给英国，大批内地人迁来，广府文化成为当地文化主流。英国在香港实行殖民主义加资本主义政治、经济制度，以及自由港政策，以英国海洋文化为主的西方文化得以畅通无阻地在香港传播、生根、发展，如英语、英国政治、法律、西方建筑、宗教、艺术、礼仪、节庆、餐饮、服饰，乃至行为方式、价值观念等。由于港英当局没有在香港采取同化的文化政策，中西文化得以相互并存、碰撞和交融，形成香港文化既有与珠江三角洲文化“同声、同气、同根”的一面，又是西方文化最直接传入之地，而具有浓厚重洋味。两者兼收并蓄，凸现香港文化商业化、世俗化、享乐化风格。但香港作为世界性贸易转口港，城市性质和功能都由它的海港地位所决定。它的全部活动都以海洋为中心展开，从香港出发的航线抵达世界各大港口，香港的货物和旅客吐吞量名列世界各港前茅，与世界各大城市保持着非常紧密的联系，甲于大陆各大城市。在20世纪50年代以后，香港在与内地隔膜的状态下独立发展起来，经济起飞，进入现代化轨道，一跃而成为亚洲“四小龙”之一。由此促进香港文化更具有全面的开放性和国际性，其海洋文化发展程度提高到一个新的水平，这在香港回归以后也没有改变。所以，香港作为一个世界性大都市，支撑它的文化基础就是海洋文化，中国南海海洋文化即为这个基础的主要成分。这在鸦片战争后更表现了香港文化海洋性对内地的作用力，深刻影响内地文化的历史进程和后果。香港文化由于具有东西文化融合特点，又凝聚了近现代最先进科技成果，因而具有强大的文化势能，不断向海内外辐射。其首受之区是珠江三角洲，继及华南、华东、西南、华北各省区。这包括以人为载体、以物质和精神产品为载体的对外传播，深刻影响它辐射地区的社会文化生活、科技、社会风尚、语言、思想观念、行为方式，乃至黄、赌、毒、黑等不良社会风气。近年香港影视、流行音乐、时装、娱乐方式、明星崇拜等风靡内地，即为香港文化强大辐射力所在。

广州、香港、澳门地理上本为一体，虽然由于历史、政治体制等差别而发展为三个文化中心，但文化的特质没有根本差异，同为广府文化一部分，也是中国南海海洋文化所依托的三个核心城市。这三个城市文化不仅独立地发挥自己的文化辐射功能，而且通过彼此间的文化互动，形成“粤港澳区域文化综合体”①，

---

① 许桂灵、司徒尚纪：《粤港澳区域文化综合体形成刍议》，见《地理研究》2006年第3期，第495～506页。

发挥"1+1>2"的文化辐射效应。近年建立的泛珠三角，即"9+2"概念，需要得到珠江文化的支持。海洋性是珠江文化一个本质特征，而粤港澳作为泛珠三角的龙头，也正是这个区域经济联合体的依托。江海一体的地理格局，决定中国南海海洋文化在泛珠三角建立和实施中得到振兴和发展，也是毫无疑义的。

第四节　海洋时代与中国南海海洋文化的关系

古代，人类海上活动多局限在一定海域，或未能离开海岸线，深入海洋腹地，即使像唐代"广州通海夷道"那样长达1.4万公里途经30多个国家和地区的远航，以及明初郑和七下西洋，远达西亚和东非的航行，也还是局部，而不是世界性的海上航行。故通常认为，直到哥伦布发现新大陆以后，欧洲殖民主义者东来，世界海洋由于海上航行可以相互沟通而真正变成一个整体，这才标志着海洋时代的到来，世界海洋文化由此应运而生。而作为世界海上航行枢纽的中国南海，其地位的提升，促使海洋文化发生根本性的转变，中国南海海洋文化史以此为时节点，开辟了新的里程碑。这包括了对地球形状的认识，对新航路的开辟，对海洋的科学、政治、军事、经济、文化的价值的新认识，对传统观念的颠覆等，中国南海海洋文化发展自此进入一个新时代。但以发展程度差异，可以划分出若干阶段，表示中国南海海洋文化发展深受海洋文化发展总体格局所制约，但又有其特殊性的特点。

1. 地理大发现与中国南海海洋文化

1492年意大利航海家哥伦布第一次抵达美洲，发现新大陆，自此，欧洲几个主要殖民国家揭开了海洋时代的序幕。不久，欧洲人开始向美洲迁移，据悉1607—1640年间，英国流入美洲的移民就达2万多人[①]。欧洲殖民主义者自此东来，贩卖黑奴，掠夺财富，实行原始资本积累，用铁和血写的文字，写成了早期资本主义在东方的海洋史。

在中国，这正是明清海禁时期，西方殖民主义正叩打古老中国的大门，虽在明嘉靖年间在广东澳门租赁一块弹丸之地，开始向中国渗透，但始终改变不了明

① 李明春、徐志良：《海洋龙脉——中国海洋文化纵览》，海洋出版社，2007年，第15页。

清王朝大陆国家主流观念。但在主流意识之外，山高皇帝远的岭南人，历史上向来以海为生，“海禁”并未能彻底生效，也改变不了这部分人的海洋文化本性，并未能停止他们迈向海洋深处的步伐。到明中叶，朝廷对广东实行优惠的特殊政策，准许非朝贡国家船舶入广东贸易，后来朝贡贸易名存实亡，私人贸易上升到主体地位。粤闽海商集团乘机崛起，把生意从大陆转向海洋，私人贸易压倒官方贸易，并在世界市场上占有一定优势，铸造了他们的海洋文化品格。这样，中国南海贸易地位上升，海上运输一片繁忙，从广东各港起航的海上丝绸之路航线向全球扩展，中西文化交流由此出现新局面，包括市舶司制度、澳票制、定期集市交易制度等应运而生。明万历末年，罗明坚、利玛窦等一大批耶稣会士相继东来，在肇庆、韶州，以及南昌、南京、北京等地传播天主教，也带来西方科学技术，使中国人耳目一新，开始了“西学东渐”新时代。著名历史学者侯外庐先生指出：“中国正式接触到所谓‘西学’，应以明末因基督教（应为天主教）传入而带来的学术为其端倪。”① 台湾学者方豪研究说明：“利玛窦为明季沟通中西文化之第一人。自利氏入华，迄于乾嘉后行禁教之时止，中西文化之交流蔚为巨观，西洋近代文学、历学、数学、物理、医学、哲学、地理、水利诸学、建筑、音乐、绘画等艺术，无不在此时传入。”② 文化交流是双向的，“中学西传”也同时开始，中国古典经籍、儒学思想、科举制度、数学、语言文字、科学技术、工艺美术、音乐、风俗等传入西方，并产生深远影响。由此可以看出，世界海洋时代的到来，也是海洋文化的世界性在增长，而中国“海禁”政策与这个时代有很大矛盾，但在独特地理区位和特殊政策之下，中国南海仍能保持有限度的海上贸易，中西文化交流得以展开，中国南海海洋文化发展因融入许多新元素而表现出另一番角色，这容后述。

2. 鸦片战争后中国海权被侵害与中国南海海洋文化

战后，西方列强争先恐后地向东方扩张，最大的目标是中国，海洋又首先成为角逐的对象。马克思说：“对于一种地域性蚕食体制来说，陆地是足够的；对于一种世界性侵略体制来说，水域就成为不可缺少的了。”③ 位处西太平洋的中国南海最先为西方列强觊觎。美国林肯时代国务卿威廉·西沃德认为：

① 侯外庐：《中国思想史》第4卷，人民出版社，1980年，第1189页。

② 方豪：《中西交通史》下卷，岳麓书社，1989年，第692页。

③ 转见李明春、徐志良：《海洋龙脉——中国海洋文化纵览》，海洋出版社，2007年，第16页。

"我们的人口注定要不可阻挡地冲破北方的冰障，在太平洋海岸与东方文明交会。"美国"必须是支配海洋的帝国，这才是唯一真正的帝国"①。这种海洋帝国观念同时为英、法、日、俄、德等接受，并付诸实践，在中国南海海洋面上演了一幕又一幕争夺中国海洋领土主权海洋权益，和中国政府与人民反抗外来侵略的历史悲剧。先进中国人，特别是岭南文化精英分子，深谙海洋对国家、民族、区域发展的意义，高度评价和大声疾呼加强海洋战略地位和海洋意识教育。梁启超在《世界史上广东之位置》一文中认为，"今之广东依然为世界交通第一等通道"。临海地理区位优势的感化，使广东人形成"其剽悍、活泼、进取、冒险之性质，于中国民俗中稍现一特色焉"。在《中国地理大势论》中又指出，广东"其民族与他地绝异，言语异，风习异，性质异，故其人颇有独立思想，进取之志"。其根源在于战后海洋时代，广东更多地接受西方先进思想文化，诞生了一个站在时代前列、叱咤风云的革命人才群体，对推动中国历史发展和社会进步作出巨大贡献。这种深层的文化意识、观念形态和核心价值，只产生于战后海洋环境，形成在海洋文化发达的广东，并首先在广东变为变革现实、改造社会的行动，这成了中国海洋文化史上最壮丽的篇章。

3. 冷战时代与中国南海海洋文化

第二次世界大战以后，全世界形成以美国为首的帝国主义阵营为一方，以苏联为首的社会主义阵营为另一方。双方都强调自己的价值观，寻求、保卫自己的利益，互相对立、争夺，也爆发过局部战争，形成长期的冷战状态。海洋成为冷战的最大舞台，这深刻影响到作为太平洋交通枢纽的中国南海的政治、军事形势和海洋文化的发展。1950 年 6 月朝鲜战争爆发，美国第七舰队封锁台湾海峡、切断中国南北海上通道，并对中国进行禁运和经济封锁。这样中国南海的海上贸易、政治、经济、文化往来大为减少，海洋文化也跌到历史低谷。虽然香港作为一个自由港仍在发挥它的世界航运中枢、商贸中心、金融中心功能，广州也作为新中国成立后中国唯一的对外通商口岸，保持与外部世界的联系，中国南海有赖于此，与周边国家保持相互友好关系和正常往来，但到底深受冷战总体格局的影响而处于高度戒备状态。也由于中国实行的是社会主义计划经济，强调自力更生，基本上实行闭关锁国政策，主要经济、文化活动

---

① 见李明春、徐志良：《海洋龙脉——中国海洋文化纵览》，海洋出版社，2007 年，第 17 页。

都在陆地上进行，海洋价值未得到应有认识，海洋开发利用程度很低，从政府官员到普通百姓的海洋意识都很淡薄，海洋文化处于停滞状态，甚至连一些最起码的海洋文化知识也没有在一些决策者头脑中占有哪怕是最小一点地盘。如1996年已是苏联解体、冷战结束，中国加入《联合国海洋法公约》时期，广东教育出版社、科学出版社、原子能出版社等出版的《新编三字经》小册子，毫无例外没有中国海洋国土观念。唯一涉及中国海洋的广东教育出版社版本只有“从昆仑，到海滨”之句；原子能出版社版本则只曰：“明珠串，西沙群”①。这种有意无意淡化、取消海洋国土的行为后受到有关部门的严厉批评，但恶劣影响至今仍未能消除。由此反映历史上长期形成海洋文化的缺失需要很长时期才能填补，而长达半个世纪的冷战时代又使这种缺失达到极致。这已成为加强和普及海洋文化知识的一个重要由来。

4. 经济全球化背景下中国南海海洋文化

冷战结束，两大阵营解体，世界进入一个经济全球化和空间一体化的新时代。特别是互联网的普及，“地球村”概念盛行，世界经济的地区差异越来越小，这也是一个不可逆转的过程和后果。但无论是经济全球化还是空间一体化，其最直接的一个后果是海洋的地位在上升。因为世界海洋本来就是一个整体，海洋的统一性和海水的流动性有利于各个国家、地区和民族的文化交流和整合。这也适应了和平与发展已成为当今世界发展的潮流，任何一个国家和地区，已不可能在一个封闭的国度里独立发展起来。在这个背景下，中国适应世界发展潮流，果断地结束新中国成立以来自我封闭的状态，重新打开自己大门，实行改革开放，从大陆走向海洋，在海洋中寻求出路，在海洋中和平崛起。这个伟大的战略转移，给中国海洋文化的复兴和发展带来极大的生机和活力，特别是中国南海，它所具有的太平洋航运枢纽区位，东西方文化交汇点空间吸引力，特别是无限丰富的海洋油气资源带来的海洋产业的振兴，正使之成为世界产业转业一个重心和布局的主要地带。这个海洋经济的宏伟蓝图的实现，必须获得高度发达的海洋文化软实力的支持。这个软实力，除了海洋科学技术，还有最核心、最精要的海洋价值观念、精神心态、思维方式等构成的海洋文化观念体系，它相比于海洋物质文化、制度文化更具有深层的、隐性的结

① 李明春、徐志良：《海洋龙脉——中国海洋文化纵览》，海洋出版社，2007年，第141～142页。

构，也具有更强大、更持续的作用力，能够支撑起中国南海当今和未来海洋产业的发展。但如何寻找和依托这种海洋文化软实力，仍须从海洋文化历史中得到经验、教训和启示，这也是本书写作的一个旨趣所在。

第三章　史前时期中国南海海洋文化孕育

史前时期指未有文字记载以前的时期，主要是第四纪全新世1万年以来在人类活动影响发生的自然和人文景象。中国南海海洋文化在这个时期已经开始孕育，南海周边的原始居民，通过各种方式，开始从事海产品的采集、捕捞、海上航行，以及其他适应海洋环境的活动，都是海洋文化的表现形式。但因无文字记载，史前海洋文化，主要借助于考古发掘的物证和海洋神话来反映它的文化内涵。这大约距今6000年，中国南海周边地区，已经闪烁着海洋文化明微的曙光。

第一节　基于考古证据的中国南海地区文化往来

1. 旧石器文化考古

史前时期，国家没有形成，人类也无国界，原始人群生活区域往往以自然地理区域为单元，他们的经济生活及其创造的文化与自然地理密切相关。自然地理不仅提供生活环境，也是生活资料的来源。无论生产还是生活工具在石器时代都离不开石器工具的创造。不同地区石器工具性质和特点的趋同，意味着地区之间发生过文化交流。根据第四纪最后一次冰期到来之际，南海、东海和黄海大陆架是出露的，其深度比后来浅得多，很方便人类往来。而据古人类学研究结果，人类祖先一说源于非洲，后向其他大陆扩散。这些古人类走出非洲后，分两条线进入我国，一条是从青藏高原西侧，另一条是从青藏高原南侧。后一条线继接西江水系，再进入中印半岛和东南亚。沿途经过广西百色盆地，这些古人类创造了以百色手斧为代表的旧石器文化，故凡有百色手斧出现的地区，即发生过区域文化交流。百色手斧广见于珠江流域，器形粗大且厚重，具有锋利棱角和尖刃，便于砍辟或挖掘植物根茎，是一种重型旧石器，经年代测定为70万年。百色手斧在珠江流域和东南亚出现，是基于两地的自然地理、生物地理性质有很多相似性，则文化的共同性也必然存在，人类群体的交流在所难免。这理所当然要取道中国南海，由此推断，自北向南的文化交流业已发生。考古发现印度、缅甸、泰国、老挝、越南、爪哇岛等地早期的旧石器与百色旧石器有很多共同之处，就绝非偶然。这样一来，中国南海所涉及地区，海洋文化发生和交流的时间很早，按百色手斧年代算已有70万年，比“北京人”年代还要古老。这说明古人类的海洋文化比大陆文化开始时间在前，南亚包括我国南方是古人类一个摇篮。古人类创造的旧石器文化，不断向周边地区辐射，中国南海地区既是辐射通道，也是接受辐射的对象，应是人类最早海洋文化摇篮。而这种辐射源头之一是中国南海北部海岸旧石器遗址。香港西贡黄地垌遗址即属其一。该遗址在香港新界西贡企岭下一处海滩，发现于2003年，为距今约4万年的一个旧石器制造场，也有中、新石器遗存，出土大量石片、石核和石器，包括楔形器、刮削器、尖状器、手斧、砍砸器等。其中遗址发现的苏门答腊式石核，说明香港地区的石器技术与东南亚史前时期的石器技术可能存在一定关系。中山大学人类学家容观夐教授曾指出：“我认为2004—2005年的香港深涌黄地垌遗址的发现的出土的器物及其加工技术说明深涌黄地垌一带既是百越族群先民生产各种门类工具的基地，也是古越族先民的原始聚居地。事实上，我们也看到黎族的先民们途经雷州半岛向海南岛途中留下自己的印迹。”① 即海南黎族原有一部分为大陆海边居民，后渡海入琼。黄地垌原始人类为海南黎族人祖先一部分。

海南三亚落笔洞也是一处海边旧石器洞穴遗存，距今最古的文化层约1万年，发现的原始人类称“三亚落笔洞人”。除了采集和狩猎，落笔洞人也从事海产捕捞，以螺类为主，捕捞经济比较发达。联系到海南黎族来源“大陆说”，黎族一开始是滨海而居，属海洋部族，后来迁入五指山腹地，民族学者认为黎族至今保存的船形屋，即为黎族先人为水居族群的一个凭证。

位于闽粤海上交通要冲的南澳岛，也有8000年左右旧石器晚期的细小石器出土，称“象山石器”，适用于近海捕捞、滩涂采集等生产活动。在象山附

① 参见张镇洪：《南蛮不蛮》，中国评论学术出版社，2010年，第47、51、52、136、162、217页。

近，还有不少贝类、蚌类遗存，说明海岛上原始居民依赖海洋为生。以上这些中国南海北部海岸岛上的旧石器，无一不说明从70万年至近1万年的漫长地质时期，原始人都活跃在海岸、海岛，甚至遥远的海洋腹地，从事以渔业为中心的海洋文化活动，并世代相传到中新器时代。

在人类文化史上，继旧石器之后通常是中石器时代，距今约1.2万年，由于受最后一次冰期影响，环境产生很大变化。在华南地区，由于大面积大陆冰川出现，海平面大幅度下降，海水降到130～145米以下，大片大陆架出现，半岛与陆块、岛屿与陆块、陆块与陆块等相互连接，变成通道，极大地方便古人类和动物群的迁移，为人类活动和文化交流提供更宽广天地，中国南海再次成为古人类交往通道。在中国南海北部，属于这一时代的文化遗址遗存不少，包括广西宾县盖头洞、柳江思多岩、陈家村、崇左矮洞、柳州百莲洞、大龙潭鲤鱼嘴下层、桂林穿山月岩东岩洞、甑皮岩、广东阳春独石仔、封开黄岩洞、罗砂岩上层、英德青塘朱屋岩和云岭牛栏洞等遗址。这些遗址遗存出土的石器以大中型者居多，也比较进步，其中广东阳春独石仔还有七件“苏门答腊式”石器，显示其来源或受海外石器文化影响。而更加明显的是南亚和东南亚地区也有同类石器文化，如越南和平省的“和平文化”，马来西亚沙捞越西北部的尼阿洞穴遗址，泰国北碧府柿约乡僧侣遗址，泰国西北部的仙人洞遗址等。它们与上述珠江流域同时代石器文化的共同性，说明以中国南海为通道而发生的自旧石器以来的文化交流一直被传承下来，中间未曾中断。

2. 新石器文化考古

在新石器时代，中国南海地理环境发生变化，根据^{14}C测定，南海诸岛大部分岛屿露出水面时间距离现在约5000年，这就为这一时期原始人类在海上活动提供了方便，即可以乘独木舟或木筏在岛屿和大陆之间往来。有段石锛是我国南方古越人新石器文化的特型器物，除在中国台湾、菲律宾等地发现以外，在南太平洋的玻里西尼亚群岛、社会群岛和苏拉威西，以及北婆罗洲一带均有发现，表示古越人有可能利用中国南海方便条件航海至这些地区，与那里的人类发生文化接触与交流。最典型的南海西樵山，是一个巨大的新石器加工场，其代表性细石器和双肩石器，不仅辐射珠江三角洲、广东中部、广东南部、广西南部和海南岛、粤东、粤北，可能还渡海进入台湾新竹、基隆、台中、高雄、台东，以及溯西江进入云贵高原，而且还向南传播到海外，包括中南半岛诸国、马来西亚、印度、孟加拉等国家和地区。西樵山石器文化的创造者为百越先民，以擅长舟楫著称，在中国南海大陆架出露、海水变浅背景下，完全有可能在海面上使用简单的航海工具，将自己创造的石器文化传到他们所到之处，从而在太平洋、印度洋很多地区留下海洋文化吉光片羽。

史前时期除了上述以百色手斧为标志的中国南海古人类有过旧石器文化交流以外，到岭南新石器晚期，生活在中国南海北部的土著居民古越人，有些人滨海而居，依靠采集、捕捞海产或从事航海为生，创造了最原始的海洋文化，是中国南海海洋文化的源头。法国地理环境决定论者孟德斯鸠（Monte Squieu，1689—1755 年）在其著《论法的精神》（也译作《法意》）中曾提出“海边文化”概念，以对应于“山岭文化”概念。古越人的原始海洋文化，应属这种“海边文化”，是适应中国南海热带海洋环境、走向开发海洋资源的第一步，自此揭开南海中国海洋文化史最早一个篇章。考古发现，古越人将食用海产后剩下的遗物，包括各种贝类、鱼类、两栖类等遗骨遗存堆积起来，形成贝丘遗址，时间距今 4000 ~ 6000 年，广泛分布在中国南海北部沿海。据统计，我国沿海贝丘遗址约 200 处，其中广东有 70 多处，两广共 150 多处，占全国 75%。在粤东韩江三角洲广见于潮州、揭阳和澄海滨海，以潮州西郊陈桥村为代表，称“陈桥贝丘”。在距今约 6000 年前，海平面在现今海平面上保持相对稳定，中国南海北岸及其岛屿形成众多港湾，多属河口湾类型，带来大量泥沙，在海口或河口形成拦门沙或拦江沙，人类在其上活动，形成所谓沙丘遗址，广见于沿海。在珠江三角洲，贝丘遗址和沙丘遗址占 300 多处新石器遗址的绝大多数，包括高要、四会、三水、南海、佛山、广州、新会、中山、博罗、增城、东莞等县市，贝类组合有各种贝类、鱼类、两栖类，反映古越先民有些人从事河口和海湾的采集和捕捞。而沙丘遗址多见于中山、珠海、斗门、香港、澳门等地，以鱼类遗骸较多，且多为海生属种，同时出土的还有网坠等物，仅环珠江口等地即有新石器和青铜时代网坠 44 处，其中珠海高栏岛宝镜湾遗址出土与打鱼、航海有关的坠形石器达 1207 件①，说明当地先民从事海上捕捞或滨海采集。在海南岛、雷州半岛、广西北部湾沿岸同样有与上述文化内涵相同的贝丘遗址和沙丘遗址。如三亚落笔洞、东方县新街、陵水县石贡大港村等新石器遗址中，即有大量螺蛳、蚌壳、蚝蜊壳存在。此外，还有陶制网坠等渔具。这

---

① 肖一亭：《南海北岸史前渔业文化》，中国评论学术出版社，2009 年，第 102 页。

说明史前时期，中国南海北部先民主要的生活方式为渔猎，从大海摄取生活资源，这些遗址即为闪烁在中国南海古代文化史上的一个个亮点。

生活在中国南海北部沿海的土著越人，按部分民族学者的解释，“越人”是指水居部族，一部分分布在沿海。古越人“习于水斗，便于用舟”①，也“善于造舟”②。《山海经·海内南经》有“番禺始作舟”记载，按番禺一说是南海神名，回到现实，可理解为古越人化身。舟楫是他们主要的交通工具。刘安《淮南子·原道训》说“九嶷之南，陆事寡而水事众”，沈怀远《南越志》还有“越人造大舟，溺人三千”的记载，到晋刘欣期《交州记》也说“越人铸铜为船在江，潮退时见”。考古发现证明了这一点。近年在环珠江口一带沙丘遗址发现多处石锚，用于解决海上停舟难题，香港新界屯门、珠海平沙棠下即有这类石锚。20 世纪 70 年代以后，先后在揭阳、化州、海南沿海，甚至内陆怀集等地出土汉至魏晋多艘独木舟，这些地区都是古越人居地。1989 年在珠海市高栏岛宝镜湾发现相当春秋或更早时期的摩崖石刻，图像中有众多舟船造型，属两头尖翘平底船，船体装饰图案有波纹、水纹、云纹、雷纹以及凤眼纹等，展现“海船一体”、“天船一体”的境界。另在船体周围拥簇着众多人物，翩翩起舞，呈现一派送行、祭祀和向苍天祷告平安的造型。研究者认为，“宝镜湾石刻是居住海滨，以航海、水上作业为生的当地土著民族——古越人，对海上平安的祈祷，对海洋保护神的祈祷，其中包含有对民族先祖的祈祷。嗣后，每当出发之前或被风暴所袭，困守在岛屿之时，都须隆重举行祭祀图腾、神灵和祖先等宗教仪式，以求祈福禳灾，保佑平安出海，安全达到目的”③。这幅石刻图像已被公认为先秦古越人航海活

化州出土的南朝独木舟　茂名市文广新局提供

① 《汉书》卷 64，《严助传》。

② 李昉：《文苑英华》卷 77。

③ 姜永兴：《古越人平安航海祈祷图——宝镜湾崖石刻探秘之一》，载广东炎黄文化研究会编《岭峤春秋——海洋文化论集》，广东人民出版社，1997 年，第 143 页。

动的最有力证据。实际上，包括珠海、澳门、香港在内整个珠江口都不乏这类石刻。而宝镜湾石刻发现和被广泛重视，是因为“它说明从江苏的连云港到福建、广东、广西，东南沿海连成一线都有岩面，很值得研究”①。另有论者认为，“古代南海越人集中出海的一个海港，每凡各种因素出海作业或活动时，他们首先集中至珠江口岸诸岛屿上，准备用品，待机出发，在出发之前，首先举行宗教性质的仪式，如祭祀图腾、神灵和祖先……（把它们）用种种不同的形象，刻在岩面，以供祭拜，借以表示尊神敬祖的情意。这些图腾、神灵或属动物，或被抽象化了，成为几何图形，成为越人祭祀崇拜的对象”②。

目前我国发现岩壁画，大致可分为北方、西南和东南三个系统，其中东南沿海地区的岩画，分布在江苏、福建、广东、台湾和港澳等地，内容以抽象的图案为主，都采用凿刻的技法。

广州南越王墓出土铜提筒外面战纹拓本摹图

广州南越王墓博物馆提供

香港岩画出现在史前时期，主要艺术遗存分布在东龙岛、石壁、蒲台、大浪湾、长洲、大庙湾、滘西洲等处，多在海边、背向外海的小海湾里。其内容充满了神秘色彩，令人费解，但比较一致的看法是都属于青铜器时代，具体内容并不一致。最大一处在东龙岛，道光《新安县志》有记载：“石壁画龙，在佛堂门，有龙形刻于石侧。”有论者认为，从东龙岛岩壁画图案上多有卷曲线条和类似眼睛、须、爪等局部造型中，可以判断是“龙形的观点”。而大浪湾岩刻图案，则可能是持有器物的裸男形象。长洲岩刻画一端有“蛇头形曲线”，应为对男性生殖器官的写照，类似表示交媾，反映增加人口的愿望。这些距今 4000～3200 年的岩壁画，显示水居南越人已登上海岛，从事各种海事活动。

① 徐恒彬、梁振兴：《高栏岛宝镜湾石刻岩画与古遗址的发现和研究》，见《岭峤春秋——海洋文化论集》，广东人民出版社，1997 年，第 138 页。

② 石钟键：《中国古代的艺壁艺术研究——岩壁石刻部分》，见《民族研究动态》，1991 年第 4 期。

澳门岩壁画1982年发现于澳门寇娄岛的长栝湾山谷中，图案内容难以辨别，但其中有可能是带桅杆的船只。若此，联系到南越人善于航海传统，不无道理。这些岩图，即为照亮远古时期中国南海北部海岸的海洋文化的一座座灯塔。

考古学家和人类学家还证明，远古时代移居海南岛的黎族祖先有一部分就是乘坐这种独木舟从大陆渡海而来的①。还有一些学者认为，黎族祖先有一部分是很古时期从东南亚各地漂流中国南海而进入海南岛的②。林惠祥教授认为“印度尼西亚族和黑矮人到华南来应即是由印度支那来”，“尤其是以航海著称的印度尼西亚族更有可能沿着广东、福建、浙江沿海东进”③。刘耀荃研究员则指出：海南黎族先人“可能是南方蒙古人种的另一支——马来人，亦即广义的印度尼西亚人，他们从南洋一带漂流到海南岛，长期生活‘在海渚，不食五谷，食蚌及鳖而已’”④。1976年，在广西贵县罗泊湾汉墓中出土一面铜鼓，鼓身绘有双身船纹图形，形式与现在南太平洋诸群岛民族（如汤加、萨摩亚）使用的双身独木舟极为相似。无独有偶，1982年广州南越王墓出土铜提筒，外壁有四组船纹，绘有杀俘猎头图案，显示古越人祭河神或海神庆功的情景。特别是船上动力是三帆一橹，桅杆上的羽饰迎风后扬，正扬帆破浪前进。海上活动为古越人重要的生活方式，已驱驰于中国南海，可能到达上述某些岛群。1973年肇庆松山先秦墓葬出土当时中国尚未能制造的琉璃（即玻璃），此物只能来自海外，是从濒海的番禺或别的沿海地区获得，从而显示岭南沿海已与海外某个地区发生经济文化交流，意味着中国南海海洋文化萌芽和发生。

语言考古学研究表明，史前时期，在西南太平洋地带的三大群岛，即印尼群岛、菲律宾群岛和我国台湾，以及岭南等地区广泛使用“南岛语族”；百越先民是南岛语族不可分割的组成部分，彼此间有深刻的亲缘关系。而体质人类学研究说明，“古华南类型”人群与东南亚的印尼人、大洋洲的美拉尼西亚人特征接近。这一研究成果佐证了南岛语族在华南的联系，包括台湾海峡两岸，

---

① 司徒尚纪：《海南岛历史上土地开发研究》，海南人民出版社，1987年，第73页。

② 岑家梧：《广东史前时代的文化》，见《广东教育与文化》2卷3期，1951年1月。

③ 林惠祥：《南洋马来族与华南古民族的关系》，见《厦门大学学报》1958年第1期，第218～223页。

④ 刘耀荃：《海南岛古代历史的几个问题》，见香港《新亚学术集刊》1986年第6期，第269～278页。

西向岭南，北上江浙都是百越—南岛一体化人群文化的范畴。20 世纪 30 年代以来，人类学者林惠祥、凌纯声等先后从民族学、考古学的文化因素比较出发，提出南岛语族华南大陆起源论，认为华南百越人就是古代马来人，即“原马来人”，华南大陆、东南亚到西南太平洋三大群岛之间的土著文化共同体构成了“亚洲（亚澳）地中海文化圈”。而中国南海周边地区族群，即属这个文化圈之内，使用南岛语族，他们也包括在中国南海海洋文化体系中。只是秦汉以后，中原王朝势力不断南下，汉人大量南迁，郡县制推行，汉文化成为岭南地区文化主流，百越—南岛系统土著民族文化被汉藏语族文化取代或覆盖而退出历史舞台，但不等于终结，其仍以文化积淀方式留存下来，包括岭南在内我国东南沿海壮侗语族各系和这些地区汉族语言中即有不少这种遗存，如黎、水、侗、壮族的口语和方言即与台湾高山族、菲律宾土著、马来语等南岛语言在基本词汇上有很多共性。闽、粤汉语方言和客家方言的构词和语音特征，亦与台湾阿美族、排湾族等高山族分支有很多共语。即是说由于南方汉语融合了南岛语要素，而与北方汉语有不少差异，成为南方汉语方言甚多的一个重要原因。如中国通常将汉语划分为七种方言，岭南就占有粤方言、客家方言、潮汕方言三种。它们很多用词和构词法，都有别于北方汉语。故屈大均《广东新语·文语》说：“自阳春至高雷廉琼，地名多曰那某、罗某、多某、扶某、过某、峨某、陀某、打某……地黎称峒名有三字者，如那父爹、陀横大、陀横小之类；有四字者……”这些地区有属粤方言，也有属闽南方言区。这些地名不能用汉语解读，被认为是古越语残余。古越语今为壮侗语族，下分多个语支，如黎语即为其中一支，仅用以表示聚落地名用词即有抱（含宝、保、报、包）、番、什、毛等，这类地名占了海南黎区地名很大一部分，它们既属壮侗语族，也是南岛语在海南积淀遗存的有力证明。其实，我国不少语言学家通过语言材料比较，早就证实南太平洋岛屿上一些说南岛语的民族与我国百越先民操共同语言，并与今菲律宾语、马来语为代表的南岛语与包括海南黎族在内的侗台语族各语言作比较，发现它们同出一源，即我国南方汉语有不少南岛语成分，仅侗泰语词汇与南岛语有关的词就有约 330 个。有学者举例说，海南黎语与壮语、傣语、水语等同语族诸语言有不少同源词，但数词都大不一样。例如这几种语言除“一”“二”以外，自“三”以上至“十”“百”“千”“万”几乎与中古汉语的数字相近，而黎语却不是这样，其形式上跟印度尼西亚语、中国台湾高山语比较接近。有些南岛语词只与侗台语的黎语有关，如“马”

"五""六""十""肺""在"等。民族语言学者解释说，在大批汉人进入岭南以前，黎族先民已漂离海上，因远离大陆，接受汉文化较晚，受影响也少，因而保留了黎族固有数词，并与印度尼西亚语、台湾高山语形式接近①。这无疑是南岛语进入岭南有力的凭证，也说明使用南岛语居民是海洋社会族群，中国南海无疑是这个族群活动的重心。

史前考古的器物也验证这个海洋族群文化的共同性。树皮布是有力证据之一。中外人类、考古学家在树皮布起源上的认识基本上是一致的。东南亚的印度尼西亚、波利尼西亚、美拉尼西亚，以及密克罗尼西亚等许多岛屿原住居民都使用树皮布作为服饰。西方一些原始艺术和民族志著作对此多有描述，如容观夐教授推介的詹姆斯·埃奇—峆廷顿和查尔顿·希普同一书名画集《太平洋岛屿住民的武器、工具、装饰品及衣着选集》即收录制作树皮布工具、成品式样等。而考古发现显示，香港、深圳、珠海、中山出土过制造树皮布用的石柏，台湾台南也出土过有条沟的树皮布打棒。据此，有学者认为树皮布起源地可能在中国岭南范围内②。邓聪先生对树皮布作过田野调查和深入研究。他指出："以环珠江口文化的树皮布石柏，流行于距今6000～5000年前之间，是迄今东亚已知最古老的树皮布文化系统。由珠江口南向中南半岛、越南北部的冯原文化有丰富的树皮布资料，年代可能在距今4000～3500年之间。泰国及马来半岛的树皮布文化稍晚，在距今3500年前稍后。菲律宾、中国台湾等地都具有别具特色的树皮布文化，年代迄今所知不超过距今3500年。太平洋岛屿均为树皮布文化繁盛区域，其年代更应在距今3500年之后。"③ 邓聪进而强调"发源于南中国的树皮布文化，从西南中国经中南半岛，席卷东南亚岛屿后，从海路跨过太平洋进入中美洲。树皮布在中美洲更广泛被用作纸，具有记载文化的功能，对中美洲的历史影响甚为深钜"④。海南黎族即为制作树皮布能手，在现今通什海南民族博物馆中仍陈列着制作树皮布工艺和式样。笔者于2011年4月在深圳文博展览会上亲见海南馆展示用见血封喉树制作树皮布衣服，开口要价一万元。宋乐史《太平寰宇记》载："琼州生黎巢居深山，织木皮为

---

① 参见容观夐：《容观夐人类民族学文集》，民族出版社，2003年，第155～157页。

② 邓聪：《树皮布——中国对世界衣服系统的伟大贡献》，见《中国文物报》2000年11月15日第3版。

③ 邓聪：《史前蒙古人种海洋扩散研究》载《东南文化》2000年第11期第14页。

④ 邓聪：《史前蒙古人种海洋扩散研究》载《东南文化》2000年第11期第19页。

布”；又曰：“儋州黎人……绩木皮为布”。上古黎族先人广泛分布在海南岛、雷州半岛，树皮布应是他们的常服。又越南也有过繁荣一时的树皮布文化，菲律宾的树皮布又来源于越南，加上上述东南亚地区树皮布，则中国南海周边都是树皮布分布区，说明至少从史前时期开始，这些岛屿原住民已有树皮布文化往来，不管哪里是其发源地，树皮布制作和传播都是不争的事实。

实际上，树皮布仅是连接海南黎族与东南亚族源关系媒介之一。早在20世纪30年代，德国民族学家H・史图博，曾两次深入海南作田野调查，后著《海南岛民族志》在柏林出版，1964年由广东民族研究所从日文译成中文（油印本）。该著列举黎族与东南亚、台湾民族相同的文化特质近30项，包括刀耕火种、收割工具镰刀、柱子仓库、用牛踩耕、脱谷、鸡笼、牛车、木柱房屋、腰布、包阴布、妇女裙子、帽子、木棉和麻布、树皮布、纺织技术、大耳环、大发簪、红色长布、发型、圆形篓子（装黎刀用）、篮子、山刀（黎刀）、口琴、鼻箫、木鼓、造型艺术、文身图案、门口排水牛角、族外婚等。而这些文化特质与汉人有明显差异，说明海南黎族与东南亚包括印度尼西亚、缅甸、越南、菲律宾、密克罗尼西亚，以及台湾地区民族史前时期有很密切的联系，留下那么多相同的文化特质，也反映这些民族都是海洋民族，共同以中国南海为纽带连接成一个海洋文化共同体或文化圈。

第二节　图腾崇拜与史前时期中国南海海洋文化的起源

黑格尔在《历史哲学》里指出，海洋“表面上看来是十分无邪、驯服、和蔼可亲；然而，正是这种驯服的性质，将海变成了最危险、最激烈的元素”①。正因为如此，生活在沿海地区的人，当他们还不了解海洋存在和运动的规律，还无法对抗海洋变化，抵御不了海洋自然灾害时，对海洋的宏大、深邃和神秘便自然而然地产生敬畏和恐惧。而海洋的富饶和出产，又使人感到无限眷恋和吸引力，于是有关海洋的图腾崇拜现象，充斥沿海地区社会生活和人们精神世界各个角落，构成海洋精神文化一个最早的源泉。史前时期，中国南海周边生活着古越族，按“越”字释义，一说为水，则越人为水居部族。水

① 黑格尔：《历史哲学》，三联书店，1956年，第135页。

与人类生产、生活关系极大，发生在河口、海滨、海洋中心等地区与水有关的自然、人文现象被神化，被赋予某种超现实意义，形成图腾，受到人们崇拜。在中国南海地区，这种原始图腾崇拜主要是：

1. 龙蛇神崇拜

在福建、广东、浙江、广西、海南等地流传人蛇婚配的故事，即反映了古越族与蛇崇拜关系，如东南沿海地区《蛇郎君故事》就是这类传说的一个例

海南黎族妇女文身图案　孙力提供

证。近年在珠江口珠海高栏岛宝镜湾发现相当于春秋或更早时期的摩崖石刻上有花卉、藤叶、果实、蛇、猴、鹿及其他走兽图案，充满虚幻和神秘意境，其中即有蛇图案，反映古越人祈祷航海、水中作业平安，得到蛇神保护的愿望。这是至今发现年代最早的同类石刻图腾。另外，古越人为在水中活动方便，惊吓水中鬼怪，也“断发文身”或“披发文身”。

珠江口赛龙舟　王培忠摄

披发即留长头发，形像蛟龙，起到惊吓异类的作用，借以保护自己。文身图案中有龙、蛇、龟、蛙等图案，折射出对这些被赋予图腾意义的水中动物崇拜的意义。这些动物图案，至今在海南黎族、广西壮族文身或衣服饰物上仍可找到它们的遗存，说明古越人作为这些少数民族祖先，的确以龙蛇等为本民族图腾崇拜，并且与江河、海洋环境和他们的活动有不解之缘。

德庆悦城龙母祖庙　肇庆文广新局提供

龙的原形实为鳄，中国南海港湾、三角洲河口和大河深潭古代都是鳄的渊薮。至今东南亚很多地区仍有鳄在活动，伤害人畜。再者，在海气作用下，沿海地区多龙卷风，形成巨大水柱，像龙一样伸头入海。龙卷风破坏力极强，往往造成很大灾难，被认为是龙在作怪。关于南海鳄的记载最早见于汉代史籍，但以唐代记录最多，韩愈贬潮州，一纸《祭鳄鱼文》把鳄驱赶到海里去了，虽是夸大之辞，但潮州多鳄鱼却是事实。据出土鳄鱼骨骸和文献记载，中国南海港湾和入海大河，既有咸水型湾鳄（*Crocodilus Porosus*），也有淡水型马来鳄（*To mstoma Schelegelli*）[①]。唐代以前，鳄在岭南广泛分布，以后随着人类活动频繁，才大量被捕杀，但海南岛和香港，清代仍有鳄出没记录。鳄伤害人畜，但又充满神秘力量，被图腾化成龙母，受到西江地区古越人崇拜，历代不衰，至今不减。在西江流域，遍布大小龙母庙，新中国成立前数以千计，其中高要、肇庆、顺德、广州、港澳、梧州、藤县等较为集中，仅德庆县就有300多座。其中以德庆悦城龙母祖庙最为著名。这座规模宏大的龙母祖庙始建于秦汉，代有修葺，至今已有两千多年历史。但其渊源，当然更早，如果把龙母理解为母系氏族社会的一个首领，则史前时期已经存在，后来才有相关传说或故事。从南朝沈怀远《南越志》、唐刘恂《岭表录异》到清屈大均《广

① 司徒尚纪主编：《广东历史地图集》，附录，广东省地图出版社，1995年，第175页。

东新语·神语》等都有龙母为温姓夫人记载。秦始皇闻其有德于民，有功于国，欲纳进后宫，夫人不从，后化为龙。自汉代以来，各朝对龙母封赠有加，甚至由道教“三天上帝”封为“水府元君”，显示这位龙母由人变成神。龙母被神化以后，成了当地保护神。农历五月初八为龙母诞，届时来自两广西江地区、珠江三角洲、港澳、湖南、江西，甚至海外善信数以万计，形成狂热的祀拜盛会。清康熙卢崇兴《悦城龙母庙碑记》载：“从此，往来之士庶农绎报赛祝者络绎如织，千百年如一也。”叶春生《岭南民间文化》引用有关资料说，1946 年一届龙母诞，组团来贺诞者总数在 30 万人左右。近年德庆当地以此作为资源发展旅游，龙母诞期间香客仍保持在 30 万人左右，收入约 2000 万元，成为德庆支柱产业。在佛山也有龙母庙，过去“男女祷祀无虚日”。顺德在清咸丰年间有乡庙 84 座，2 座为龙母庙，并与天妃庙一起致祭。[①] 广东增城等地龙母诞日同时演神戏轰动四方。肇庆至今尚存宋代白沙龙母庙和清代护龙祖庙，成为龙母崇拜代表之一，也是当地旅游景点。古代珠江溺谷湾甚宽广，潮汐可达高要羚羊峡，鳄从河口上溯入西江，故有龙母传说。龙蛇常并称，岭南多蛇。古代福建一带，还流传以人祭蛇风俗，说明古人对蛇神重视，人祭是蛇崇拜的最高形式。闽人后大量迁入粤东和琼雷地区，祭蛇也在当地流行，神蛇享有崇高地位。清吴震方《岭南杂记》记载蛇神崇拜在潮州、东莞、广西梧州盛行情景：“潮州有蛇种，其像冠冕南面，尊曰游天大帝。龛中皆蛇也。欲见之，庙祝必致辞而后出之。盘旋鼎俎间，或倒悬梁椽上，或以竹竿承之。蜿蜒纠结，不怖人亦不螫人。长三尺许，苍翠可爱。闻此自梧州来，长年三老尤敬之。凡祀神者，蛇常憩其家，甚有问神借贷者。”“余入粤游于东莞，偶行市中。见有门施彩幔，内作鼓乐者。叟童男女杂沓于门语，侏离嘈嘈不可辨，而入者咸有惊异非常之色，出者如瞻礼天帝庙庭，退而不敢忘端肃之状，心窃怪之。随众而入，见庭中铺设屏幛，几案樽俎甚备，香烟郁郁，灯火荧荧。执乐者列两旁，鼓吹迭奏，必上供一磁盎，盎中小树数枝，有一青蛇蜿蜒升降于树间，长不及尺，大不逾小指，一身两头，项相并，颈相连，四目二口，两舌并吐，绿质柔扰。主人鞠躬立案左，出入者以次膜拜。苟越次不整，主人正色约束，皆唯唯惟命。”蛇在潮汕称为青龙，庙曰“青龙蛇”。不过，青龙庙祀祭的是安济圣王王伉。据传王伉是蜀汉永昌郡人，传因守城捍贼有功，被川滇

① 乾隆《佛山忠义乡志》卷 18。

人奉为神明，后骑蛇飞升，变为蛇仙。又传明代有位云南人来潮州为官，在城南建“青龙古庙”，祀祭蛇仙王伉。民间称王伉为“青龙爷”或“大老爷”。这一传说与潮汕当地的蛇神崇拜相结合，很快在各地掀起建青龙庙热潮，到清咸丰、同治年间，潮州已有青龙庙多座。一般多在正月二十三日开始游神活动。光绪《潮阳县志·信仰民俗》云：“正月青龙庙‘安济王会’……届时奉所塑神像出游，箫鼓喧阗，仪卫煊赫，大小衙门及街巷，各召梨园奏乐迎神。其花灯则各烧烛，随神驭夜游，灿若繁星。凡三夜，四远云集，靡费以千万计。”1935年2月该县一次游神，“赛会三昼夜，万人空巷，盛况罕见。邻近县市及海外华侨来潮赴会者不下十余万，而杀生祭神者几遍全城”①。更有甚者，过去当地人每见小蛇即接回家，让其蟠伏于香案上，然后敲锣打鼓，游行于市，再送回庙中，形成炽烈的祀神风气。

在珠江三角洲和广西，祀蛇的庙宇称三界庙。屈大均《广东新语·神语》记载有听神蛇决是非状况。明南海人邝露《赤雅》也记广西平南县有三界庙，也叫青蛇神庙，当地人祀祭甚勤，倘许愿不兑现，虽数百里外也必有蛇来索取祭品云。

此外，蛇神崇拜也流行于雷州半岛。湛江附近即有“黄蛇仙”的传说，后在湖光岩北面建立蛇仙塑像，供人奉祀，香火颇盛。因雷州半岛多闽潮移民，蛇神崇拜随移民而发生文化转移形成。

还有在山区梅州一带，也属蛇神安济圣王祭祀圈范围，形成历史并不比潮州晚。宋王象之《舆地纪胜》谓梅州有“安济王行祠，在城东隅。其庙在恶溪（韩江）之滨。崇宁三年（1104年）赐额”②。又乾隆《嘉应州志·杂记部》也载，“安济侯庙，梅溪岸上，俗名梅溪宫，祀梅水之神”。这里安济圣王又变成助人泅渡的河神，而不是赐人福祉的蛇神。大抵客家山区水流湍急，常有山洪爆发，危及途人安全，更需神明庇佑，故多建有蛇王宫之类庙宇，安济圣王的职能可能由此发生改变。一般说来，蛇神崇拜是中国南海地区各民族、族群共有信仰。但也有例外，如广东信宜客家人认为蛇是鬼的化身，碰见蛇交配是倒霉之事。阳江地区也流传“见蛇不打三分罪”之说，蛇神崇拜在这些地区没有地位，这可能是受环境或原文化影响而出现的崇拜变异。此外，

① 释慧原编纂：《潮州市宗教志·潮州开元寺志》上，潮州开元寺，1992年印，第335页。
② 王象之：《舆地纪胜》卷102。

在海南黎区，也存在蛇图腾崇拜，黎族认为蛇为自己的祖先，由蛇结为夫妇生出一大群子孙。至今有些黎族不吃蛇肉，保持蛇图腾信仰习惯。黎族还有龙（鱼）图腾崇拜，这些生物生活于海洋中，是黎族先人在水中活动形成的观念。但不管怎样，龙蛇神崇拜是中国南海地区一种很古老、延续时间很长、流行非常普遍的动物神崇拜现象。

2. 雷神崇拜

雷祖祠　司徒尚纪摄

中国南海沿岸处于海陆相互作用地带，两种性质不同的气流接触，加上气候蒸郁，极易生雷电。唐李肇《国史补》曰：“雷州春日无日无雷。”雷州半岛即因雷多而得名。粤东沿海，有多条与海岸平行的山脉，水汽沿山坡上升，也容易产生雷电，成为产生雷神崇拜的地理基础。闪电像龙在天上飞腾，故也可归雷神庙以祭之。因这些雷神庙多在海岸带，且多雷地区离不开海陆界面相互作用，故雷神也可列入海神范围。中国南海地区最大雷神庙在雷州城西英榜山上，称雷祖祠。这位雷神，当地人称为“雷首公”，形状骇人。当地人认为，“雷为万物之首”，这不无一定道理，雷实为天地阴阳交感产物。地球生命起源说之一，即认为雷电使空气电离产生氮，与碳氢合成最原始的蛋白质，存在于原始海洋中，而蛋白质是生命存在的方式，后来进化、衍生出各种生物。在古人朦胧的意识中，似有这种认识，故宣统《海康县续志》云，“雷出万物出，雷入万物入，入然除弊，出然其利”，所以对雷神“畏敬甚谨慎，每具酒肴奠焉”，“或有疾即扫虚室，设酒食，鼓吹幡盖，迎雷于数十里外，即归屠牛豕以祭”。后又由雷诞生出异人陈文玉，长大后任雷州刺史，为民谋福祉，深得雷民爱戴，死后有灵，被当地人奉为雷神。贞观十六年（642 年）唐太宗颁诏书褒扬，敕赐立祠郡城，设庙祭祀，庙名“灵震”，即今雷祖祠。过去为官民共祭，这种祭雷仪式，昔称“雷州换鼓”。《雷祖志》载：“至于……雷车雷鼓等物，各以板图藏于庙内，今郡民当里役者依样修造，逢上元日，齐侯文武各官送入庙致祭，名曰‘开雷’。……官民同乐，始得风调雨顺，不然则岁悍年凶。自是有祷则应，雷郡获享国泰民安之福。”但这种祭雷仪式早已失传，今仅从当地文献典籍中窥其一二。

此外，雷州半岛上电白、遂溪也有雷祖庙，不过规模略小。雷州半岛出产玻璃陨石，实为流星散落物，当地人称之为“雷公墨”、“雷公石”或“霹雳砧”，视为神器，有避邪、镇惊功效，也得到崇拜，可视为对雷神崇拜的衍生物。屈大均《广东新语·神语》云：“六月二十四日，雷州人必供雷鼓以酬雷，祷而得雷公之物，光莹如漆，则以治邪魅惊痌。”雷州雷祖祠至今犹存，占地约5000平方米，为全国重点文物保护单位。雷州半岛上还有擎雷山、擎雷水等地名，有“雷歌”“雷剧”“斗雷”等故事，器皿上有云雷纹，无处不体现对雷神的崇拜，以及以雷引以为自豪，以雷壮其声、雄其胆、振其神、奋其志的民风。

硇洲岛上雷神庙　司徒尚纪摄

雷神崇拜在潮汕也大行其道，因沿海有桑浦山、莲花山逶迤，与盛行东南风几乎呈垂直相交，形成多雨多雷区。饶平县东界区有建于明崇祯十年（1637年）的雷神庙，所祀祭雷神是一尊半鸟半人塑像，与福建漳州、泉州一带“鸡头人身”，广西壮族地区“鸟嘴人身”，广东南海“鸟喙雉翼”的雷神塑像相似。因这些地区皆为昔时古越人居地，有雷神崇拜共同渊源。饶平雷神庙是粤东现存的唯一的一座大型雷神庙。但历史上潮汕地区雷神庙应不少，如宋代潮州有“雷、雨师坛，在北厢摧锋寨之左”①。今潮州尚有雷神庙与雷州雷祖庙同一形制。想见过去潮汕地区雷神崇拜相当盛行，后来越见淡薄，庙宇也减少了。海南黎族同样流行雷神崇拜，清代文献陆次云《峒溪纤志》云：“相传太古之时，雷摄一卵，至山中遂生一女，岁久有

① 王象之：《舆地纪胜》卷102。

交趾蛮过海采香，与之相合，遂生之女，是为黎人之祖。”另邓淳《岭南丛述》卷六记：“刘谊〈平黎记〉云，古老相传，雷摄一蛇卵在此山中，生一婓，号为黎母，食山果为粮，巢林木为居。岁久，交趾蛮过海采香，与之结婚，子孙众多，亦开山种粮。”这些传说，反映母系氏族社会时期的人类活动，其中交趾蛮在中南半岛今越南一带，渡海入琼采香，又繁衍出黎族子孙，既是民族也是文化往来，北部湾成为彼此间通道。

3．雨神崇拜

海气作用在沿海地区甚为强烈，中国南海沿边有不少三角洲平原和海岸平原台地，都是主要农耕区，如粤西漠阳江、鉴江流域有不少以“那”字为起首的地名，“那”古越语为“水田”之意，古越人很早就有了耕耘农业，稻作是他们的文化特质之一。潮汕平原也是岭南主要稻作区之一，故降雨季节和地区分布与农业丰歉关系极大。古越人出于对降雨的祈求，雨神崇拜也应时产生。降雨和雷电往往同时发生，天空中会出现飞龙形象，故雨神与龙崇拜可以相通，归入史前时期海岸带神明崇拜范畴，当然不少雨神崇拜出现在历史时期，且与农业对雨水诉求相关，下述潮汕雨仙即属此类崇拜。

中国南海雨神崇拜见于潮汕、广州、雷州半岛等地，皆沿海岸线分布。最有代表性的雨神庙在揭西登岗乡，当地称这位神仙为“风雨使者”。相传这位异人孙姓，生于宋乾道九年（1173年），传其有挥笠成雨法力，飞升后列入仙班，请进庙宇供奉。志称“凡水旱祷之，皆立应。地方官上其事于朝，敕封为‘风雨使者’，祀之”①。当地人还称之为“雨仙”“雨仙爷”“仙爷”等，孙姓族人则直称为“祖叔公”。宋代以来在当地皆建有祠，仅登岗镇就有6座，其中规模最大的

揭西登岗雨仙庙　汕头市文广新局提供

① 郑昌时：《韩江闻见录》卷一，《风雨使者》。

一座称“圣者古庙”，始建于宋。门联云：“自古护农功恩大，潮州城外圣者亭。”雨仙信仰者甚笃，香火很旺。此外，潮汕地区还祭祀清水圣王，也是一位雨神。不过这位雨神来自民间，传为福建人陈应，宋元丰年间飞升，后被立庙供奉。虽其影响不及登岗那位“风雨使者”神，但作为闽文化传入潮汕的一个佐证，却是很明显的。

雷州风神庙　雷州市博物馆提供

无独有偶，在广州三元宫也有一位雨仙，据说是从潮汕请来的那位“风雨使者”，这样，这位雨仙就成了广东沿海共同崇拜的雨神。在雷州半岛，气候干热，苦旱危及民生，雨神自古受到崇拜。今雷州西湖为古代官民求雨的地方，后在湖边建“龙宫”，供奉龙王、龙母、龙女、龙兵、蟹将等水族神祇。雷州半岛三面临海，既有雷神，又有雨神和风神（在雷州域北），三神皆离不开海洋，又互相呼应，其受祭祀，反映雷州半岛干热环境比其他地区对雨水的需求更为迫切，对海神崇拜、祀奉更加频繁、热烈和隆重。在海南儋州、广西沿海和越南北部都建有龙王庙，如儋州龙王庙、雷州龙王庙、靖海宫、北海龙王庙，以及越南顺安南海龙王庙等。而越南普遍供奉海神“光灵广赖大王”，实际上是为南海龙王庙，只在越南黎朝时期为了避讳，遂改称“光灵广赖大王”。每年二月初二为龙抬头日，两广沿海，尤其是北部湾渔民在这天都要举行隆重的祭祀仪式，祈求南海

雷州明代靖海宫　司徒尚纪摄

龙王显灵，保佑风调雨顺，百姓获安。

4. 其他海神崇拜

此外，古越人在“万物有灵”观念的支配下，一些镇山、海洋生物也被赋予灵性，成为物格神化的海神。例如海南昌化县有大陈山（今昌化岭），山上有巨石似人直立，民间认为是灵气附着，奉为神明，称之为“昌化公”、“神山明王”，属海神。东汉时被封为“镇海广德王”，宋元丰五年（1082 年）改封“峻灵王”，并享受庙祭。苏东坡贬琼，还写过《峻灵王庙碑》，以记其事。渔民出海若见山上乌云翻滚，被认为是昌化公显灵，预兆风雨来临，须马上返航。海南临高、儋州、昌江、东方、乐东等地渔民、农民对昌化公信仰甚笃，不但庙里香火很旺，而且将其请回自己居地，膜拜有加。

古越人对龙蛇崇拜遗风不限于庙宇，且将蛇放养在船上，称为“木龙”。崇拜以福建为盛，后闽人迁移海南，同将此俗带来。海南临高渔民信仰最深，渔船桅杆上常贴“木龙生辉”字样，出海前举行祭祀仪式，祈求海上作业平安。

一些大型鱼类或哺乳类海洋生物，如鲨鱼、鲸鱼、马鱼、海龟等，在海南一些地方也被视为海上保护神，受到崇拜。三亚南小疍村王姓子孙，至今仍尊奉鲨鱼为本族祖先，戒食鲨鱼，戒用鲨鱼油点灯，清明时节全族子孙都到鲨鱼墓前祭拜。后世海南有关鱼精、鲸鱼、海龟的神话传说，实为海洋生物崇拜的一种折射。[①] 也说明这类海洋神明崇拜，从史前开始就有地域差异。不过，这些产生于民间的海神崇拜，时代应很古老，且有其现实根源，如地理环境、政治或经济生活需要等，其表现形式或依托庙宇等可能出现在某个历史时代，这里将它们归入史前时期。因为一般认为，进入文明时代以后，图腾崇拜就会逐渐消亡。只在某些民族尤其是落后民族，到了文明时代以后，一些图腾崇拜仍会顽固地遗留。上述那些神灵崇拜也一样，应为岭南进入文明以前的产物，已有 4000～5000 年历史，但在落后地区，这些图腾会保留很长时期，故甚至到宋代，仍有一些神灵崇拜产生（如雨神）。如从神话传说的源头而言，就更难确定其具体断代。

① 参见詹贤武、张宁：《环北部湾文化圈的海神信仰及原因分析》，载《新东方》2011 年第 2 期，第 18～19 页。

第四章　先秦时期中国南海海洋文化初始

在岭南，先秦大体上指从部落社会到秦统一六国，岭南归入中央王朝版图之前这段历史时期，相当于中原夏商周三代到战国，前后经历约 2100 年。岭南处在不发达奴隶制和原始社会并存状态，生产力水平仍十分低下，采集、渔猎和农耕文化兼而有之，土著居民对海洋认识和开发不但非常有限，而且对许多海洋现象和灾害充满了恐惧感，海神崇拜继续产生。而中国南海的交通和文化传播在史前基础上进一步加深和扩大，与周边地区特别是中原北方关系也发展到一个新阶段。虽然土著古越人无文字，但从他们铸造的青铜器物的文化内涵，以及中原人对岭南和海洋的文字记载中，仍可窥见中国南海海洋文化已进入对海洋环境的适应和海洋资源的初步开发利用阶段，并达到一定水平。

第一节　先秦古籍《山海经》等记载的中国南海先民海上活动

成书于春秋战国时代的《山海经》是一部难得的上古时代地理百科全书。它以地理为纲，但内容又十分广泛，包括了天文、历法、气象、动植物、矿产、医药、地质、水利、考古、人类、民族、神话、海洋、科技史等。其中《海经》和《大荒经》内容涉海部分较多，且有不少传闻和神话色彩，但剥去这些外衣，其科学、文学和艺术价值甚高，对追溯上古时代人类对海洋的认识和利用，有很重要的意义。

1. 四海之神概念

在上古中国人的地理观念中，中国位居世界中央，故曰中国，中国四周是茫茫大海，称为四海。孔子曰“四海之内，皆兄弟也”即指此。战国著作

《尚书·禹贡》划分理想政区九州，后成为中国代称。同时期齐国人邹衍提出“大九州”地理说，即九州又称赤县神州，只是全世界 81 州中的一州，每九州集合为一个“大九州”，每州有“裨海”环绕，9 个“大九州”四周，也有“大瀛海”环绕，再外就是天地的边缘。邹衍的“大九州”说今天看来不过是一种地理常识，但在 2000 多年前却是一个伟大的构想，委实难能可贵。今天五大洋及七大洲存在，其说早成，反映中国人对海洋的认识。

不管是四海、裨海，还是大瀛海，时中国人都认为有神主宰海洋社会命运。这个最早的海神，按庄子《应帝王》的说法，掌管南海的海神称“倏”，掌管北海的海神叫“忽”，而掌管中间土地的帝王称“混沌”，三位神明分管了全部天下。但这两位海神，到底是神话式人物，往来无定。《吕氏春秋·决胜》称其“倏忽往来，而莫知其方”，以后虽不知所踪，但到底是中国也是中国南海最原始、最古老的一位海神。

在《山海经·大荒经》中，又出现四位海神。东海之神，“人面鸟身，珥两黄蛇，践两黄蛇，名曰禺号”，“黄帝生禺号……是为海神”，其父为黄帝，来头不小。西海之神，“名曰弇兹”。北神之神，“任姓，禺号子，食谷……名曰禺疆”。南海之神，“曰不廷胡余。有神名曰因因乎，南方曰因乎，夸风曰乎民，处南极以出入风”①。这四位海神形象都一样，人面鸟身，耳朵上挂两条蛇，脚踏两条蛇，但蛇颜色不一样，南海神、西海神、北海神，耳挂有蛇，脚踏赤蛇；而东海神，耳、脚上都是黄蛇，个中原因，有待解读。至于与南海神同在的风神“因因乎”，应与南海多台风有关，“因因乎”掌管中国南海风起风停，反映百越人对影响中国南海周边地区的中国南海台风产生朦胧认识，并视“因因乎”为一种主宰力量。

在《山海经·海外经》中，这四个方位又有新称谓，南方祝融，西方蓐收，北方禺疆，东方句芒，这四位方位神后被理解为海神。如屈大均《广东新语·神语》曰：“祝融者，南海之君也。虞翻云，祝，大也；融，明也。南海为太明之地，其神沐日浴月以开炎天，故曰祝融也。”

后来，黄斐然《集说诠真》援引前人之说，这四位海神又一次改名，东海神名阿明，南海神名巨乘，西海神名祝良，北海神名禺强，但改名原因至今无考。汉代，这四位海神都结了婚，姓名都齐全了。汉代《龙鱼河图》说：

① 袁珂：《山海经》校译，山海经十四有关条目，上海古籍出版社，1985 年。

"东海君姓冯名修青，夫人姓来名隐娥。南海君姓祝名赤，夫人姓翳名逸寥。西海君姓勾名丘百，夫人姓灵名素简。北海君姓是名禺帐里，夫人姓结名连翘。"[①] 这一转变，反映人类对四海的认识加深，海神姓名俱全，实行一夫一妻制，是进入文明社会的一个标志。这在中国南海地区，应是粤北石峡文化4000年以来之事。但是，四海地望与后来不尽一致。先秦时期，北方诸国看不起南方的楚、吴、越等国，视它们为蛮夷，这些国家附近海域，称为南海。战国时，《尚书·禹贡》有"入于南海"之句，其地望不详，应泛指南方及其附近海域。《诗·江汉》有"于疆于理，至于南海"，此为南海早期记载。上古南海一说为现在东海，如秦始皇统一六国后，为向天下炫耀皇帝严威，曾巡视各地，到过今浙江绍兴，在那里，"祭大禹，望于南海"[②]，实际上指东海。秦始皇三十三年（前214年），即秦统一六国后7年，秦王朝政治军事势力才越过南岭山地，抵达中国南海边，统一了岭南，并在今广东大部分地区设置南海郡，大抵从这个时代开始，史书上所称南海位置才相当于现在的南海，但自东汉时起，据杨孚《异物志》记南海称为"涨海"，以后随时代变迁，南海称谓不一，明代外国人称南海为"大明海"、近世"南中国海"等。不管怎样，南海名称和地望的确定，为海洋文化孕育、发展提供了宽广的平台和深厚的地理基础。

2. 南海北部土邦小国涉海活动

先秦处在部族或军事联盟状态的南海北部古越人，在《山海经》等古籍记载中，以土邦小国形式存在，从事与海洋相关的经济和风俗活动，成为这一时期海洋文化主要形式。这些土邦小国，主要有：

（1）驩头国。《山海经·大荒南经》称："大荒之中，有人名曰驩头。鲧妻士敬，士敬子曰炎融生驩头。驩头人面鸟喙，食海中鱼，扙翼而行。维宜芑苣、穋杨是食。"而《山海经·海外南经》中称驩头"或曰驩朱国"。华南师范大学曾昭璇教授解释，此国可能无君，所谓"鸟喙"即嘴部突出，鼻骨为明显中鼻，下颌收缩。所谓"翼"，可能为穿蓑衣或披巾，类似今日潮汕人喜用"水腰布"，以海洋捕鱼为生，外出常带蓑衣，并且以芑、苣、穋、杨这类救荒植物为食。而"驩朱"即"番禺"之异译，在珠江三角洲一带。照此解

① 转见李明春、徐志良：《海洋龙脉——中国海洋文化纵横》，海洋出版社，2007年，第25页。

② 司马迁：《史记》卷6，《秦始皇本纪》。

读，这是一个滨海部族，以海产为生，同时也采集一些野生植物作为补充。

（2）贯匈国。《山海经·海外南经》曰："贯匈国在其（指戴国）东，其为人匈有窍。"贯匈国又曰"贯头国"，即穿贯头衣，无领，从头贯而穿之，类似今日文化衫。此为海南岛土著居民最早的衣着。汉初，登陆海南汉军仍见当地人"穿中央为贯头"。此衣适应热带气候，至今仍风行于岭南、东南亚，是中国南海周边常服。

（3）西江以南诸国。《山海经·海内南经》曰："伯虑国、离耳国、雕题国、北朐国皆在郁水南，郁水出湘陵南南海。"据后人考证，"伯虑"与"白僚"者近，应劭注曰"郁水出广信，东入海"，"伯虑"疑为后来俚人分布区，在汉高凉郡以西，即今粤西地区，临海，经济文化生活离不开海洋。离耳国、雕题国也在海南岛和高雷钦廉地区，即雷州半岛和北部湾一带。按晋郭璞注记这段文字说离耳国即儋耳国，"锼离其中，分令下垂以为饰，即儋耳也，在朱崖海渚中"。雕题国与离耳国并列，也应在海南岛。郭璞注雕题即"点涅其面，画体为鳞彩，即鲛人也"。可见雕题即断（披）发文身，适应水中作业，避蛟龙等为害需要。此俗为海南黎族世代相传，具有多种文化意义。

（4）长臂国。《海外南经》称"长臂国在其（指焦侥国）东，捕鱼水中，两手各操一鱼。一曰在焦侥东，捕鱼海中"。有人认为这个国人手臂特别长，在海中捕鱼方便，这个岛中之国，也应是海南岛。可知至迟在东周时代，中原人已发现和认识了海南岛。①

（5）周侥国。《海外南经》说"周侥国在其东，其为人短小，冠带。"《大荒南经》又曰"有小人，名曰焦侥之国，几姓嘉，谷足食"。有人认为周侥国也应在越南北部。② 人长得短小，吃上好的五谷，与红河三角洲盛产稻米环境符合。

（6）骆越国。不见于《山海经》，但《交州外域记》曰："交趾昔未有郡县之时，土地有雒田。其田从潮水上下，民垦食其田，因名为雒民，设雒王雒将。"按雒田既依靠潮水灌溉，又分布在河口三角洲地区，为当地人垦食，当是开发利用河口滩涂种植水稻，是南海北岸有文字记载的以海为田的海洋农业文化之嚆矢。据考，骆（亦写雒）越国分布在今越南红河三角洲，西汉前已

① 黄伟宗、司徒尚纪主编：《中国珠江文化史》，上册，广东教育出版社，2010 年，第 287 页。
② 黄伟宗、司徒尚纪主编：《中国珠江文化史》，上册，广东教育出版社，2010 年，第 287 页。

存在。《后汉书·郡国志》曰："交趾郡，武帝置，即安阳王国。"安阳王国亦即瓯雒国。《汉书·贾捐之传》称海南岛土著居民为"骆越之人"，可见其国境曾深入海南一部分，广西南部、广东西南部，绕北部湾地区展开。秦平岭南，骆越国成为置象郡基础。象郡与南海郡一样，为南海北岸纳入中央王朝之地，实行封建统治，海洋管理、开发利用当比土邦小国时代加强。西汉武帝平南越国后即开通海上丝绸之路，始发港即在秦象郡合浦、徐闻海岸，验证先秦时期已有相当开发基础。

第二节　南海以海为田的海洋农业文化嚆矢

先秦时期，岭南各土邦小国互不统属，未进入真正意义的国家形态，但中原人对岭南了解已经不少，政治、经济势力随而南下，文化交流相继发生，从中原人文献中，亦可窥见南海概念及古越人涉海活动为中原人熟知，折射这一时期南海海洋文化某些传统特征。

1. 南海地区贡物

春秋时期，《左传·襄公十三年》载："抚有蛮夷，奄征南海。"《诗经·大雅》又云："王命召虎式辟四方，于疆于理，至于南海。"类似记载不少，《列子·汤问》曰："南海之人，祝发而裸。"后《淮南子·原道训》称："九嶷之南，陆事寡而水事众，于是人民披发文身，以像鳞虫，短绻不绔，以便涉游，短袂攘卷，以便刺舟。"杨孚《异物志》也云："巢居鼻饮，射翠取毛，割蚌求珠为业。"这虽发生在东汉，谅此前已有基础。

但最能说明先秦时期南海以海为田的海洋农业文化开始的莫不过于贡物，战国时期著作《逸周书》中的《王会解·伊尹朝献》说商代伊尹制定四方献令，对"正南瓯、邓、桂国、损子、产、里、百濮、九菌，请令以珠玑、玳瑁、象齿、文犀、翠羽、菌鹤、短狗为献"。前半段地名历来争议颇多，但肯定有一部分在南海北岸沿海，后半段为珍物特产名称，其中珠玑、玳瑁为海产。另据道光《白云越秀二山合志》关于越人公师隅条下说："时三晋惟魏最强，越王与魏通好，于是使隅往复南海，求犀角、象齿以献之魏。"南海成为贡物一个主要来源。到秦汉统一岭南，把南海广大地区并入中央王朝版图，在海南岛建立2郡16县，其中珠崖郡、紫贝县、玳瑁县即取之于南海海产品名称。

2．海水制盐

煮盐在岭南也渊源甚早，广州古称番禺，其含义之一为古越语即盐村。因吴越有“朱余者，越盐官也，越人谓盐曰余”①。禺音同余，说明广州珠江口一带已有原始制盐业。到汉代，即在西江高要设盐官，转运南海所产食盐到岭北、广西各地。

另外，有研究显示，远古时迁徙到海南岛上的原始居民，在海岸礁石坑凹处，经常可以捡到因海潮进退或浪花迸溅留下的成薄片状的白色结晶体，他们尝试用来烹调食物，感到咸美无比，久服轻身腑畅，活力倍增，于是视之为宝物，美称为“上味”。至今粤西地区仍流传对盐的这种异称。后来岛上居民通过观察和试验，得知海水蒸发到一定浓度，集中收集到石坑暴晒一段时间，即可收到盐巴。但随着需要量增加，仅靠日晒盐不能满足需要，海水煮盐技术应运而生，即煮海为盐。虽然难以确定何时出现这一技术，但从“张羽煮海”这一神话故事推想，其时间一定很久远。因人类早就知道“无盐则肿”的道理，制盐也应同时发生。到东汉许慎在《说文解字》中总结曰：“卤也，天生曰卤，人生曰盐。”可见，南海之滨古越人以海水制煮盐技术，至少不晚于秦汉，上述番禺地名的“盐村”含义即验证了南海盐文化渊源。

第三节　百家争鸣下关于天地关系的涉海观

春秋战国时期是中国社会由奴隶制向封建制过渡的时期，政治经济发生了激烈的变化。这种变化带来了文化空前繁荣，学术思想十分活跃，出现百家争鸣局面。诸子百家就是社会各阶级、各利益集团参加政治、学术活动的代表。这些流派在很多政治、经济、哲学问题上开展激烈论战，其中包括天地关系的认识就有不少地方涉及海洋问题，南海作为中国四海之首，也卷入其中。这些涉海论战，反映了那个时代对南海认识的哲学观。特别是南海远离中原政治中心，大陆文化对南海海洋文化的控制要弱得多，虽然南海地区还处在原始社会

① 《越绝书》卷八。

晚期，未出现诸子百家式人物，但中原的百家争鸣，毕竟将南海作为一个对象，从而折射出海洋哲学的余晖。

1．天地、方向的相对性

“天圆地方”观念自远古已然，到春秋战国时引起诸子们极大关注，有学者怀疑这一古老命题。春秋晚期，邓析（前545—前501年）认为天与地不存在截然的高卑之分，否定传统的天高地卑看法。惠施（前370—前318年）发挥了邓析思想，进一步提出“天与地卑，山与泽平”[①] 的高低相对性和转化性。天在上，地在下，山为高，地为低，这已成为人们的习惯和常识。惠施认为这不对，它们应该一样高，其理由何在，当初的论证无人知晓。按北京大学冯友兰教授的解释是，向远处看天地相接，在海拔高地方的湖泊可与海拔低地方的山一样高。惠施命题是想说明事物高低差别是相对的，有差别可转化为无差别。

2．方向的转化性

惠施还提出“南方无穷而有穷”[②] 的观念，从地理上考察南方是否有尽头。战国以前，中原人把南方看得很远而无限，以致《禹贡》九州，最南扬州不包括岭南，往南走达不到尽头，故有南方无穷之说。后来渐知南方有海，南方之国有边界可寻，故出现南方有穷之说，这个南方自然包括南海。通俗地说，即一个人每向南前进一步所在的位置，就是前一个位置的南方，如此一来，南方是无穷的；但如果到了南极再往前走，就不再是前一个位置的南方，而是北方了。这反映了战国时期人们地理观念的辩证发展过程，即就方向而言，南方不可穷尽；就中国而言，南方有其定域，这应是南海。惠施又进一步提出“我如天下之中央，燕之北，越之南是也”。即一个人站在中央位置，既是燕国之北极，也是越国之南极，大地有南北极两个中心。也就是说两个人分别向南北走，会相遇于一点；如果一个人向南走到了南极，也会变为由南向北走，到达北极。战国时，越是南方大国，燕是北方大国，故一般人认为天下中央在越北燕南。惠施出来打破这种囿于局部地区的狭隘性，把视野开放到更广阔的地区，地理方位也有相对性。这个设想似乎隐喻着地球是个球体的思想。

---

① 《庄子·天下》。

② 《庄子·天下》。

但它不是建立在科学观察基础上的结论，仅有朴素的辩证法观念，即物极必反，相互转化。联系上述邹衍关于“大九州”的地理概念，南海作为其时人们地理观念中最大的海洋，又是南方大国越国所依托的范围，自然是诸子百家关于天地、人地关系争鸣常涉及的一个话题，由此反映的关于南海的海洋哲学，在其文化史上也应占有一定地位。

第五章　秦汉南北朝时期中国南海海洋文化发展

秦汉封建统一国家的建立，岭南归入中央王朝版图。封建生产方式传入，郡县制推行，区域开发程度提高，对海洋的认识和开发迈向一个新历史时期。特别是海上丝绸之路的开辟，中国南海海洋文化与世界海洋文化发生联系，由此产生的各种效应，深刻改变岭南及周边地区的社会经济面貌，真正显示海洋文化对大陆文化的作用力。

第一节　古越铜鼓反映的人类海上活动和文化交流

秦汉虽然在岭南建了郡县，推行封建制度化，但氏族奴隶制仍很强大，南下汉人很少，古越族仍是岭南居民的主体。古越文化也居主流文化地位。这可从现存越人铜鼓图案反映这一时期的海洋活动梗概。

1. 越人铜鼓

古越人善铸铜鼓，像中原人铜鼎一样，有“北鼎南鼓”之说，享有崇高的地位，被赋予种种神秘活力，是古越人心目中的神器，受到顶礼膜拜。铜鼓同时又是一种打击乐器，在公众活动中被广泛使用。中国南海北岸是铜鼓故乡，雷州半岛、海南岛、珠江三角洲、西江流域，以及云南、贵州等都有各式铜鼓出土，形式多样，风格各殊，制作技艺精湛，民族学家徐松石曾著书，名曰《百越雄风，岭南铜鼓》，极备赞美之辞。据统计，到 1986 年，我国各地博物馆收藏铜鼓约 1500 面，其中云南约有 200 面，广西 435 面，广东 113 面，两广合计 548 面，约占全国的 37%。[①] 古越人既为海洋部族，其铜鼓内容，也

① 司徒尚纪：《珠江传》，河北大学出版社，2009 年，第 52 页。

涉及海洋文化。始于先秦经两汉延及隋唐，铜鼓海洋文化长盛不衰，在中国南海海洋文化史上演奏一曲时代乐章。

阳江周亨村出土鼓身全国最高汉代铜鼓　左章杰提供

雷州出土的北流型汉代铜鼓　湛江博物馆提供

铜鼓既为古越人权力、财富、地位的象征，又有法器力量，广泛用于各个场合，包括海上活动。铜鼓上的羽人、船纹、雷纹、水波纹等饰纹，说明古越人出海捕捞水产，征战，以及雷神、海神崇拜等意涵，与海洋有不解之缘。如粤西出土的一个冷水冲型铜鼓的鼓身下段，腰部上段即饰羽人划船纹。1976年，广西贵县罗泊湾一个西汉墓中出土两个铜鼓，鼓上有一幅双身船纹。该船为双首双尾船，船人有6个羽人划桨。[①] 史家认为“这种双身船浮力大，行驶平稳，为古越人海上捕鱼或运输之用。今天南洋群岛还可以看到此类双身船”[②]。这些纹饰与广州南越王墓出土的铜提筒外面羽人、船纹图案大有相类之处，都显示了古越人海上活动的情景。岭南铜鼓在广东主要分布在徐闻、雷州、遂溪、吴川、廉江、化州、茂名、信宜、高州、罗定、阳春、阳江等县市，广西分布更广，包括灵山、横县、岑溪、浦北、合浦、北流、玉林、博白、钦州等，在海南岛则分布在琼山、文昌、万宁、陵水、澄迈、昌江和东方。除了内陆，中国南海北部沿岸地区铜鼓不在少数。铜鼓纹饰充分展示沿海古越人的海洋

① 阎根齐：《海南古代建筑研究》，海南出版社，2008年，第15页。

② 彭年：《中国古代海洋文化的先驱》，载中国秦汉史研究会等编《南越国史迹研讨会论文选集》，文物出版社，2005年，第214~215页。

文化风貌。

2. 铜鼓对外文化交流

岭南铜鼓也流落海外，这与中国南海周边一些地区和民族秦汉以后很长时间，或族源相同，或政区版图一致，借助于海上通道将铜鼓传播到这些地区。据广东省博物馆杨豪先生统计[①]，流落在海外的铜鼓，计越南有 82 面、泰国有 24 面、印度尼西亚有 34 面，另老挝、柬埔寨、马来西亚也有数量不详的铜鼓。这些铜鼓与岭南铜鼓有很深的民族和地域亲缘关系。类型上有北流型、灵山型、冷水冲型铜鼓等。这些在南方流行的铜鼓，从云南楚雄万家坝出发，沿西南丝绸之路和岭南边境，传入印度支那各国，循马来半岛向南抵马来西亚，越过马六甲海峡和爪哇海，进入印度尼西亚各岛群，继沿海上丝绸之路，传到更遥远的异国他乡。这不仅有实物为凭，而且在先秦典籍中也可印证，如泰国，历史上有过掸、剽、骠、暹、罗斛国等称谓，传入铜鼓不少。据民族学家徐松石先生考证，泰国前称掸，读音有 shan（擅、山）一说。“山”与“产”谐音，为《逸周书·王会解》所载伊尹制定献令里所说“产里”国中之“产”国，为周初时期岭南地区越裳国，汉代称为产国，都是古越族遗民[②]，其接受和保存铜鼓，正是基于古越族文化之根一脉相承也。到唐刘恂《岭表录异》说，缅甸贞元中骠国进乐，有铜鼓表演。《缅甸百科全书》“铜鼓条”云，铜鼓制作中心在克耶邦的威当城（乐可城），缅甸各邦及东南亚都到此购买。而此地铜鼓制造始于 15 世纪，且说是壮族传到缅甸，并已由出土的广西龙州鼓与那坡鼓证实，形制完全相同。此前，宋周去非《岭外代答·乐器门·铜鼓》条云，铜鼓“交趾尝私买以归，复埋于山，未知其所义也”。想见，铜鼓假道海上丝绸之路流传东南亚历史悠久。

第二节　西汉海上丝绸之路开辟

先秦古越人已开始了南海海上交通和贸易，番禺（广州）已是南海土特

---

① 杨豪：《铜鼓咚响青蛙鸣——南方境外铜鼓保留与亲缘探索》，见《广东省博物馆集刊》，广东人民出版社，1996 年，第 152 ~ 154 页。

② 阎根齐：《海南古代建筑研究》，海南出版社，2008 年，第 155 页。

产品集散地，故到汉武帝时司马迁《史记·货殖列传》提到全国 19 个城市，番禺列为一大经济都会，是“珠玑、犀、玳瑁、果布之凑”。这些珍异之物，主要产于南海及其周边地区。著名史学家吕思勉先生指出，《史记·货殖列传》以上所言，“此语非指汉时，可见陆梁（岭南）之地未开，蛮夷贾船已有至交广者矣”①。其中“果布”一词，有论者认为不是水果和葛布，而是马来语对龙脑香的音译，全称为“果布婆律”。近年广州汉墓出土的众多熏炉是用来燃烧香料器具的，这说明东南亚一带香料已从南海输入番禺，再转送全国其他地区。

1. 海上通道和港口

经过汉初南越国赵佗“甚有文理”的开发经营，岭南地区已具有发达的造船和航海技术。因汉武帝征伐南越之前，曾大修长安昆明池，“治楼船，高十余丈，旗帜加其上，甚壮”，而“是时越欲与汉用船战逐”②，即汉越双方水战力量旗鼓相当，以致南越国敢与汉武水师决战。后来，番禺被汉师攻下，南越臣君“吕嘉、建德以夜与其属数百人亡入海”③，想见南越国早在南海上航行。但中国正式开辟后被称为“海上丝绸之路”的南海海上交通，应发轫于《汉书·地理志》。其记曰：

> 自合浦、徐闻南入海，得大洲，东西南北方千里，武帝元封元年（前 110 年）略以为儋耳、珠崖郡。民皆服布如单被，穿中央为贯头。男子耕农，种禾稻、苎麻，女子桑蚕织绩。亡马与虎，民有五畜，山多麈麖。兵则矛、盾、刀、木弓弩、竹矢，或骨为镞，自初为郡县，吏率中国人多侵凌之，故率数岁一反。元帝时，遂罢弃之。
>
> 自日南障塞、徐闻、合浦船行可五月，有都元国，又船行可四月，有邑卢没国；又船行可二十余日，有谌离国；步行可十余日，有夫甘都卢国。自夫甘都卢国船行可二月余，有黄支国，民俗略珠崖相类。其州广大，户口多，多异物，自武帝以来皆献见。有译长，属黄门，与应募者俱入海市明珠、璧琉璃、奇石异物，赏黄金、杂缯而往。所至国皆禀食为

① 吕思勉著：《吕思勉读史札记·官南方者之贪》（上），上海古籍出版社，1982 年，第 525 页。
② 司马迁：《史记》卷 30，《平准书》。
③ 班固：《汉书》卷 95，《西南夷两粤朝鲜传》。

耦，蛮夷贾船，转送致之。亦利交易，剽杀人。又苦逢风波溺死，不者数年未还。大珠至围二寸以下。平帝元始中，王莽辅政，欲耀威德，厚遣黄支王，令遣使生犀牛。自黄支船行可八月，到皮宗，船行可二月，到日南、象林界云。黄支之南，有已程不国，汉之译使自此还矣。

这是中国海船经中国南海，通过马六甲海峡到印度洋航行的最早记载。但《汉书·地理志》这段文字所列国家地名，除出航港口和航归登陆地点以外，其余地点在学术界至今仍无统一认识，但不出中国南海周边国家和地区，包括今苏门答腊、缅甸、印度、斯里兰卡、马来西亚等。因船小，抗风力差，不宜深海航行，故西汉船队只能沿北部湾海岸及中南半岛海岸航行。船行一段时间以后，即弃舟登陆，步行通过马来半岛中部的克拉地峡，然后辗转舟行到上述地区。

汉代徐闻港遗址　司徒尚纪摄

西汉以后，通过中国南海的这条海上丝绸之路，延伸得更远，到达的国家和地区更多，包括了广州到今越南、柬埔寨航线；广州至今印度尼西亚的爪哇或苏门答腊航线；广州至今印度、斯里兰卡航线；广州至波斯湾转罗马帝国航线。广州是中国南海航运的枢纽。1974 年广东省博物馆人员在西沙群岛考古调查中，在西沙北礁采集到南朝六耳罐、陶环等文物，说明这些航线可能经过西沙群岛海域。

从海外传进的菠萝蜜树　司徒尚纪摄

汉代这条海上航线三个始发港，在海洋文化史上具有里程碑意义。合浦港在广西南部，南流江出海口，具体地望颇多争议，但不出南流江口一带，因合浦之名即为众多沙滩汇集之地。合浦港与南北流江相连，上接湘桂走廊通荆楚、中原北方，下通过北部湾入中国南海腹地抵东南亚、印度洋各地，海向和陆向腹地十分广大，是中外海上交通枢纽港，具有不可替代的海洋文化交流意义。合浦港附近是汉代合浦郡治，是一个区域性政治中心，应有相当数量人口居住。近年在县城廉州镇附近 68 平方公里范围内，发现近万座汉墓群，从已清理的 800 多座墓中，出土珍贵文物近万件，包括青铜器、陶器、玉器、玻璃器等，其中大量的琉璃、琥珀、玛瑙和水晶等饰物，经专家鉴定属舶来品，原产地在印度、非洲、欧洲，与海上丝绸之路所记路线相符，可知合浦港为秦汉时海上交通重要起点、古代海上丝绸之路一个始发港。

广东南端徐闻也是汉代海上丝绸之路始发港之一。汉代徐闻县，曾辖雷州半岛全境，故汉代徐闻港地望一直有争议。近年经考古发掘，确定在今徐闻县西南二桥村，附近为汉徐闻港址，这里有三墩港，避风条件良好，二桥村附近仕尾岭出土“万岁”瓦当，为官衙用材，具县衙条件，符合海港选址要求。今已将徐闻港址开发为旅游区，曰“大汉三敦”，吸引了大批游人。但质疑者认为，三墩附近无大河，海陆运输难以接驳，港址应另有其地。有人提出汉徐闻县辖境广大，港口应不止一处，而今雷州城临近雷州半岛最大的南渡河，也有汉代出土文物支持，也有可能是汉代徐闻港所在①。这有待进一步发掘论证。

日南港在今越南境内顺化一带。《汉书·地理志》称“日南障塞”，障塞应为边塞、城隘之类，有人认为是汉帝国对外计程的起点，离开这里，就算出国，具有税收、海关一类功能。西汉船队至此补充货物、给养，或者东南亚诸国来华商船在此暂作停泊、装卸货物、候风北上，故也是海上丝绸之路始发港之一。

西汉开辟海上丝绸之路以后，东汉三国时期继续发展，且愈加频繁。东汉安帝永宁元年（120 年）“掸国（一说今缅甸）王雍由调复遣使者诣阙朝贺，献乐及幻人，能变化吐火，自言我海西人。海西即大秦（罗马）也。掸国西

① 李建生、陈代光：《南海‘海上丝绸之路’始发港——雷州城》，海洋出版社，1995 年，第 29 页。

南通大秦"[1]。以掸国为中转站，岭南开辟与欧洲海上交通。东汉顺帝永建元帝（131 年）叶谓国（今印度尼西亚），曾派使臣前来中国贡献；汉桓帝延熹九年（166 年），"大秦王安敦遣使自日南徼外献象牙、犀角、玳瑁"[2]。此为罗马帝国首次直接与中国交往的记载。自东汉经西域陆上丝绸之路一度中断以后，中国南海海上丝绸之路变得更加繁忙，成为东西方之间主要的海上交通线。

随着中国政治格局的演变，三国吴黄武五年（226 年）交州分出新政区，设置广州，即交广分治，番禺成为广州治所，极大地提高了它的政治经济地位，番禺由此称广州。到东晋时期，广州成为海上丝绸之路一个始发港，海上交通贸易出现一片繁华景象。《晋书・吴隐之传》说"广州包山带海，珍异所出，一筐之宝，可资数世"。《梁书・王僧孺传》也称"（广州）海舶每岁数至，外国贾人以通贸易"。广州自此成为中国南海地区最大的海河港城市。

遂溪出土南朝波斯银币　遂溪博物馆提供

汉初海上丝绸之路开辟之后，中国南海沿岸港市接踵而起，北部湾边红河出海口就有龙编、西卷、赢楼（均在今越南河内一带）等港口，同样是汉帝国经济中心和对外贸易中心城市。特别是龙编，近代中西交通史专家冯承钧在《中西南洋交通史》（第一章）指出："中国与印度之间的交通，汉时有二道：一为西域道；一为南海道。南海道开辟或更在西域道之先。……二世纪时，交州南海之通道，亦得为佛法输入之所必经。东汉延熹九年（166 年），大秦帝安敦之使臣，即由交州登陆。译经建业（今南京）之康僧会，其先康居人，其父因商贾移于交趾。……二世纪末，黄巾之乱，独交趾差安，中

① 范晔：《后汉书・南蛮西南夷传》。
② 范晔：《后汉书・西域传》。

国学者避难于其地者，为数不少。观其种族信仰之杂，与夫商业之盛，有所记录，自亦为意中必有之事。……南海之交趾，犹之西域之于阗也。”《交州记》说其“羁旅之徒，皆蒙其庆”，即过往客商因商贸而受惠。研究者认为，汉以来统治者很重视对交趾的经营，交州刺史常驻龙编，交趾由此成为交广区的政治中心和经济中心。可见，龙编港等在南海商贸上居显要地位，是汉代中国南海海洋文化交会和辐射中心城市之一。在广东沿海也兴起一些港口。如漠阳江口阳江港，汉以来属高凉县地或为高凉郡治，东晋南朝时发展为一个人口市场。《梁书·王僧孺传》云：“（僧孺）出为南海太守，郡尚有高凉生口及海舶每岁数至，外国贾人以通货易，旧时州郡以半价就市，又买而即卖，其利数倍，历政以为常。”按阳江港恰处在广州至雷州半岛徐闻港航线中心，上溯漠阳江，新兴江入西江，沟通湘桂走廊，内外交通甚为便畅，故能成为海上丝绸之路的一个转运港。1984 年，在北部湾东岸遂溪县城边湾村出土南朝波斯银碗、鎏金盅、金环、银环、银盒、银镯、金戒指、银首饰等文物，为海外风格，显示遂溪亦为一个海上港口。

孙吴立国，尤注重海上交通，加上造船和航海技术进步，南海航运自广州起航不必沿海岸线而直接取道海南岛东部海域，穿越西沙群岛抵达东南亚各国，自此奠定了广州作为南海交通枢纽的基础。1974 年广东省博物馆在西沙群岛考古调查中，在西沙北礁采集到南朝的六耳罐、陶环等文物，说明有些航船可能经过西沙群岛海域。西沙航线开通，大大地缩短了广州至东南亚各国的航程，直接导致了合浦港、徐闻港的式微。这当然经历了一个历史过程，大抵到唐代南岭之东大庾岭道开通，“广州通海夷道”兴起，灵渠交通地位削弱，南岭交通重心东移，才是合浦港、徐闻港隆盛地位的结束。

2. 中外海洋文化第一次大交流

海上丝绸之路的兴起，带来了中国与中国南海周边国家和地区第一次文化大交流。这包括了新作物品种、器艺、宗教等，对中国农业土地利用、手工艺术、思想观念、宗教信仰等都产生深远影响，至今仍未泯灭。

史载三国至南朝由海上来中国朝贡贸易的国家和地区有 15 个，它们“自梁革运，其奉正朔，修贡职，航海岁至，愈于前代矣”[①]。假道中国南海传入

① 《梁书》卷 54，《南海诸国传·序》。

中国的新作物品种即有棉花[①]、桂木、柚子、枇杷、山荔枝、枣椰、无花果、菠萝蜜、茉莉花等，以后岭南即由此发展为著名的水果之乡。特别是棉花，自印度传入海南以后，很快在岛上繁殖生长，唐宋已广布于闽广，元代迅速向长江流域推进，海南岛成为棉花向北传播的基地，“夫木棉（棉花）产自海南，诸种艺制作方法，骎骎北来，江淮川蜀，既获其利”[②]。明代又进一步扩大到黄河流域，成为中国人的主要衣料。又据汤显祖《达奚司空立南海王庙门外》诗，菠萝蜜传为萧梁时为达奚司空引入广州，种于南海神庙，后广种于岭南北回归线以南，以果实硕大、香气袭人著称。但南海神庙建于隋，故后人多认为应传入于唐，容后述。在岭南素馨花、茉莉花很普遍，“皆胡人自西国移植于南海。南人怜其芳香，竞植之”[③]。南汉时，宫女竞相以素馨花点缀头发，有“翠鬓云鬟争点缀，风香露屑斗轻盈”之风气[④]。这样看来，广州被称为花城，可从晋代开始，海外花卉功不可没。宋人董嗣杲《茉莉花》诗，赞曰：

雪缀柔枝冷未融，暗销尘境暑威浓。
根从海国分灵种，花逐仙娥下蕊宫。
珠络香悬风紧处，玉壶人在月明中。
直须第四番开过，都洒秋愁落翠丛。[⑤]

为有如此高雅文化品位，素馨花、茉莉花历为岭南人钟爱，遍植于花地、园庭，也是广州等地花市最抢手的品种。

秦汉以降，中国南海海上贸易物品，同是一种文化载体。在合浦港、徐闻港汉墓中就有不少琥珀珠、玛瑙珠、水晶球、琉璃珠等出土，均是舶来品。汉政府在这些港口设进出口关卡，它们成为重要的港市，也是中外文化交流中心。

这次海上文化大交流，对中国文化影响最大者，首推佛教，而岭南又是佛教从海上传入我国最早的地区。据新中国成立后在两广及浙闽沿海考古发现一

---

① 据农史研究者认为，棉花是由印度经越南传入海南，再传入大陆，汉初已在岛上广种，可见史前时期黎族先人已掌握植棉和加工技术。见南京农学院《中国农学史》（初稿）下，科学出版社，1984年，第3页。

② 王桢：《农书》卷21，《木棉序》。

③ 嵇含：《南方草木状》，上卷。

④ 董嗣杲：《茉莉花》载《诗渊》第二册，书目文献出版社，1984年，第1159页。

⑤ 董嗣杲：《茉莉花》载《诗渊》第二册，书目文献出版社，1984年，第2424页。

广州出土的西汉陶俑座灯　广州市政协提供

些奇特的胡俑，又称陶僧俑，高鼻深目，颧骨突出，络腮胡子，裸或半裸，跽坐踞坐，头上托钵或以手举钵，一看便可知是南亚或西亚人，人类学家定为欧罗巴人种印度地中海类型。在广西贵港、梧州、合浦等地也出土同样胡俑。中外学者多认为这是随海舶东来的西亚行僧。初期佛教传播尚未有佛经，佛像等法物也未建佛塔、佛寺等建筑物，这些胡僧应是最早浮海入岭南的佛教徒，且与这时由合浦出发海上丝绸之路交通史实相符合①。据萧梁释慧皎《高僧安清本传》，相传东汉灵帝之末（170—171 年）已有佛教徒来广州的说法②。东汉末光和年间，苍梧牟子经合浦海道入交趾，攻佛学，后撰有《理惑论》37 篇，为中国历史上第一部佛学专著，对后世影响很大。苍梧佛教徒不少，连交州刺史张津："舍前圣典训，废汉家法律，常著绛帕头，鼓琴焚香，读邪道书，云以助化。"③ 交趾成为佛教传播一个中心。三国时代，天竺僧人真喜沙门（强梁娄至）来广州，翻译《十二游经》一卷。此时，佛教传播不断扩大，《三国志·吴志·士燮传》载，士燮董督岭南七郡，"出入鸣钟磬，备具威仪，笳箫鼓吹，车骑满道，胡人夹毂焚香是常有数十"。此胡人即海外行僧。西晋武帝时，又有梵僧迦摩罗抵广州，在城中修建广东最早的两座寺院，即三归寺和王仁寺。以后广州因地处出海要道，时有梵僧往来，佛寺繁兴，名僧居士聚集。如东晋隆安时（397—401年），罽宾国（今克什米尔）高僧昙摩耶舍至广州，在城西虞翻旧苑建王园寺，即今光孝寺，并植苹婆诃子树，后人称为"诃林"。又据《南史》载，早在东晋咸安元年（371 年），合浦人董宗元采珠得佛光焰，"交州送台，以施于像"。即晋代合浦已建有佛台，供奉佛像。后道光《广东通志》说，合浦有宋

① 广西壮族自治区地方志编纂委员会《广西通志·宗教志》广西人民出版社，1995 年，第 188 页。

② 参见民国三十年《广东年鉴》第二十五编，第六章《社会事业·宗教》。

③ 范晔：《后汉书·襄楷传》注引《江表传》。

禅宗始祖达摩在广州登陆“西来初地”　广州博物馆提供

代建的东山寺，其原址为晋代灵觉寺。宋文帝元嘉初（424—453 年）天竺僧求那跋摩来南海，后取道始兴入京，改始兴虎市山为灵鹫山（天竺名山）。其时还有西域名僧杯渡来南海，憩屯门山，即今香港青山。梁武帝初，天竺僧智药禅师先到广州，继上曲江曹溪水口，开山立石，建宝林寺，即今南华寺。梁武帝中，禅宗始祖达摩泛海来广州，创建西来庵，其登陆地点曰“西来初地”。后成为广州名胜，保留至今。梁大同元年（535 年）佛教传上罗浮山，建南楼寺，此后山上寺院建筑接踵而起，成为岭南佛教的发祥地之一。六朝时代，佛教大兴，在广东各地先后兴建的大小寺院有 87 所之多①，其中广州城 19 所，始兴郡 11 所，罗浮山 4 所。这虽是佛教传入岭南之初，但对丰富岭南文化内涵，扩大人们文化视野，起了开创性作用。除了留下的名胜古迹和神话传说以外，在物质工艺创作上也增加了新题材。南朝广东墓葬出土的瓷器，器身开始流行与我国传统风格不同的各种莲花纹。例如中山市征集到北周天和六年（571 年）佛像砖，铭文曰：“天和六年，岁次辛卯六月朔日，佛弟子陈岁为父母之中轮转生死，造像一区”②。这反映佛教已渗入世俗社会，拥有一定

① 据《大藏经·传记部》诸部统计。

② 中山市博物馆《中山历史文物图集》，香港《大公报》，1991 年，第 43 页。

信众。但这一时期，佛教传入主要方式是译经，特别是印度佛教首先从海路传入交州治广信（今封开、广西梧州一带）成为岭南文化中心。佛学家牟子除上述《理惑篇》以外，还兼论大小乘佛经教义，并结合中国传统儒道文化，影响很大。很多佛教语言从梵文译成中文，首先介绍到岭南，再传播到中原北方。如把梵文“Buddha”译为“佛”即出自《理惑篇》。牟子解释：“佛者，谥号也，犹名三皇神、五帝圣也……恍惚变化，分身散体，或存或亡，能小能大，能圆能方，能老能少，能隐能彰……故号佛也。”到三国时交广分立，广州成为岭南政治中心，天竺僧真喜沙门（强梁娄三）来广州译成《十二游经》一卷。六朝时先后来广州交州并译经的还有康僧会（？—280年）译有《安般守意经》，昙摩耶舍《差摩经》22卷、《无量义经》；求那跋摩（367—431年）译经甚多，《高僧传》称“凡二十六卷”，被称为“正藏法师”，谅有一部分经卷在广州译出；佛驮跋陀罗（359—429年）在广州竹林寺译出《善见律毗婆沙》18卷，并创中国最早的佛历纪年，即公元490年为佛灭后975年，此后如此类推，为中国佛教之大事。求那跋陀罗（394—468年），元嘉十二年（435年）浮海来广州，译出《楞伽经》，并开禅训，对后来禅宗远见卓识起了重要作用。陈武帝永定元年（557年）名僧真谛（499—569年）来广州，住今光孝寺。据罗香林考证，真谛在广州译经16种，包括《摄大乘论》3卷，《摄大乘论释》12卷并《义疏》8卷，《金刚般若经》1卷，《俱舍释论》22卷，《佛性论》4卷，《律二十二明了传》1卷并《疏》5卷，《僧涩多律经》若干卷，《广义法门经》若干卷，《唯识论》1卷，《中边分别论》1卷，《无相思尘论》1卷，《无上依经》若干卷，《婆薮盘豆法师传》1卷。[①] 广州，尤其是光孝寺成为中国佛经翻译的一个中心。这些佛教经典所包括的丰富的佛学哲理、文学、艺术、绘画、建筑等，也以文字语言形式流布世俗之间，如浮图、三生、正果、涅槃、空门、袈裟、菩提、菩萨、如来、檀越、和尚、沙弥、金刚、弥陀、维那、首座、方丈、住持、罗汉、福田、轮回、居士、皈依、净土、菠萝蜜等，皆为各界使用，渗透到不同领域，对于从物质文化到精神文化发展做出积极贡献。

文化交流是双向的。中国文化也借助南海丝绸之路传到东南亚、印度洋等地。丝绸具有很高的文化品位，为海外诸国青睐。如大秦（罗马）“又常利得

① 覃召文：《岭南禅文化》，广东人民出版社，1996年，第4~9页。

中国丝，解以为胡绫，故数与安息诸国交市于海中”①。罗马博物学者普林尼在《自然史》中指出“赛里斯国（中国）林中产丝……后织成锦绣，贩运至罗马。富豪贵族之夫人娇媛，裁成衣服，光辉夺目。……奢侈之风由来渐矣，至于今代，乃见凿通金山，远赴赛斯透司（sesteces，罗马货币）。此即吾国男子及妇女奢侈之酬价也”②。现今留存在东南亚一些国家和地区的汉代文物，见证了2000多年前中国人民与这些国家和地区人民友好文化交往的历史。据广东省博物馆杨豪研究员到印度尼西亚考察，在泗水、三宝垅、巴厘岛等城市的博物馆里陈列有不少中国各朝代生产的陶瓷、铜鼓等文物，包括汉代粤式铜鼓，以广西铸造的最多，一些乡村建筑物的大门有青蛙雕刻，以及“干栏”式建筑物等，说明汉代中国人，特别是岭南人可能迁入印度尼西亚③，或者通过商业活动，将汉文化传播到海外，在当地留下为后人仰止的吉光片羽。

在今越南中部林邑为占婆人故地，汉代为日南郡象林县地，3世纪以后占婆国势渐强，与六朝政权有交往，在其茶乔遗址，出土汉代风格的砖瓦，为占婆与中国文化交流物证④。

在中国南海西南湄公河三角洲，汉代和六朝时期为扶南国疆域，直到唐杜佑《通典》仍对其国有所记载。中国商人在这一带很活跃，除输入中国丝绸以外，该国Oc Eo遗址出土汉代铜镜。20世纪80年代，越南等国学者对湄公河三角洲进行密集考古发掘，出土大批文物，说明在公元1—4世纪Oc Eo已成为扶南国港口城市，城周有护城河、运河和水利工程，居屋为干栏建筑，种植水稻，流行二次葬。扶南商人用乳香、没药、树脂及用以制造的香水和薰香的其他材料，换取中国的丝绸⑤。Oc Eo考古发掘结果，显示秦汉六朝时期，扶南国为南海周边一个海洋文明古国，与中国有过密切的海洋文化往来。

---

① 陈寿：《三国志》卷30，《魏书·东夷传附倭传》。

② 张星烺：《中西交通史料汇编》第一册，中华书局，1997年，第20~22页。

③ 杨豪研究员1995年4月1日在广东省地理学会历史地理专业委员会学术研讨会上的发言。

④ 参见李庆新：《濒海之地——南海贸易与中外关系中研究》，中华书局，2010年，第13~14页。

⑤ 参见李庆新：《濒海之地——南海贸易与中外关系中研究》，中华书局，2010年，第389~391页。

第三节 海上活动对中国南海环境资源的认识

先秦以来长期的航海和生产活动不断加深中国人民对中国南海的海洋环境和资源特点的认识，写入相关涉海著作中，显示中国对海洋科学探讨和规律总结已达到一个新水平，在海洋科学史上占有重要地位。

1. 南海地形

东汉时，番禺学者杨孚根据中国南海潮汐的特点，在《异物志》一书中最先称南海为“涨海”，为以后历代所袭用；又把南海诸岛叫“崎头”，并指出“涨海崎头，水浅多磁石”。有人认为这里所说的磁石就是南海海岸的岬角地形（突入海中陆地）。这种地形为坚硬的磁铁矿层组成，能产生磁力线，影响海上航行。当时航船往往要加上铁叶片才能安全通过。三国时，孙吴航海家康泰和朱应曾出使扶南（今柬埔寨）等国，观察并明确地指出：“涨海中，到珊瑚洲，洲底有磐石，珊瑚生其上也。”① 与康泰大致同时代的万震在《南洲异物志》中，也记载从马来半岛往南海航行时有“东北行，极大崎头，出涨海，中浅而多磁石”②，肯定地回答了有关珊瑚礁形成有没有石质基底的问题。而在国外，这个问题在1837年英国生物学家达尔文明确提出关于珊瑚礁成因学说以前，长期没有弄清楚。1952年美国军队在恩尼维克岛对珊瑚礁第一次进行大规模的勘查，在钻孔中找到了火山岩，证实了达尔文的结论。然而，康泰、万震的见解比达尔文至少要早1500年。晋时成书的裴渊的《广州记》对南海诸岛部分岛礁，即已作了记载。如“珊瑚洲，在（东莞）县南五百里，昔有人于海中捕鱼，得珊瑚”，此是指东沙群岛而言。新中国成立前，有人在东沙岛海滩上拾得铜钱多枚，其中最早的有汉代五铢钱，与所记载我国人民在东沙岛活动相符合。又如“石洲在海中，名为黄山”，此是指南沙群岛中的太平岛而言。我国渔民自古以来就称太平岛为“黄山马”或“黄山马峙”，“峙，即珊瑚岛”。我国人民地理视野已抵达中国南海南部海区。此外，在岛上种植椰子树，也是我国人民从这个时期开始进行的另一项重要开发内容。椰子树不

① 康泰：《扶南传》，见李昉《太平御览》卷69。
② 万震：《南州异物志》，清曾钊辑《岭南遗书》本。

仅其果汁可饮用，解决岛上淡水匮乏困难，而且高大的树身也可作为航海目标。晋代左思的《吴都赋》中即有“穷陆饮木，极沉水居”之句。唐代李善注：“饮木，朱崖海中有渚，东西五百里，南北千里，无水泉。有木斩之，以盆瓮承其汁而饮之。”[①] 许多人普遍认为，李善注中这个大范围的岛群，应为南海诸岛。实际上，与左思同时代的刘欣期在《交州记》已称“椰生南海”[②]，可见南海诸岛种植椰子树已很普遍。岛上也就会有我国人民临时居住。又据南朝沈怀远所记“涨海”中的海鸥曰：“江鸥一名海鸥，在涨海中，随潮上下，常以三月风至乃还洲屿，颇知风云，若群风至岸，必风。渡海者以此为候。”[③] 其时对南海海域的天气变化规律，也有了一定的认识。

此外，长期定居广东罗浮山的葛洪对南海潮汐及生成也提出科学见解。他在《抱朴子》一书中写道：“月之精生水，是以月盛满，而潮涛大。”并说，“天河从西北极，分为两头，至于南极。……河者天之水也。两河随天而转入地下，而与下水相得，又与（海）水合，三水相激，而天转排之，故激涌而成潮水。”这种用天地结构来解释潮汐成因的理论，在海洋科学史上占有重要地位。

2. 南海版图

必须追述的是，秦汉以来，随着岭南地方建制的发展，南海广大海区先后归入我国版图。秦划分全国政区，在岭南置南海、桂林、象郡三郡；汉武帝平定南越国，重在岭南置南海、苍梧、郁林、合浦、交趾、九真、日南、珠崖、儋耳九郡。它们大部分临近南海边缘，自然要对附近海域实行政治管理和防守。东汉建武十九年（43 年），交趾女子征侧、征贰率众起义失败。事后，汉王朝在位于今越南中部的地区建立铜柱，作为本朝最南疆界[④]。朝廷委派马援，“往来南海、抚定珠崖，调立城郭、置井邑”[⑤]。马援对南海沿岸地区开发，建功不小。时至今日，在海南人民中仍广泛流传马援及其另一位伏波将军路博德的故事，保留着两伏波的古迹。1962 年郭沫若先生到海南，为此欣然

---

① 梁昭明太子撰，唐李善注：《文选》，第五卷，京都下，上海文明书局，宣统三年。

② 刘欣期：《交州记》第一卷，载清曾钊辑《岭南遗书》本。

③ 沈怀远：《南越志》，转见《我国南海诸岛史料汇编》，东方出版社，1988 年。

④ 《后汉书》卷 24，《马援传》。

⑤ 道光《琼州府志》卷 29，《官绩》上。

命笔，有诗曰：“有祠有井思永在，邳离新息并功多”[①]。另据光绪《崖州志》载，马援的部队缘海而进，随山甚勘道千余里。东汉建武十八年（42 年），军至浪泊山上[②]。有人据此认为，马援的部队不仅到过海南岛，而且到过南海中其他岛屿。

① 郭沫若：《白马井港》，见《郭沫若全集》第四卷文学编，人民文学出版社，1984 年，第 178 页。

② 光绪《崖州志》卷 17，《宦绩志三·武功》。

第六章　隋唐南汉时期中国南海海洋文化兴盛

隋唐封建统一国家的再造，奠定了中国南海地区管理和对外文化交流的强大的政治基础。而这一时期国家的强盛，吸引周边国家假道南海进入中国，由此发生的商业贸易、航运、宗教、政治、外交等往来所蕴含的海洋文化内涵不断得到充实与提高，与此相应的海洋精神文化也出现新的文化元素，并蓬勃持续发展到五代南汉国，使这一时期的中国南海海洋文化出现空前的兴盛局面，在海洋文化各门类和地区都有鲜明的表现，远远地超过了前代。

第一节　中国政府对中国南海地区的主权管理和行政建置

政区是国家行政管理的区域组织系统、实施国土管治的空间组织形式。无论海陆国土，只要纳入某个政区体系之内，即为国家领土主权范围。而从制度文化而言，行政建置也是一种国土划分和行政管理制度，无论对大陆还是海洋都具有同样重要的制度文化意义。

1. 隋唐临海地区建置

隋代结束南北分裂状态，全国复归统一，对行政建置作了较大调整，在今广东境内设置 12 郡 72 县，比前代减少了一半左右。属于南海北部沿海地区的即有广州南海郡、循州龙川郡、潮州义安郡、端州信安郡，泷州永熙郡、高州高凉郡、合州合浦郡，属今广西和海南的有宁越郡、儋耳郡、临振郡、珠崖郡共 11 郡，约 25 县。特别是在海南岛设置 3 郡 10 县，是一个很重要的事件。溯自西汉在岛上初置郡县以后不及百年即行放弃，甚至无建置，海南岛处于当地居民自治状态，这极不利于海南及附近海域的管辖。隋初在岛上恢复和扩大建置，奠定了海南行政的基石，对岛上和附近海区政治、经济、文化及海洋事业发展起了很大作用。

唐代政区虽承隋制，但也有所创新，在州或郡之上设道，初为监察性质，后演变为一级政区，另在形势重要地设都督府。史学家指出隋末郡雄割据，独霸一方，唐兴相继来降，唐高祖李渊每因其盘踞之地割置州县政区，并用少数民族首领为世袭长官。海南、广西边陲地区即属其列。这样，唐代广东在玄宗开元二十九年（741 年）于沿海地区设广州、循州、冈州、潮州、潘州、勤州、罗州、辩州、高州、恩州、雷州，凡 12 州 48 县；在海南设琼州、崖州、儋州、万安州、振州，凡 5 州 22 县；在广西北部湾地区设廉州、山州、陆州、钦州，凡 4 州 12 县。如是，南海北部沿海地区共置 21 州 82 县。属边要地区设有广州都督府和崖州（在今琼山）都督府。都督府突破州县权限，加强了对珠江三角洲和海南全岛的整体治理，当然包括它们涉及的海域。

但对南海海域而言，至为重要的是道一级政区的设置。唐太宗贞观元年（627 年），将全国划分为 10 道，岭南地区设岭南道，道治广州。岭南道范围“东南际海，西极群蛮，北据五岭”①，略当今两广、海南和越南东北部，同年在崖州设都督府，督率崖州、儋州、振州军事。《旧唐书·地理志》载：“振州（今三亚一带）……南至大海……东南至大海二十七里，西南至大海千里。”此为唐代关于海南岛四至八到当中，由东南至西南大海的唯一记录。以振州为起点，由海上向西南千里为崖州都督府管辖海域。其边界已达今越南顺化东海岸附近海域。而今越南顺化一带属林邑郡，是岭南道属下一个政区，即振州南面的大海为唐朝政府管辖的海域，而振州以东海域为在海南所设置万安州管辖的海域。唐穆宗长庆三年（823 年）工部尚书郑权出任岭南节度使，韩愈写过一篇《送郑尚书序》，说：“隶府之州，离府远者，至三千里，悬隔山海，使必数月而后能至。……其南州皆岸大海，多洲岛。帆风一日，棹数千里。……若岭南帅得其人，则一边尽治。”② 岭南节度使所辖范围甚广，海中有很多洲岛，其所指当然包括南海诸岛。另外，随着自汉代以来远航事业的发展，海洋地理知识积累的增多和方位概念的丰富，“南海”这个概念渐渐发展为专指中国以南的海域，也指东南亚和印度洋诸地，范围有所扩大。到唐代又

① 顾祖禹：《读史方舆纪要》卷 5。
② 韩愈：《韩昌黎集》卷 21。

从“南海”区分出一个新概念“西南海”，见于《新唐书·西域传》，专指北印度洋。但另据段成式《酉阳杂俎》所记，“西南海”又指东非沿海。不管怎样，自“西南海”概念产生以后，它比“南海”概念更准确，后为宋元明各朝沿用，均指北印度洋诸海。这在唐代开辟“广州通海夷道”中得到反映和验证，显见唐人海洋文化视野大为扩展。但就行政建置而言，唐代政治、军事力量抵达南海诸岛海域，能有效地维护海上航行安全，为周边国家相互友好往来进行经济文化交流，提供有力保障，这就是唐代“广州通海夷道”的开辟，容下述。

2. 南汉国特殊行政建置

唐末，岭南一带为刘龑割据，建立南汉国，易4主共55年。其盛时尽有唐代岭南道之地，只是后来疆域大为缩小。但南汉国主要发展海上贸易，由此致富，被称为“小南强”①。在行政建置上，也颇有创新，这是指在南海盛产珍珠之海湾设立特殊的政区媚川都，其一在雷州半岛与合浦之间的珠母湾（今北部湾），其二在东莞大步海（今香港新界大埔及其附近海域），拥有监管采珠军士二三千人。这是一种特殊的行政建置，后为宋元继承，对海洋资源开发功不可没。

第二节　“广州通海夷道”开辟与广州世界大港地位崛起

唐朝是中国封建社会一个鼎盛时期，这虽然主要是对中原北方而言，但在远离政治中心的岭南，却受惠于南海海洋文明，带来了以广州为核心的城市海洋经济和文化的高度发展，彪炳于中国海洋文化史，而这又离不开南海海上丝绸之路的兴盛和广州作为世界港口地位的崛起。

1. 广州通海夷道开辟

唐帝国空前强盛，以健全心态和宽广襟怀大开国门，与海外诸国往来，为此开辟了一条沟通亚洲、非洲、欧洲的海上丝绸之路远洋航线，唐人称它为“广

① 陶穀：《清异录》卷上《小南强》。

州通海夷道”，唐德宗宰相贾耽对它有详细描述，后收录《新唐书·地理志》：

广州东南海行，二百里至屯门山（今广东深圳南头），乃帆风西行，二日至九州石（今海南东北海域七洲列岛）。又南二日至象石（今海南东南海域独珠石）。又西南三日行，至占不劳山（今越南岘港东南占婆岛），山在环王国（今越南中南部）东二百里海中。又南二日行至陵山（今越南燕子岬）。又一日行，至门毒国（今越南归仁）。又一日行，至古笪国（今越南芽庄）。又半日行，至奔陀浪洲（今越南藩朗）。又两日行，到军突弄山（今越南昆仑山）。又五日行，至海峡（今马六甲海峡），蕃人谓之“质”，南北百里，北岸则罗越国（今马来西亚南端），南岸则佛逝国（今印度尼西亚苏门答腊东南部旧港）。佛逝国东水行四、五日，至诃陵国（今印度尼西亚爪哇），南中洲之最大者。又西出硖，三日至葛葛僧祇国（印度尼西亚苏门答腊东北岸伯劳威斯，Brouwers），在佛逝西北隅之别岛，国人多钞暴，乘舶者畏惮之。其北岸则箇罗国（今马来西亚吉打）。箇罗西则哥谷罗国（今泰国克拉地峡西南）。又从葛葛僧祇四、五日行，至胜邓洲（今印度尼西亚苏门答腊日里附近）。又西五日行，至婆露国（今印度尼西亚苏门答腊婆罗师岛）。又六日行，至婆国伽蓝洲（今印度尼科巴群岛）。又北四日行，至狮子国（今斯里兰卡），其北海岸距南天竺（今印度南部）大岸百里。又西四日行，经没来国（今印度西部阔伦），南天竺之最南境。又西北经十余小国，至婆罗门（今印度）西镜。又西北二日行，至拔屿国（今印度孟买附近洛奇），又十日行，经天竺西境小国五，至提屿国（今巴基斯坦卡拉奇），其国有弥兰太河，一曰新头河，自北渤昆国来，西流至提飓国西北，入于海。又自提屿国西二十日行，经小国二十余，至提罗卢和国（今伊朗阿巴丹附近），一曰罗和异国，国人于海中立华表，夜则置炬其上，使舶人夜行不迷。又西一日行，至乌剌国（今伊拉克奥波拉），乃大食国之弗利剌河，南入于海。小舟沂流，二日至末罗国（今伊拉克巴士拉）大食重镇也。又西北陆行千里，至茂门王所都缚达城（今伊拉克首都巴格达）。

自婆罗门南境，从没来国至乌剌国，皆缘海东岸行；其西岸之西，皆大食国，其西最南谓之三兰国（今坦桑尼亚桑给巴尔）。自三兰国正北二十日行，经小国十余，至设国（今也门席赫尔）。又十日行，经小国六七，至萨伊瞿和竭国（今阿曼马斯喀特西南），当海西岸。又西六、七日行，经小国六—七，至没巽国（今阿曼苏哈尔）。又西北十日行，经小国十余，至拔离歌磨难国（今巴林）。又一日行，至乌剌国，与东岸路合。①

上述“海上丝绸之路”从广州出发后，沿着传统的中国南海海路，穿越中国南海、马六甲海峡，进入印度洋、波斯湾，在乌剌国，如果沿波斯湾西海岸航行，出霍尔木兹海峡后，可以进入阿曼湾、亚丁湾和东非海岸，经历九十余个国家和地区，航期八十九天（不计沿途停留时间），是 8—9 世纪世界最长的远洋航线，也是唐朝最重要的海上交通线，全程共约 1.4 万公里（现代缩短为 1.03 万公里）。

9 世纪阿拉伯一些地理学著作也记录了从波斯湾到广州的航程，可与贾耽所记相印证。伊本·胡尔达兹比赫的《道里邦国志》记载有这样一条航路：从伊拉克港口巴士拉出发，经乌尔木兹（Urmuz，即霍尔木兹，今伊朗阿巴斯湾一带）出波斯湾，往东沿印度海岸经穆拉（Mula，即没来国）、塞兰迪布（Sarandib，今斯里兰卡），横渡孟加拉湾抵艾兰凯巴鲁斯（Alankabalus，今印度尼科巴群岛），过凯莱赫（Kalah，即箇罗国）、巴陆斯（Balus，即婆罗洲，今印度尼西亚加里曼丹）、加巴岛（今印度尼西亚爪哇）、舍拉黑脱（Shaldhit，今印度尼西亚苏拉威西岛）、海尔赖特（Har-lah，今菲律宾和乐岛）、“香料园之国”（即香料群岛，今印度尼西亚马鲁古群岛），到达玛仪特（MaYt，今菲律宾民都洛岛），转而折向梯优麦赫岛（TiYumah，今地名不详）、垓玛尔（今地名不详）、栓府（Alsanf，即占婆），到达唐朝南部城市鲁金（Lūqin，即龙编，今越南河内），往北就到唐朝最大的港口汉府（Khanfu，今广州），继续航行到达汉久（Khanju，今泉州，一说杭州）、刚突（Qantu，即江都，今扬州）。这条航线全程需时可统计的有八十七天，与贾耽所记“广州通海夷道”差不多。在波斯湾以东，马六甲海峡以西航程上，东西行的两条线路相同。不同的是，这条航线东行在穿过海峡后，不是北上越南沿海，而是继续东行，经爪哇海、苏拉威西海直驶菲律宾群岛，然后才向西折回越南海域，驶向广州。这就说明唐朝海上交通不仅在波斯湾、印度洋有较大进展，而且在南海诸国有新的

① 文中今地名据章巽：《古代的海上交通》，商务印书馆，1960 年；张铁生：《中非交通史初探》，三联书店，1956 年；陈佳荣、谢方、陆俊岭：《古代南海地名汇释》，中华书局，1986 年。

开拓，南洋群岛基本上纳入东西方海洋贸易圈之内。

近百年来，菲律宾考古学家在巴坦群岛、巴布扬群岛、伊洛科、邦加斯南、新怡诗夏、庞邦加、圣安娜、黎萨、内湖、明多罗、宿务、保加、卡拉扬苏禄岛、和乐岛等地发现为数不少的唐代陶瓷、钱币，显然是各国海商运来的，证明上述航线的存在，广州可能也开辟直航菲岛的航线[①]。

此外，在阿拉伯商人苏莱曼的《中国印度见闻录》、中国僧人义净的《大唐西域求法高僧传》中也记录了南海和印度洋之间的航线，与“广州通海夷道”起始港可能不同，但都经过南海海域。岭南地区的广州、交州、海南、雷州、恩州、潮州等地港口都与南海或印度洋沿岸各国发生贸易往来，中国输出丝绸、陶瓷等，故南海丝绸之路也称“南海陶瓷之路”，而外舶运来的多为珠香象犀玳瑁等珍宝，故这条交通贸易线又称“南海香料之路”。不管哪种称谓，南海交通贸易所伴随而来的最大一个结果是中外文化交流及其文化效应，标志着南海海洋文化发展兴盛时期到来[②]。

2．广州世界大港地位的崛起

广州为有北江、东江、西江和珠江三角洲网河交汇区位，江海一体，陆向和海向腹地广阔等优势即成为“广州通海夷道”的起点和终点，世界性的海港城市，也是海洋文化中心城市，唐代是它崛起的黄金时代。

广州作为世界贸易大港，各国商人纷纷来广州互市，唐太宗贞观初年，有20多个国家和地区与唐朝有外交关系，到唐玄宗开元、天宝年间（713—755年）已上升到70多个，它们多经过广州，南海贸易由此日新月异、蔚为壮观。中西交通史专家张星烺作过统计，唐代每日到广州外舶约11艘，一年约有4000艘。设每艘载客200人，则平均每日登陆广州者达2200人，一年多达80万人次。[③] 这些登陆者来自大食、波斯、天竺、狮子国、真腊、阿陵等国。据阿拉伯旅行家苏莱曼记载，唐僖宗乾符五年（878年）黄巢起义军攻占广州，有12万伊斯兰教徒及其他商人被害。[④] 由此可以推测广州海外贸易之盛。韩愈在《送郑尚书序》中云：“（广州）外国之货日至，珠、香、象、犀、玳瑁、

---

① 黄滋生、何思兵：《菲律宾华侨史》，广东高等教育出版社，1987年，第425页。

② 以上参见黄启臣主编：《广东海上丝绸之路史》，广东经济出版社，2003年，第126~131页。

③ 张星烺等：《中西交通史料汇编》第二册，中华书局，1977年，第204页。

④ 穆根来等译：《中国印度见闻录》，中华书局，1983年，第96页。

奇物溢于中国，不可胜用，故选帅常重于他镇。”① 黄巢攻克广州后就上表求为广州节度使，作为归附条件，实际上也是看中广州外贸丰厚的利益。此前天宝七年（748 年）鉴真和尚第五次东渡日本未成，漂流至海南振州，后转辗到广州，见珠江河上“有婆罗门、波斯、昆仑等舶，不知其数，并载香药、珍宝、积载如山；其舶深六、七丈。狮子国、大石（食）国、骨唐国、白蛮、乌蛮等，往来居（住），种类极多”②。苏莱曼也说广州是“商船所停集的港口，也是中国商货和阿拉伯商货所荟萃的地方”③。在唐代诗人杜甫、韩愈、王勃、刘禹锡等人笔下，都展现了南海航运给广州城市带来的繁华。如刘禹锡描写珠江河面的诗云：

汉家旌旆付雄才，百越南溟统外台。
身在绛纱传六艺，腰悬青绶亚三台。
连天浪静长鲸息，映日帆多宝舶来。
闻道楚氛犹未灭，终须旌旆扫云雷。④

由于唐代中国商品经广州出洋，随之留居海外的人也越来越多，所以至今南洋人乃至欧美人常称中国人为“唐人”，更称中国为“唐山”，中国人在海外集中聚居地曰“唐人街”。

五代十国时期，岭南为南汉刘氏政权割据，社会相对安定，经济有所发展，南汉国“府库充实，辑睦四邻，边烽无警”⑤。南汉国致富，动因之一是高度重视海上贸易，采取一系列促进海上贸易政策，如废除“市舶制”，实行自由贸易；大力“招徕海中蛮夷商贾”，“经营海上通商事业，增辟良港”，“凡岭北商贾来岭南者，多召之，使升宫殿”⑥ 等。南海贸易带来丰厚收入，高祖时，外贸兴旺，“犀象、珠玉、翠玳、果布之富，甲于天下”⑦。后主刘鋹

① 韩愈：《昌黎集》卷 21，《送卷尚书序》。
② ［日］真人元开著，汪向荣译：《唐大和上东征传》，中华书局，2000 年，第 74 页。
③ 苏莱曼：《东游记》，转见陈代光《广州城市发展史》，暨南大学出版社，1996 年，第 273 页。
④ 刘禹锡：《刘禹锡集》卷 35。
⑤ 梁廷枏：《南汉书》卷 9，《列传三 · 诸臣传一》。
⑥ 《十国春秋》，转见陈代光《广州城市发展史》，暨南大学出版社，1996 年，第 275 页。
⑦ 梁廷枏：《南汉书》卷 10，《黄损传》。

时“珠贝、犀象、玳瑁、翠羽，积于内府，岁久不可较”①。不少史学家认为这些珠玉、犀象与南海贸易有关，“盖亦自交广来者”②。又南汉政权穷奢极欲，在广州大兴土木、修筑离宫别苑，所用材料不少依靠武力掠夺海商舶来品。“中宗尚奢华，离宫宴幸，耗费不赀，正供所入，日就支绌。因阴遣彦赟率兵出入海，窥商舶重载者，诈为盗，劫其金帛归献，充益无名之费”③。故南汉时南海的海上贸易，用铁和血的文字，写在南海商贸史上，其最大港口仍是广州。这已为近年地面水下考古所证实。20世纪90年代在福建福州发现南汉国高祖刘次女，即清远公主刘华墓葬，出土来自阿拉伯地区的孔雀蓝玻璃瓶，为南汉与海外贸易物证④。2004年，广州大学城建筑工地发掘南汉主烈宗刘隐陵和高祖刘陵，出土来自西亚的玻璃串珠等舶来品。1997年，德国和印度尼西亚勘探公司在首都雅加达以北150公里印坦油田海域打捞一东南亚籍沉船，内装大量中国陶瓷、南汉银锭和钱币，大部分运载物在公元920—960年间。相信这是一艘从广州贸易归航的商船，甚至有可能是运送使节的官船，其丰富之遗物，在亚洲水下考古中甚为罕见。其中银锭上有“桂阳监”字样⑤。而桂阳即今广东连州，为南汉国领土，显见南汉时广州港与东南亚贸易相当兴旺。

第三节　中外海洋文化交流与传播

以“广州通海夷道”为标志的海上丝绸之路的兴盛，将中国南海周边国家和地区置于一个全新的开放系统中，开始了以唐代为高峰的新一轮中外海洋文化大交流，特别是岭南地区深深卷入其中，形成中国南海海洋文化的盛世时期，包括伊斯兰教传入，惠能首创南宗顿教独步中国禅林，新作物第二次传入，南海神崇拜兴起，岭南涉海诗风抬头，以及相关的海洋制度的创新等。这恰如屈大均《广东新语·文语》说，“广东居天下之南……天下文明至斯而

① 路振：《九国志》卷9，《邵廷琄传》。

② 吕思勉：《吕思勉读史札记》（下），上海古籍出版社，1982年，第100页。

③ 梁廷枏：《南汉书》卷13，《列传三·诸臣传五》。

④ 李庆新：《濒海之地——南海贸易与中外关系史研究》，中华书局，2010年，第134页。

⑤ 福建泉州《重立清净寺碑》，但对怀圣寺建立时间，很多学者认为在唐代。

极，故其发也迟，始然于汉，炽于唐于宋，至有明乃照于四方焉”。广东陆地文化如此，海洋文化更加凸现。

1. 伊斯兰教文化假道海洋传入岭南

伊斯兰教传入中国，有海陆两条路。海道从波斯湾经印度洋，绕马来半岛到广州。最早记载是隋文帝开皇七年（587 年），斡葛思自大食航海抵广，方建礼拜寺于广州，赐号怀圣[①]。自此，伊斯兰教文化开始在岭南传播。

唐代，岭南海外贸易与文化交流更为活跃，入居的阿拉伯人和波斯人数量大增。据说黄巢起义军攻克广州时，被杀的阿拉伯教徒多达 12 万。他们在广州的聚居地曰“蕃坊”。唐代人们多信佛教，所以伊斯兰教文化在岭南主要为阿拉伯人所接受。另外，唐政府规定，“中国人不合私与外国人交通、买卖、婚聚、来往”[②]，这也有助于保持伊斯兰教风俗文化，蕃坊也就成了广州城市文化景观孤岛。那里建有怀圣寺和光塔，居住在那里的“波斯妇，绕耳皆穿穴带环，有二十余枚者”[③]，为广州增添不少别致的文化景观。顾炎武说：“自唐设结好使于广州，自是商人立户，迄宋不绝，诡服殊音，多流域海滨湾泊之地，筑石联城，以长子孙。……禁网疏阔，夷人经商，翱翔城市。”[④] 这些教徒多蒲姓，居住在光塔东侧普宁巷，时称蒲夷人巷。有个大食商人叫辛押托罗，居广州多年，家资甚富，熙宁年间曾进银助修广州城，为广州文化建设作过贡献。据说他曾出任广州蕃坊蕃长，任命诏书还是苏东坡起草的。另据岳珂所著《桯史》测知，蒲姓商人聚居的广州光塔路，屋宇宏丽，楼高百尺，布置大方，后花园有池亭阁榭，花木掩映其中。光塔状如银笔，高入云表，气势不凡，常有外商登塔祈风，祷告之声，全城可闻。此蒲姓人非常富有，每宴客，“龙麝扑鼻，奇味不知名”，且爱以烤全羊待客，“皮色如黄金”[⑤]。在海南陵水到三亚海岸一带，有数百座伊斯兰教徒珊瑚墓葬群，其文化内涵比广州伊斯兰教文化稍早，也比较简朴，时代约从唐到宋。此正是伊斯兰教徒在海南活动频繁时期，与宋文献记载占城回教徒迁移海南沿海事件吻合[⑥]。唐鉴真一行

---

① 福建泉州《重立清净寺碑》，但对怀圣寺建立时间，很多学者认为在唐代。

② 王钦若：《册府元龟》卷 999。

③ 庄绰：《鸡肋篇》。

④ 顾炎武：《天下郡国利病书》卷 102，广东条。

⑤ 岳柯：《桯史》卷 11。

⑥ 《宋史》卷 489，《外国五 · 占城》。

从海南回大陆，在万安州见当地大首领冯若芳奴婢居处，“村村相次”①，当为波斯奴村落。又据李昉《太平广记》载，唐振州豪强陈武振也以掠夺波斯商船致富②。宋万安军城东北有舶主都纲庙，俗称番神庙，即道光《琼州府志》和《万州志》所称的莲塘昭应庙，祭祀时忌用猪肉，也实为伊斯兰教建筑文化生根海南的佐证。

始建于唐代的广州怀圣寺 陈许摄

伊斯兰教是一种世界性的宗教，当初它是作为一种异质文化传入岭南的，但与其他宗教一样，在岭南这块肥田沃土芃芃高长，形成自己的文化景观，跻身各宗教文化之列。伊斯兰教建筑文化，从《古兰经》到建筑个体，都有自己一套完善的词汇体系和符号系统，建筑个体与城市结构体系是有机地结合在一起的。广州怀圣寺与光塔，即为这种结合的杰作和范例。广州怀圣寺是伊斯兰教的活动场所，一说建于唐太宗贞观元年（627 年），为伊斯兰教传入我国最早的建筑，由礼拜大殿、看月楼、碑亭和东西长廊等组成，与光塔一起构成一大建筑群。大殿形式类似穹庐，有西域风格，而其顶与看月楼一样，为重檐歇山顶，形式与我国南方干栏式建筑相同，说明它们是结合岭南地理特点兴建

---

① ［日］真人元开著，汪向荣译：《唐大和上东征传》，中华书局，1979 年，第 69 页。

② 李昉：《太平广记》卷 286。

的。同一时期兴建的光塔，高36.3米，为圆柱形砖塔，下大上小，光滑无窗，呈砖灰色，故群众称为光塔。另教徒礼拜时，每登临塔顶高呼“邦卡”，即召呼教徒做礼拜仪式，“邦”与“光”音近，故有此俗名。塔顶过去饰以金鸡，可测风向和起导航作用。光塔形态不同于佛教宝塔，充分显示伊斯兰教的独特建筑风格，但又类似我国旧传华表，反映它也是西方建筑文化传入广东与当地建筑文化相互融合的物证。光塔所在之地，唐代还是一片汪洋，建造者就地取材，以蚌、螺壳为原料，掺以糯米建成，亦为中国建筑文化一大贡献，现在广东各地留下用此原料的建筑物不少。再者光塔没有避雷针，千百年来久经风雨侵蚀而岿然独立，专家认为由于它建立在水眼上，得以防避雷击。怀圣寺与光塔珠联璧合所构成的建筑文化景观，不仅为广州建筑文化增添异彩，而且在中西文化交流上起过重要作用，因为它是阿拉伯人东方航路的终点和伊斯兰教东传，以及中国海上丝绸之路的一个起点。作为广州海上丝绸之路的一个灯塔，怀圣塔备受赞扬。南宋方信孺（1177—1220年）《番塔》（即怀圣塔）诗云：

> 半天缥缈认飞翚，一柱轮囷几十围。
> 绝顶五更铃共语，金鸡风转片帆归。①

伊斯兰教讲究艺术，各地清真寺和墓群上保留不少阿拉伯文雕刻，内容既有宗教经文和祈祷语，也有追溯历史记载和年代考证；种类既有石雕铭文或墓志，也有木刻匾额和楹联；风格有的保留阿拉伯传统，有的结合中国书

广州先贤古墓　陈许摄

① 方信孺：《南海百咏》，转见陈永正编注：《中国古代海上丝绸之路诗选》，广东旅游出版社，2001年，第84页。

法艺术形式。海南陵水到三亚海岸伊斯兰教徒墓葬群上墓碑，上面刻有阿拉伯文和图案。图上画了一轮明月和云彩，两侧各有飞鸟，似是波斯神话中的神鸟。文中还有《古兰经》片段。墓主人屈膝朝西埋葬，以朝向西方伊斯兰教天国。据考古工作者认定，这属唐代碑刻，也可能是我国规模最大、形式最原始、年代最久远的伊斯兰教文化古迹，只是还有很多问题目前仍未弄清楚。广州北郊先贤古墓（又称响坟）即为伊斯兰教文化另一荟萃之地。那里环境优雅，一派乡村景观，为伊斯兰教徒安息之地，包括高大石牌坊、门廊匾额、墙壁碑碣、墓志铭等，琳琅满目。例如南门高大石牌坊上端正中，有一祥云圆月图案，上刻圆形阿文奉名词，“奉大仁大慈真主之名”，下刻《古兰经》文曰：“人总是要死的，死后即归召于我。”牌坊两侧还刻有两段圣训，“死亡足以发人深省”、“现世足以分晓逝迁”。其中最著名的唐代建圆顶墓（宛葛素墓），属摩尔式（即圆顶）风格建筑，还有塔式墓盖等。古墓除中世纪真迹以外，主要是上述近代文化精品。当地人传墓里常发出响声，是以名坟。实际上，这墓被视作非常神圣的地方，常有穆斯林朝觐者从很远的地方来朝拜。墓园里还有数十座外国建筑风格墓葬，墓主人来自海外。这展示海外文化也在这里占有一席之地。1955 年在广州新市镇附近另建立回族坟场，墓碑林立，分别用阿拉伯文、波斯文或英文书写，为外来文化与岭南文化相结合的另一个场所。

唐宋时大量阿拉伯人入居，阿拉伯语随而流布广州等城市，并吸收进粤方言中，至今仍在使用，但并不一定为人所知。属这类阿拉伯语的粤方言日常用语有邋遢（lata，脏）、污糟（wugao，脏）、霖（好）、踌（la 不是、没有）、冚（bome 盖、打耳光）、那渣（maoza，肮脏）。属商品名称的有乳香（大食语：luban）、没药或末药（大食语苦的）、葫芦巴（hulbah 苦豆）、押不卢（yabruh 曼陀罗根）、鸦鹘或亚姑（ya-qu 红宝石）、祖母绿或助木剌（Zummu-nvd 翡翠）、绿甘（rukham 大理石、汉白玉）等[①]。此外，在广州还有不少阿拉伯语地名，据马逢达《广州蕃坊考》，这些古今地名计有[②]：

古地名	今地名	阿拉伯语含义或称呼
甜水巷	甜水巷	中国山冈
朝天街	朝天路	朝天房

① 蔡鸿生主编：《广州与海洋文明》，中山大学出版社，1997 年，第 99 页。

② 转见曾昭璇：《广州历史地理》，广东人民出版社，1997 年，第 235 页。

大市街	惠福路	大食街变音
诗书街	诗书路	狮子音译
光塔街	光塔路	大食巷
仙羊街	海珠中路	送别巷音译
侧邻巷	仙邻巷	支那（中国，另一说广州）
蓬莱北街	蓬莱北街	真主至大
玛瑙巷	玛瑙巷	大食、波斯人卖珍珠玛瑙之地
擢甲里	擢甲里	小巷
纸行街	纸行路	与大食有关
番巷	（已佚）	光塔街意思
玳瑁巷	（今无）	装饰物
浦宜人	普宁巷	蒲氏宜（夷）人居地

这些地名皆以光塔路为中心，大抵东起今解放路，西迄人民路，南达惠福路和大德路，北止于中山路，覆盖广州老城内，形成伊斯兰教文化地名集群，反映阿拉伯人的信仰、风俗、语言、服饰、商业和建筑文化，给广州文化景观空间组合，留下宝贵的海外文化遗产。

2. 佛教交流达到高潮

隋唐高度开放政策和宽松环境，传各种宗教来华达到高潮，除伊斯兰教以外，祆教、摩尼教、景教也先后随南海海上丝绸之路传入中国，首途之区为广东，只是时间久远，至今在广东仍未能留下多少痕迹，倒反是佛教自东汉转入岭南以后，到唐代达到传播的高峰。

基于广州巨港地位，不少循南海来华的外国高僧大德多在广州登陆，再转往内地。武则天当政时，中天竺高僧极量（梵名般刺密帝）抵广州，在制止寺（光孝寺）与乌苌国沙门弥加释迦、罗浮山僧怀迪、前宰相房融，共同翻译《灌顶部·大佛顶如来密因修证了义诸菩萨万行首楞严经》。玄宗开元七年（719 年）天竺密宗大师金刚智携徒弟不空来广州，建大曼拏罗灌顶场，宣扬密宗。翌年（720 年）金刚智抵东都洛阳广福寺，翻译佛经。唐代到过广州的外国僧人还有若那跋陀罗、般若剌、释智慧、释跋日罗菩堤、乾末多罗等。

新建寺院也接踵而起，玄宗开元二十六年（738 年）建潮州开元寺，后留下唐代香炉，刻“三韩弟子任国祚”字样，说明曾有朝鲜僧人到潮州礼佛，广东与东北亚地区发生佛教交流差不多同时兴建的西江地区白云寺、香山寺、峡山寺、龙山寺、国恩寺、佛山塔坡寺、乳源大觉禅寺、海康天宁寺、阳江石觉寺、罗浮山华首寺、明月寺、梅州灵光寺、海南振州大云寺、儋州开元寺、儋州开元寺和崖州开元寺等，皆为重要禅林。特别是新兴人惠能创立南宗顿教，掀起中国佛教史上一场革命，使印度佛教首先在岭南中国化、平民化、世俗化，成为中国佛教文化的最高代表。惠能由此被尊为禅宗六祖，在韶州宝林寺（今南华寺）弘法 30 多年，徒众如云，名僧辈出，遍布五岭南、北各大丛林，都自成一家，形成支脉，其中以青原、南岳二家弘传最盛。南岳下数传衍为河北临济、湖南沩仰二派，青原下数传分为江西曹洞、广东云门、南京法眼三派，形成“花开五叶”禅宗法流格局。法眼宗后来远传于泰国、朝鲜；曹洞宗、临济宗盛行于日本；云门宗及临济宗远播欧美，惠能创立的南宗顿教走向世

曲江南华寺　赖金棠摄

陵水湾三江庙　司徒尚纪摄

始建于唐代的阳江石觉寺　曾岳摄

界。在惠能禅学感召下，佛教热席卷岭南，玄宗天宝七年（748 年）鉴真和尚一行从海南返回广州，广州都督卢奂亲自率领官员百姓到城外迎接，引入光孝寺供奉。采访使刘巨麟还亲自受戒，成为一时话题。

广西因北部湾交通便捷，又沟通湘桂走廊关系，佛教也从海外广为传入。唐代广西新建佛寺 45 所，其中 32 所在桂林，11 所在梧州。往来高僧大德也不少，见于《高僧传》者即有 10 人。如鉴真一行后到桂林，始安郡都督冯古璞出城徒步引入城内开元寺。后日本历史学者井上清在《天平之甍》一书写道："顷刻之间香满全城，城内僧众，执幡梵香，口唱梵曲，在寺中聚会。……冯古璞亲自作食，供养众僧，请鉴真授菩萨戒。"[①] 鉴真弟子日本学问僧荣睿（？—749 年）在从梧州入广东途中染病于端州，玄宗天宝八年（749 年）圆寂于龙兴寺，今鼎湖山建有荣睿纪念碑及碑亭，为中日佛教文化交流见证。

佛教西来之同时，中国僧人也西行求法，在唐代成一时之潮流。梁启超称之为"留学运动"。这些中国僧人"一以求精神上之安慰，一以求'学问欲'之满足"，这个"时代的运动"，"前后垂五百年，其最热烈之时期，亦两世纪，乃使我国文化，从物质上精神上皆起一种革命。非直我国史上一大事，实人类文明史上一大事也"[②]。唐前期"留学印度"最高潮时海陆两途并举，唐高宗咸亨以后，海路西行人数大增，并居主导地位。据载，唐代由海路西行僧人可考者 40 多人，大部分为中国僧人，少数为高丽、新罗和日本僧人。这些僧人多从广州、交州乘海舶经中国南海，经过利佛逝（在今印度尼西亚苏门答腊）、河陵（即阇婆国，今爪哇或苏门答腊）、末罗瑜（今印度尼西亚苏门答腊岛占碑），抵达印度、狮子国（斯里兰卡），在那里礼佛、取经、研习经法。但南海风涛险恶，充满危机。据梁启超先生估计，这些海陆两途西行求法僧人，学成归国者约占总人数的 1/4，死于途中者也占 1/4，中途折回者似甚多，留外不归者颇少[③]。可见，海外求法是一项很艰苦的事业，非一般僧人敢为者

---

① 广西壮族自治区地方志编纂委员会《广西通志·宗教志》，广西人民出版社，1995 年，第 190 页。

② 以上参见梁启超：《千五百年前之中国留学生》见《中国佛教研究史》，三联书店，1988 年，第 26～27 页。

③ 以上参见梁启超：《千五百年前之中国留学生》见《中国佛教研究史》，三联书店，1988 年，第 65 页。

也。其中佼佼者义净、慧超和不空，堪为海上西行求法之先驱。

义净（635—713年），俗姓张，齐州人，自幼出家，高宗咸亨二年（672年）乘波斯舶泛南海南行，历经30余国，最终抵达陈玄奘留学的摩揭陀国那烂陀寺，求法达10年。武则天延载元年（689年）二月回到广州，住制止寺，同年十一月，又偕清远峡山寺僧人贞固、怀业、道弘、法朗等南航利华逝，译写佛经，抄被梵本。周武则天延载元年（694年）义净回广州，周武则天证圣元年（695年）抵达洛阳。义净是继东晋法显、初唐玄奘之后西行求法又一位杰出高僧，不过他往返都取道南海。回国后共译佛经56部230卷，极大地丰富了中国佛教经典和理论，又撰《大唐西域求法高僧传》2卷和《南海寄归内法传》4卷，记录海外见闻和佛教传播，是研究唐代印度、南海史地交通及中外关系史的珍贵资料。

慧超，生于武则天久视元年（700年），一说武则天长安四年（704年），新罗人。玄宗开元七年（719年），密宗高僧金刚智抵广州，收慧超为弟子。玄宗开元十一年（723年）由海路往天竺，经南海之阁蔑、昆仑、裸形国等，后抵五印度，经中亚于玄宗开元十五年（727年）回到安西都护府地，继入长安协助金刚智译经。金刚智去世后，慧超按不空和尚教导，著有《往五天竺国传》三卷，记载8世纪上半叶印度及南海诸事社会历史，具有重要史料价值。中国学者罗振玉、钱稻孙、王重民、王仲荦、张毅，法国学者伯希和（P. Pelliot），德国学者福克思（walter fuchs），日本学者藤田丰八等对此书有过深入研究，成果灿然可观。

不空（Amogha，705—774年），名智藏，狮子国人。玄宗开元七年（719年）随囿婆国金刚智三藏来广州、洛阳学习律仪与唐梵经论，并帮师父译经。玄宗开元二十九年（741年）受唐朝廷之命，护送国书往师子国。不空随而率弟子含光、惠晉等南下广州，得到岭南采访使刘巨麟厚待，于法性寺“相次度人百千万众”。同年12月，不空乘昆仑舶泛南海至河陵国，历时一年抵师子国，受到殊礼相待，广求《密藏》及诸经论，获《金刚顶瑜伽经》等80部、大小乘经论20部、凡1200卷。在漫游五天竺后，玄宗天宝五年（746年）回到长安，继续开坛灌顶和译经，弘扬密法，是为中国密宗祖师。

南汉重视海上贸易，既称“小南强”，又“崇信释民教，于府城四面建二十八寺，以应列宿”①。即与天上28个星座名称对应，据方信孺《南海百咏》，这28寺院是东七寺：慈度天王更觉华，苍尼东角梵王家，普慈化乐成尘土，兴圣犹兼觉性夸；西七寺：文殊千佛显真乘，水月火中见定林，昭瑞当时连集福，咸池今日应奎参；南七寺：井轸南宫换宝光，千秋古胜并延祥；只今两寺无名字，地藏旁联实四方；北七寺：国清尊胜北山隅，证果报恩同一区，地藏荒芜并报国，尚余悟性斗牛圩。可见其时广州佛教氛围多么浓重，可以相信与海外佛教交流不减于唐。而南汉主又宠幸波斯女子，称为“媚猪”。有学者认为刘氏为大食人后裔，而大食人是信仰伊斯兰教的。倘此，则与南汉主崇佛之事相悖。但不管怎样，在南汉之内，特别是在兴王府（即广州），二教并存，反映了南汉宗教文化的包容性风格，这恰是南海海洋文化一个特质。

佛教传入，特别是佛经翻译，极大地丰富了中国的哲学、文学、绘画、音乐、建筑、语言、地理、医药等学科内涵，促进了它们的发展。仅仅汉语一项，即从梵语中吸取很多词汇，成为自己的一部分。而广州、交州又是佛教首途之区，梵语语汇首先进入粤语，继逐步推广到整个汉语。这些译经输入汉语词汇，数不胜数，既有音译，也有意译，或两者兼而有之。今人不一定了解其来源，但已无时无处不为人们所采用。例如据罗康宁先生在《中国珠江文化史》中整理，即有世界、平等、方便、圆满、宗旨、刹那、过去、现在、未来、表示、解脱、妄想、烦恼、障碍、消灭、信仰、信心、心地、心机、心花、心眼、正宗、空想、誓言、敬爱、自爱、身心、寂静、胜利、利益、普遍、普通、绝对、真理、真谛、原因、机缘、苦果、恶果等。另还有大量成语，也源于佛经，如现身说法、五体投地、皆大欢喜、盲人摸象、水中捞月、借花献礼、昙花一现、作茧自缚、天花乱坠、不可思议、循环往复、出生入死、心猿意马、花花世界、一刀两断、功德无量、善男信女、普度众生、三生有幸、看破红尘、想入非非、晨钟暮鼓、青灯黄卷、大彻大悟、一尘不染、一念之差、在劫难逃、自取灭亡等。设想如果汉语中缺少了这些词语，将给人类交往带来诸多不便，由此也可见佛教文化是何等博大精深、意蕴无穷。

3. 海外作物新品种引进

唐代“广州通海夷道”的兴起，南海交通贸易盛况空前，异域文化假海

① 梁廷枏：《南汉书》卷5，《本纪第六·后主纪二》。

道更多地移入岭南，与佛教一起传入的有菩提树、蒲桃、菠萝蜜树等，对佛教传播、百姓生活都有深远影响，以广州光孝寺、肇庆梅庵菩提树最负盛名。据《光孝寺志》云，“梁武帝天监元年（502 年），梵僧智药三藏自天竺国持菩提树一株，航海而来，植于坛前”。该志又称“刘宋武帝永初元年（420 年），梵僧求那跋陀三藏至此，见寺中苛子树，指谓人曰：‘此西方河梨勒果之林也，宜曰苛林制止。’遂相度地势，创建戒坛，始立制止道场”。照此看来，这两种植物在南朝时已传入岭南。但广为种植应始于唐，故六祖惠能北上湖北黄梅东山寺，深悟佛道，作“菩提本无树，明镜亦非台。本来无一物，何处惹尘埃”偈语，深为五祖弘忍赏识，授以法衣南归。因菩提树与惠能得道连在一起，故千百年来，在佛教文化和普通信众中占有崇高地位而得到推广，成为寺院、风景园林、休闲场所常见观赏树种，也历为骚人墨客吟咏及画家描绘对象。如明万历番禺人罗宾王《菩提树》诗云：

灵根渡海来，间关自天竺。
荫此旃檀林，枝柯员以肃。
日月荡其光，宁为造化育。
回视梁唐春，荣枯成一宿。
百草皆有生，百草皆有欲。
安得群物心，忘情若斯木。①

又被誉为“岭南三大家”之一的梁佩兰《菩提树》更将菩提树与惠能得道相联系，诗云：“西方树，南方佛。佛未生，树生毕。胡僧智药初种时，千百年事先已知。圣人俗身本獦獠，一旦头毛铁刀扫。”② 而菠萝蜜树后世相传萧梁为西域达奚司空首种于广州南海神庙，而南海神庙建于隋。唐代庙前航运大兴，此树备受青睐。唐段成式《酉阳杂俎·异木篇》载：“婆罗婆树（即菠萝蜜树），其实如瓮，出波斯国、佛国呼为阿苦禅树，长五六丈，皮色表绿，叶极光净，冬夏不凋，无花结实，从树基出。有壳裹之，壳上有刺，瓤至甘甜可食，核大如枣，一壳中有数百枚，核仁如栗黄，炒食甚美。”据明王佐在

① 温汝能纂辑：《粤东诗海》卷 59，中山大学出版社，1999 年。
② 梁佩兰：《六莹堂集》卷 3。

《琼台外纪》载，菠萝蜜树传入海南临高，“当在元中叶也。大抵琼居绝岛，或者气候类西海，故极繁盛。宣德季年，内使岁取充贡，临高甚若之”。这样菠萝蜜果就成为朝廷贡品，身价不菲。此后这种热带水果遍植于岭南，为常见果品，极大地丰富了人们的生活。此外，菠萝蜜树也是一种指示植物，与橡胶一样，大抵从汕头经阳江至高州一线为其分布北界，在广州不见其结果，或果甚小，不堪食用。故在学术界，特别是农业生产实践上，菠萝蜜树成为热带和亚热带分界标志之一。段成式记下菠萝蜜树这段掌故，也为后人称赞。王佐《菠萝蜜》诗云：

> 忆昔博望候，空偏西域走。
> 菠萝拂林（应产于南洋，与拂林无涉）产，武帝曾识否。
> 寥寥千载下，识者复谁某。
> 怪哉段成式，秘捡搜二酉。
> 著此异木篇，其来也已久。
> 何时来南海，名称小变旧。
> 无乃西海舶，世远不可究。

王佐又针对北人对菠萝蜜陌生，作诗曰：

> 硕果何年海外传，香分龙脑落琼筵。
> 中原不识此滋味，空看唐人异木篇。

而南海神庙那棵菠萝蜜树最为驰名，除传为印度摩揭陀国人达奚司空所种外，更因其为南海海上丝绸之路的标志物，故也备受后人礼赞。明右丞相汪广洋有诗云：

> 南海庙前花草新，菠萝垂实两频频。
> 遐荒只爱求奇气，两两来看种树人。①

① 汪广洋：《凤池吟稿》卷10。

作者指出"遐荒只爱求奇气"说明岭南人大胆接受海外新事物，连一种新树木也不例外，这恰是海洋文化的一种风格。直到明中叶，番禺进士郭棐对菠萝蜜树仍赞不绝口，其《菠萝树》诗云：

> 庭中产奇树，云是菠萝蜜。
> 婆娑摇翠枝，芬馨宛蟠实。
> 枝枝郁相结，叶叶仍繁密。
> 种从西域移，树向南海植。
> 天香真旖旎，嘉阴凛淅沥。
> 皓月影与澄，狂风讵能识。
> 君子有至性，此中良不易。

菠萝蜜树生态、形象，利人之处一写无遗，更被拟人化，被喻为人中君子、傲岸不屈的伟丈夫。此外，唐代从海外传入岭南的水果还有芒果①、油橄榄、底称实②（无花果的一种）等，都明显地改变岭南土地利用方式和文化景观，充实人们生活内容和社交方式。特别重要的还有海药舶运到广州，一些药用植物在岭南移种成功，为"南药"增加不少新品种。《唐本草》、孙思邈《千金方》、王焘《外台秘要方》、郑虔《胡本草》、《南海药谱》等医书药典记载了不少外国引种药用作物。其中"补骨脂"疗效甚奇，后广为种植，并传到北方。苏颂《本草图经》云：

> 补骨脂……生广南诸州及波斯国，今岭外山坂间多有之，不及蕃舶者佳。胡人呼若婆固脂，故别名破固纸。今人多以胡桃合服。此法出于唐。郑相国自叙云：予为南海节度，年七十有五，越地卑湿，伤于内外，众疾俱作，阳气衰绝，百端不应。元和七年（812 年），有诃陵国舶主李摩诃，知予症状，遂传此方并药。予初疑而未服，摩诃稽颡固请，遂服之，经七八日而觉应验。自尔常服，其功神验。十年二月，罢郡归京，录方传之。……服弥久则延年益气，悦心明目，补添筋骨。但禁食芸台，羊血。此物本自外

① 陈藏器：《本草拾遗》。
② 段成式：《酉阳杂俎·木篇》。

蕃随海舶而来，非中华所有，蕃人呼为补骨，语讹为破故纸也。[①]

幸赖于海外良药，这位贞元末年相国郑细痼疾得以痊愈。按郑细曾任岭南节度观察使、广州刺史，才有机会接触外舶，引进新药种，并向北方传播，成为海洋文化向大陆辐射的一个成功范例。

4. 造船和航海技术进步与交流

“广州通海夷道”开通，途经中国南海各条航线，它们的海况、沿岸地形、气象等复杂多样，变幻莫测，必须保障以先进船舶和航海技术，才能安全抵达预定港口，使这条海上交通大动脉畅通无阻，发挥它的各种功能。

唐代岭南，在造船方面处于全国领先水平，所造船只多样、体大、坚固、安全，为中外商旅乐于乘坐，饮誉一时。

首先是广州为国内最大一个造船中心，不论是官造或民造海船，都可扬帆南溟，驶往周边各国港口。唐玄宗天宝二载（743 年）鉴真和尚从扬州东渡日本，购到岭南水军所造战船一艘，舟人 18 人，可载 120 人，香药 200 石及其他用品一大批[②]。可知其排水量不小，广州造船技术比较高，以致鉴真乐于使用岭南水军船只。

其次是，广州所造海船种类多，各有其功用和优势。据黄佐嘉靖《广东通志》记，唐岭南节度使监造战船，“开狭长短，随用大小，胜人多少，皆以米为率，一人重米二石，其楫、棹、篙、橹、帆、席、絙、索、沉石，调度与常船不殊。又分为六等，一曰楼船，船建楼三重，列女墙，战格树幡帜，开弩临矛穴，置驰军，壘石铁，针状，如城壘。忽遇暴风，人力不能制止，此亦非便于事然……二曰蒙冲，以生牛皮蒙船，覆背两厢开掣棹孔，前后左右有弩，隐矛穴，敌不得近，矢石不能败此，不用大船务于速逃。乘人之不及，非战之船也。三曰斗舰，船上设女墙，可高尺，墙下开掣棹孔，船内列战鼓。……四曰走舸，舷上立女墙，棹夫多战卒，少皆选勇力精锐者，往返如飞鸥……五曰游艇……其疾如风，虞侯居之，非战船也。六曰海鹘，头低尾高，前大后小，如鹘之状，舷下左右置浮板，形如鹘翅翼，以助其船，虽风涛滔灭，免有倾侧，

① 苏颂著，尚志钧辑校：《本草图经・草部中品》卷下，安徽科学技术出版社，1994 年，第 238 页。

② 真人元开著，汪向荣校注：《唐大和尚东征传》，中华书局，2000 年，第 47 页。

覆背上左右张生牛皮为城，牙旗金鼓如常法，江海之中战船也”[①]。这些战船性能、设备、载重、推动力等都达到先进水平。另据宋周去非《岭外代答》记，唐代岭南还有一种名为“木兰舟”的海舶，“浮南海而南，舟如巨室，帆若垂天之云，舵长数丈，一舟数百人，中积一年粮，豢豕酿酒其中，置死生于度外，径入阻碧，非复人世。人在其中，日击牲酣饮，迭为宾主，以忘其危。……盖其舟大载重，不忧巨浪而忧浅水也”[②]。据阿拉伯人苏来曼记载，唐代中国海舶特别巨大，能抵御波斯湾险恶风浪，称雄海上，应是这种“木兰舟”。唐代诗人贾岛有赠韩愈诗云：“此心曾与木兰舟，直到南天潮水头。……峰悬驿路残云断，海浸城根老树秋。”[③] 说明潮州港水深，可让木兰舟进出，自是海上丝绸之路一个大港。

另阳江港即唐代恩州（另含今恩平），也是南海深水港。李吉甫《元和郡县图志》说：“是州滨海……凡自广（州）至勤、春、高、潘路所必经。海滨旧置传舍，人惮波涛，因辟新路传舍，惟徒步出使与递符牒者经过耳。然因当五州要路，颇有广陵（今江苏扬州），会稽（今江苏绍兴）贾人船循东南而至者，故吴越所产之货物不乏于斯。”江浙商船既可抵达，则它大有可能与东南亚发生贸易往来，造船技术也会很高。后世阳江造船一直保持崇高地位，即继承了这个历史传统。

中国南海四周和海底多特殊地形和海况，为适应这一海区复杂环境，唐代岭南人还创造了铜船，航行于岭南与南洋航线上。因沿海陆上每多岬角，即突入海中陆地，由石英岩、石英砂岩、火山岩等组成，内含磁铁矿成分，容易产生磁力线，将船上铁器用具吸附，使船吸至岬角附近，或行驶缓慢，甚至将船钉吸出，损坏船身；导致漏水甚至沉没，成为航海大碍。岭南人早就认识这个特点和规律，以铜船代替铁船，就可不受磁力线影响，可航行自如。刘欣期：《交州记》记，“越人铸铜为船，在定安江，潮退时见”，《林邑记》也称，“其水自县（指赢楼县）东至安定县，北带长江，江中有越王所铸铜船，潮水退时，人有见之者”[④]。即西汉南越国时期，铜船已用于航海。到东汉，杨孚《异物志》就记，“涨海崎头，水浅而多磁石，儌外人乘大舶，皆以铁锢之，

---

① 嘉靖《广东通志》卷31，《政事志》，《兵事一》。

② 周去非：《岭外代答》卷6，《器用门》。

③ 转见徐俊鸣：《岭南历史地理论集》，中山大学学报编辑部，1990年，第177页。

④ 郦道元：《水经注·叶榆水》。

至此，以磁石不得过”。即已认识到磁石对航海的影响。到唐代，刘恂《岭表录异》记载更清楚：“海鳅鱼（鲸鱼），即海上最伟者也，其小者亦千余尺。吞舟之说，固非谬矣。每岁广州常发铜船，过安南贸易。北人偶求此行，往复一年，便成斑白云。路径调黎，深阔处，或见十余山，或出或没。篙工曰：非山岛，鳅鱼背也。……及近鱼，即鼓船而噪，倏尔而没去。交趾回人，多舍舟，取雷州缘岸而归，不惮苦辛，盖避海鳅之难也。”① 这个记录说明广州至安南每年有海上贸易，一年一往返，所经“调黎”地方，似应在今越南中部以南地段②。因北部湾水浅（20 米以内）无明显山岛，而有磁铁矿之岬角地方，当在越南沿岸，则铜船是沿北部湾沿岸南下的。

据曾昭璇教授调查，1982 年在广东吴川县鉴江入海口，发现沉没水中铜船，但尚未发掘出水，常有渔民锯铜出卖。据悉，船长 40 多米，船面、船底均有铜片包皮③，有可能是唐代铜船，但也有持否定说者。不管怎样，汉唐铜船出现和航行，显见南海造船和航海技术已有相当进步。

这种造船技术进步，也是中外造船文化交流的结果。唐代，阿拉伯国家使用桄榔纤维缝合木船技术已在岭南沿海流传，刘恂《岭表录异》记桄榔树“生广南山谷，枝叶并蕃茂，与枣、槟榔等树小异，然叶下有须，如粗马尾。广人采之，以织巾子。其须尤宜咸水浸渍，即粗胀而韧，故人以此缚船，不用铁钉”④。造船史专家认为，这种造船技术由阿拉伯商人传入，岭南人接受并用于造海船。与此同时，岭南人还发明了使用“橄榄糖”填塞船缝的方法，与用桄榔纤维缝船法有异曲同工之妙。《岭表录异》记其法：“橄榄……树枝节上生脂膏如桃胶，南人采之，和其皮叶煎之，调如黑汤，谓之橄榄糖。用泥船损，干后牢于胶漆，著木益坚耳。”⑤ 到宋代，这种技术发展到不用铁钉、桐油而用藤捆绑船板的“藤舟”。即用海滩上所生干茜草填空船缝，这种干草遇水则胀，可使“舟为之不漏”，“其舟甚大，越大海，商贩皆用之”⑥。加上宋代指南针用于航海，南海海上交易更上一层楼。

---

① 刘恂：《岭表录异》卷中。

② 曾昭璇：《广州唐代铜船初考》，见《羊城今古》，1991 年第 2 期第 43 页。

③ 曾昭璇：《广州唐代铜船初考》，见《羊城今古》，1991 年第 2 期第 44 页。

④ 刘恂：《岭表录异》卷中。

⑤ 刘恂：《岭表录异》卷中。

⑥ 周去非：《岭外代答》卷 6，《器用门》。

第四节　南海神崇拜的兴起和祭祀

1. 南海神崇拜的由来及演变

隋结束南北分裂状态，重立封建统一国家，在礼制上进行一系列革新和整合，另也为适应日渐发达的海上贸易，于隋文帝开皇十四年（594 年）在我国沿海建东海神庙和南海神庙，南海神庙建于广州南海镇。韩愈《南海神庙碑》言，庙“在今广州治之东南，海道八十里，扶胥之口，黄木之湾”①。扶胥口和黄木湾依山面海，正对珠江口狮子洋，航海条件优越，南海镇是个较大居民点，补给充足，与广州城联系便利，故南海神庙选址甚为科学合理。

唐代广州作为世界性贸易大港、“广州通海夷道”起点，南海贸易空前繁荣，南海神庙地位也大为提高。唐玄宗天宝十年（751 年）“四海并封为王”，即东海“广德王”，取广布恩德之义；南海“广利王”，取广招财利之义；西海“广润王”，北海“广泽王”，都取广施恩泽之义。值得注意的是，南海王突出财利，显然与作为广州港保护神，获取海上贸易利益有关，比其他几位海神王更彰显南海王的重要地位。唐中央政府在封四海王之同时，唐玄宗开元十四年（726 年），委派名相张九龄，唐玄宗天宝十年（751 年）又派其弟张九章前来广州祭南海神。唐玄宗《册南海神为广利王文》有曰：“惟南海荡涤炎州，包括溟涨，涵育庶类，以成厥德。朕嗣守睿图，式存精享，神心允穆，每叶休征。今五运惟新，百灵咸秩，思崇封建，以展虔诚。是用封神为广利王。其光膺典册，保寰宇，永清坤载，敷佐邦家，可不美欤”②，对南神海的厚望，实际反映广州港海上贸易对国家财政的重要意义。此后唐代祭祀南海神成为定例，从中央到地方官员都前往致祭，岭南人张九龄、张九章兄弟也成为代表唐玄宗礼神的实际执行者。唐诗人李群玉到广州，有诗《凉公从叔春祭广利王庙》曰：

① 韩愈：《昌黎先生文集》卷 31。

② 《唐大诏令集》卷 74，转见王元林：《国家祭祀与海上丝路遗迹——广州南海神庙研究》，中华书局，2006 年，第 74 页。

龙骧伐鼓下长川，直济云涛古庙前。
海客敛威惊火饰，天吴收浪避楼船。
阴灵向作南溟主，祀典高齐五岳肩。
从此华夷封域静，潜熏玉烛奉尧年。①

诗中铺陈祭南海神的热烈场面，赞颂南海的功德和贡献！当然这是溢美之词，但不容否认，唐代南海神庙香火兴盛，南海神备受推崇，与广州外贸发达有不可分离的关系。

南汉以外贸立国，对南海神重视有加，南汉主刘钅长时，“尊海神为昭明帝，庙为聪正宫，其衣饰以龙凤”②。南海神由王升为帝，地位大为提升，为南汉时广州海上外贸兴旺发达的一个缩影。

两宋南海贸易兴盛不减于前，南海神获得从中央到地方官员多次隆重致祭，庙宇新修。宋太祖开宝四年（971 年），宋太祖易南海神龙服为宋一品官员服，宋真宗赐南海王玉带。宋仁宗庆历元年（1041 年），南海神又赐封“加洪圣”，即“洪圣广利王”，皇祐五年（1053 年）宋仁宗又加封南海神为“洪圣广利昭顺王”。每次中央都将南海神与五岳、四渎一起致祭，反映南海神在维持国家财政收入、地区安宁方面的重大作用。史志书上有不少南海王显灵、助灭匪贼、平息战乱的记载。如宋宁宗庆元三年（1197 年），海盗为乱珠江口大溪岛，广州知府钱之望一方面“即为文告于（南海）神”，祈求南海神保佑平乱，另一方面调兵遣将前往征剿，结果获胜而归。官兵皆“益仰王之威灵，凡臣（钱之望）所祷，再一不酬”，“阖境士民以手加额，归功于王，乞申加庙号，合辞以请”③。当然，作战胜负，乞求于神灵，只是一种心理作用，但折射出南海神在官民中的崇高地位和作用。基于南海神在海上贸易和绥靖地方治安的作用，而扶胥口南海神庙（东庙）与广州有一定距离，风涛阻隔不便，宋神宗熙宁四年至五年（1071—1072 年）在修筑西城之同时，修建了南海西庙，地点在今广州西关广州酒家一带。主要目的是护城安民、避恶镇邪。自此，广州有两座南海神庙，俗称东庙和西庙，但西庙后在宋元交火中被毁，今

① 《全唐诗》卷 569。
② 《续资治通鉴长编》卷 12。
③ 钱之望：《庆元四年五月尚书省牒》，见道光《广东通志》卷 212，《金石略》。

仅余东庙。宋人杨万里《咏菠萝庙》诗，反映宋代两庙极为繁华景象。诗曰：

大海更在小海东，西庙不如东庙雄。
南来若不到东庙，西京未睹建章宫。

元代海运兴隆，与广州有外贸关系的国家和地区比宋代多，作为官祭的南海神，仍受到重视，列入国家级祭祀之列，并于元世祖至元二十八年（1291年）封南海神为“南海广利灵孚王”。但随着另一位航海保护神天妃出现和地位上升，南海神地位有所削弱，开始走向萎缩。南海神崇拜在中央和地方也日渐式微，到明代则转为衰落，取消前代封号，只称“南海之神”，到清代则为它的尾声。虽然在清雍正二年（1724年），加“江海大神”封号，南海神加封为“南海昭明龙王之神”。此前康熙皇帝御书“万里波澄”刻石立碑于庙前。也有过多次由朝廷派遣官员前来致祭，但始终未能改变其信仰衰败局面。特别是鸦片战争以后，广州港逐步沦为半殖民地化港口，中外海上贸易发生质变，不再称为“海上丝绸之路”。而南海神庙所在河道也淤浅，不利于外舶停靠，港口位置先后移至黄埔村、长洲岛等地，南海神庙成为海上丝绸之路重要见证遗址。而南海神崇拜则演变为一种庙会性质的风俗文化活动被保留下来，传承至今，成为南海神崇拜在广州约1500年历史的见证。但其海洋文化意义仍十分巨大。

2. 南海神崇拜的海洋文化意义与效应

南海神虽为一个被崇拜的对象，但从它出现的背景和享有的崇高历史地位，可见其饱含丰富的海洋文化意义，并产生重大的社会文化效应，历千年而不衰。

第一，南海神庙和南海神崇拜，是南海海洋文化发展一个重要标志。作为四海之首的南海，在国家领土主权、经济和文化生活中享有崇高地位，不管封建王朝如何更替，时代怎样变迁，历代王朝对南海神的封号从未中断，对庙宇维护次数之多、规格之高，为其他海神庙难以相比，而地方官员和群众对这些祭祀和庙会活动的参与积极性之大、热情之高，也是罕有的。这显示南海神不但在国家大事和地方治安方面发挥重要作用，而且涉及百姓生计的旱涝、丰歉、灾祥等，也有精神上的安抚、调适等功效，因而得到岭南广大民众的认可，具有广泛的群众基础，历千年而不衰，并且作为一笔珍贵的海洋文化遗产，为今日继承和利用。

第二，南海神庙是中外文化交流的见证，昭示广州作为海上丝绸之路发祥地的历史贡献。南海神庙所祭祀神祇，除了南海神广利王祝融，还有达奚司空，南天竺人，为南朝梁普通年间（520—526 年）来广州的菩提达摩三弟。传说唐太宗贞观年间，达奚司空作为摩揭陀国使者来到广州，因误了归期，留居当地，常望江悲泣，后死于江边。广州人认为达奚司空是海上丝绸之路的友好使者，予以厚葬，并穿上中国衣冠，请进庙中供奉。将达奚司空随身带来的两棵菠萝树种于庙外，南海神庙由此也称波罗庙，达奚司空被称为波罗神，并屡有显灵记载。如许得已《南海庙达奚司空记》载，广州为中外商舶汇聚之地，“海外诸国贾胡岁具大船，赍奇（重）货，涉巨浸，以输中国”，但“海上风云变化无常，顷刻乘之以烈风雷雨之变，舟人危惧，愿无须臾死，以号于神，其声未乾，倏已晴霁。舟行万里如过席上。人知王赐，出于神之辅赞，盖如此，故祷谢不绝”①。这是达奚司空辅佐南海神帮助外商化险为夷之事，彰显中外海上贸易友好合作佳话。

第三，南海神崇拜流布岭南各地，成为地域性神祇，延续至今。自在广州兴建南海神庙以后，南海神崇拜很快传播沿海各地，尤其临海近水地区，南海神庙接踵而至，宋元时期方志流传甚少，难以窥其分布状况，而到明代有关南海神庙分布记载不绝于书。据暨南大学教授王元林整理，明代有南海神庙的州县有广州城，南海黄鼎、神安、大通、太平、芙蓉岗，番禺板桥、新茭、塘都、冈尾、板桥，顺德古朗，东莞石冈，

建于隋代的广州南海神庙　陈许摄

① 许得己：《南海庙达奚司空记》，转见王元林《国家祭祀与海上丝路遗迹——广州南海神庙研究》，中华书局，2006 年，第 159 页。

惠州府龙川，潮州府兴宁、揭阳等。粤西洪圣南海庙较多，明代有新州、恩平、开平、新会、高要、德庆、阳江等县，但粤北、粤东则很少见到南海神庙。这都与珠江三角洲及粤西河网密集，江海相通，南临大海地理格局有密切联系，同时也与这些地区主要为广府系居地，海上贸易发达，祷求南海神庇护、解难职能有关。如番禺板桥，“本南海之屿藉祝融之庥庇，乘风潮而往来，虽甚震撼，无或倾沮。出云雨泽，时和年丰，波涛流宕，汰其害气，无有疾疠，停毓祥淑，人物畅拔，靡不赖焉。是故四业之民，岁时奔走，惟南海之神是托是赖”①。而粤东明代多天妃庙，可以起到同样保佑的作用，故南海神庙不多见。

清代，南海神庙地区分布仍因袭明朝地理格局，但为数更多，“然今粤人出入，率不泛祀海”②。即分布重心在珠江三角洲的广州府、肇庆府、惠州府等。计南海县有23座，番禺县有数10座，东莞县有数10座，顺德县有17座，增城县有2座，香山县有1座，新会县有3座，台山县有1座，三水县“三江南岸皆专庙奉祀”南海神③，龙门县有3座，清远县有1座，惠州府龙川县有1座，河源县有1座，潮州府揭阳、惠来各1座，肇庆府高要县有3座，四会县有5座，高明县有数10座，鹤山县有12座，新兴、开平、恩平多有④，阳江县有2座，德庆州有3座。高州府吴川县有2座，茂名县有2座，而雷州府和琼州府，其居民多来自于闽

禅宗六祖惠能真身　韶关市志办公室提供

① 黎遂球：《莲须阁集》卷15，《南海神祠碑记》。

② 屈大均：《广东新语》卷6，《神语·海神》。

③ 《古今图书集成·职方典》卷1309，《广州府祠庙考》。

④ 道光《肇庆府志》卷7，《建置·坛庙》。

潮，天后崇拜盛行，南海神庙罕见[①]。其实，这个统计仅见南海神庙的一部分。

据中山大学叶春生教授估计，新中国成立前，广东南海神庙（含称洪圣庙、广利庙）不下500座，超过天后庙300座数量[②]。不过有的地方把海神庙称为龙王庙或大王庙。如建于清道光元年（1821年）广东阳江市漠阳江河口区司塱村“应元宫”，供奉海神，亦称大王庙，村民出海膜拜甚笃。也有人认为龙王庙就是南海神广利王庙，如江门潮莲乡洪圣殿即供奉南海洪圣龙王，把南海神和南海龙王合在一处致祭。以上分布格局，反映广州作为海上丝绸之路大港地位和珠江三角洲、西江地区航运、水产业兴盛。

第四，形成以祷求出海平安为目的的群众性风俗活动，为广州地区一项重要的非物质文化遗产。南海神崇拜反映了南海地区百姓祈求国泰民安，风调雨顺，团圆吉祥的良好愿望，因而能深入人心，拥有广大信众。大约在宋代在南海神诞期，即农历二月十一、十二、十三日形成民间诞会，作为奉供南海神的群众性风俗活动，即庙会。届时广州地区和珠江三角洲各地乡民，蜂拥而来，有上香拜神，有抬神像出游，有唱曲演戏，有舞狮舞龙，有耍杂卖艺，有摆摊卖货，还有趁机走访亲戚朋友、相亲交友，热闹非凡。旧有“第一游波罗，第二娶老婆”之谚，把两者相提并论，可见这种活动被重视地位和具有广泛性群众基础。宋人刘克庄《即事》诗曰：

广州波罗诞迎神　容国濂摄

香火万家市，烟花二月时。
居人空巷出，去赛海神祠。

① 以上统计参见王元林：《国家祭祀与海上丝路遗迹——广州南海神庙研究》，中华书局，2006年，第331～334页，第409～418页。

② 司徒尚纪：《岭南历史人文地理——广府、客家、福佬民系比较研究》，中山大学出版社，2001年，第268页。

清黄荣《羊城竹枝词》云：

春风二月扇微和，春水三篙起绿波。
舲舸似岛人似蛟，共浮东海拜波罗。

而屈大均《广东新语·器语》对波罗诞记载尤详：“粤人击之（鼓）以乐神，其声，堂鞳铿鍧，若行雷隐隐，闻于扶胥江岸二十余里，近则声小，远乃声大。”广州地区各种风俗集会很多，“香火无虚日”，但“极盛莫过于波罗南海神祠，亦在二月，四远云集，珠镶花艇，尽归其间。锦绣铺江，麝兰薰水。春风所过，销魂荡心，冶游子弟，弥月忘归，其靡金钱不知几许矣”①。实际上，庙会之前，未正式进入诞期，“二月初旬，远近环集如市，楼船花艇，小舟大舸，连泊十余里，有不得就岸者，架长篙，接木板作桥，越数十重船以渡。其船尾必竖进香灯笼，入夜明烛万艘，与江波辉映，管弦呕哑嘈杂，竟十余夕。连声爆竹，起火通霄，登舻而望，真天宫海市不是过矣”②。此外，借庙会经商者，也抓住大好机遇，大做生意：“庙前搭篷作铺店，凡省会、佛山之所有日用器物玩好、闺阁之饰、儿童之乐、万货荟萃，陈列炫售，昭耀人目。其鬻小鼓、小钲、笙竽、篪笛者，必丁丁当当，滴滴坎坎，刺刺聒耳。”特别是其中波罗鸡引人注目：“糊纸作鸡，涂以金翠，或为青弯彩凤，大小不一，谓之波罗鸡。”参加庙会者“必买符及鸡以归，馈遗邻里，谓鸡比符尤灵，可以辟鸟雀及虫蚁作护花铃云”。“祀神毕，登浴日亭，听铜钲四响，兰桨动摇，蒲帆齐举，海艘悉发矣”。百舸争流，水上竞渡，热闹非凡。“至花朝以后，男船退毕，女舸渐登，近而红粉村姑，山花插髻，远则青楼荡妇，浪蝶随身，借祈祷为名，姿为游观”③。这种盛大规模的民间游神和庙会，又充满了人情美、风俗美、和谐美，怪不得能延续上千年不衰，至今仍为官民喜闻乐见，年年举办不误。

---

① 同治《番禺县志》卷6，《舆地略·风俗》引乾隆县志。
② 崔弼：《波罗外纪》卷2，《庙境》。
③ 屈大均：《广东新语》卷6，《神语·海神》。

第五节　涉海文学作品出现

中国南海作为四海之首，在热带阳光笼罩下，它的富饶和神秘，自古以来，就激起人们的敬畏、遐想和吟哦，以诗歌、雕刻、游记、笔录、杂志、舆图等文学艺术形式，表达对它的丰富感情。这既有对耕海的艰辛，海上贸易的风险和收获的忠诚记录，也不乏对中外文化友好往来的赞颂，涉及海洋自然环境，人类各种活动，及其创造物质和精神财富等众多方面，构成中国南海海洋文化史最瑰丽的一个篇章。这种涉海文学艺术作品，发轫于先秦，在唐代达到兴盛阶段，主要包括以下几种形式。

1．涉海诗歌

中国南海地区，唐代以前以土著居民为主，他们只有语言，没有文字，虽然好歌，但难以记录下来，故流传至今的诗歌几为汉人作品，其中又以贬谪岭南墨客骚人作品为主，在中国诗歌史上占有一定地位。但南来汉人尚少，所见多在南海边缘。现存诗作多与开拓疆土、海上贸易相关。汉代流传下来谚语：

欲　拔　贫
诣　徐　闻[①]

即说明要脱贫致富，应到徐闻港做海上生意，这与《汉书·地理志》记载西汉海上丝绸之路从徐闻、合浦港出发远航东南史实相合，而徐闻港址在今徐闻县西南五里乡二桥、仕尾一带，近年已辟为“大汉三墩”风景旅游区。

汉代中国版图扩展到南海北岸，汉杨雄《交州箴》歌颂了汉王开疆辟土、外夷献贡之功[②]：

交州荒裔，水与天际。
越裳是南，荒国之外。

① 李吉甫：《元和郡县图志》阙卷帙文，卷3。
② 欧阳修等撰：《艺文类聚》卷6。

爰自开辟，不袅不绊。

周公摄祚，白雉是献。

……

大汉受命，中国兼该。

南海之宇，圣武是恢。

稍稍受羁，遂臻黄支。

牵来其犀，航海三万。

交州是汉帝国最南疆土，北方人南下到此为止，很多人为贸易而来。黄支国人也万里航海而来献方物，海上贸易一片繁荣。

晋宋间处士王叔之《拟古诗》有云：

客从北方来，言欲到交趾。

远行无他货，惟有凤皇子。

百金我不欲，千金难为市。①

按凤皇子指珍稀物品，千金难买，为中原北方垂青，是南海贸易主要对象之一，印证"以海为商"特征的海洋文化已在南海兴起。

唐帝国空前强大，"广州通海夷道"开通，南海贸易、军事、宗教、文化往来一片兴旺，这都成为南来诗人创作的源泉，反映在他们的诗作中。这其中有刘禹锡《南海马大夫远示著述》诗云：

汉家旌旆付雄才，百越南溟统外台。

身在绛纱传六艺，腰悬青绶亚三台。

连天浪静长鲸息，映日帆多宝舶来。

闻道楚氛犹未灭，终须旌旆扫云雷。②

此诗所写与《唐大和上东征传》载，珠江"中有婆罗门、波斯、昆仑等

① 欧阳修等撰：《艺文类聚》卷90。

② 刘禹锡：《刘禹锡集》卷35。

大舶不知其数，并载香药、珍宝积载如山”[1] 相符。唐宋八大家之首的韩愈，两度贬岭南，在《送郑尚书赴南海》诗中[2]，亦是一派海上贸易意景：

番禺军府盛，欲说暂停杯。
盖海旂幢出，连天观阁开。
衙时龙户集，上日马人来。
风静爰居去，官廉蚌蛤回。
货通狮子国，乐奏武王台。
事事皆殊异，无嫌屈大才。

岭南有如此众多的宝货、奇风异俗，郑尚书（郑叔）到此为官，也不枉“潇洒走一回”。另一位诗人韦应物《送冯著受广州署为录事》也是反映海上贸易的名作：

大海吞东南，横岭隔地维。
百国共臻奏，珍奇献京师。[3]

在唐人诗作中，常见“海舶”“海船”“渡海”“穿海”“入海”等用词。如贯休“金柱根应动，风雷舶欲来”[4]，王建“金贱海船来”[5]，陆龟蒙“城连虎踞山图丽，路入龙编海舶遥”[6] 等，都展示南海在诗人心目中的崇高地位。当然，卖假货也时有发生，甚至有妇女参加，此举深为诗人元稹痛绝，“蛟老变为妖妇女，舶来多卖假珠玑”[7]。想来以次充好、以假乱真之事，古今皆有，非今日充斥于市场也。

中国商人假道南海之路经商海外，外国商人也大批客居广州等港。南海神庙即为礼拜南海神而建，一些外商身后也被请进庙中供奉。在南来广州的诗人

① 真人元开著，汪向荣译：《唐大和上东征传》，中华书局，2000 年，第 74 页。
② 《全唐诗》卷 344。
③ 《全唐诗》卷 189。
④ 《全唐诗》卷 831。
⑤ 《全唐诗》卷 299。
⑥ 《全唐诗》卷 625。
⑦ 《全唐诗》卷 412。

中，这类诗歌也占相当比例。如李群玉《凉公从叔春祭广利王庙》曰：

龙骧伐鼓下龙川，直济云涛古庙前。
海客敛威惊火旆，天吴收浪避楼船。
阴灵向作南溟主，祀典高齐五岳肩。
从此华夷封域静，潜熏玉烛奉尧年。①

大诗人白居易《送客春游岭南二十韵》，“因叙岭南方物以谕之”，其中有“牙樯迎海舶，铜鼓赛江神”② 的盛大场面，一些南蛮女子也加入迎海神队伍。张籍《蛮中》诗云：

铜柱南边毒草春，行人几日到金麟。
玉环穿耳谁家女，自抱琵琶迎海神。③

唐代南洋诸岛一些黑人随海舶来岭南，在广州当家奴的不少，时称为“昆仑奴”。诗人对他们很感兴趣，张籍《昆仑儿》诗曰：

昆仑家住海中洲，蛮客将来汉地游。
言语解教秦吉了，波涛初过郁林洲。
金环欲落曾穿耳，螺髻长卷不裹头。
自爱肌肤黑如漆，行时半脱木绵裘。④

取道南海西行求法的高僧，以义净为代表，但海外生活也充满忧愁，时间既久，更思念故国。义净《在西国怀王舍城》诗云：

游，愁。
赤县远，丹思抽。

① 《全唐诗》卷569。
② 《全唐诗》卷440。
③ 《全唐诗》卷386。
④ 《全唐诗》卷385。

鹫岭寒风驶，龙河激水流。
既喜朝闻日复日，不觉颓年秋更秋。
已毕耆山本愿城难遇，终望持经振锡住神州。①

在唐代涉海诗句中，最有气派和激情，为后人赞叹不已的当为曲江诗人张九龄《望月怀远》诗云：

海上生明月，天涯共此时。
情人怨遥夜，竟夕起相思。
灭烛怜光满，披衣觉露滋。
不堪盈手赠，还寝梦佳期。②

“海上生明月，天涯共此时”被喻为珠江海洋文化风格代表，与李白“黄河之水天上来，奔流到海不复回”所代表的神圣、永恒的黄河文化，苏东坡“大江东去，浪淘尽，千古风流人物”所代表的慷慨、风流的长江文化迥然不同，更彰显南海海洋文化“有容乃大”的博大精神特质与风格，今已成为千古绝唱。

2. 中外旅行家笔下的南海社会生活

唐代“广州通海夷道”开辟，不但中国人借海道走向欧洲、亚洲、非洲各地，外国旅行家、商人、使者也凭此道来华，栖居广州、潮州、海口等港口城市。在他们的笔下，记载了中外文化在岭南的交流、碰撞和整合过程和景观。这种游记、见闻录类形式作品，也颇有文学成分，是历史早期南海海洋文学之滥觞，对认识广州等城市文化风貌，其作用不容低估。

唐代大食，即阿拉伯帝国，时为世界上最强盛的国家之一，首都巴格达为中外贸易一个主要场所。唐人杜环《经行记》道尽这座城市繁华：

郛郭之内，廛闬之中，土地所生，无物不有。四方辐辏，万货丰贱，锦秀珠贝，满于市肆，驼马驴骡，充于街巷。刻石蜜为庐舍，有似中国宝

① 温汝能纂辑：《粤东诗海》卷1，中山大学出版社，1999年。
② 杜佑：《通典》卷193。

厦。每至节日，将献贵人琉璃器皿，鍮石瓶钵，盖不可算数。更粳米白面，不异中华。其果有偏挑人，千年枣……

唐高僧义净游历南海诸国，在所著《南海寄归内法传》和《大唐西域求法高僧传》中，即有大量关于印度洋和南海诸国社会风情、文化的记载，不乏文学色彩，如记印度裸人国（在今印度尼科巴，Nicobar）的人种，“丈夫悉皆露体，妇女以片叶遮形，商人戏授其衣，即便摇手不用”。当地人喜交易，“彼见舶至，争乘小艇，有盈百数，皆将椰子、芭蕉、及藤、竹器来求市易”。到9世纪阿拉伯商人苏莱曼（Sulaiman）在《中国印度见闻录》中记该地习俗与义净大致相同，说其地“人口众多，但除女人用树叶遮羞以外，无论男女老幼都是赤身裸体。当船舶一靠近，他们便乘着大小船只蜂拥而来，用琥珀和椰子来换铁器，他们不需要衣服，因为这里既不冷也不热”①。苏莱曼还记录，黄巢起义军进攻广州给城市造成破坏：

> 在中国，出了一个名叫黄巢的人物，他不是皇族出身，而是从民间崛起的。……在众多中国城市中，他开始向广府（Khanfu），即广州进发。这是阿拉伯商人荟萃的城市，从海边走去，还有几天的路程。广府位于一条大河之畔，河水是淡水。

广府居民起来抵抗黄巢起义军，他便把他们困在城内，攻打了好些时日，这个事件发生在回历264年。最后，他终于得胜，攻破城池，屠杀居民。据熟悉中国情形的人说，不计罹难的中国人在内，仅寄居城中经商的伊斯兰教徒、犹太教徒、基督教徒、拜火教徒，就总共有十二万人被他杀害了。这四种宗教徒的死亡人数所以能知道得这样确凿，那是因为中国人按他们的人（头）数课税的缘故②。

另一位阿拉伯学者马苏第（Masudi）在《黄金草原》中也记录同样情况：

> 因此，他（黄巢）迅速向广州城进军……用武力强夺该城并屠杀了

---

① 穆根来等译：《中国印度见闻录》，中华书局，1983年，第5页。

② 穆根来等译：《中国印度见闻录》，中华书局，1983年，第96页。

> 该城数量众多的居民。据估计，在面对刀剑的逃亡中死于兵器或水难的穆斯林、基督徒、犹太人和祆教徒共达20万人。……黄巢还把那里的桑树和其他树木全都砍光了。我们特意提起桑树，是因为中国人用桑树的叶子喂蚕，一直喂到蚕把自己包裹起来为止。因此，这一事件，就是阿拉伯各国失去货源，特别是失去丝绸的原因。敌人砍伐了围绕广州城的桑树种植园。过去人们在那里细心地培植这些桑树，因为这种树的叶子用作产丝的蚕为食物。所以，破坏桑树阻碍了中国丝绸的生产，中断了向穆斯林国家的出口。①

这些文字，是研究唐代广州城市贸易人口、宗教、社会，以及珠江三角洲桑蚕栽培历史的珍贵资料。

南汉朝廷以海立国，南海贸易很兴盛，阿拉伯商人侨居广州蕃坊的人数不少。蕃汉通婚在唐代实无多少限制。到南汉时期，后宫中已有波斯女子。宋初人陶穀《清异录》记此事："波斯女，年破瓜，黑腯而慧艳，善淫，曲尽其妙。（刘）鋹嬖之，赐号媚猪，延方士求健阳法。"② 这是蕃汉通婚的明确记载，对研究中外婚姻关系史有重要意义。

---

① 马苏第（Masudi）著，耿昇译：《黄金草原》，青海人民出版社，1998年，第180～181页。

② 陶穀：《清异录》卷上，《大体双》。

第七章　宋元开放背景下中国南海海洋文化的繁荣

宋元继承和发展了隋唐对外开放政策，使前代与中国南海周边国家和地区的外交商贸关系进一步巩固和扩大，为海洋文化繁荣提供了强大的政策保障，其发展程度也远远超过了前代。

第一节　宋元对中国南海的主权管理

宋元时代，随着中国人民对南海和南海诸岛自然和人文地理特点的认识的不断修正和深化，对它们的管理、开发利用也达到一个新阶段。

1．宋代主权管理

这时在涉及南海和南海诸岛的著作如周去非《岭外代答》、赵汝适《诸蕃志》、义太初纂《琼管志》（已佚）、汪大渊《岛夷志略》等之中，南海诸岛先后出现了“长沙”“石塘”“千里长沙”“万里石塘”“九乳螺洲”等名称。此后，它们成了南海各群岛的专有称呼，都泛指整个南海诸岛。宋政府为了适应南海开发新形势需要，于宋神宗熙宁六年（1073 年）置琼管安抚司，统辖海南岛、南海诸岛及其附近海域。赵汝适《诸蕃志》说：“（唐）贞元五年（789 年）以琼为督府，今因之。……至吉阳（今三亚）乃海之极，亡复陆涂。外有洲曰乌里，曰苏吉浪，南对占城，西望真腊，东则千里长沙、万里石塘，渺茫无际，天水一色。……四郡凡十一县，悉隶广南西路。”①

宋政府还采取各种保卫措施，设立水军，加强海上巡逻，行使对南海和南海诸岛的主权。如宋太祖开宝四年（971 年）“命王师出戍，置巡海水军”，巡

① 赵汝适：《诸蕃志》卷下，《海南》。

海范围南“至九乳螺洲……占不劳山……陵山东，其西南至大食、佛师子、天竺诸国”①。九乳螺洲即西沙群岛一带，而占不劳山和陵山即为中越海域分界线。周去非也在其著作中更具体指出南海中有“长沙、石塘数万里”，“历上下竺与交洋，乃至中国之境”②。在这里，“交洋”即交趾洋，为现在北部湾。交趾洋与昆仑洋（今越南昆仑岛附近海域）一线亦为中越海域分界线。

2．元代主权管理

元代，中国航海事业更加发达。元统治者好大喜功，元世祖至元二十九年（1292 年）派大将史弼领兵 5000 人远征爪哇，“过七洲洋、万里石塘，历交趾、占城界”③。据悉，这支舰队先经西沙，也可能包括南沙发动进攻。这次军事行动虽因路途遥远而未能达到目的，但在经略南海上毕竟前进了一大步。元政府同时在海口港外设置白沙水军，负责海上巡逻，进一步加强对南海水域的管辖。

这样一来，宋元在政治和军事上对南海海洋的有效管辖，有力地保障了南海各项事业的发展，也是中国南海海洋文化发展远胜前代的一个原因。

第二节　宋元高度重视海上贸易政策的确立

梁启超在《世界史上广东之位置》一文中考察了广东在东西方海上的交通地位，认为汉唐以来，南方海路交通胜于北方陆路；唐中宗末叶开大庾岭道，广东骤兴，“自兹以往，广东始渐为重于国中矣”；又曰“自宋以前，以广东之交通，而一国食其利”④。这是指广东市舶之利给朝廷带来巨额收入主要源于南海海上贸易。这是与宋元政府高度重视海上贸易政策分不开的，也是南海海洋文化发展的一个强大驱动力。

1．宋代海上贸易

宋太祖开宝四年（971 年），宋朝消灭南汉政权仅四个月后，即在广州设

---

① 曾公亮：《武经总要》卷 21，《广南东路》。

② 周去非：《岭外代答》卷 1，《地理门》。

③ 《元史》卷 162，《史弼传》。

④ 梁启超：《世界史上广东之位置》，转见黄树森主编《广东九章》，广东人民出版社，2006 年，第 35～37 页。

置市舶司，主管海上贸易，其收入成为朝廷开支一个主要来源。宋太祖对其弟赵炅（即宋太宗）说："中国自五代以来，兵连祸结，帑藏空虚，必先取巴蜀，次及广南、江南，则国用富饶矣。"① 因广南、江南以海上贸易致富，是区域经济优势，故朝廷对其重视有加。另也吸取南汉发展南海贸易带来丰厚市舶收入的成功经验。史称南汉刘氏"广聚南海珠玑，西通黔、蜀，得其珍玩，穷奢极侈，娱僭一方，与岭北诸藩岁时交聘"②。基于此，北宋平南汉不久，即重修广州南海神庙，旨在从海上贸易获益，保障国家收入。宋神宗熙宁二年（1069 年），皇上给发运使薛向、副使罗极手诏曰："东南利国之大，舶商亦居其一焉。昔钱（吴越）、刘（南汉）窃据浙、广，内足自富，外足抗中国者，亦有笼海商得术也。卿宜创法讲求，不惟岁获原利，兼使外藩辐辏中国，亦壮观一事也。"③ 很明显，发展海上贸易除了可观的经济效益，还有加强中国政治地位，使诸藩归服之目的。虽然宋代各朝海上贸易和收入盛衰不一，起伏无常，但对广州市舶一直重视有加。在全国范围内，宋太宗太平兴国二年（977 年）设立榷易局。"一岁中果得三十万贯。自是岁有增羡，率至五十万贯"④。到宋仁宗皇祐年间（1049—1053 年）和宋英宗治平年间（1064—1067 年），"海舶岁入象、犀、珠宝、香药之类"分别突破五十三万贯和六十三万贯⑤，广州市舶司居全国举足轻重地位，显见北宋朝廷高度重视发展海洋商业贸易。

南宋时期，为应付对金人巨额赔款和朝廷庞大开支，南宗朝廷更迫切需要发展外贸，以支撑偏安政权。宋高宗说过，"市舶之利最厚，若措施得宜，所得动以百万计"。故一秉北宋旧法，招徕外商，使"阜通货贿"⑥ 作为国策。顾炎武说："宋室南渡后，经费困乏，一切倚办海舶。"⑦ 为此，南宋朝廷颁布一系列诏令和措施，保障外贸利益。包括官员不得侵剥商人，"有亏番商者"，"重置其罪"⑧；严惩贪官污吏，大力褒奖清廉洁官；责令地方官员捉捕海盗，维护海上航行安全；降低进口税，保护番商利益；调动商人积极性，多次加封

① 王偁：《东都事略》卷 23，《刘鋹传》。
② 薛居正等：《旧五代史》卷 135，《僭伪·刘陟列传》。
③ 李寿著、黄以周等辑外：《续资治通鉴长编拾补》卷 5。
④ 李焘：《续资治通鉴长编》卷 18。
⑤ 王偁：《东都事略》卷 18，《刘鋹传》。
⑥ 《宋会要辑稿》职官四四之二三。
⑦ 顾炎武：《天下郡国利病书》卷 120，《海外诸番入贡互市》。
⑧ 《宋会要·职官》四四之一。

南海神封号，祈求保佑海商安全；另外维护和提高市舶司运作效能，尤其对广南市舶司重视有加，使之成为从未撤废、全国收入最丰市舶司。高宗绍兴二十九年（1159年），浙、闽、广三路市舶买货物达200抽万缗[①]，为迄今所见南宋市舶贸易收入唯一数字，并且主要来自广州市舶司（即广南市舶司）。其对广州"琛赆充溢"[②]，为南海贸易兴旺发达的结果。

2. 元代海上贸易

元代虽然实行官方垄断排他贸易政策，民间贸易备受破坏性冲击，并多次实施海禁，广州外贸地位一度下降，让位于泉州。但到后期，元外贸政策有所调整，官办色彩渐淡，中国海商相对自由和活跃，加上元政府与南海周边关系有所好转，而海盗、倭患等问题不及闽浙地区严重，很多商人乐于选择广州为外贸港口，广州地位重新上升。据陈大震《南海志·诸蕃国》所列，与中国交往的海外国家和地区有144个，大部分发生在广州。中国人以南海为中心将广大海区划分为"东洋"和"西洋"也始于元代，并为后世所袭用，这自是海上贸易发展对南海地理知识扩大的结果。作为元代外贸地位上升和繁荣的标志，是广州外贸出现图景。在元人笔下，广州"海外大蛮夷岁时蕃舶金珠、犀象、香药、杂产之富，充溢耳目。抽赋帑藏，盖不下巨万计"[③]。这段文字作者吴莱又记广州，"炎州际沧海，万舶集奇货。有司慎委寄，资用邦国佑"[④]。元后期，广州繁荣也在虞集笔下跃然纸上：

> 世传岭南诸郡近南海，海外真腊、占城、流求诸国蕃舶岁至，象犀、珠玑、金贝、名香、宝布，诸凡瑰奇珍异之物宝于中州者，咸萃于是。[⑤]

甚至粤东潮州海外贸易在元代也兴盛一时，乾隆澄海城南关《天后庙碑》追记元代潮州辟望港（今澄海市区）外贸云：

> （辟望）地滨大海，烟涛浩渺，天水弥茫。生斯土者，群以海为命。

---

① 《系年要录》卷83。

② 张孝祥：《于湖集》卷36，《与广师苏龙图》。

③ 吴莱：《渊颖集》卷9，《南海山水人物古迹记》。

④ 吴师道：《礼部集》卷3，《送王正善提举广东市舶》。

⑤ 虞集：《道园类稿》卷23，《广州路文成庙记》。

自富贾大商，以暨龙户商人，咸以是托业焉。当风利潮高，扬帆飞渡，瞬息千里，操其赢者，贸易数省，上溯泮门，下通琼趾，布帛菽粟，与夫锦绣皮币之属，千艘万舶，履焉如夷。①

这些情景，显示与宋元交往的海外国家和地区不断增多，进出口商品数量扩大。这要求加强外贸管理，为此，北宋于熙宁、元丰时期（1068—1085 年）发动全国范围外贸制度改革，于元丰三年（1080 年），颁布一份重要法律文件《元丰广州市舶条》，内容规定只有广州、明州、杭州能放行外贸商船；所有前往东南亚及其以西地区（南蕃）的商船均由广州市舶司放行，明州市舶司放行往日本、高丽船只，违者以违背皇帝罪论；两广沿海前往海南岛船只必须事前向广州市舶司申请出海凭证。此外，还有纳税、对外舶活动、限制出海人员等规定。这个条例，在加强中央对外贸集权之同时，对广州市舶司重视有加，赋予更大权力，说明南海外贸居全国外贸之首。

元代则在中国历史上制定全国一律且系统较强的外贸管理法则。先是元世祖至元三十年（1293 年）颁布《市舶则法二十三条》，关键条款对权势集团盈利行为作出限制，从事贸易者必须按规定抽分（纳税），违者治罪，表明元政府决心用法律手段保障自己的外贸利益。继为仁宗延祐元年（1314 年）对《至元法则》作了修改和增补，编成《延祐法则》，将抑制权势集团的诏令用法律形式加以固定和系统化，包括进出口商船和商品管理、征税制度等，为一个从政府财政利益出发较为成熟的法则。②

这两个法则是全国性的，虽然并无对广州市舶司另有规定，但在这两个法则规范下，广州外贸盛况空前。“广（州）为蕃舶凑集之所，宝货丛聚，实为外府，岛夷诸国，名不可殚，前志所载者四十余。圣朝奄有四海，尽日月出入之地，无不奉珍效贡，稽颡称臣。故海人山兽之奇，龙珠犀贝之异，莫不充储于内府，畜玩于上林，其来者视昔有加焉。”③ 这是宋元政府高度重视海上贸易带来的效应，而从海洋制度文化出发，标示着宋元朝廷在制度创新方面迈开新步伐。

---

① 转见蔡英豪主编：《海上丝路寻踪》，华文出版社，2001 年，第 33 ~ 34 页。

② 参见黄启臣：《广东海上丝绸之路史》，广东经济出版社，2003 年，第 349 ~ 352 页。

③ 陈大震：《南海志》卷第七《物产》。

第三节　沿海滩涂围垦与海洋农业文化成就

海洋农业文化是海洋文化一个最主要内涵，它包括海洋滩涂围垦，种植或耕作，这正是文化一词的基本含义。在古代拉丁语和英语中，“culture”文化一词兼有“耕作”和栽培之意；而“agricultnre”农业这一复合词，前半意为耕地，后半意为文化或耕地，故可视“农业”为耕作文化的同义词，在陆地上如此，在海洋边缘也不例外，即以耕种滩涂为海洋农业文化的一方面；另一方面为煮盐和水产捕捞，即属海洋农业范畴。按中国南海开发进程，宋元时代这一海区取得的成就，具有开拓性意义，奠定了海洋农业在海洋文化史上坚实的基础。

1. 宋元围垦

宋代，珠江流域人类活动深广程度大为提升，水土流失也同时发生，大量泥沙淤积结果，南海北部主要河流三角洲出露大片土地，供这一时期不断南迁移民开垦，尤以珠江三角洲为典型。

据记载，北宋太宗至道二年（996 年）珠江三角洲开始修筑堤围。按照围垦先后、方式不同，有围田、沙田、公基、私基之称。两宋 320 年间，今珠江三角洲高要、南海、东莞、博罗、三水、顺德、中山、番禺、高明、鹤山、珠海等 11 个县市筑堤 28 条，总长 66024.7 丈，捍田 24322.4 顷。① 这些堤围主要分布在西江、北江和东江干流两岸，是从河滩、海滩中争得土地。宋元珠江三角洲围垦则主要向纵深发展，提高工程效益，另新筑堤围 34 条，总长 5052.6 丈，捍田 2882 顷。② 主要分布在珠江三角洲西北缘，同样是与水争地的结果。

根据潮汕平原河网水文特点，宋元祐间，潮州知军州事王涤“浚芹菜沟以疏水患，筑梅溪堤以障良田”③。按芹菜沟即三利溪，为古代潮州一项著名水利工程。梅溪在韩江下游澄海境内，宋高宗绍兴二年（1132 年）修复海阳十

① 佛山地区编：《珠江三角洲农业志》（初稿）（二），1976 年印，第 5 页。
② 佛山地区编：《珠江三角洲农业志》（初稿）（二），1976 年印，第 12 页。
③ 《永乐大典》卷 5345。

保之堤，即府城南至今澄海界上南堤；宋理宗宝祐元年（1253 年）又出动劳力 3 万人对南堤进行一次大修建，整个韩江下游堤防体系至此竣事。结果“一之曰扰扰奔腾之势合战而退；二之曰鼋鳌鱼鳖之区，屹然山立；三之曰沮洳化为平土，流民志其本业矣”[①]。韩江口大片滩涂化为良田，成为新的粮仓。

宋代雷州半岛也随着闽人迁来而在沿海大兴水利，府城外东洋万顷滩涂由于修筑海堤，防止咸潮化为良田。领导这项工程的是南宋乾道年间（1165—1173 年）知州戴之邵，故称“戴公提”，“民大获利”[②]。东洋田被誉为“雷州粮仓”。南宋王象之《舆地纪胜》雷州条指出：“州多平田沃壤，又有海道可通闽浙，故居民富实，市井居庐之盛，甲于广右。”此实为海洋农业和海洋商业文化给雷州带来显著的经济效应。

围垦取得耕地最突出成果是珠江三角洲。大量水利工程，使“潮田无恶岁”，成为稳产农田。史称“广南是多米去处，常岁商贾转贩，舶交海中”[③]，时称“广米”大量舶运到闽浙等地，“闽中土狭民稠，岁俭则籴于广”[④]。宋真宗时还在广州首置平抑谷价的常平仓，广州成为我国南方最大的米市。又潮州也得益围垦和水利工程，出现“稻田千万顷……处处尽桑麻”景象[⑤]。南宋时潮州晚稻收后已有余粮，“贩之他州，曰金城米”[⑥]。这都是海洋农业文化发展的历史性进步。

2. 海水制盐

海水中富含大量盐类。而盐是人类日常生活必需品，古有视盐为“食肴之将”和“生民喉命”、“无盐则肿”之说，盐的需要量甚大。故盐业历为封建国家重要的经济收入来源，盐田是我国海洋农业文化一个重要组成部分。南海既为热带海洋，不但海区面积居我国四海之首，而且海水蒸发强烈，海水含盐量高，利于晒盐。除了一些基岩港湾、滩涂缺失或低度发育，无法平整出盐场，以及有些沙质滩涂地下水渗出不利于盐的结晶以外，南海沿岸仍有很长海岸可以开发利用于晒盐，尤以海南岛西南、粤西沿海、广西北部湾东部岸段，

---

① 《永乐大典》卷 5345，陈儋《海阳筑堤记》。
② 屈大均：《广东新语》卷 2，《地语》。
③ 朱熹：《朱文公文集》卷 22。
④ 《宋史》卷 401，《辛弃疾传》。
⑤ 陈香白辑校：《潮州三阳志辑稿》卷之四，《艺文志》，中山大学出版社，1989 年。
⑥ 《真德秀文集》卷 4。

河流少、气温高，蒸发量大于降水量，盐度高，是晒盐较为理想场所。这些地区自古以来就是南海盐田分布区，至今仍保持这种格局。

香港海岸南朝唐代盐灶　李浪林摄

制盐技术是盐业文化的主要内涵，南海在这方面有悠久的历史，先进的技术和成就，是南海海洋文化一项殊荣。秦汉时海水制盐技术已达一定水平，这已见前述。随着海盐资源开发利用，人们对食盐效用功能认识不断扩大、加深，对食盐种类划分越来越细。《隋书·食货志》记载：“一曰散盐，煮海以成之；二曰盬盐，引池以化之；三曰形盐，物地以出之；四曰饴盐，于戎以限之。”虽然隋代历史短浅，这段文字没有确指具体地点，但南海既为热带海洋，产盐条件良好，当是一个主要海盐产区。唐代，制卤技术已定型成熟，刘恂在《岭表录异》中记载：“野煎盐：广人煮海其口无限。商人纳榷，计价极微数，内有恩州场、石桥场，俯迎沧溟，去府最远，商人于所司给一百榷课、支销杂货二三千。及往本场，盐井官给，无官给者，遣商人。但将人力收聚咸池沙，掘地为坑，坑口稀布竹木，铺蓬簟于基上，堆沙。潮来投沙，咸卤淋在坑内。伺候潮退，以火炬照之，气冲火灭，则取卤汁，用竹盘煎之，顷刻而就。竹盘者，以篾细织，竹镬表里，以牡蛎灰泥之。”① 这是至今见到关于南海制盐最早的文字记载。其中最后一道工序用的“竹盘”，按明人宋应星的解释是“将竹编成阔丈深尺，糊以蜃灰，附于釜底，火燃薪底，滚沸延及成盐，亦名盐盘”②。这种“竹釜蛎涂，转久弥密”③ 盐盘，不以铁铸而用竹制，具有就地取材容易、成本低等优点，反映南海地区海盐生产的地域特

① 刘恂：《岭表录异·补遗》。
② 宋应星：《天工开物·作咸》。
③ 《宋史》卷401，《辛弃疾传》。

色，也颇有文化品位。唐后期，海盐生产重心向北向南转移，南海三省区成为海盐产量最多地区之一。

北宋开始改煮卤成盐为晒卤成盐，技术上虽未见重大改进，但生产规模却大得多。据《宋会要辑稿·食货》载，绍兴三年（1133年），“广州盐仓每年课利30万贯以上，潮州10万贯以上，惠州5万贯以上，南恩州3万贯以上”。南宋孝宗时户部侍郎叶衡说：“今日财赋，鬻海之利居其半。”这显然是需要制盐技术的作为支柱的。但直到元代，煮盐仍不失为海盐生产方式之一，元陈大震《大德南海志·盐课》即有“每引给工本壹拾两，与灶户煎办”之语，即为元代煮盐技术的有力证明。

在海盐生产技术的支持下，海盐作为一种物质财富，也是一种文化形态，承载着海洋文化的特质和风格，反映在生产分布、规模上，说明岭南人对南海海水化学资源开发利用的能力、水平和效果。而海盐的运销，也是一种文化传播，展示南海海洋文化对外辐射方式、空间结构和影响。这两者都可以归结于海盐文化景观及其分布与扩散范围。

秦汉时代，南海沿岸海盐生产已有明显发展，《汉书·地理志》载西汉中后期及王莽时所置盐官36处，分布在沿海地区的有18处，在南海郡内则有番禺，苍梧郡内有高要，南海产盐是不争的事实。唐代，据《新唐书·地理志》明确记载岭南道产盐的有广州新会、潮州海阳、儋州义伦、琼州琼山、振州宁远等五州五县。该志特别指出：“乾元五年（762年）琼山、宁远、振州等县有盐，近海百姓煮海水为盐，远近给。”唐僖宗时（873—888年）宰相郑畋将岭南盐铁委广州节度使韦荷，“岁煮海取盐，直（值）四十万缗，以赡安南”①。南海之盐已输入安南，且价值不菲。

宋代岭南进入大规模开发时期，迁入汉人大增，城市人口也同步增长，促进食盐消耗。加之北宋以来实行晒盐法，海盐产量上升，政府对盐实行统购、官运官卖政策，强化了食盐官营性质和管理，纳入政府垄断生产轨道。当然，由于岭南地处偏远，政府难免鞭长莫及，在官盐以外，还有难以历数的个体盐户，所产海盐称为“浮盐”，完税后可以自由销售，以区别于官营的“正盐”，显示岭南盐管制度文化的灵活性。这都促使海洋开发走上一个新阶段。据《宋会要辑稿·食货》载。宋高宗绍兴三十二年（1162年）全国有91个盐场，总

① 《新唐书》卷185，《郑畋传》。

共产盐288793815斤，其中广南东路有17个盐场，产盐16553000斤；广南西路有7个盐场，产盐11584450斤。两广盐场占全国盐场26%，产量10%左右。这并不包括个体盐户的产量。另据王存《元丰九域志》载，宋代“广州东莞县有静康、大宁、东莞三盐场，海南、黄田、归德三盐栅；新会有海晏、博劳、怀宁、都斛、矬洞、六斗六盐场；潮州有静口、松口、三河口盐场；惠州归善县有淡水一盐场；海丰有古龙、石桥二盐场”。此外，廉州石康（合浦）和琼州、崖州、琼山、感恩、英由等也均有盐场或盐栅。盐业成为沿海地区一个经济优势。宋志称“潮（州）之为郡，海濒广斥，俗富鱼盐。宋设盐场凡三所，元因之。……盐之为利，既可以给民食，而又可以供国用矣”①。宋代潮州一片兴旺，考古发掘潮阳河浦华里盐场东灶遗址，面积达1000亩。宋人王安中《潮阳道中》诗云，“万灶晨烟熬白雪，一川秋穗割黄云”，一派煮盐收稻繁忙景象。潮州通判陈尧佐诗“潮阳山水东南奇，城郭鱼盐民熙熙”，高度赞赏鱼盐对民生的贡献。岭南各州所产食盐除在当地消费外，大多先集中广州及潮、惠、南恩州，再转销粤北、西江和赣南、闽西、桂北等地，其中广州和南恩州是最大食盐集散口岸。

元代南海沿岸省区盐业，属广东道（时广东属江西省下一个道）辖的称广东盐课提举司，属海北海南道的称广海盐课提举司，产盐盛时两提举司年共产盐约10万引（一引等于400斤），约占全国海盐产量的40%。据《元史·百官志》记，广东盐课提举司辖13个盐场，即靖康场、归德场（均在今东莞）、东莞场、黄田场（均在今宝安）、香山场（在今中山）、矬洞场（在今台山）、双恩场、咸水场（在今阳江）、淡水场（在今惠东）、石桥场（在今汕尾）、隆井场、招收场、小江场（均在今潮阳）；而广海盐课提举司所辖盐场以广西石康为中心，其他盐场地址不详，显见元代盐场因袭宋代盐场分布和运销格局。

盐业为封建国家重要经济收入来源，食盐官营成为一项制度，也是海洋制度文化一项重要内容。《汉书·地理志》记汉初在南海郡番禺、苍梧郡高要设盐官，开始对南海产盐实行官营政策。但南海远僻，中央政府难免鞭长莫及。所以春秋时期已在中原地区施行的按人口供应食盐，并制成册籍的“盐筴”制度，在南海地区未见记载。明人唐胄曰：“盐筴专于管，世代沿至今，读唐

① 陈香白辑校：《潮州三阳志辑稿》卷之七，《户口》，中山大学出版社，1989年。

《地理志》，知琼列盐（筴）。"[①] 由此可知，岭南应自在其列。同书又指出："唐地《地理志》言，琼（州）宁远、义伦等县，各注有盐，而无则例。"有法不依，或执法不严，恐非海南一地，谅整个岭南都不例外。

宋平南汉国后，从宋太祖开宝四年（971年）即实行榷盐制度，即一方面统购民盐，不给盐本，而"与免役或折税"；另一方面，实行官运官卖政策，说明在官卖政策之下，也有变通做法。就像酿酒一样，在中原严行官酿，而在岭南限制甚少，可自由经营，以致民间酿酒成风，竞相高下，生产出不少好酒。在这种政策之下，南海沿岸地区盐业兴盛一时，上述南宋高宗绍兴三十二年（1162年）广南东西两路（即两广）产盐，约占全国1/10。这个事例，说明南海海洋文化具有变通性和包容性之一斑。

元代政治苛暴，虽亦如过去各朝，食盐由政府专卖，按户派销，但已发展为扰民苛政之一。《新元史·食货志》盐法篇即有论及广东盐课害民之事。元世祖至元二年（1265年）监察御史韩承务说："广东道所管盐课提举司自至元十六年（1279年）为始，止办盐额621引，自后累增……延祐间（1314—1320年）……计50552引。灶户窘于工程，官民迫于催督，呻吟愁苦，已逾十年。……窃意议者必谓广东控制海道，连接诸蕃，舶商辏集，民物富庶，易以办纳，是盖未能深知彼中事宜。本道所辖七路八州，平土绝少，加以岚瘴毒疠，其民刀耕火种，巢颠穴岸，崎岖辛苦，贫穷之家，经岁淡食。额外办盐，卖将谁售。所谓富庶者，不过城郭商贾与舶船交易者数家而已。灶户盐丁，十逃三四；官吏畏罪，止将现存入户，勒令带煎。"而广海盐课提举司所辖盐场方面的盐民痛苦也一样，"积亏四万余引……本司僻在海隅，所辖灶民累经掠劫，死亡逃窜，民物凋敝"[②]。在这种苛政下，南海盐产量大幅度下降。据《元史·百官志》统计，广东和广海两提举司盛时共产盐约10万引，约占全国盐总产量4%。而据《元典章》所载，两提举司每年共产盐24000引，占全国1716670引的1.4%[③]。无论哪种史料来源都反映元代南海盐区在全国地位下降，不及赵宋也是元代海洋农业文化萎缩的表现。

---

① 正德《琼台志》卷14，《盐场·按语》。

② 《元史》卷97，《食货志·盐法》。

③ 《元典章》卷9，《吏部三》。

3. 人工养珠

在海洋生物资源利用上，宋元时期也取得很高的科技成就。珍珠采集自汉代已开始，历代不衰。宋代蔡绦《铁围山丛谈》、周去非《岭外代答》、范成大《桂海虞衡志》等著作都专门谈到采珠技术等问题。而宋代庞元英《文昌杂录》记载了人工养珠方法："择光莹圆润者取稍大蚌蛤，以清水浸之，伺其口开，急以珠投之，频换清水，夜置月中，蚌蛤采月华玩，此经两秋，即成真（珍）珠矣。"① 惜这项技术宋时未见应用于生产。南海盛产牡蛎，俗称蚝，自古是南海周边百姓蛋白质一个重要来源。但天然采集毕竟有限，到宋代今宝安南头一带已有人工养蚝。北宋著名诗人梅尧臣有《食蚝》诗曰："薄宦游海乡，雅闻静康耗。……亦复有细民，并海施竹牢。掇石种其间，冲激恣风涛。咸卤日与滋，蕃息依江皋。"② 这里说的是围竹投石法养蚝，为我国传统养蚝方法之一。静康在今宝安，到元代静康蚝田已成为征税对象，出现养蚝专业户。《元一统志》说"东莞八都静康场所产（蚝），其处有蚝田，生咸水，民户岁纳税粮，采取货卖"③。这样，沿海滩涂利用有赖于技术进步而达到更高程度。

第四节　造船和航海的技术进步

南海海洋文化丰硕之果，也见证于宋元造船、航海技术的进步和关于海洋水文的著作问世，且这些文化成果处于全国领先地位。

1. 造船技术进步

唐代岭南已有"木兰舟"记载，宋代木兰舟规模可能更庞大，广州、明州、泉州是宋代制造海航三大基地，《岭外代答》说"其舟又加大矣，一舟容千人，舟上有机杼市井，或不遇便风，则数年而后达，非甚巨舟，不可至也。

---

① 转见颜泽贤、黄世瑞：《岭南科学技术简史》，广东人民出版社，2002 年，第 214 页。

② 康熙《东莞县志·艺文》。

③ 《元一统志》，转见颜泽贤、黄世瑞：《岭南科学技术简史》，广东人民出版社，2002 年，第 216 页。

今世所谓木兰舟，未必不以至大言也”[①]。可见“木兰舟”意指巨型船舶，生产于广东沿海，不亚于在海上航行的“蕃舶”。故周去非在其书中所言的“蕃舶”一如“木兰舟”一样为巨型船只。其云：“蕃船大如广厦，深涉南海，经数百里，千百人之命，直寄于一柂。”[②]摩洛哥旅行家伊本·白图泰在其游记中也记载广州能造巨船：“中国船只共分三类：大的称作艟克……有十帆，至少是三帆，帆系用藤篾编织，其状如席，常挂不落，顺风调船，下锚时亦不落帆。每一大船役使千人，其中海员六百、战士四百。……此种巨船，只在中国的剌桐城（即泉州）建造或在隋尼凯兰即隋尼（按即广州别名，别译茶克兰）。……世界上没有比中国更富有的了。”[③]记载宋代沿海造船的，还有吴自牧《梦粱录》，其云：“海商之舰大小不等。大者五千料，可载五六百人；中者二千料至一千料，亦可载二三百人。”[④]一料等于一石相当60公斤，5000料合300吨，2000料即120吨，这运量海船已达相当大规模，但似不及上述岭南所造“木兰舟”。

基于造船所在地区原材料不同，宋代造船板料也不一样。“广船”常用铁力木造，坚硬异常，而福建所造“闽船”（也称“福船”）多用松木或杉木。部分海船，以全木巨舫挽选而成，并用桐油、石灰填缝，以防漏水。每船分成10余个舱，相互间密隔，即使有舱入水，也不致全船沉没。广船和闽船一样，船体结构适于海上航行，即尖底，横剖面如“V”形，达到“上平如衡，下侧如刃，贵其可以破浪而行也”[⑤]。船舷两旁“缚大竹为囊以拒浪”，有稳定船身、提高航速的作用。船上还有铁锚和磁石，以保障安全停泊。铁锚或石碇重可数百斤，锚有四钩，上连粗大绳索，用车轮转动上下，无论靠岸或在海中航行都牢固地抛锚。故时有中国海船“巍如山岳，屈服蛟螭”之规模。

宋代风帆已很先进，扬帆南溟，全赖一帆。广州一带风帆，朱彧《萍洲可谈》曰：“船方正若一木斛，非风不能动，其樯植定而帆侧挂，以一头就樯柱如门窗，帆客谓之‘加突’，方言也。海中不唯使顺风，开岸就岸风皆

① 周去非：《岭外代答》卷6，《器用门》。
② 《元典章》卷9，《吏部三》。
③ 转见叶显恩主编：《广东航运史》，人民交通出版社，1989年，第74页。
④ 吴自牧：《梦粱录》卷12，《江海船舰》。
⑤ 徐竞：《宣和奉使高丽图经》卷34，《客舟》。

可使，唯风逆顺倒退尔，谓之使三面风，逆风尚可用矴石不行。”即可通过变换帆受力，按“之”字形路线，迂迴运动，仍可以不同风向下破浪前行，这充分反映广州地区航海家的聪明和才智。元末进士张水宁，明初奉旨出使安南，自广州乘船出发，其作《发广州》诗，一路凭风高歌，好不得意。诗云：

照海红旗送使舟，鸣笳伐鼓过炎洲。
斯游少吐平生气，巨浪长风万里秋。

这种造船工场，除了广州，还有潮、肇、韶诸州。江海一体的地理格局，使造船工场深入内地江河，这些地区也属海洋文化涵盖之地。

2. 航海技术进步

古代航海主要依靠风力，其中东亚季风是中国南海海上航行最主要的动力。这种随季节而改变风向的季风古称信风。唐李肇《国史补》提到：“江淮船溯流而上，待东北风，谓之信风。七八月上信，三月有鸟信，五月有麦信。”即盛行风向与季节早晚、候鸟迁移、小麦收割密切相关。直到宋代，随着海上贸易兴盛，信风被称为“舶棹风”，人们对它的变化规律认识也不断深入，成为海上贸易往返安排最主要根据。苏东坡写过一首《舶棹风》诗云：

三旬已过黄梅雨，万里初来舶棹风。
几处萦回度山曲，一时清驶满江东。
惊飘簌簌先秋叶，唤醒昏昏嗜睡翁。
欲作兰台快哉赋，却嫌分别向雌雄。[①]

既入诗人笔端，宋代信风变化规律已为海员熟练地掌握，用于出海和返航，“每遇冬汛弱风舶”，前往“南蕃诸国”，到“夏汛南风回帆”[②]。这种有规律的信风，外国人称为“贸易风”。这种称谓变化，是中外海上商业文化发

① 《苏东坡全集》正集卷11，四库备要本。
② 转见陈高华、吴泰：《宋元时期的海外贸易》，天津人民出版社，1981年，第167～170页。

展在宋代进入一个新阶段的标志。加上宋代曾疏通交州、邕州（今南宁）至广州间海上通道，并清除沿线礁石，更方便航船利用西南季风抵达广州，出现南海北部海域“舟楫无滞，岭南储备充盈”① 局面，为季风对人类的贡献。由于季风去来有固定时间，规律性很强，故必须抓紧时间完成贸易、出使、修学任务。如果赶不上风期，必须在海外滞留到下一个风期。这种情况时称“住番”，或曰“压冬”，这一压就是一年，往返两年。中国和阿拉伯远隔数千公里，往返费时两年。周去非《岭外代签·航海外夷》说：“诸蕃国之入中国，一岁可以往返，惟大食必二年而后可。”中国去阿拉伯地区也同样要两年，只是中途候风地点不一，从中国出发的船只停泊于爪哇或马来海峡一带，而从阿拉伯诸国返回的船只则停泊在印度南部，无论往返都须经中国南海海域，故中国南海季风也就成为制约海上商业贸易最重要的因素，岭南人对季风认识和利用也达到很高程度。

我国虽然早就发明指南针，但直到宋代才在南海航行首先应用指南针导航，在中国南海海洋文化史上也是破天荒的事件。北宋朱彧《萍洲可谈》记“舟师识地理，夜则观星，昼则观日，阴晦观指南针”②。南宋吴自牧《梦粱录》也说：“且论商舶之船，自入海门，便是海洋，茫无畔岸，其势诚险。盖神龙怪属之所宅。风雨晦冥时，惟凭针盘而行。……或有少差，即葬鱼腹。”③ 赵汝适《诸蕃志·附录》也记：“舟舶往来，惟以指南针为则。昼夜守视为谨，毫厘之差，生死系矣。”另外，宋代远洋航行已使用海图。赵汝适《诸蕃志》序言中说到“暇日阅诸蕃图，有所谓‘石塘’、‘长沙’之险”。到清道光阮元《广东通志·前事略》追述其事：“咸平六年（1003 年）五月，知广州凌策上《海外诸蕃地理图》。”④ 又据华南师范大学曾昭璇教授考证，宋代渔船已使用量天尺，即利用日月星辰来确定船只所在位置，称过洋“牵星术”，即测量星体高度（纬度）来定位，这种称为“量天尺”的航海工具，现仍为海南岛渔民使用⑤。这表明，宋元航海技术已广泛应用于实际。也基于此，从

---

① 《越史略》卷 1。

② 朱彧：《萍洲可谈》卷 2。

③ 吴自牧：《梦粱录》卷 12。

④ 道光《广东通志》，广东人民出版社，1981 年，第 102 页。

⑤ 广东省人民政府外事办公室、广东省社会科学院：《广州与海上丝绸之路》，1991 年印，第 43 页。

广州等港口出发的航船，无须依海岸而直接依靠指南针直下南海了，故西沙、南沙群岛已为这些航线经过。2007 年 12 月 22 日在南海阳江海域出水南宋沉船“南海 I 号”及其数千件文物，以及近年西沙水下考古出水大批唐宋铜钱已证明了这一划时代的变化。

3. 水文著作诞生

“南海 1 号”出水部分瓷器　广东海上丝绸之路博物馆提供

在总结岭南人民长期认识、开发利用海洋经验的基础上，北宋广东人余靖的《海潮图序》为中国海洋水文科学的一篇杰作。余靖（1000—1064 年），字安道，曾名希古，号武溪，韶州曲江人，出身于仕宦之家。少年博闻强记，熟习经史子集、阴阳历律、佛禅老庄之学。宋仁宗天圣二年（1024 年）举进士，在宦海中浮沉。宋仁宗庆历四年（1044 年），余靖任广州知州，对广州贸易奏请整顿税收，禁止官吏买卖南药诸蕃货等事。其间写下科学论著《海潮图序》。其实，中国古代对潮汐做过长期观察研究，对其运动规律和原因进行过深入探索。古人认识到潮汐起落与月相变化相关，并认为最有信者莫如潮，它一日两至，随月盈亏，准而有信，潮汐是月与海水感应的结果。但也有人认为潮汐成因在于太阳引力（如葛洪）。余靖却恰好相反，他正确地指出潮汐成因在于月球而不是太阳运动。为了验证自己的结论，余靖亲自到通州海门（今属上海）和广州武山（在今东莞虎门附近），观测海水进退与月球运动关系，得到结论是“潮之涨退，海非增减，盖月之所临则水往从之。月临卯酉则水涨乎其西；月临子午，则潮平乎南北。彼竭此盈，往来不绝，皆系于月，不系于日”①。这一见解，纠正了前人“日入海而潮生”的观点，这同近代潮汐的月球万有引

① 余靖：《武溪集・海潮图序》。

力产生潮汐的科学观大体吻合。余靖同时指出大潮和小潮出现时间，即大潮在一个月朔望（初一、十五）之后，小潮在上下弦（初八九、廿二三）之后；一年之内“潮之极涨，常在春秋之中”。他又指出潮汐之期每日推迟“三刻有奇”，所以一个月内会有潮汐各一次。这同近代一个太阳日 24 小时 50 分为潮汐的周期是一致的。这不仅对认识潮汐规律有重大科学意义，而且在海洋农业、海洋渔业、海洋航行等都起到指导作用，有效地促进生产活动。故余靖这一成果受到后人高度评价，英国科技史专家李约瑟博士指出：“在十一世纪中，即在文艺复兴时期以前，他们（指中国）在潮汐理论方面一直比欧洲人先进得多。”① 这也是古代南海海洋文化最辉煌的一页。

阳江南宋沉船“南海 1 号”打捞现场《南方日报》社《海上敦煌》2010 年

第五节 南宋沉船“南海 I 号”承载海洋文化信息

1. 发掘经过

1987 年 8 月，交通部广州救捞局与英国海上探险和救捞公司在广东上下川岛附近海域寻找荷兰东印度公司 1772 年沉船“莱茵堡”（Rimsberg）号时意外发现淤泥下 23 米处埋藏另一艘沉船，时命名为“川山群岛海域宋元沉船”，并打捞出 200 多件金、银、锡、陶瓷等器物。这一发现引起世界考古界的广泛注意，后将这一次沉船命名为“南海 I 号”。中国国家文物局和广东省政府极

① 李约瑟：《中国科学技术史》第 4 卷，科学出版社，1978 年，第 786 页。

为重视这一考古发现，对沉船现场采取了许多警卫措施，并持续进行水下探测，会同有关方面制定科学、安全、严密的打捞措施。从 2007 年 1 月开始，由广州打（救）捞局负责实施船体的船体打捞工作。约经一年时间，2007 年 12 月 22 日，“南海Ⅰ号”由广州打捞局专门制造巨型吊机船“华天龙”号整体打捞出水，并被运抵刚刚落成的设在阳江海陵岛上的“广东海上丝绸之路博物路”安放，一面向观众展出，一面继续开展船上文物考古发掘。“南海Ⅰ号”被成功打捞出水和它承载的丰富的海洋文化内涵，固然轰动世界，而意义更为重大的是有助于解决海上丝绸之路的许多重大问题，在中国南海海洋文化史上留下的光辉灿烂的一页。

自 2007 年出水以来，有关方面已作了多次试掘工作，从已探明文物判断这是一艘南宋时期的海船，途经阳江海域由于某种不明原因沉没。已发掘清理文物约 4000 件，估计文物总数为 6 万～8 万件，有非常重要的科学文化价值，被中山大学教授、广东省珠江文化研究会会长黄伟宗，执行会长司徒尚纪命名为“海上敦煌”。已故美国科学院院士、世界著名海洋学家吴京考察“南海Ⅰ号”后认为“南海Ⅰ号”被发现，世界海洋史要由此改写。“南海Ⅰ号”将“改变中华民族的海洋文化史，是中国民族宝贵的文化遗产”①。这些预言经几年间对沉船的持续发掘和文物清理，可以初步验证其正确性，并可期待更多更重要的文物成果公之于世。

2. 海洋文化意义

从中国南海海洋文化视野，透视“南海Ⅰ号”，它的海洋文化历史意义，既有单方面的元素，更有整体、综合、全面的意义。

就前者而言，可分若干层面。第一是航海路线。“南海Ⅰ号”沉没在阳江海陵岛附近海区，这是历代海上丝绸之路所经。海陵岛古代称“潺洲”、“螺洲”、“海陵山”等，为中国南海海上航行的中继站、补给点和转运港。沉船验证宋代仍沿袭秦汉以来沿海岸地物作为导航方向，即旧称“梯航”是也。虽然指南针在宋代已应用于航海，但基于这一带海岸和海底地形、海流、风向等因系，以海岸镇山为导航参照物仍是可靠的，如沉船地点距离海岸约 20 海里，离海面约 30 米，适于古代近岸航行。而海陵岛上草王山，即起了导航作

① 乐之、文兵、李明：《〈海上敦煌〉是对南海Ⅰ号的确切定位》，2007 年 7 月 1 日《阳江日报》；潘卫国、葛成学《南海Ⅰ号令美国科学院院士吴京惊叹》，载 2004 年 5 月 14 日《阳江日报》。

用。从海陵岛放洋，即通向波涛汹涌的南海腹地，走上与南洋、印度洋、阿拉伯海地区交往之路。朱彧《萍洲可谈》卷2有一段文字证实了海陵岛这种地位："广州自小海至溽洲七百里，溽洲有望舶巡检司，谓之一望，稍北又有第二、第三望，过溽洲则沧溟矣。商船去时，至溽洲少需以诀，然后解去，谓之'放洋'。还至溽洲，则相庆贺，寨兵有酒肉之馈，并护送赴广州。"这显示宋代海陵岛至广州之间航海很活跃。明代郑和第七次下西洋，在《郑和航海图》中就有从"上、下川山"[①] 南面海域穿过，而海陵岛恰在其南。15世纪以降，中国商人、葡萄牙人、荷兰人和东南亚商人经常在这片海域活动。近年有专家在这一带发现"正德年造"、"大明嘉靖年造"、"大明嘉靖年制"等字样的瓷器残片[②]。"南海1号"船头朝向西南240度，都说明了这条海上通道的存在和它的历史意义。

第二是造船史。宋代造船能力已达到很高水平，包括造船材料、工艺、设计、性能等。过去多依靠历史文献或少数出水船舶残骸加以判断。实际勘探"南海I号"长约30米，宽10米，高约4米，载重量近500吨，以马尾松木制造，这种木材见于福建、广东、广西，由此推想造船地点应在南海北部某个港湾。在"南海1号"船头，打捞出一个巨大菱形石碇，长约3米，厚近0.3米，重500公斤，为该船石锚。而在宋元时期，船舶不使用铁锚，石锚属非常典型的宋元石锚，进一步验证"南海1号"时代不会超出南宋，距今约800年，正是海上丝绸之路繁荣时期。"南海I号"对复原宋代造船工艺和水平，提供了最好的实物见证。

第三是海上商贸史。"南海I号"装载铜线达1万多枚，上自汉代"货泉"，隋唐"五铢"钱"开元通宝"、少数五代十国钱币，绝大部分为北宋各年号铜线，最晚为南宋高宗"绍兴元宝"，显示宋代商品交易兴旺，船主富有。这些铜线大量流往海外，主要是东南亚。赵汝适《诸蕃志》卷上《阇婆国》条云："商舶利倍蓰之获，往往冒禁，潜载铜钱博换，朝廷屡行禁止兴贩，番商诡计，易其名曰苏吉丹。"（按苏吉丹即不在限禁国之列）。海南大学周伟民、唐玲玲教授近年在马来西亚丁加奴州的马来甘榜考察，发现当地人拥

---

① 向达校注：《郑和航海图》，中华书局，2000年，第40页。

② 苏桂芬、邱立诚主编：《广东省第三次全国文物普查新发现》，广东省文物局，广东省第三次全国文物普查办公室、广东省文物保护基金会编印，2011年，第10页。

有不少北宋铜钱。另据报道，在新加坡、爪哇、东非桑给巴尔、索马里、南印度八儿等地也有宋代铜钱出土，这都说明宋代海上贸易兴盛，与“南海1号”所载铜钱吻合。货物以瓷器为主，还有大批铁锅、金饰、漆器，以及其他生活日用品等。出水瓷器大部分来自浙江龙泉、福建德化、江西景德镇等著名瓷都和广州民窑，有碗、盘、碟、壶、瓶、粉盒等，有的还写有“李大用”、“六哥”、“李长保”等中国人名，30多个品种，不但总量大，而且造型独特，工艺精湛，多数可定为国家一级、二级文物。器物具异域风格，如仿银器的瓷碗、类似阿拉伯人手抓饭使用的喇叭口瓷盘，有可能是按货主要求定做的。故丝绸之路也称瓷陶之路，在“南海I号”上得到有力注释。

第四是风俗文化史。“南海I号”出水大批生活用品，其造型、功能，折射异域风俗文化光辉。如船上一条近2米长的鎏金腰带、一个硕大金戒指和一枚鎏金龙纹手镯，显示它们的主人可能很富有。实际上宋代广州阿拉伯商人不乏巨富，如宋代广州多次筑修城垣，就得到阿拉伯人的赞助。船上的铜镜和硃砂、粉盒、观音坐像、石枕，有论者认为这是女性生活用品，船上可能携带眷属。联系宋代木兰舟规模巨大，则船上人员复杂，分工细致，也在情理之中。令人不解的还有船上的眼镜蛇头骨，似与宗教或某种信仰有关，因阿拉伯人、印度商人有饲养眼镜蛇为宠物的习惯，但这须进一步深入研究。此外，“南海I号”反映的海洋经济史、外交史、宗教史、工艺史、社会生活史等都包含十分有价值的文化内涵。而以上这些要素历史的整合，将提供宋代南海海洋文化一个总体特征和基本风貌，填补南海海洋文化一项空白，具有非同寻常的科学文化意义。故“南海I号”移入“广东海上丝绸之路博物馆”（俗称水晶宫）展出以来，各种相关学科研究者和观赏者络绎不绝。

实际上，“南海1号”只是中国南海众多沉船之一。据一个大胆的猜测：“宋元以来，仅中国沉船地区就可能沉没了约10万艘舶”，其中大部分在中国南海海域，主要又在华南沿海和西沙群岛航线上，包括1936年发现的东沙宋代沉船、珠江崖门宋末沉船（战船），1998年发现的西沙“华光礁一号”南宋沉船，1973年发现的福建平潭海域“后渚一号”宋代沉船，另有明清时期沉船难以一一罗列。仅从宋元沉船数量之多、分布之广，即可窥见南宋非常重视海洋的政权。《中国国家地理》杂志引用西方一位汉学家的话说，南宋“是当时全世界最富有和最先进的国家”。同刊又指出南宋“创造了堪称上下五千年历朝之冠的国家年财政收入——1.6亿两白银”。这个数字是惊人的，后来的明朝在国力强盛时期，也只不过勉强够到了它的1/10；乃至清朝咸丰年间(1851—1861年)，拥有了南宋四五倍的人口，年财政收入也只有三四千万两。甚至曾有学者提出，南宋的经济规模占到了当时世界经济总量的75%。故至今仍有西方学者称“大宋王朝，特别是南宋走上了一条不同于传统的海洋”，是“世界上第一个海洋强国”。[①] 这可从“南海Ⅰ号”披露的大量海洋文化信息中得到有力的验证。

第六节 新作物的传进与粮食生产第一次革命

文明或文化的基础在于开发、利用自然条件与资源。南海北部地区，直到宋元时期，人们才对当地的湿热环境、沿海低地和冲积平原的特点及规律有较多了解，开始了以土地利用为中心的海洋农业文化发展高潮。这除了上述围垦滩涂和三角洲平原以外，还有新作物的培育和引种，由此产生的社会经济效应和深远影响，至今仍镌刻在中国南海海洋文化史册上。

1. 占城稻种传入

宋代新作物传入最大的一个事件是占城稻种的引进和大面积推广，开辟了我国稻作文化的一个新里程，岭南是它的发源地之一。

占城稻产于印支半岛，是由占城（今越南中部）人培养出的一种高产、早熟、耐旱的良种稻。北宋真宗初年用珍宝换得占城稻种20石，在皇宫及福建地区试种。这个品种性耐旱，早晚二熟，“穗长而无芒，粒差小，不择地而生”[②]。平原、丘陵地区都适于种植，很快试种成功。北宋真宗大中祥符四年(1011年)，宋真宗因江淮、两浙地区遇旱少水，遣使到福建取占城稻，多达三万斛，分别在长江、淮河以及广东地区推广。乾隆《潮州府志》云“占稻，俗名黄占、白占、赤占、埔占，考宋真宗时以福建田多高仰，闻占城之稻耐旱，遣使求其种，得十石，使民莳之。潮界於闽，故得其种”[③]。出众的优良

---

① 司徒尚纪、许路、钟方：《海底沉船——复原中国〈大航海时代〉》，见《中国国家地理·海洋中国》2010年10月号，第600期，第48~58页。

② 《宋史·食货志》。

③ 乾隆《潮州府志》卷39，《物产》。

品性使其成为岭南地区的优良粮食作物，而伴随着岭南地理环境不同，又相继驯化出新品种，故占城稻对岭南稻作系统产生深远的影响。占城稻在原产地由于耕作粗放，无灌溉设施，稻米任其自然生长，故产量不高。占城稻耐旱、耐涝的特性就是在这种特定的自然环境和粗放的耕作方式中形成的。但传入岭南以后，耕作条件改变，特别是在珠江三角洲、韩江三角洲精耕细作粗具规模条件下，它的产量不断提高。据有关研究，元代潮汕地区水稻单产折今为377斤/亩，比前期增加7.7%，至清末又上升到606斤/亩，比前期提高49.3%①，这虽有多种因素在起作用，但与占城稻引进不无关系。另外，按照岭南南部热量条件，只要劳力充裕以及其他社会经济条件相配合，水稻一年可以三熟，土地复种指数比一年二熟提高100%。这只有生产期短的占城稻引种才有可能，并由此形成一年三熟制。宋《潮州三阳志辑稿》云："州地居东南而暖，谷尝再熟。其熟于夏五六月者曰早禾；冬十月曰晚禾，曰稳禾类是……若粳和秫即一熟，非膏腴地不可种，独糙、赤米为不择，秋成之后为园。若田半植大、小麦，逾岁而后熟，盖亦于一熟者种耳。"② 按此，则宋代潮汕地区已形成早稻—晚稻二熟制，秋稻—小麦二熟制、秋稻—冬园艺作物二熟制三种耕作制度；在海南岛则一年可三熟，志称海南："冬种夏熟曰大熟。自宋播占城稻，夏种秋收，今有三熟者。"③ 这样，岭南粮食产量大增，大面积稻作区在珠江三角洲、潮汕平原、雷州半岛东海岸洋田出现，呈现"稻田千万顷……处处尽桑麻"④ 的太平富足景象，故到南宋地狭人稠的潮州晚稻收后有余粮，"贩而之他州，曰金城米"⑤。基于引入占城稻产生巨大的经济和文化效应，故被誉为近千年来我国粮食生产所经历的第一次革命⑥，也是岭南稻作文化史上一座不朽的丰碑。我国水稻生产和稻米消费，大抵淮河以北以粳稻为主，以南以占稻为主。两个水稻品系分布格局形成，即以引进占城稻种引进为嚆矢，后来逐步自南向北推广，其分布格局定型以后，继承至今。

---

① 黄挺、杜经国：《潮汕地区明清时期粮食产量探估》，见《潮学研究》(3)，汕头大学出版社，1995年，第124~129页。

② 陈香白辑校：《潮州三阳志辑稿》卷之12，《土产·土贡》，中山大学出版社，1989年。

③ 正德《琼台志》卷7，《水利》。

④ 陈香白辑校：《潮州三阳志辑稿》卷之四，《艺文志》。

⑤ 陈香白辑校：《潮州三阳志辑稿》卷之四，《艺文志》。

⑥ 何炳棣：《美洲作物的引进、传播及其对中国粮食生产的影响》，载《大公报在港复刊三十周年纪念文集》，香港大公报出版，1978年，第681页。

2. 花生传入

花生也是一种重要的油料作物，但其原产地不在我国，而作为文化形态的品种交流，在宋元时就发生在岭南与中国南海其他地区之间。按花生有大小粒两个主要品种。志称首先从海外传入小粒花生种，“宋元间……粤估（贾）从海上诸国得其种，高、雷、廉、琼多种之，大牛车运之，以上海船货于中国（原）”[①]。岭南地多砂质红壤土，适宜花生种植，当然更重要的原因是临海区位和交通之便。明末清初又从海外传入大粒花生种，含油率高，到清末已成为主要日常生活用油，“广俗通用之”[②]，取代或减少过去用猪油和茶子油烹调的习惯，也对人类食物结构和生活风俗产生很大影响，更为我国大面积沙质土利用开辟了一个新方向。之后山东成为全国最大花生生产区，广东次之，以高雷、海陆丰、潮汕平原为著名产区。从这个意义上说，花生从海外引入我国，其文化意义也同样是革命性的事件。

第七节　海神妈祖等海神崇拜及其文化风格

随着宋元对海洋政策的转变，海上贸易的扩大，造船和航海技术的进步，人类海洋活动空间进一步拓展，原先区域性海神已不能满足海上活动需要，一个功能更完备、法力更强大的海神在宋代应运而生，这就是妈祖。妈祖崇拜规模和程度，在中国南海海洋文化史上几乎是空前绝后的，其影响也传承延续至今。举凡有华人生活的海洋地区，都有妈祖踪影，并牢牢地支配着其所出现的海洋社会的精神世界。

1. 妈祖崇拜的嬗变与地理分布

闽粤都濒临中国南海北岸，海神崇拜有许多共同之处，古越人龙蛇崇拜及其后来的衍生，即说明两地有这方面的共同渊源。宋元时，闽广海上往来甚为频繁，“广米”和槟榔大量输入福建，福建过剩人口也大量迁入潮汕、雷州半岛和海南岛，八闽文化随而在岭南沿海流布，并融合为当地文化一部分。其中

① 檀萃：《滇海虞衡志》卷7，《志果》。

② 同治《番禺县志》卷7。

最具深刻影响力和最有群众基础的首推妈祖崇拜，至今已演变为海洋文化一个最重要元素。

妈祖，姓林氏，福建莆田湄洲岛人，叫林默娘，少有异术，30岁而亡，当地人尊她为神，为其建庙。北宋徽宗宣和年间（1119—1125年），给事中路允迪出使高丽，在途中遇到风暴，传得到妈祖保佑，顺利抵达目的地。回来后，向朝廷为妈祖请封，获得宋徽宗允准，其庙被命名为“顺济庙”。此后妈祖多次显灵，也多次受封，到宋末，妈祖得到的封号已有14次之多，这在宋代亦不多见。元代，海运非常发达，泉州升为全国第一港，海神崇拜非常盛行，妈祖信仰在福建达到独尊地位。元世祖忽必烈在至元十八年（1281年），即广东新会崖山灭宋后第三年，册封妈祖为“护国明应天妃”，确立了全国最高海神地位。明代，郑和七下西洋的壮举，妈祖作为航海保护神备受重视，永乐七年（1409年）永乐帝赐封妈祖为“护国庇民妙灵昭应弘仁善济天妃”，天妃称号再次得到官方认可。入清以后，朝廷对妈祖崇拜和祭祀达到一个新高度，康熙二十三年（1684年），妈祖被封为“护国庇民昭灵显应仁慈天后”。“后”是皇帝正配，地位高于次妻“妃”。天妃升为天后，显示妈祖成为与上帝同级的神祇。到咸丰七年（1857年）天妃又得到朝廷册封为“护国庇民妙灵昭应宏仁普济福佑群生诚感咸孚显神赞顺垂慈笃佑安澜利运潭覃海宇恬波宜惠导流衍庆靖洋锡祉恩周德普卫漕保泰振武绥疆天后之神”，长达64个字之多，为其他任何诸神不能相比，妈祖崇拜在朝廷和民间达到历史巅峰[①]。

雷州城南天后宫　司徒尚纪摄

① 王元林：《国家祭祀与海上丝路遗迹——广州南海神庙研究》，中华书局，2006年，第400页。

基于北宋以后中国海事活动的发展，特别是南海海上贸易事业的兴旺，我国人民真正认识到海洋的伟大和存在的危机，从内心产生了崇拜海神的强烈愿望，妈祖作为航海保护神，正好满足了人们的心理需要。粤人和闽人一样，都是善水、航海能手，从汉代由徐闻、合浦发航海上丝绸之路，已通向广袤的海洋，粤人在全国不可动摇的航海地位和高超航海技术，固然是自己的骄傲，但也同样要吸收邻近国家、地区的航海经验，妈祖崇拜的一个重要文化内涵，即包括了闽人在航海上的技能和优势。所以妈祖信仰的传播，也是一种海洋文化的扩散。闽粤商人在中国商界久负盛名，闽商在海内外建立了不少会馆和妈祖庙宇，理所当然地影响到具有同样商业实力的粤商，这种效法作用自然发生。再加上统治者的大力封赐，妈祖被捧到海神的最高位置，由此积聚的文化势能自然不断向外倾泻，首受之区就是广东。再有历代从中央到地方官员都亲祭妈祖，上行下效，起了推波助澜的作用，首先荡漾到与闽相邻的广东。这在宋代就已发生。陈天资《东里志·疆域志·祠庙记》曰："天后宫……在深澳，宋时番舶建。"另南宋《临汀志》记潮州有一座"三圣祀庙"，供奉包括妈祖在内的三位圣妃，为往来汀江、韩江的船工所建。而南宋时任广东提举转运副使的福建莆田人刘克庄说："某持节到广（州），广人侍妃，无异于莆（田），盖妃之威灵运矣。"[①] 后世潮汕妈祖庙特别多，清人说这些庙宇"其创造年代俱无考，大约始于宋元"[②]，这些都是妈祖崇拜传入广东的最早记载。

到明清时期，天后庙已林立于我国沿海各地，并广见于台湾和东南亚，已变成国际性、典型的华人信仰，一位最有影响力的中国土生土长的海神，形成以中国南海为主要辐射对象的妈祖文化圈。据有关方志统计，目前广东存天后庙 100 多座[③]。福佬系地区占多数。新中国成立前，汕头一埠，就有近 10 座，著名的如出海口妈屿上的新妈宫、天后庙等。面积仅 130 平方公里的广东第一大岛南澳岛现仍存 15 座天后宫，最早的建于宋。揭西天后宫建于光绪九年（1883 年），以宽敞见称。潮安旧称海阳，也是妈祖崇拜中心之一，光绪时有天后庙 10 座以上[④]。同期潮阳也有 5 座[⑤]。这两地天后庙多在城内各地会馆附

① 刘克庄：《后村集》卷 36。
② 乾隆《潮州府志》卷 25，《天妃庙》。
③ 陈泽泓：《广东民间神祇》（下），见《羊城今古》1997 年第 5 期。
④ 光绪《海阳县志·建置志》。
⑤ 光绪《潮阳县志》卷 6。

近，皆为民间私建，指实为商业兴盛所致。澄海天后庙也有7座[1]，著名的一座为后沟妈宫，位于水陆交通方便的河边；二为漳林即潮汕古代著名港口的天后宫。闽船云集漳林，天后宫大门联曰："海不扬波，稳渡星槎道迩；民皆乐业，遍歌母德恩深。"放鸡山天后庙，有用鸡放生祀天后仪式，为当地特有习俗。海陆丰多港湾，志载天后宫不少，还流传许多天后显灵的故事。在汕尾，不但以妈祖命名的街道甚多，连小孩取名也不例外，往往与妈祖或佛祖相联系。男孩常以"妈""娘""佛"为通名，过去男孩不是叫"佛泉""佛有"，就是叫"娘包""娘兴""娘溪"，或称"妈禄""妈水""妈吉""妈炎"等。在雷州半岛徐闻，生贵子，契婆妈，小孩取名"妈生""妈二"等，希望得到妈祖保佑，也是妈祖崇拜的反映；女孩取名，则与"妈""娘""佛"等无关，从侧面反映福佬人对海洋的依赖，因女子不便于出海之故。从海陆丰以西，天后宫继续大量出现，经珠江口两侧、台山、阳江，至雷州半岛，直下海南沿海。志载电白有5座，见于县城、水东、博贺等港口或近水处；吴川有8座，位居南海神、冼太夫人、龙母庙之先，在当地人心中地位甚高，海康（今雷州市）有多座，其中最大一座县城南天后庙，庙门楹联曰："闽海恩波留粤土，雷阳德泽接莆田"，表明雷州半岛妈祖信仰与福建莆田关系深远；又今湛江东方街原名"天后街"，以旧有天后庙得名，惜今已废为民居。高雷本盛祀冼夫人，庙宇林立，妈祖传入，也有被请进庙中并祀的，但称"宣封庙"，今湛江市南郊即有一座。湛江硇洲岛为航海冲要，明正德元年（1506年）修天后宫，代有重修，属名庙。天后像联云："呵护航行，雨化千年长在望；仰瞻石像，神通海岸合言欢。"在茫茫大海中被风浪抛得迷失方向的渔民见了天后像，犹如见到救星，似乎听到了天后的呼唤，望着救星归航，一种亲切安全感陡然升起。而为了增加和扩大妈祖信息来源，强化她的法力，到清后期，在海船中还为其加陪祀神"顺风耳千里眼"。据王荣国《海洋神灵》一书材料，清乾隆至道光年间（1736—1850年）琉球国救起26艘中国遇难商船，中有6艘为广东商船，属潮州府商人，船上分别供奉"天上圣母神像金座"、"天后陪祀顺风耳千里眼"各一座，以及"天后、天恩公公合祀"一座，皆为潮州一带民众海上守护神。[2] 徐闻海安港为通海南岛要津，明代修有妈祖宫，香火颇盛。

---

① 乾隆《澄海县志》卷7，《庙坛》。

② 王荣国：《海洋神灵》，江西高校出版社，2003年，第238～239页。

硇洲岛海面疍艇上天后红旗　司徒尚纪摄

清许联升《粤屑》记，“廉州、钦州有三婆婆庙，州人祀之甚虔，官此地者，朔望行香，必诣焉。三月二十二日为婆婆生日，迎神遍游城内外，铙鼓嘲轰，爆竹声震动一城”。到民国《海康县续志·坛庙》云：“雷俗亦多祀三婆婆神。云是天后之姐，以三月二十二日为诞辰。考刘世馨《粤屑》云，浔州天后庙有碑记叙述天后世系言自莆田庙中抄出者，称天后有第三姐，亦修炼成仙。则三婆婆有来历，非子虚也”。这实是从妈祖衍生出来的海神崇拜。广西北部湾京族，还有祭四位婆婆和六位灵官的风俗，也可能和妈祖崇拜有某种联系，属地方性神灵。

从宋代起闽潮商人即活跃于海南，故岛上妈祖庙甚多。嘉靖《琼州府志》曰：“今渡海往来者，官必告庙行礼，而民必祭卜方行。”这位护航女神已深入官民之家。志载天后庙在岛南端崖州有6座，西北儋县有4座，[①] 其他州县难以历数，以海南四周多港湾之故也。因妈祖是源于民间的神祇，比官封的南海神更贴近群众，所以庙宇多、祭祀盛。每逢妈祖诞日（一般为农历三月二十三日）多有游神、演戏等群众性风俗活动，如海南内陆定安县这天“各会首设庆醮，或请神像出游，谓之‘保境’”[②]，反映妈祖作为勇敢、无畏、正义的化身，有涉波履险、热爱公益、济世救民的美德。志称在佛山“天妃，司水乡，人事之甚勤，以居泽国也。其演剧以报，肃筵以迓者，次于事北帝”[③]；在东莞，老百姓“衣文衣，跨宝马，结彩棚，陈设焕丽，鼓吹阗咽，岁费不赀”[④]；在广西贵县（今贵港市），“其地赛会迎神演戏，则关帝、观音、天后、

① 光绪《崖州志》卷5。

② 光绪《定安县志》卷11，《岁时民俗》。

③ 乾隆《佛山忠义乡志》卷11，《岁时民俗》。

④ 民国《东莞县志》卷102。

龙母、北府、东岳、三界各庙宇，昔日亦各有神会”[①] 在郁林（今玉林市），有“念（三月）三日，天后神诞”的盛大活动。这都因为“吾粤水国，多庙祀天妃”[②]。著名水乡顺德（今佛山市顺德区），清咸丰年间即有天后庙47座[③]，举凡河网发育和临海地区即有天妃庙。据有关方志记载，广州、佛山、开平、高明、鹤山、高要、封开、四会、广宁、新兴、德庆、郁南、阳江、阳春、中山、花县、台山、赤溪（今属台山）等地，并溯西江入广西沿江各地都有数量不等的天妃庙。广东增城新塘、仙村等水乡的群众每出海前都要到庙前拜祭一番，心里才感到踏实。这种虔诚致祭天妃之风形成从沿海向内地扩散的格局。不但天妃庙宇林立，天妃地名也很普遍，如广州即有6条天后街（巷），即一德路天后巷、西华路天后里、带河路天后直、光复北路天后庙前、芳村天后庙前街、芳村天后庙直街等。妈祖崇拜充分显示闽、粤、琼、桂等地文化相互传感和互动，也是共同文化作用力的典范。

在海运枢纽港澳，妈祖崇拜更是风蜚上下，成为当地人最重要的保护神。在澳门开埠500多年历史中，至今仍有8座天后庙[④]。最早天后庙建于明代，即今“妈阁庙”。澳门葡文名称“Macau”，即由“妈阁”音译而成。印光任、张汝霖《澳门纪略》曰：“葡人初入中国，寄碇澳门，是处有大庙宇，名曰‘妈阁’，葡人误此庙之名为地名。”这也反映欧洲人对妈祖崇拜的认同，“妈阁庙”成为澳门海洋宗教文化一个最触目的标志，也是最热门的旅游景点，并收录西方画家描绘澳门的大量图画中。后起的香港天后崇拜之热，超过内地任何一个城市。据廖迪生《香港天后崇拜》一书统计，在香港1071.8平方公里陆地面积（含各离岛）中，有天后庙57座（未含该书未涉及小规模者）[⑤]，平均每18.8平方公里就有1座，这个密度，仅次于澳门。且港澳天后崇拜参加人数之多，组织之健全，场面之热烈，恐为内地所不及，此实为港澳同胞对海洋依赖在心灵上的寄托和希望。

在中国南海周边国家和地区，妈祖庙也随华侨华人在当地居留而建立和传播。明张燮《东西洋考·祭祀》即记天妃在海外流传，与“协天大帝”“舟神”

---

① 民国《贵县志》卷18。
② 范瑞昂：《粤中见闻》卷5，《地部二·天妃庙》。
③ 咸丰《顺德县志》卷16，《胜迹》。
④ 转见许桂灵：《中国泛珠三角区域的历史地理回归》，科学出版社，2000年，第181页。
⑤ 廖迪生：《香港天后崇拜》，香港三联书店，2000年，第16～17页。

“都公”“灵山石佛”并列为海神受祭。其中马来西亚马六甲的青云亭，建于明隆庆元年（1567年），是海外最早妈祖庙之一。据有关统计，清代在马六甲有8座妈祖庙，在槟榔屿有6座，在丁加奴也建有妈祖庙；在马来西亚其他华人社区，至今共有35座妈祖庙，在沙捞越华人建造了30多座庙宇，内中即有“天后圣母”庙。[①] 实际上，其他国家和地区华人社区也有类似的分布状况，说明妈祖崇拜是一种世界性的海洋文化现象，但中国南海又是最普遍的地区。

2. 妈祖崇拜的海洋文化风格

妈祖作为勇敢、无畏、正义、慈爱的化身，有涉波履险、热爱公益、济世救民的美德，正是沿海人民勇于开拓、冒险、进取精神的表现，充分体现海洋文化品格，因而妈祖崇拜具有不寻常的文化意义。

第一，妈祖崇拜或妈祖信仰是一种平民文化（或世俗文化）。妈祖原为民间一个普通女子，羽化升天以后，经常显灵拯救海难，护佑船只，被人们尊为海神。后来其功能又有进一步扩大，成为民众祈求各种目的，如功名、福禄、生意、婚姻、风水、安危等的神祇，大部分妈祖庙里这种目的的诗签有59支之多，涵盖社会生活各个层面，可见其深深植根于民间，有深厚的群众基础，是平民文化一部分。虽然妈祖被封建王朝多次赐封，甚至达到海神的最高位置，但这只是封建统治者利用妈祖信仰维护封建统治的一种手段，并不能改变妈祖来于民间，存在于民间，最为平民百姓爱戴、尊敬、信仰、祈望的实质。从这个意义来说，妈祖是民间自发奉祀的神祇，与官封南海神不同，她更贴近群众。所以妈祖庙宇很多，不管大小到处可立，祭祀盛，信众也遍及各个阶层，分布五湖四海，成为超越国界、民族的世界性神祇。这样，全国各地乃至全世界都有妈祖庙，或有“妈祖会”崇拜组织，正说明其普及性、平民性的文化风格。而在观念文化中，平民性是岭南文化的一个特征。有论者以为，“岭南观念文化中的平民性特征是十分明显的，表现之一是普遍心理上，平等观念较重、贵族气味不浓……它不像中原正统儒家文化那样等级森严，不可逾越”[②]。任何一个信众，只要愿意，都可以进入妈祖庙，祈求他所要达到的愿望。当然，这并不是妈祖庙所特有的，但妈祖庙在这方面的凸现，却又是与妈

① 周伟民、唐玲玲：《中国与马来西亚文化交流史》，海南出版社/南方出版社，2006年，第507~509页。

② 李权时、李华明等：《岭南文化》，广东人民出版社，1993年，第60页。

祖文化平民性本质分不开的。

第二，妈祖文化是一种母爱文化。妈祖是一个女性神，是一个年轻母亲的形象。她身穿象征吉祥、喜庆的红衣，飘行于无垠的大海，到处去救苦救难，给人们带来吉祥、好运、安全。这样一个海神，是一个温文尔雅、善良无比的伟大母亲、观音菩萨一样的化身。在她身上集中了母爱的慈祥、亲切、无私、利人，将爱付于人，而从不索取①，可谓母爱万古流。这个形象，既不同于一般男性神祇如关羽、吕洞宾等形象，更有别于西方的海神形象。有人指出西方海神的代表、希腊文化中的波塞冬也产于海洋崇拜，但他是一位恶神，是海上的强者，会给人类制造灾难。孟德斯鸠说过："最初的希腊人全都是海贼。"英国史学家赫·乔·韦尔斯也指出：西方古代航海"通常不是为了经商，而多半是为了进行海盗袭击。根据我们对人类的了解必然得出这样的结论，最初航海的人能掠夺就掠夺，到不得已才从事商业"。所以，"一言以蔽之，西方的海洋文化，其实是一种战神文化"②。妈祖作为东方文化的代表，体现上述人类母爱的延伸，因而拥有无数信众，历久弥坚。

岭南女性历史地位较之中原北方，素来较高，所以岭南人崇奉的神祇，女性要比男性多，如岭南汉族民间节令活动所供奉的神祇很多是女神，如冼夫人、天后、龙母、何仙姑、金花娘娘、日娘、盘古王母、五谷母、紫姑等。这不但说明母系氏族社会在岭南延续时间长、影响深远，而且也与岭南妇女较中原北方妇女少受歧视和压抑，更多地自强自立有关。妈祖既为女性神，又具母爱文化本质，一经传入岭南，很快融为岭南文化一部分，同样体现它的海洋文化精神实质。

第三，妈祖文化是一种和平文化。秦汉以来，岭南凭借海上丝绸之路，远航东南亚、印度洋乃至非洲东岸、欧洲各地所进行的都是和平海上贸易，因而深受对方各国欢迎。自宋代妈祖文化兴盛，并为航海商人、水手、工匠等笃信以来，中国尤其是粤闽商人一直与南海周边国家和平相处，以经商为主要目的，追逐的是从买卖中得到的利润。至于历史上发生元朝大举远征爪哇，那是违反人民意志之事，并且也遭到一些海商反对。明代郑和七下西洋，只对海盗和某个企图抢劫的国王使用过武力，郑和远航实际上是一种和平友好的外交活

① 参见徐晓望：《妈祖的子民——闽台海洋文化研究》，学林出版社，1999 年，第 410 ~ 411 页。
② 参见徐晓望：《妈祖的子民——闽台海洋文化研究》，学林出版社，1999 年，第 411 ~ 412 页。

动，因而郑和航海中碰到困难或灾难，都会得到妈祖的救助而化险为夷。因为郑和航海是和平之旅，符合妈祖文化旨意，也是妈祖文化力量所在，故后来妈祖有“海峡和平之神”封号。

第四，妈祖文化是一种自由文化。宋代以来，粤闽海商在南海周边国家和地区所进行的是自由贸易，与当地百姓互通有关，一旦交易完成，便掉船返国。这些粤闽中小商人，小本经营，虽有自己的商业优势，但没有形成垄断当地市场的现象，往来东西二洋，也无任何限制。相反，宋元时期，外商也可自由地在广州、泉州等地居住经商，广州自唐代起设专供外商居住的“蕃坊”就是最好的例证。明清“海禁”，但仍保留广州一口对外通商，即南海仍有一定自由贸易，使千年海上丝绸之路继续发展。这种自由贸易，符合妈祖崇尚自由的文化本质。

第五，妈祖文化是一种平等文化。妈祖之母爱，洒向人间各界，从发祥地福建莆田传向我国沿海，传到日本、朝鲜、东南亚及欧美等国家和地区。哪里都有妈祖庙，如日本长崎、神户及很多岛上就有数十座，马来西亚有 30 多座，很多地方成立信仰组织“妈祖会”。这些信念无论官民、贵贱、贫富、民族、族群等都一样祈求妈祖的庥庇、保护。这在于妈祖的精神对世人一律平等，就像母亲对女儿一样都是自己的心头肉。这种精神用于经商就是中国人对海外各民族一律平等，一向平等，正如妈祖之光普照大海一样。这恰如孙中山 1900 年在台湾同梁启超一起为一座天后宫题联一样：

向四海显神通千秋不朽；
历三朝受封典万古流芳。①

第六，妈祖文化是一种包容文化。妈祖以母爱为本，以济世救人为目的，对任何人都一律平等，宽容，真正做到“海纳百川，有容乃大”，故能成为最具有广泛性、包容性的海神，而不是某个局限性的地域神。在妈祖庙里，不难见到被祭祀的神祇，除了妈祖，还有其他各路神仙。如澳门莲峰庙里，妈祖就与关帝、文昌帝、神农、痘母金花娘娘等共存于一个神圣空间，享受信众奉祀。而崇拜者也不一定专拜某个神明，只要有一个灵，就达到目的。这种现象

① 转见洪三泰、谭元享等：《开海——海上丝绸之路 2000 年》，广东旅游出版社，2001 年，第 338 页。

的根源，应归结于中国海洋文化是一种适应性广、包容性强的文化。中国人尤其是岭南人信奉多神教，无论何种宗教，在历史上都能在岭南找到自己的位置，共生共荣，圆融互动，绝少发生因信仰不同而出现冲突的事件。作为航海家的郑和，每次出航都经过南海，他既信妈祖，也拜佛祖和真主，多神信仰在郑和身上表现得淋漓尽致。而妈祖在郑和身上与其他神祇的关系，也就是妈祖文化与其他文化共存共生的关系，但这种关系建立的前提，就是文化的载体应有包容性的特质，妈祖文化即是这种文化的典型代表。

3. 其他海神崇拜及其文化风格

中国南海沿边，因地理区位和环境不同，除了以上妈祖崇拜以外，还流行多种其他海神崇拜，一起形成不同的海神崇拜圈。

佛山祖庙　佛山市文广新局提供

（1）北帝神崇拜。北帝神或真武帝神也属水神或海神。屈大均《广东新语·神语》释曰："粤人祀黑帝。盖以黑帝位居北是司命南溟，南溟之水生于北极。北极为源而南溟为委。祀赤帝者以其治水之委，祀黑帝者以其司水之源也。"赤帝一说为祝融，司南海，如屈大均在同书中又说："祝，大也；融，明也。南海为太阳之地，其神沐日浴月以开炎天，故曰祝融。"所以广州南海神庙也是祝融享受人间香火的庙堂。南海神庙建于隋。则北帝神应是以后被请进庙中，有可能是宋元之事。而黑帝亦称北帝、上帝、真武帝。"粤多庙祀真武"，因"吾粤固水国也，民生于卤潮，长于淡汐"[①]。珠江三角洲、西江沿岸和沿海地区多水，水又为农业命脉，故北帝庙也最多，而珠江三角洲是宋代以来逐步开发的，据此也可印证北帝庙与农业相关。但以佛山真武庙（俗称祖庙）规模最

① 嘉靖《广东通志》卷30，《政事志三·坛庙》。

为宏大、影响最广。《广东新语·器语》曰："岁三月上巳（三月初三），举镇数十万人，竟为醮会。……凡三四昼夜而后矣。"进入广西西江地区北帝庙也多，北帝诞这天梧州一带"士民贺神酬愿"。阳江、台山一带旧也有北帝庙，后毁，都与它们临海相关。

（2）伏波神崇拜。汉代进军岭南平乱有功的西汉伏波将军路博德、东汉伏波将军马援身后受到岭南人设庙奉祀，从粤北到海南，从桂北到北部湾，主要在他们行军水陆交通线上，即有伏波庙。据嘉靖《广东通志》载，广东韶关、海康（今雷州）徐闻、琼山即有伏波庙[①]。屈大均说："以海神渺茫不可知，凡渡海自番禺者，率祀祝融、天妃；自徐闻者，祀二伏波。"两伏波被列入海神之列；又曰："伏波祠，广东、西处处有之，而新息侯（指马援）尤威灵。"[②] 今海南三亚天涯海角两伏波塑像，即为两伏波进军海南的一种历史回忆，同是蕴含海洋社会人们对平安、吉祥的祈求。但伏波神崇拜主要在广府系和福佬系地区流行，留下遗址遗存、传说也最丰。雷州城伏波庙规模大，香火颇盛。广西郁江横县伏波庙不仅规模巨大，而且祭祀十分隆重，是广西名庙，每年前来朝拜者达 4 万～5 万人，沿江不少村落，家家供伏波神像。因马援南下交趾，取道西江留下历史遗迹。

（3）其他地域海神崇拜。在中国南海沿边和一些岛屿上，由于海上交通关系也建立一些神庙，但所祭祀不一定是南海神或妈祖，而是番神。如海南万州（今万宁）莲塘港有建于宋代的昭应庙，志称"昭应庙，在州（万州）东北三十五里莲塘港门，其神曰舶主。明洪武三年（1370 年），同知乌肃以能御灾捍患，请敕封为新泽海港之神。祀忌猪肉。往来船只必祀之，名曰番神庙[③]。宋代南海航运发达，海南岛东部为航线所经，从记载看，该庙当是阿拉伯商人航海经此所立，为外商殁后在海南神化见证，也是中阿海上丝路往来的一段佳话。甚至在南海诸岛，也遗留有海神崇拜遗迹。据广东省博物馆和原海南行政区文化局考古人员 1974 年对西沙群岛调查，仅在赵述岛、北岛、南岛、永兴岛、和五岛等岛上即有古庙 14 座，名称不一，有石庙、公庙、神庙、土地庙、娘娘庙等，至少反映海神崇拜已在这些岛上留存。这不仅是南海贸易、

---

① 嘉靖《广东通志》卷 30，《政事志三·坛庙》。

② 屈大均：《广东新语》卷 6，《神语》。

③ 《古今图书集成》卷 1380，《职方典》。

捕鱼等经济活动的记录，也是南海诸岛自古以来为我国领土主权一部分的有力证据。实际上，在南海诸岛和近岸地区受祀拜的神灵不止这些，如海南渔民就很信奉南天水尾圣娘和108兄弟神。108兄弟神传为108位从海南前往南洋的“新客”，在七洲洋海面遇难，其冤魂成神，称昭烈108兄弟神，为海南人海上保护神，出海必祭才感到平安、踏实，是一种地域海神。当然，这些神祇产生时代应比较迟，为明清时期才有的，与海南渔民在这一海区活动有关。

这类地域海神，在潮汕地区则有南海圣王、三将军石、莱芜女神、长年公、必帝、竹龙神等。据王荣国《海洋神灵》一书（江西高校出版社）介绍，今汕头市玉井乡有“南海圣王庙”，旁立有眼有鼻的石虎，被命名为“敕封南海王”。但南海王在各地名称不完全一致，不少地方统称为大王，所立为“大王庙”。如阳江沿海一带，即有这类庙宇，为半渔半农居民崇拜。镇海三将军石，是指汕头海门港莲花峰旁的三块巨石，分别被封为“镇海将军石”“宁海将军石”“静海将军石”，为潮汕地区镇海神。这种镇海灵石，在海南也不乏其迹，且历史更为悠久，至少可上溯到宋代。据民国《儋县志·金石志一》载苏东坡《峻灵王庙记》：“绍圣四年（1097年）七月，琼州别驾苏轼以罪谴于儋，至元符三年（1100年）五月诏以廉州，自念谪居海南三载，饮咸食腥，凌暴雨飓雾而得坐还者，山川之神实相之。谨再拜稽首，西向而辞焉。”苏东坡感谢的这位山神，汉代封为镇海广德王，宋代封为峻灵王，实际就是镇海之神，由一块巨石被赋予灵性而受人崇拜。苏东坡在文中追述曰：“自徐闻渡海，历琼州至儋耳，又西至昌化县西北二十里，有山秀峙海上，石峰峻然若巨人，冠帽西南向而坐者，里（俚）人谓之山胳膊。而为汉之世，封其山神为镇海广德王。……皇宋元丰五年（1082年），诏封山神为峻灵王。”显见，山神和海神往往是可以沟通和变身的。

澄海樟林古港　汕头市文广新局提供

莱芜神女为澄海百姓崇拜的海神。相传这位神女本是凤凰仙姑的弟子，见到当地渔民深为海怪危害，私自下凡为民除害，殊料反被惩罚，陈尸海滨，后化身为莱芜岛。这位神女作为当地渔民保护神，备受供奉，连其所在地方都称“向美人”。

火帝兴起于潮州澄海樟林港，称大老爷。清乾隆到嘉庆年间，樟林港商业贸易十分兴盛，火帝作为港口神明受到隆重祭祀。光绪时创作潮州歌册《樟林游火帝歌》，作了详细描述。从农历二月十二到十五，游神持续四天，吸引范围还包括南澳、饶平等地居民。《火帝歌》铺陈下营火帝热闹非凡。有云：“八街尽盖搀天来，街吊灯橱共灯牌。纱灯活灯柴头景，龙虎狮象做一排。”“亦有古玩走马灯，青景奇花样样清。彩有飞禽共走兽，亦有海味绣球灯。”加上威武雄壮的仪仗队作配，游火帝成为粤东祭海神一项风靡城乡的风俗活动。

另在揭阳新亨有要竹龙旧俗。竹龙在当地人意识里，是南海圣王的化身，受到崇拜据说始于明代。正月十四夜开始要龙，十五晚送龙。陈潮城《要竹龙》文，详述其盛况。游行队伍中还伴有朝天佛、三爹爷、福德爷、天后圣母、王三姐姐、柯公神牌、三山国王等 12 尊偶像，鞭炮齐鸣，焰火烛天，高潮迭起，一片人神共舞的海洋。

在雷州半岛，还有海神江起龙。据郝玉麟《广东通志》载，江起龙为江南徽州人，清初任雷州军事重镇白鸽寨（今雷州通明港）水师参将，后驻师徐闻海安港，康熙五年（1666 年）捕贼牺牲，当地百姓立祠纪念，朝廷封其为“若佑骁骑将军之神”，“往来渡海者必虔礼焉”。自此江起龙成为徐闻一个地域性海神，其祠曰“江公祠”，为徐闻一地仅有，香火不绝。在福建连江地区，还有一位称“长年公”的渔业专业神，原为一位长者，死后为神，并从福建游食到潮汕，为渔民祭祀。南澳岛上青山即有一座奉长年公神像，每年农历初二为其忌日，渔民设祭。想见这种鬼神文化传播是很普遍的。

海陆两种介质相互作用，使原产生于陆地的神祇，也渐为近海居民信奉或由于这些神祇的原型代表某种信念，都有可能使之成为海陆共祭的神明。如关公，本为三国时刘备手下一员武将，以重义气、轻钱财闻名天下，死后被奉为财神，祭祀甚勤，以致今日关羽神像仍占有上从超级商场、下到鸡毛小店最中心位置，香烛四时不断，成为商店最触目的文化景观。正因为如此，海洋贸易同样视关羽为海神，保佑海商们在海洋贸易中发财致富，关羽也就为海陆人共祭。宋元海运兴盛，关公引入海神之列，自与此不无关系，如南澳岛后宅有座关帝庙，以前庙前到海边是一片海滩，农历五月十三关帝圣诞和七月十五日中元节，当地举行祭海，场面十分热烈，享受香火的有关羽和其他海神，以及海难中的亡灵。不仅在岸上，而且在海船上的神龛中也供奉关公神像或牌位，时刻伴随着渔民和海商。关公神作为海神，更随海洋移民传到海外受祭。在东南亚移民中，即普遍信仰关公，当然也有妈祖、观音、土地神等。笔者曾在新加坡见到关公神像遍及华人社会大小店铺，香烟缭绕，供品摆放整齐，俨然一神圣空间。

地域海神其实很复杂，各有其祭祀对象，但目的仍是一样，为的是求得航海贸易和渔业平安。广州地区本有南海神、妈祖、北帝、龙母神等，但出于海上贸易需要，另出现崇福无极夫人神。据元代佚名《湖海新闻夷坚续志·后集》“神明门”载，广州城南五里有崇福无极夫人庙，商船往来，无不乞灵于此，而“凡过庙祈祷者，无不各生敬心”。即使航行到大海腹地，凡见有可祀拜之物，过往海商、渔民都会怀着虔诚的心情，予以拜祭。宋吴自牧《梦粱录》中说南海航线“去怕七洲，回怕昆仑”。明代也一样，“上怕七洲，下怕昆仑”，“针迷舵失，人船莫存”。七洲洋即今西沙群岛，海况复杂，险象横生。航海者以为是海中鬼怪作祟，故“舶过，用牲粥祭海厉，不则为祟”[①]。祭过“海厉”，航海者心里才踏实。这样，南海航线上一些岛礁，自然成为这种祭祀神灵栖居之地。如在今越南中部附近海域上灵山，为海舶停靠地。据费信《星槎胜览》“灵山”条载，“灵山顶一石块似佛头……往来贩舶必于此樵汲。舶人斋戒三日，崇佛诵经，燃放水灯彩船，以禳人船之灾”。这个“灵山石佛，头舟过者，必放彩船和歌，以祈神贶”。如果因种种原因不能靠近神灵所在岛礁，则用遥祭，也可达到目的。张燮《东西洋考·舟师考》记郑和下西洋航线上有乌猪山，“上有都公庙，舶过海中，具仪遥拜，请其神祀之”。而据向达先生考究，“都公者，相传为华人，从郑中贵抵海外归：卒于南门亭。后为水神，庙食其地。舟过南亭必遥请其神，祀之舟中”[②]，保佑船舶一帆风顺。抵达目的地以后，航海者往往有酬神演戏之举。如在新加坡有潮州人建粤海清庙，所有旅新加坡广东人都前往祀祭。届时，广州、肇庆、惠州、嘉应、琼州等地人士都参加农历十一月的神游活动，盛况空前，其中即有不少抵埠航

① 张燮：《东西洋考》卷9，《舟师考》。

② 向达：《两种海道针经》，中华书局，2000年，第33页。

海者。即使在科学昌明的今天，人们对海神的崇拜也仍然作为一种美好祈求而存在。2007 年 12 月 22 日，在南海阳江海域打捞南宋沉船“南海 1 号”出水仪式上，即使用烧猪一只，在打捞船“华天龙”号上致祭，以安抚在那次远航中遇难的海员灵魂，冀望海神保佑海上航行平安、吉祥。

实际上，海洋中一些哺乳动物、鱼或者自然现象，只要表现出某种为人不解之谜，就会被赋予超自然力量而受到人们崇拜和祀拜。清范瑞昂《粤中见闻·地部九·广海》云：“龙穴洲常有龙出没，蛟蜃之气尝蒸为城阙、楼台、人物、车骑，错出于层峦叠巘间，舟行海中弗见也，自外望之，变幻斯见。即之辄远，离之复近，虽大风雨不能灭。”这种见于海边海市蜃楼，往往会被披上一层神秘色彩与鬼神联系起来，或许由此产生海神崇拜，其兴起时代难以考究。至海中有怪鱼之说，过去也广为流行。如说南海有“海人”，可能是儒艮俗称美人鱼，流传着它们种种异闻传说。明黄衷《海语》“海神”条即记，明弘治初年，广东督学大佥淮阳人韦质彦将往琼州视学，从陆路至徐闻乘船渡海，“方登海舟，此物（即‘海人’）开鹢首而蹲。举舟皆泣，谓有鱼腹之忧”。这种来自大海怪鱼的威胁，增添了人们对海洋的神秘感，成为海神崇拜的一个根源。古人甚至认为，大海中生活着一种称为“鲛人”的人类与陆地人类一样，从事生产活动，组成水下社会。如晋干宝《搜神记》记：“南海之外，有鲛人，水居如鱼，不废织绩，其眼泣，能出珠。”① 到宋李昉《太平广记》引晋张华《博物志》也说：“鲛人从水出，寓人家，积日卖织，将去，从主人索一器，泣而成珠满盘，以与主人。”清人黄节《海夜》诗仍有“樯灯倒照鲛人出，天幕低张渔火明”之句，可知“鲛人”传说源远流长，为海神崇拜提供许多素材。如屈大均《广东新语·神语·海神》云：“凡渡海风波不起，岛屿晴明，忽见朱旗绛节，骖驾双螭，海女人鱼，后先导从，是海神游也。”在这里，海鱼已变成海神。海神不仅支配海上航行，甚至控制海浪高低。屈大均同书载：“溟海吞吐百粤，崩波鼓舞百十丈，状若雪山。尝有海神临海而射，故海浪高者既下，下者乃复高，不为民害。”琼州海峡以风大浪高闻名，古人以为这也是海神在发怒所致。《广东新语·神语》载：“雷州出海三百余里，琼居海中，号特壤。每当盛夏，海翻飓作，西北风挟雨而至。海水溢溢十余丈，漂没人畜屋庐，莫可胜计。盖海神怒二郡民之弗虔也，故以生人饷蛟

① 干宝：《搜神记》卷 12。

鱼。蛟鱼食之而弗餍，又为之嘘噏成雨，放为咸潮，使水卤积于洋田，逆流万顷。禾苗朽烂，数年而不可复耕，以病二郡之民也。”雷、琼居民，因对海神不敬而招致农业和身家性命灾难，以活人祭祀仍不能解决问题，只好年年岁岁虔诚拜祭这位海神，各类海神信仰也由此应运而生，于是一些为民除害，有功于当地的官吏、高人身后也被请进神庙供奉。如雷州城乡供奉灵冈白马神，即为一位海神。清雷州知府张赓云《灵冈白马庙记》考证：“白马神，姓董讳晋，东晋时人……师许旌阳学道斩蛟立功……以救灾除害为务。雷郡三面环海，海滨多怪，昔时或为蛟螭所窘穴，神于此必有大功于民。”这些海怪、蛟螭大有可能是海中大型哺乳动物或各种海上自然现象，如龙卷风之类。为了平息这些海怪，不少地方还修筑“靖海宫”，雷州市郊岚北村，即有建于明代的“靖海宫”，为市级文物保护单位。从名称看，供奉的是一位海神，显然与该村临海耕海有关。所以科学不发达，对自然现象缺乏理性认识，特别是对海洋的陌生和惧怕，才是形形色色海神崇拜、祭祀的深层原因。其产生在各个时代都有，但宋元为航海高潮时代，这些海神崇拜也就应运而生。

第八节　涉海文化著作的成就

宋元海上商业贸易的兴盛，有更多的商人、使者、僧徒等到海外，主要是中国南海和印度洋沿边国家及地区。而这些国家和地区，很多是中国的朝贡国，处于部族或奴隶制社会阶段，有些进入封建社会门槛，中国封建王朝对它们有很强的吸引力。这都极大地增进了中外文化交流和互动，由此吸收和积累的海洋文化知识也不断增长。涉海文化著作应运而生，包括域外地理、政治制度、宗教、物产、居民、风俗与中国王朝外交往来等，其涉及面广，内容丰富，信息量大，价值甚高，是研究中外关系史、海洋经济史、海上交通史、文化交流史等珍贵历史文献。

1．涉海史地著作

宋元时期，在这类涉海作品中，首推赵汝适《诸蕃志》、周去非《岭外代答》、汪大渊《岛夷志略》价值最大，是这一时期海洋文化的代表作。

赵汝适（1170—1231 年），浙江临海人，祖父赵不柔，曾任潮州通判。赵汝适21岁踏上仕途，为官湖南、浙江、福建、江西等地。宋理宗宝庆元年（1225年）至三年（1227年）以福建路市舶提举兼权市舶，写成《诸蕃志》一书。据其自序，该书材料得于“暇日阅诸蕃图，有所谓石床、长沙之险，交洋、竺屿之限，问其志则无有焉。迺询诸贾胡，俾引其国名，道其风土，与夫道里之连属，山泽之蓄产。译以华言，芟其秽渫，存其事实，名曰《诸蕃志》，海外环水而国者以万数，南金象犀珍香毒瑁珍异之产，市于中国者，大略见于此矣。噫，山海有经，博物有志，一物不知，君子所耻，是志之作，良有以也”①。因材料来源于外人之手，记述翔实，“为史家所依据”，宋时已刊刻于世，并令人重视。比赵汝适稍后的临海人谢采伯（1172—1251年）所著《容斋笔记》卷四，元人脱脱编纂《宋史·外国列传》等均引用该书。其说明宋人的海外知识已大为拓展，这当然是海上贸易繁荣兴旺，海洋文化充实、提高的证明。

《诸蕃志》所记海外国家计58个，范围东自今日本、菲律宾，南止印度尼西亚各群岛，西达非洲及意大利的西西里岛，北至中亚及小亚细亚。涉及地域之广，为同时期同类著作所不及，但其涉及最多的国家仍在中国南海海地区，这就决定了它在中国南海海洋文化史的重要地位。

《诸蕃志》记录各国物产，反映当地物质文明，它们也是中外海上贸易和文化交流的基础。所记物产，计有脑子、乳香、芍菜、金额香、笃耨香、沉香、麝香木、菠萝蜜、没石子、乌梨木、苏木、猫儿眼、砗磲、龙涎等47种。另附海南岛之地理与物产，皆产于热带或热带海洋，显示中国南海地区南北之间的物质文化交流比东西方向之间的交流更为必要，因为这是有与无之间的交流，不同于东西之间多与少的交流。如占城国，“番商兴贩用脑、麝、檀香、草席、凉伞、绢、扇、漆器、瓷器、铅、锡、酒、糖等博易”“其国前代罕与中国通。周显德中，始遣使入贡。皇朝建隆乾德间，各贡方物。太平兴国六年(981年)，交趾黎桓上言，欲以其国俘九十三人献于京师，太宗令广州止其俘，存抚之。自是贡献不绝，辄以器币优赐，嘉其响慕圣化也”②。再如三佛齐国，即今印度尼西亚苏门答腊，“其国在海中，扼诸番舟车往米之咽喉，古

① 赵汝适著，杨博文校释《诸蕃志校释》，《赵汝适序》，中华书局，1996年，第1页。

② 赵汝适著，杨博文校释《诸蕃志校释》，《赵汝适序》，中华书局，1996年，第1页。卷上，《占城国》条。

用铁索为限，以备他盗，操纲有机，若商舶至则纵之。……其国自唐天佑始通中国，皇朝建隆间凡三遣贡。……咸平六年（1003 年）上言，本国建佛寺以祝圣寿，愿赐名及钟。上嘉其意，诏以'承天万寿'为额，并以赐钟焉。至景德、祥符、天禧、元祐、元丰贡使络绎，辄优诏奖慰之"[①]。又如阇婆，即今爪哇，出产与南海诸国相类，"宋元嘉十二年（435 年）尝通中国，后绝。皇朝淳化三年（992 年）复修朝贡之礼"[②]。类似的记载见于各国，内中多记与中国各朝代建立外交关系时间，主要在宋代，为宋王朝册封，形成对中国朝贡国关系，中国南海则为外交文化往来强大通道。

《诸蕃志》卷下，《志物》记海外植物、动物 47 种，皆列其出产国，入贡或传入中国时间，也有其原产地与中国出产地两者性能的比较，无异一幅中外物质文化比较表。如《设药》条云："其树高大，如中国之松。"该书木条注释转引《图经本草》曰："设药生波斯国，今海南诸国及广州或有之。"又"金额香"，出真腊，传至三佛齐，"而商人又自三佛齐转贩入中国耳"[③]。由此勾画出这两种药物传入广州的海上路线。

《诸蕃志》以最大篇幅，记述了中国南海地区各国风俗，包括其居民衣食住行、婚丧、礼仪、王制、刑法等，提供了一幅风俗文化景观画。如这些国家俗用香料、跣足、断发、信佛术、病不求药、民居茅屋、嗜食槟榔、民风慓悍、以物易物等，一些风俗与海南岛黎人相类，如跣足、迷信鬼神、病不求药、断发等，显示着中国南海地区古代人类交流历史源远流长。

《诸蕃志》也不乏中国南海各国文化交流的记载。因宋朝廷很注意收集、了解海外各国风土人情、地理概况。宋真宗时（998—1022 年），知广州凌策献《海外诸蕃地理图》[④]，宋真宗大中祥符间（1008—1016 年），朝廷还曾"纂集大中祥符八年已前朝贡朝图，缋画其冠服、采录其风俗，为《大宋四裔述职图》"[⑤]。这有效地促进了中外文化交流。《诸蕃志》记三佛齐，在本国及

---

① 赵汝适著，杨博文校释《诸蕃志校释》，《赵汝适序》，中华书局，1996 年，第 1 页。卷上，《三佛齐》条。

② 赵汝适著，杨博文校释《诸蕃志校释》，《赵汝适序》，中华书局，1996 年，第 1 页。卷上，《阇婆》条。

③ 赵汝适著，杨博文校释《诸蕃志校释》，《赵汝适序》，中华书局，1996 年，第 1 页。卷下，《没药》、《金额香》条。

④ 李焘：《继资治通鉴长编》卷 54，咸平六年五月。

⑤ 李焘：《继资治通鉴长编》卷 85，大中祥符八年九月。

住家之外，也“国中文字用番书（指梵文或古马来文）。以其王指环为印，亦有中国文字，上章表则用焉”①。元丰年间（1078—1085 年）“南蕃纲首”就持三佛齐主管国书国王之女写的《唐字书》来广州。渤泥间（加里曼丹）“王之服色，略似中国”②。又占城国有鳄鱼断案风俗，“若有欺诈诬害之讼，官不能明，令竞主同过鳄鱼潭，其负理者鱼即出食之；理直者虽过十余次，鳄自避去”③。此前《梁书·扶南传》曾以此俗“自苍梧以南及外国皆有之”；是南海古诸国之风俗法律，直到明代仍然如此，收录马欢《瀛涯胜览·占城国》条，此实为中国南海地区风俗传播一个范例。当然，岭南沿海百姓同样以宽广的襟怀和健全的心态接受外来文化，北宋中期，余靖在广州见到许多花卉使用外国名字，“花多外国名”④。宋徽宗政和年间（1111—1117 年），“广东之民多用白巾、习夷风”⑤。此风应来自印度洋沿岸，尤其阿拉伯地区，在《诸蕃志》、《大食国》中有“白衣大食”之称。《白达国》条（今巴格达）记“国人相尚，以好雪布缠头及为衣服”风俗，无疑是信奉伊斯兰教居民服饰。广州自古以来就与阿拉伯世界交往，受其文化浸染势所必然。

在《诸蕃志》之前，周去非《岭外代答》也有不少涉及中国南海国家的篇幅，称《外国门》，所记国家 40 多个。涵盖范围北从安南（越南），南止阇婆（爪哇），东至女人国（在今印度尼西亚东），西出印度洋、红海、地中海而达于木兰皮即今西北非摩洛哥，但重点在中国南海地区。按周去非生卒年不详，浙江温州永嘉人，南宋隆兴元年（1163 年）进士，宦游广西六年，任过钦州教授、桂林通判等，将所搜罗材料，撰成《岭外代答》10 卷 20 门，为研究宋代岭南和海外土产风物、人情世俗、中外海上交通贸易的宝贵资料，也不乏涉及中国南海海洋文化内容，堪与《诸蕃志》一起，为宋代海洋文化双璧。

《岭外代答》十分注意记载海外诸国与宋朝廷关系，甚有助于研究中外关系史和文化交流史。如《安南国》条，历数其国政治变动，与宋朝关系反复多变，数度入贡又反悔，宋孝宗时始封王，称安南国。占城国，在今越南中

① 赵汝适著，杨博文校释《诸蕃志校释》，《赵汝适序》，中华书局，1996 年，第 1 页。卷上，第 41 页。

② 李焘：《继资治通鉴长编》卷 330，元丰五年十月。

③ 赵汝适著，杨博文校释《诸蕃志校释》，《赵汝适序》，中华书局，1996 年，第 1 页。卷上，《占城国》条。

④ 余靖：《武溪集》卷 5，《寄题田待制广州西园》。

⑤ 《宋会要·刑法》二之六八。

部，北宋初太祖建隆二年（961 年）入贡。此后哲宗元祐元年（1086 年），第三次入贡，“其慕化抑可嘉也”①。真腊国，宋徽宗宣和二年（1120 年）遣使入贡蒲甘国（今缅甸）。宋徽宗崇宁五年（1106 年）入贡；三佛齐国（在今苏门答腊）从宋太祖建隆元年（960 年）断续到宋哲宗元祐三年（1088 年）多次入贡，注辇国（在今印度）宋神宗熙宁十年（1077 年）入贡。举凡这类记载，甚利于印证正史所记。

《岭外代答》写于《诸蕃志》之前，故有不少资料为后者引用，但仍不失其独特之处，尤其记海外诸国往往追溯与宋王朝关系，这对研究彼此海上交通史甚有裨益。如阇婆国，“广州自十一月十二月发舶，顺风连昏旦，一月可到”；大食诸国，“广州自中冬以后发船，乘北风行，约四十日到地名蓝里，博买苏木、白锡、长白藤，住至次冬再乘东北风，六十日顺风方到”②。西天诸国（印度各国）与广州交往很古，“又达摩之来，浮海至番禺。此海道可通之明验也”③。这都是宋代以来利用季风从事海上贸易的有力佐证。

《岭外代答》还是较早记载中国南海有海盗出没的著作之一。其《东南海上诸杂国》条云：“东南海上有沙华公国（在南海群岛中），其人多出大海劫夺，得人缚而卖之阇婆。又东南有近佛国（三佛齐），多野岛，蛮贼居之，号麻罗奴。商舶飘至其国，擒人以巨竹夹而烧食之。贼首钻齿，陷以黄金，以人头为食器。”④ 这是中国南海海盗文化的珍贵资料。

继《岭外代答》、《诸蕃志》之后，元代诞生了另一部涉海文化著作——汪大渊的《岛夷志略》一卷。汪大渊（1311—1350 年），江西南昌人，元惠帝至正年间两度附海舶，游东西洋数十国。据所见闻于至正十年（1350 年）撰成此书，约 2.1 万字。其所记中国南海诸国邑名达 99 个，范围比《岭外代答》、《诸蕃志》更为广阔，东起我国南海，历东南亚、南亚、西亚至非洲东海岸层拔罗（今桑给巴尔）。中国南海航线继续向西延伸，从波斯湾的花拉子模（今伊朗阿巴斯港）向南航行至祖法儿（今阿曼佐法尔）、西入亚丁湾，或进入红海，经默伽（今沙特阿拉伯麦加），元称天堂或天房，西北行至开罗；或沿东非海岸南下，至索马里首都摩加迪沙、层摇罗、宋层拔。在中国南海之

---

① 周去非：《岭外代答》卷 2。
② 周去非：《岭外代答》卷 2。
③ 周去非：《岭外代答》卷 3。
④ 周去非：《岭外代答》卷 3。

内的有龙涎屿（在今印度尼西亚苏门答腊岛西北海龙多岛，一说今布腊斯岛）、交趾（越南中北部）、真腊（柬埔寨）、吉兰丹（今马来西亚东北吉兰丹一带）、罗卫（今泰国曼谷西北叻亚一带）、罗斛（今泰国中部班塔欣一带）、三佛齐（都城约今巨港，盛时达西爪哇、马来半岛等地）、苏禄（在今菲律宾群岛）等。内容包括这些国家和地区的山川、方域、民族、宗教、风俗、物产。其体例仿《岭外代答》、《诸蕃志》，但记载为亲身经历，更为翔实，也更有价值。特别是该书将南海诸岛地貌系统命名为"万里石塘"，指出"石塘之骨，由潮州而生，迤逦如长蛇，横亘海中，越海诸国，俗云万里石塘""其地脉历历可考，一脉至爪哇，一脉至勃泥及古里地闷，一脉至西洋遐昆仑之地，盖紫阳朱子谓海外之地与中原地脉相连者，其以是屿"。汪大渊以朱熹地质学思想中的"地脉说"来解释并命名南海诸岛，论述南海诸岛是由潮州南部海域发出的三条地脉组成，一直向西南延伸，分三支至今南海诸岛。这三条地脉将东沙、西沙、中沙和南沙群岛联成一体，统称"万里石塘"，高度概括南海海盆地貌形态，并把南海诸岛视作一个地貌系统，这对海洋地质地理的认识和海上交通线的确定都有重要意义。并非偶然的是，近代以来，我国渔民在中国南海从事渔业生产的海区，正在这三条主要三脉范围。另其记东非"层摇罗国"（今桑给巴尔）也很翔实："国居大食之西南，崖无林，地多卤，田脊谷少，故多种薯以代粮食。每货贩于其地者，若有谷米，与之交易，其利甚薄。……民事网罟，取禽兽为食。煮海为盐，酿蔗浆为酒，有酋长。地产红檀、紫蔗、象齿、龙涎、生金、鸭嘴、胆矾。贸易之货用牙箱花银、五色缎之属。"提供了13—14世纪东非国家土地利用、物产、手工业、贸易等概况，甚有历史意义。

元代还有另一位航海家周达观及其《真腊风土记》，也是涉海文化地理著作之一。按周达观，号草庭逸民，浙江永嘉人。元成宗元贞六年（1295年）奉命随使赴真腊，一年后返国，约当元武宗至大四年（1311年）。据所见闻撰成此书，凡8500字，记真腊即今柬埔寨在公元10—13世纪吴哥时代最为繁荣，内容描述其国都建筑、雕刻、农业、手工业、贸易等经济状况及衣食住行等日常生活。其中"语言"一项，用汉字音译和意译其土语数条；"文字"则记字形似回鹘字，字音似蒙古文，及其书写材料和书写方法；"野人"条则分游居和定居两种经济形态。这是研究高棉民族的重要史料。

2. 涉海文学

宋元时期，这些涉海作品都是综合性的，包括了历史志书、游记、实录、诗词、舆图等体裁，但也不乏文学色彩的描述，借以记载海外风情、异域人文景观，堪为海洋文化史上亮丽一笔。

《诸蕃志》说真腊国“官民悉编竹履茅为屋，惟国王镌石为室。有青石莲花池沼之胜，跨以金桥，约三十余丈。殿宇雄壮，侈丽特甚。王坐五香七宝床，施宝帐，以纹木为竿，象牙为壁”。又曰，“其俗淫，奸则不问，犯盗则有斩手、断足、烧火印胸之刑。……以右手为净，左手为秽。取杂肉羹与饭相和，用右手掬而食之”①。只用寥寥数语，将真腊建筑、法律、风俗和盘托出，给读者留下海外文化意象。周去非《岭外代答》则专设《外国门》条中“阇婆国”，“国王撮髻脑后，人民剃头留短发，好以花样缦布缴身，以椰子并挞树酱为酒。……国人尚气，好斗战，王及官豪有死者，左右承奉人皆愿随死，焚则跃入火中，弃骨于水，亦踣水溺死不悔”②。其刚烈、节义民风，跃然纸上。

元统一全国后，颇重视发展海上贸易，元世祖至元十六年（1279年）多次派员访问东南亚、西亚等地。据陈大震《南海志》记载，与广州有往来的国家和地区多达140个。南海在陈大震笔底下，展现一幅盛况空前的海上贸易带来的繁华画图：“广（州）为番舶凑集之所，宝货丛聚，实为外府。岛夷诸国，不可名殚。前志所载者四十余。圣朝奄有四海，尽日月出入之地，无不奉珍效贡，稽颡称臣，故海人山兽之奇，龙珠犀贝之异，莫不充储于内府，畜玩于上林，其来者视昔有加焉。”③ 这是一段极富铺陈的文字。周达观作为一位航海家，也满怀激情志记海外见闻。如其《真腊风土记》载：“自入真蒲以来，率多平林丛木。长江巨浪，绵亘数百里。古树修藤，森阴蒙翳。禽兽之声，杂罘其间。至半诺而始见有旷田，绝无寸木，弥望芃芃禾黍而已。野牛以千百成群，聚于其地。又有竹坡，亦绵亘数百里。其竹节间生刺，笋味至苦。四畔皆有高山。” 这时，也有外国旅行家泛海来到广州，元顺帝至正二年（1342年）摩洛哥人伊本·白图泰（Ibn Batwutah）前来中国，后写成《异域

---

① 赵汝适著，杨博文校释《诸蕃志校释》，《赵汝适序》，中华书局，1996年，第1页。卷上，《真腊国》条。

② 周去非：《岭外代答》卷2。

③ 陈大震：《南海志》卷7，《物产》。

奇游胜迹》（又名《伊本·白图泰游记》），称广州“隋尼克兰（即广州）是一大城市，街市美观，最大的街市是瓷器市，由此运往中国各地和印度、也门。……城的一个地区是穆斯林居住区（蕃坊），内有清真寺和道堂，并设法官（指蕃长）和谢赫（教长）”[①]，复原了广州作为中外文化荟萃城市的风貌。

宋代岭南开发进入高潮，南海海上丝绸之路兴盛发达又胜过唐代。除广州港市之外，还兴起潮州、阳江、雷州、海口等港市，更有一批又一批中原文人墨客到来，歌颂南海和海上商贸的诗歌佳作迭出，其作者不少是岭南人，标志着南海海洋诗歌创作进入一个新的历史时期。

南洋诸国皆以广州为舶薮，正所谓“巨舶通蕃国，孤云远帝乡”[②]“外国衣冠盛，中原气象非”[③]“万顷黄湾口，千仞白云头……极目远烟外，高浪舞连艘”[④]等，烘托出广州贸易地位。广州珠江边建有共乐楼，接待外国客商。程师孟《题共乐亭》诗传诵至今。诗曰：

谁共吾民乐此亭，使君时复引双旌。
千门日照珍珠市，万瓦烟生碧玉城。
山海是为中国藏，梯航犹见外夷情。
往来须到栏边住，为眷春风不肯停。[⑤]

外舶多停靠在南海神庙前，黄木湾内，南海神庙成为诗人最神驰之地，留下诗作也最多，苏东坡《浴日亭》、杨万里《南海东庙浴日亭》、唐庚《送客之五羊二首》、方信孺《南海百咏·南海庙》、《南海百咏·浴日亭》、葛长庚《题南海祠》等皆为代表作。其中杨万里诗至为雄豪，海洋意象十分壮阔。其诗云：

南海端为四海魁，扶桑绝境信奇哉。
日从若木梢头转，潮到占城国里回。

---

① 转见袁钟仁：《岭南文化》，辽宁教育出版社，1998年，第94页。
② 张俞：《广州》，见王象之：《舆地纪胜》卷89。
③ 陶弼：《广州》，见王象之：《舆地纪胜》卷89。
④ 李昴英：《水调歌头：题斗南楼和刘朔斋韵》，见《文溪存稿》卷19。
⑤ 康熙《广州府志》卷9。

最爱五更红浪沸，忽吹万里紫霞开。
天公管领诗人眼，银汉星槎借一来。①

另写广州导航标志的怀圣塔、蕃坊、蕃人家、街市风光等诗词实难以一一历数，都凸现广州在南海海上丝绸之路上至高无上的地位。

宋代海康（今雷州）仍是海上丝绸之路转运口岸，苏辙曾贬至此，居住在城东门楼，诗云：

飓风不作三农喜，舶客初来万物新。
归去有时无定在，漫随俚俗共欣欣。②

海上贸易给当地带来一片生机，诗人忘却忧愁，与俚人共欢此情此景，溢于言表。

宋代海口，不仅与广州，而且与南海诸国的海上贸易很繁华，地位十分重要。浙江宁波人孝宗时进士楼钥《送万耕道帅琼管》诗，即表达了海南岛这种海洋交通地位，其中云：

流求大食更无表，舶交海上俱朝宗。
势须至此少休息，乘风径集番禺东。
不然舶政不可为，两地虽远休戚同。③

其中海口阜通阁是商贸标志性建筑。李光贬海南有《阜通阁》诗，记海上贸易之发达。其诗云：

危阁峥嵘忱碧流，筹心计虑匪人谋。
千帆不隔云中树，万货来从缴处舟。
富国要先除国蠹，利民须急去民蟊。

① 杨万里：《诚斋集》卷17，《南海集》。
② 《栾城后集》卷2。
③ 楼钥：《攻媿先生集》卷3。

使君不日归华近，要路翱翔遍十州。[①]

总之，宋代两广沿海映入眼帘的尽是远航商船："须臾满眼贾胡船，万顷一碧波粘天。"[②] 为海上丝绸之路兴旺的写照。

元代海运大兴，与广州有商贸关系的国家和地区达146个之多。下西洋诗作也蔚为大观。汪大渊《岛夷志略·舟人往西洋谚》云："上有七洲，下有昆仑。针迷舵失，人舟孰存。"指南针自宋代开始就应用于航海，但南海海况复杂，指针稍有不灵，即有舟覆人亡之险。尽管如此，也阻挡不住南海上千帆竞发的航程。元代广州仍为仅次泉州的大港，广州宣慰使郭昂《客广州有怀》曰：

椰叶飘香集瘴烟，满城寒雨着绵天。
标幡未挂禺山上，石鼓犹鸣莞县边。
蛮草任肥嘶代马，朔风偏喜过番船。
越楼东畔珍珠市，惆怅当时一惘然。[③]

安南是海舶出洋第一站，诗作者曾历其境写道：

过尽千崖与万沙，夕阳渺渺尚无涯。
伏波从此休标柱，了却安南是一家。[④]

元代安南重归元帝国版图，东汉马援征交趾成历史烟云，发展海上贸易才是正道。为此，诗作者号召：

万里梯航动一时，民间百色要支持。
今年已过明年看，活得人家更有谁。[⑤]

---

① 李光：《庄简集》卷5。
② 杨万里：《诚斋集》卷17，《南海集》。
③ 《诗渊》第一册，书目文献出版社，1984年，第276页。
④ 《诗渊》第一册，书目文献出版社，1984年，第750页。
⑤ 《诗渊》第一册，书目文献出版社，1984年，第750页。

一些人随海舶下南洋，记下异国风情，浙江人陈樵《海人谣》即为中印半岛、东南亚一带居民风土生活写实：

海入蛮奴发垂耳，朝朝采宝丹涯里。
夜光盈尺出飞鱼，柏叶双珠寒蕊蕊。
幽箔连钱生绿花，切玉蛮刀如切水。
九译来朝万里天，北风不动琅玎死。[①]

在很多往来官员、诗人酬谢唱中，南海风光、权益总是个不衰的主题，显示元代南海海洋文学的熠熠光芒。江西人王沂（1308—1383 年）《送傅与砺佐使安南》诗即为一例：

光色动南溟，六星逐使星。
鸡林传秀句，铜柱勒新铭。
落日鲸波白，春风瘴海青。
请缨应幕下，拭目待云軿。[②]

① 陈樵：《海人谣》，转见陈永正编注：《中国古代海上丝绸之路诗选》，广东旅游出版社，2001 年，第 108 页。

② 黎崱：《安南志略》卷 17。

第八章　明代中国南海海洋文化发展的高峰

明代是岭南社会经济发展的一个重要历史时期。此期间，广东已摆脱过去后进状态，跻进全国先进地区行列，也迎来了海洋文化发展的兴旺局面，不但珠江三角洲、韩江三角洲等河流出海口滩涂围垦和土地利用为中心的海洋农业文化出现新局面，而且由于海上丝绸之路的高度发展而带来海洋商业文化空前繁荣，加之文艺复兴以来的西方文化的传入，中国南海海洋文化被丰富、充实以新的成分，逐步整合成一个多元文化体系，造成了中国南海海洋文化的新格局，标志着其发展高峰时期的到来。

第一节　海禁背景下中国南海独擅海上贸易之利

1. 实施海禁

地理大发现以后，欧洲殖民主义者东来，世界进入海洋时代，并逐步形成以欧洲为中心的经济格局。马克思指出："美洲的发现，绕过非洲的航行，给新兴的资产阶级开辟了新的活动场所。东印度和中国的市场、美洲的殖民地、对殖民地的贸易、交往手段和一般商品的增加，使商业、航海业和工业空前高涨，因而使正在崩溃的封建社会内部的革命因素迅速发展。"① 但在欧洲人借助于海洋而迅猛发展之时，明王朝却反其道而行之，严行海禁政策，切断与海洋的联系，使自己在海上的力量很快衰落。如朱元璋即位不久，即宣布："禁滨海民不得私出海，时方国珍余党多入海剽掠故也。"② 此后又多次重申了这一诏令。其后明成祖、明宣宗、明英宗等历朝皇帝都颁发禁海令，并以《大明

① 《马克思恩格斯选集》第1卷，人民出版社，1972年，第252页。
② 《明太祖实录》卷70，洪武四年十二月丙戌。

律》形式，强令军民遵守，违者受到严厉制裁。一方面这种政策给沿海人民带来深重灾难，因而引起人民强烈不满和反抗；另一方面完全切断与海外商贸关系，对朝廷也不利，故明朝政府在贯彻执行海禁之间时，实行了“朝贡贸易”和“市舶司”管理制度，对海外贸易实行最大限度的控制和垄断。

2. 广东独擅外贸之利

广东由于特殊地理区位和悠久海上贸易传统获得明政府特殊政策。其一是准许非朝贡国家船舶入广东贸易。这种事例甚多，如正德四年（1509 年），暹罗船海上遇风暴漂流入广东海域，镇巡官按有关规定：“以十分抽三，该部将贵细解京，粗重变卖，留备军饷。”① 准于暹罗船贸易。翌年（1510 年）这一处理办法得到礼部肯定，认为“泛海客商及风舶番船”② 不属朝贡船舶，不在市舶司职权管辖范围之内。此例一开，先是动摇后是瓦解了明朝廷制定朝贡贸易原则。随着时间的推移，日甚一日地助长了广东私人出海和当地人与蕃商贸易的开展和兴旺，广东外贸呈现一派“番舶不绝于海澨，蛮夷杂遝于州城”③

明代广船　广州博物馆提供

① 顾炎武：《天下郡国利病书》卷 120，《海外诸蕃·入贡互市》。
② 李洵：《明史食货志校注》，中华书局，1982 年，第 253 页。
③ 《明武宗实录》卷 194，正德十五年大二月己丑。

的繁荣景象。尤其是嘉靖三十二年（1553 年）非朝贡国葡萄牙租占澳门，不断扩大海上贸易以后，广东朝贡贸易名存实亡，无论朝贡国、非朝贡国还是私人都可以在广东开展海上贸易。这实际上在海禁名义下完全敞开了广东海上国门，任从海内外商人自由地从事海上商业贸易。

其二是撤销福建、浙江市舶司，独留广州市舶司对外贸易，形成广东独擅海上贸易之利局面。按市舶司（使、院）初设于唐代广州。南汉、宋元因之。明初曾设闽、浙、广三个市舶司，后以“倭祸起于市舶”之故，闽、浙市舶被撤，唯存广东市舶司。南海诸国与中国贸易，“俱在广州”①，“几夷船趁贸货物，具赴省城（广州）公卖输税”②。明朝廷同时规定：“广州船舶往诸蕃，出虎头门，始入大洋。”③ 内地商品出洋，必先集中广州再出口，名曰“走广”。史称：“浙人多诈，窃买丝棉、水银、生铜、药材一切通番之货，抵广（州）变卖，复易广货归浙……曰走广。”④ 隆庆元年（1567 年）沿海部分港口开禁，但仍强令所有朝贡贸易集中于广东，而私人贸易属禁止之列。明人指出：“广州几垄断西南海之航线，西洋海舶常泊广州。”⑤ 这样广州就成了全国唯一合法的对外贸易港口，取道广东作为贡道的国家和地区主要集中在中国南海周边，包括安南、暹罗、占城、爪哇、真腊、三佛齐（印度尼西亚巨港一带）、渤泥（文莱）、苏门答腊、满剌加（马六甲）、古麻拉国（棉兰老岛）、锡兰、吕宋等，⑥ 而广州又囊括这些国家和地区大部朝贡贸易，得到的利益自不待言。

其三是澳门被租赁和作为国际贸易港的崛起，成为广州外港，形成两港互补互动关系，强化了中国南海在国际海上商贸地位。

澳门本为珠江口外（中山）县辖下一个小渔村，具有良好的避风和湾泊条件。明嘉靖三十二年（1553 年）葡萄牙人以缴纳 10% 以上的关税为条件，获准在半岛上临时贸易；嘉靖三十六年（1557 年）；万历元年（1573 年）租地进行贸易；万历二年（1574 年），葡萄牙人在服从中国官吏的管辖条件下，

① 《明史》卷 325，《外国六》。
② 康熙《香山县志》卷 1。
③ 顾炎武：《天下郡国利病书》卷 120，《海外诸蕃 · 入贡互市》。
④ 胡宗宪：《筹海图志》卷 12。
⑤ 谢清高口述、杨炳南笔录：《海录》卷上。
⑥ 据黄启臣主编：《广东海上丝绸之路史》，广东经济出版社，2003 年，第 365 页。

获准租居澳门，很快发展为欧亚海上贸易枢纽。据屈大均《广东新语·货语》所列，前来澳门贸易的国家和地区近46个，它们“皆以澳门为津市”①。从澳门输出的货物，除广东生产的“广货”、“琼货”以外，还有大量从广西、福建、安徽、江西、浙江等省区来的货物，以丝绸、茶叶、陶瓷和蔗糖最为大宗。进口货物则以欧洲毛织品，印度琥珀、珊瑚、象牙、白檀、银元和银货等，其中尤以胡椒一项，为数甚巨。葡萄牙人通过转手买卖，获取巨额利润。“夷人金钱甚伙，一往而利数十倍”② 很快成为世界暴发户。其时澳门中外商贾云集，甚至连各国在澳门的女修道会、修道院的牧师均以经商为其职业之一。明人指出：“广属香山澳为海舶出入襟喉，每舶至，常持万金，并海外珍异诸物，多有至数万者。”③ 澳门这种世界性贸易港地位一直维持到明清之交，直到鸦片战争后才被香港取代。

澳门“外环大海，接于牂牁（西江）”④，有珠江各水道与广州相通。在帆船时代，澳门港通过濠江与内地和海外往来都很方便，“以故内洋舟达澳门尤便捷，遵澳而放洋十里”⑤。而澳门的进出口货物，大部分通过广州向各地集散，所以澳门贸易在很大程度上也就是广州贸易，澳门也就成了广州的外港，履行着吞吐功能。明代广州外港虽然不止一个（如佛山），但“广州诸泊口，最是澳门雄”⑥。澳门港具有压倒其他港口的优势，广州船最后得经澳门放洋。宋应星《天工开物》指出：“闽由海澄（漳州），广由香山澳。”⑦ 这种交通形势是澳门港繁荣的必需条件。屈大均《广州竹枝词》曰：“洋船争出是官商，十字门开向二洋。五丝八丝广缎好，银钱堆满十三行。”⑧ 按十字门指澳门以南由大小横琴等岛夹峙所成的十字状水道，为由澳门港出发航线所经。十三行是广州十三家代理外贸的商馆，在中外贸易中发挥重大中介作用。澳门崛起，极大地加强了广州在全国的外贸地位和作用，并积累了巨大财富，为明朝廷收

---

① 屈大均：《广东新语》卷15，《货语》。
② 王临亨：《粤剑篇》卷3。
③ 周元玮：《泾林续记》。
④ 庞士鹏：《陈末议以保海隅万世治安疏》，转见戴裔煊：《明史·佛朗机传笺正》，中国社会科学出版社，1984年，第54页。
⑤ 印光任、张汝霖：《澳门纪略》上卷，《形势篇》。
⑥ 印光任、张汝霖：《澳门纪略》上卷，《释今种澳门诗》。
⑦ 宋应星：《天工开物》卷中，《舟车》。
⑧ 屈大均：《广东新语》卷15，《货语》。

入主要来源。在这种利益驱动下，中国南海航运兴旺发达，海洋文化发展到历史巅峰，中国其他海域仍处在海禁之中，海洋文化受到扼制，自不能望中国南海海洋文化之项背。这恰如永乐年间福建长乐人陈登《应制赋白象》诗中反映的占城等国多次入贡明朝廷白象来显示海上贸易盛况。其诗曰：

圣主临天位，仁恩被八方。
明时呈异质，瑞气感瑶光。
贡献辞炎服，梯航入帝乡。
色连螭陛莹，清比玉麟祥。
汉室夸丹凤，周家诧白狼。
方今昭德至，远物自来王。
愿效封人祝，华夷永乐康。

第二节 郑和下西洋与中国海洋文化对外传播

郑和七下西洋是明代中国历史上一件破天荒的大事，也是中国南海海洋文化发展史上的一件大事。它不但标志着当时我国的航海和造船技术方面处于世界领先地位，也是中国海上探险事业的巨大成就，是世界地理发现史上的壮举。故英国科技史专家李约瑟在《中国科学技术史》中评说："在中国的黄金时代，约公元1420年，明代的水师在历史上可能比任何其他亚洲国家的任何国家都出色，甚至较同时代的欧洲国家，乃至于所有的欧洲国家联合起来，都可说不是他的对手。"这里指的就是郑和七下西洋事件。

1. 历史过程

郑和下西洋并不是一件偶然的事，而是一定历史条件下的产物。这首先是已有充足的物质基础。明洪武时期，社会经济得到较快的恢复和发展，国家财力已较雄厚，有可能组织大规模的远行活动。其次是自宋元以来，我国商船队已经活跃在南海和印度洋沿岸，培养和造就了各种熟练的技术人员，许多人已经掌握了丰富的航海知识，造船技术已达相当水平。再次是我国作为一个海洋国家，与亚非各国人民有过长期的泛海贸易、友好往来的历史。永乐帝上台以后，废除朱元璋的“海禁政策”，准予外国前来通商，对中国人出海经商的禁令也放宽，这样促成了郑和的远航。

郑和（1371—1435年）本姓马，名和，小字三宝，云南昆阳（今晋宁）回族人。青年时代从云南来到北京作宦官，后因随燕王朱棣（即明成祖永乐帝）起兵有功（史称“靖难之役”）被赐姓郑，担任太监，所以郑和下西洋又称“三保太监下西洋”。西洋这一地理概念，在不同时代所指的地域不同。郑和时代是指苏门答腊岛以西的北印度洋及其沿岸地区，包括孟加拉湾及其沿岸、印度半岛、阿拉伯海及其沿岸，阿拉伯半岛以及东非海岸一带。传统的看法认为西洋是指文莱（古婆罗国）以西的海域是不准确的。实际上郑和下西洋时人们是继承了元朝对西洋的地理概念。

郑和下西洋更有一定的政治、经济和军事目的，但主要是为了巩固明朝廷的政治地位，宣扬中国的富强，开拓国外市场，追求海外奇珍异宝，达到永乐帝建立天朝大国的欲望和满足统治阶级腐朽生活的需要。

郑和率领的船队，规模宏大，组织严密，是15世纪世界上规模最大的船队。其船队有大海船60艘左右，可载千人，连中小船只在内有百余艘，有时多达200余艘。最大的海船长约150丈，宽约60米。但也有人认为宝船长18丈（55米），宽4丈4尺（13.3米），排水量约1200吨，是当时世界上最大的海船。此后到了地理大发现时代，著名的达·伽马对印度洋远航使用的船，最大一艘排水量不超过300吨；1492年哥伦布发现美洲所用的旗舰，排水量也只有233吨，远在郑和宝船之下。要制造如此庞大的宝船，说明中国造船技术居当时世界一流水平。亲自参与这一航海壮举的郑和助手巩珍说“其所乘之宝舟，体势巍然，巨与无敌，篷、帆、锚、舵，非二三百人莫能举动”①。每次出航人数不尽相同，但不少于二万七千人，包括了明朝使节、随员、技术人员，财经、贸易、军事人员和其他人员（翻译、医生、僧侣）。从永乐三年（1405年）到宣德八年（1433年）前后二十九年间，郑和七下西洋。其路线是从江苏太仓刘家港出发，向南航行经黄海和台湾海峡，入南海访问南洋群岛诸国，再经马六甲海峡，进入印度洋，访问印度、阿拉伯和东非等地。其中第一次（1405—1407年）、第二次（1407—1409年）和第三次（1409—1411年）

① 巩珍：《西洋番国志·自序》。

航行都到了今巴基斯坦的印度河口一带。第四次（1413—1415 年）到达今波斯湾。第五次（1417—1419 年）和第六次（1421—1422 年）航行最远，到达今东非索马里和肯尼亚一带。第七次（1431—1433 年）主船队止于波斯湾，分遣船队则进入红海到达阿拉伯半岛的西部。第八次（1435 年）远航，因为郑和已逝世，改由王景弘领导，但所到之处并未超出前七次范围。这二十九年航程十万余里，到达三十多个国家。从此以后，再也没有人继续这一具有光辉成就的海上探险事业了。相反，在郑和最后一次远航以后五十三年（即 1486 年）狭亚士发现了好望角，又过了六年（1492 年）哥伦布发现美洲，又六年（1498 年）达·伽马绕过好望角到达印度。这一连串的新大陆和新航路的发现，就是世界近代史上的所谓“地理大发现”。此后，欧洲封建社会迅速瓦解，资本主义经过原始资本积累时期以后很快发展起来。但在中国封建制度依然如故，郑和所开创的航海事业后继无人，之后就被西方远远地超过了。这不能不说是中国腐朽的封建制度所造成的恶果。

郑和远航，每次都要经过中国南海，因而中国南海文化意义特别巨大。特别是第二次远航，据万历《广东通志》记：“永乐五年秋九月，命太监郑和使西洋诸国，首从广东往占城国。”[①] 但从广东哪个港口出发，不得而知，有待进一步研究。第二次航行到暹罗、满剌加、渤泥、苏门答腊、锡兰山、柯枝（koci）（在今印度西南岸的柯钦，Conhin）、小葛兰（今印度南部西岸的奎隆，Cuilon）、古里、加异勒（Kayal，今印度南部东岸的卡异尔镇，Cail）等国家，永乐七年（1409 年）夏回国。这次带去大量丝织品、香炉、花瓶、烛台、灯盏、香盒、金莲花、香油、蜡烛、金、银等贵重物品，其中一部分布施给当地寺院。1911 年在锡兰加勒地区发现一块郑和第三次下西洋预制石碑，用汉文、泰米尔文和波斯文书写，内容为供奉给当地佛寺物品名单，上曰：“大明皇帝遣太监郑和、王贵通等，昭告于佛世尊曰：‘仰惟慈尊，园明广大……深赖慈佑，人舟安利，来往无虞。永惟大德，礼用报施，谨以金银、织金苎丝宝幡、香炉、花瓶、表里、灯烛等物，布施佛寺，以充供养，惟世尊鉴之。’”[②] 这显示郑和作为中国使者，给锡兰人民带去的是和平、友谊和祝福，完全符合海上丝绸之路的宗旨。而据《郑和航海图》上注记往返线路（航线）有一百多处，

① 万历《广东通志》卷 6，《藩省志六·事记五》。

② 郑鹤声、郑一钧合编：《郑和下西洋资料汇编》中册，（下），齐鲁书社，1980 年，第 1957 页。

表示海岸线、江河入海口、岛屿、礁石、浅滩，沿海城镇、山峰，以及可供导航用的宝塔、寺庙、桥梁等地物。其中在中国南海或相邻海区范围的就有大甘、小甘、外平、同山千户所、南粤山、大星尖、蒲胎山、佛堂门、官富寨、大奚山、小奚山、泠汀山、东莞所、翁鞋山、东姜山、南停山、北尖、鹿颈高栏、大金、上下川山、七洲、乌猪门、广海卫、香山所、大金、小金、神电卫、高州、雷州、廉州、钦州、铜鼓山、万州、琼州府、福州、南海黎山、石星石塘、石塘、独猪山、外罗山、交趾洋等，全图地名多达500多个，其中外国地名占300多个。在我国约200个地名中，很大一部分在中国南海，仅从这些注记地名，反映了中国南海在郑和远航中是必经海域，也是活动最频繁海区的见证。

2. 郑和远航意义

郑和远航的成就是巨大的，影响也极为深远。郑和作为伟大的航海家，他所表现的中国人民的智慧和力量，同海洋搏斗的英勇无畏的精神，在当时世界上是无与伦比的。郑和下西洋，扩大了我国同亚非各国的贸易往来，对当时中国社会经济的影响也是明显的，如对明代造船、制瓷、丝织等手工业的发展，起了一定的促进作用；还开拓了中国手工业品的国际市场，开阔了中国人民的眼界，增强了中国人民和亚非人民的友谊。这些都是举世公认的，是值得每个炎黄子孙引以为荣的。

郑和远航丰富了我国关于海洋地理的知识，特别是在海岸地貌、海水深度和海洋气象等方面尤为显著。这个时期产生的几部域外地理著作也是郑和远航的产物，同是中国南海海洋文化发展见证。

我国对海洋地貌的认识，明代以前不乏大量记载，并且还有海图的绘制。到郑和准备航海时，对南洋一带海岸地貌作过普遍调查，编出海图，以指导航行。福建集美航海学校就收集有宁波温州平阳石塘《流水表》，确凿地记载“明永乐元年（1403年），奉旨差官郑和……弓（即躬）往东西二洋等处，开输贡累累，校正牵星图样、海岛、山屿、水势图画一本”①。郑和航海地图后来被收入在明末出版的茅元仪《武备志》中，凡二十幅，四十面，得以流传至今。此图是一长卷，图的方向依针路辨别，与一般上北下南的地图很不相

① 转见中科院自然科学史研究所：《中国古代地理学史》，科学出版社，1984年，第66页。

同，图上绘出从长江口出发到东非海岸途中所见的海岸线、山脉、岛屿、沙洲、浅滩、珊瑚礁和港湾等。郑和还把我国人民早就发现并世代居住的南海诸岛分别注在图上，并用石塘、石星石塘、万生石塘等名称加以标明。茅元仪认为郑和海图“详而不诬”，因此收录其著作中，“以昭来世”，供日后人们远航和海防参考。至今国外有些学者研究了郑和海图，对其精确性给予很高的评价，表明郑和无愧为一位卓绝超群的航海家。

航海图中记有所测海洋的深度，包括海洋的底质。测量方法航行一段，把一端系有铅锤的绳子（长六七十丈）放入水中，铅锤的底部涂以牛油，铅锤到海底后提上来，从绳子进入水中长度可知水深，从铅锤上粘的泥沙可以判断底质。水手们凭多年经验知道水深和底质就能更好地判断船舶的位置。除了航海图以外，郑和等人还写过类似航海手册的著作《针位图》①，但是已经失传。这是结合海图在海中航行的重要工具。从海图上的记载文字还表示郑和是把地文、天文、罗盘以及测量水深底质等结合起来，从而把航海技术推到一个新的水平。

对于海洋气象方面的认识，因为缺少直接的记载，可以清代一些有关著作如《顺风相送》、《东西洋考》、《水路簿》和《舟师绳墨》为代表，它们对海洋风暴的预测都有记述。根据云、雾、风、虹、浪以及海洋生物等出现情况来预测风暴，并且常常用谚语形式来表达这种作为古代舟师长期观测的结果。这也有一定的参考价值。

除了上述郑和航海图和已经失传的《针位图》作为我国劳动人民在茫茫大海上与狂风恶浪生死搏斗的宝贵经验总结以外，这里还有三部地理著作反映了郑和远航所经历三十余国的风土人情和地理情况。它们就是随同郑和一起远航的马欢（回族人）《瀛涯胜览》、费信《星槎胜览》、巩珍《西洋番国志》，忠实地记述了郑和航海的地理发现，使得中国人民的地理视野一直扩展到了非洲东海岸。在《星槎胜览》一书中记述了四十个国家；《西洋番国志》记述了二十个国家；《瀛涯胜览》包括二十条，涉及二十国。这些书所述范围包括印度支那半岛、马来半岛、苏门答腊岛、阿拉伯半岛和东非许多国家。涉及了所到国家的气候、水文、生物、物产、民族、风俗、历史等，极大地丰富和扩展

① 明代黄省曾在《西洋朝贡典录》一书序文中，曾将此书与费信《星槎胜览》和马欢《瀛涯胜览》并列。

了我国人民关于这些国家的地理知识。例如郑和一行三次航行到南海南部爪哇，记载“其国有四处，皆无城郭。其他国船来，先至一处名杜板。……杜板，番名财斑，地名也。此处约千余家，以二头目为主，其间多有中国广东及漳州人流居于此，于杜板投东行半日许，至新村，番名曰革儿昔，原系沙滩之地，盖因中国人之来此创居，遂名新村。至今村主广东人也，约有千余家。各处番人多到此买卖，其金子诸般宝石一应番货多有卖者，民甚殷富”；“自新村投南船行二十余里，到苏鲁马益，番名苏儿把牙，其港口流出淡水。自此大船难进，用小船行二十余里，始至其地。亦有村主，掌管番人千余家，其间也有中国人”①。从爪哇西行至旧港，是中国逃民聚居之地，首领梁道明。“道明，广东人，挈家窜居于彼者经年。广东、福建军民从之者至数千人，推道明为首。”后梁道明接受朝廷招安，受到永乐帝赏赐。当地另一位逃民首领陈祖义也接受招安而获赏赐，只是后来反叛，被郑和擒获押回南京斩首。类似这样的记载，真实地反映了我国人民移民南洋历史和商业文化盛况。

郑和航行，极大地加强了中国南海地区国家和人民的友好往来。特别是满剌加即今马来西亚和新加坡，其使节朝见明成祖，愿为中国属郡，岁效职贡，请封其山为一国之镇。明成祖予以应准，并亲为立碑撰文：“锡以铭诗，勒以贞石，永示其万世子孙、国人，与天无极。”② 后满剌加国王拜里迷苏剌还在郑和第三次下西洋回国时，亲带领王室成员及官员540多人访问中国，受到明成祖隆重接待和丰厚赏赐。明成祖还赋诗《满剌加镇国山诗》以示两国友好关系。其诗曰：

> 西南巨海中国通，输天灌地亿载同。
> 洗日浴月光景融，两崖露石草木浓。
> 金花宝钿生青红，有国于此民俗雍。
> 王好善义思朝宗，愿比内郡依华风。
> 出入导从张盖重，仪文裼袭礼虔恭。
> 大书贞石表尔忠，尔国西山永镇封。
> 山君海伯翕扈从，皇考陟降在彼穹。

---

① 马欢：《瀛涯胜览·爪哇国》。

② 《明成祖实录》卷38。

后天监视久弥隆，尔众子孙万福祟。[1]

15 世纪初期外界对于非洲的知识还是很茫然的。那时在欧洲人的心目中非洲只是一条狭长的海岸而已。而《星槎胜览》却对赤道南北的非洲东海岸国家作了生动详尽的描述。那些国家“天旱少雨，土地赤黄”，“居民卷发”，“垒石为屋”，野生动物很多，大象、狮子、虎、豹出没无常，麒麟（长颈鹿）、斑马、羚羊成群结队。当地人饲养骆驼、牛羊。物产有乳香、象牙、金珀之类。这些国家常常以象牙、香料等商品向郑和船队换取丝绸和瓷器，还将东非珍禽异兽赠给中国皇帝，船队也以礼品回赠。这些都成了我国和东非国家悠久的传统友谊的象征，同时也是对东非地理的第一次详细记录。

当然，由于郑和远航是以政治目的为主的，而没有把经济利益放在重要地位加以考虑，因而遭到悲剧性的结果，也就是郑和远航的动因十分虚弱。虽然政治目的可以一度成为强大的动因，但它远不如经济动因持续稳定。每当时过境迁，原有的政治目的很快会消失，远航也就失去了动因，名震世界的明初远航也就这样突然偃旗息鼓了。例如郑和出航携带的大批物品，大半是以礼品沿途分送各国的，而换回来的多是专供皇家和贵族享乐的奢侈用品，对国内商品生产和发展的作用委实有限。而每次远航耗费甚大，增加了财政上的困难，结果不但对正在出土中的资本主义萌芽不能起促进作用，相反却产生了许多不利影响，成为一些人指责远航为“弊政”的借口。到成化年间（1465—1487 年）事情完全走向反面，不但远航被中止，而且远航那种巨型船舶也不建造，甚至连郑和下西洋的档案也被烧毁。这种结果，主要是明王朝采取错误的取消主义政策的产物，同时也有其他一些客观方面的原因。例如中国传统的狭隘大地观，即认为地平的大地观根深蒂固，限制了这次远航不是环球航行。在这个问题上，远逊于欧洲传统的大地球形观念。还有中国传统地图的缺陷，没有经纬度，计里画方只适于小比例尺而不适于大比例尺制图。中国古代世界地图不发达，没有突破传统的航行，因此未导致地理大发现。这样在郑和以后，航海业和海洋地理渐渐落后了。

研究郑和远航的资料还是保留得比较多的，其中以明末学者茅元仪《武备志》240 卷所载最为丰富，《郑和航海图》即为该书所存。此外，《明史·郑和

---

① 《明史》卷 325。

传》也是很有研究价值的作品，都成为中国南海文化史上一座丰碑。

郑和七下西洋，往返都经过中国南海，留下一笔非常宝贵的海洋地名文化财富。除《郑和航海图》标有中国南海航线所经过的“石星石塘”“万生石塘”“石塘”等分别指东沙、中沙、西沙和南沙群岛以外，与这些远航相关的地名还有郑和群礁、永乐群岛、宣德群岛、晋卿岛（即施晋卿，协助郑和航海，被封为宣慰使）、道明群礁（即梁道明，南海人，久居三佛齐，雄视一方）、杨信沙洲（杨信出使三佛齐）、群庆群礁（尹庆为明成祖中官，出使西洋，配合郑和航海）、景宏岛、马欢岛、费信岛（三人为随郑和下西洋航海家）、巩珍礁（随郑和下西洋航海家）等。按照名从主人的原则，这些地名也是南海诸岛为中国领土主权的见证。

郑和七下西洋，不仅在历史上产生重大影响，而且在民间中形成崇拜现象，郑和由人变为神，走上海神祭坛。据李庆新先生援引海外学者研究成果，在东南亚华人社会，如泰国阿瑜陀耶、班科库和印度尼西亚苏门答腊等地，都建有纪念郑和的三宝（三保）庙；在爪哇岛色马兰有三宝洞，郑和被华人视为商业神明供奉；在马来西亚、马六甲一带，有三宝城、三宝井等，也被认为与郑和航海相关而得名。又李庆新 2004 年年初曾在越南河仙市作田野调查，发现当地有一座“敕教三宝寺”，为 1720—1730 年雷州华侨首领鄚玖为其母而建的庵堂，四次重修，现今规模为 20 世纪中叶重建。宣德五年（1430 年）郑和最后一次下西洋经过真腊，据说在河仙补给淡水，该寺建立当与纪念郑和相联系。

在国内，纪念郑和的遗迹遗址更多，福建因是郑和出航次数最多之地，关于郑和塑像、传说也最多，备受闽人崇拜。在广东，这类纪念物、地名、传说也不少。郑和七下西洋都经过粤东海面，在南澳岛建有一座明代“三宝公庙”，供奉郑和塑像，骑白马，两侍擎旗，四船六将，拥随其后，墙上并绘郑和下西洋大幅彩色壁画。该庙新中国成立初被毁，近年有关人士建议重修未果，但当地制作有《三宝公庙旧址碑记》，验证其事。最近岛上征集到该庙流散法物“三保老爷”石香炉，为吴姓人氏保存。1975 年，广东考古工作者在海南琼海县潭门镇草塘乡上教村发现一座小庙。神主塑像着明代官服，与郑和像相似，应与郑和舰队航经海南岛东部海域相关。在阳江大澳港，当地传说郑和舰队经过附近海域。联系大澳港明清时海防、商贸地位，此说当可相信。无独有偶，著者数年前在阳江大沟一带沿海作海上丝路调研，闻说附近有“三宝山”“三宝井”地名，惜未能亲见。但联系大澳港与郑和相关传说，以及近年出水南宋沉船“南海Ⅰ号”，阳江海域为郑和舰队所经，自无可置疑。郑和受到民间崇拜和作为地名，反映了这个历史事件已从官方扩散到民间，中国南海海洋文化也由此变得更加丰富多彩。

第三节　海外新作物品种引入及其效益

明代，中国南海海上交通和贸易的兴盛，特别是16世纪开始的欧洲人东来，开启了中西文化新一轮大交流时代。如果说宋元时代以占城稻为代表的新作物传入，引起中国粮食生产第一次革命，那么，明末以番薯为代表的新作物引入，则带来了中国粮食生产第二次革命，其作用和影响比第一次广泛且深刻得多，是中国南海海洋文化史上一件最值得讴歌的盛事。

明代，海外新作物品种，主要在广东、福建沿海登陆，试种成功以后，才向外地传播。这主要是明末传进的番薯、玉米、烟草、花生（大粒种）、菠萝、南瓜、辣椒、甘蓝等，极大地改变了岭南乃至全国土地利用方式，并产生多种社会经济效益，进一步昭示海洋文化巨大作用力。

1. 番薯引入

岭南原生薯类有甘薯，古代叫薯蓣，属单子叶植物薯蓣科，学名为*Dioscoreaesculenta*（*lour*）*Burk*，在海南岛土名黎洞薯，在广州地区称大薯，都为薯蓣属参薯种（*Dioscorea alaea Linn*）。而番薯是明万历年间由海外传进来的，为旋花科牵牛属一个种，学名是*Ipomoea batatas*（*L.*）*Porir*①。后世每将甘薯和番薯混为一谈，实误。但关于番薯何时何地传入我国，却有多种说法，然其得名，首在广东。东莞《凤岗陈氏族谱》说“念来自酋，因名番薯云”②。徐光启《农政全书》说番薯“近年有人在海外得此种，海外人亦禁不令出境，此人取薯藤绞入汲水绳中，遂得渡海，因此分播移植，略通闽、广之境也”。而清周工亮《闽小记》卷下则载：“番薯，万历中闽人得之外国，瘠土砂砾之地，皆可以种，初种于漳郡，渐及泉州，渐及莆田。”另苏琰《朱蓣疏》说万

① 侯宽昭：《广州植物志》，科学出版社，1956年，第588、708页。

② 同治《凤岗陈氏族谱》卷7，《家传·素讷公小传》。

历十一至十二年间（1583—1584年），番薯从海上传至晋江。还有陈世元《金薯传习录》说，万历二十一年（1593年）夏福建长乐商人陈振龙将番薯从菲律宾带回家乡试种，次年由福建巡抚金学曾加以推广。陈振龙之子陈经纶同年呈金学曾《呈番薯禀帖》云："缘纶父久在东夷吕宋，深知朱薯功同五谷，利益民生。是以捐资买种，并得岛夷传法受则，由舟而归，犹幸本年五月中开棹，七日抵厦门。"金学曾因推广番薯有功于民，故番薯在福建又称"金薯"。这是番薯从海上传入福建之说①。在广东也有番薯传入的多种说法，一是电白传入说。光绪《电白县志》云："相传番薯出交趾，国人严禁，以种入中国者罪死。吴川人林怀兰善医，薄游交州，医其关将有效，因荐医国王之女，病亦良已。一日，赐食熟番薯，林求生者，怀半截而出，亟辞归中国。过关，为关将所诘，林以实对，且求私纵焉。关将曰：'今日之事，我食君禄，纵之不忠，然感先生之德，背之不义，遂赴水死。'林乃归，种遍于粤。"② 民国广西《桂平县志》补充此事说："番薯自明万历间由高州（时电白、吴川属高州府）人林怀兰自外洋挟其种回国。今高州有番薯大王庙，以祀怀兰为此事也。"③ 番薯大王庙又称林公庙，传在今电白县境，后毁于"文化大革命"期间。二是东莞传入说。见同治东莞《凤岗陈氏族谱》云："万历庚辰（1580年），客有泛舟之安南者，公（指莞人陈益）偕往。比至，酋长延礼宾馆。每宴会，辄飨土产曰薯者，味甚甘。公觊其种，赂于酋奴获之。地多产异器，造有铜鼓，音清亮，款制工古，公摩挲抚抚弗释，寻购得，未几，伺间遁归。酋以夹物出境，麾兵逐捕，会风急帆扬，追莫及。壬午（1582年）夏，乃抵家

林怀兰塑像　吴川雕塑公园提供

① 参见颜泽贤、黄世瑞：《岭南科学技术史》，广东人民出版社，2002年，第396页。
② 光绪《电白县志》卷30。
③ 民国《桂平县志》卷19。

焉。先是邻蠹卢某武断乡曲，公尝排击其恶，卢衔之，阚公归，摭其事，首白当道。时航海关防严肃，所司逮公下狱，定庵公方转部郎，闻报大骇，适同谱御史某奉命巡抚东粤，诣诉状。抵任，首摘释之。初，公至自安南也，以薯非等闲物，栽植花坞，冤白日，实已蕃滋，掘啖益美。念来自酋，因名'番薯'云。嗣是种播天南，佐粒食，人无阻饥。……公置莲峰公墓右税地三十五亩，招佃植蕃。遗嘱岁祀以薯荐食，历代尊之。"① 据上述，不管何种说法，番薯来自海外是不争的事实，也是一次重大的文化输入。闽广作为海上交通门户，也是番薯首途之区。晚明番薯已发展到"闽广人以当米谷"② 的地步。这一是番薯惧湿，怕冻，北方不易生长，而闽广长年可种。二是岭南多山，多阳，有大面积热带亚热带土壤、海滨沙土等适宜番薯生长。而稻作受坡度、灌溉限制，多局限于河谷、盆地上。这样，番薯渐次广种于台地、丘陵，以及山地下坡。三是番薯是一种高产救荒作物，能满足广大贫苦大众需要，在饥荒年份救活大批人口，保护了劳动力。四是番薯作为饲料，带动了养猪等家庭副业发展，后世有粮多——猪多——肥多之说，这粮多离不开番薯。这样番薯很快作为一种海洋文化形态，不但占有广大地域空间，而且深入人们观念文化中，形成一种新文化景观。在其传入地之一东莞，"河田面大洋……其民鱼盐樯事外，所植甘（番）薯、山蔗，动以千顷计"③。吴震方《岭南杂记》载："番薯有数种……县中处处有之。康熙三十八年（1699 年），粤中米价涌贵，赖此生活。"④ 经过群众驯化培育，番薯名优品种也在一些地区出现。如民国初年番禺"番薯共数十种，大约可分两类：一富于糖质者，生食熟食均可，以牛角红为最佳；一富于小粒者，只宜熟食，以香茅为最佳。香茅一名香水，起沙而香，不亚于炒栗，惟不宜作脯、薯干。宜于作脯者，当推牛角红"⑤。在广西，番薯也多种多样，品类繁多，不乏优质品种。《贵县志》说红心薯"是薯中佳品，块根不大，肉色红而味甜"。《桂平县志》甚至说所产红心薯"有重至百斤以上者，食时随意砍取，随砍随生，大有取之不尽用之不竭之概。质味脆

① 同治《凤岗陈氏族谱》卷 7，《家传·素讷公小传》。
② 王象晋：《群芳谱》卷 2，《蔬谱》。
③ 康熙《东莞县志》，转见原佛山地区编《珠江三角洲农业志》（五），1976 年印，第 28 页。
④ 吴震方：《岭南杂记》下卷。
⑤ 《南村草堂笔记》，原佛山地区编《珠江三角洲农业志》（五），1976 年印，第 31 页。

甘。八口之家，得一根可以备饥荒。厚禄等里多此物”①。由于番薯具有以上优势，被认为是继宋代占城稻种之后我国粮食生产的第二次革命，这在过去如此，即使在今天，番薯地位也未被动摇或取代。番薯是岭南农民的主要杂粮，或早晚半饭半薯，也有以薯丝（片）混同稻米煮饭或粥的。这在广大山区或台地地区已成为一种生活习惯。1981 年广东番薯占全省薯类总播种面积的 98. 9% 和总产量的 99%，其中海陆丰台地、琼雷台地番薯面积约占当地粮作播种面积的 30%②，呈大面积连片分布。而番薯由引进之初单一品种到驯化、培育出多个品种，以及它的多种工业用途，在风俗饮食中被炮制成多种菜肴等，实是番薯文化内涵的丰富、扩大和创新，折射出中国南海海洋文化的灿烂光辉。

2. 玉米引入

明代比番薯早些时候从海外引进的粮食作物还有玉米，又名玉蜀黍、包粟、包米、珍珠米（粟）等。明嘉靖《广东通志·民物志》记作“玉高粱”，比万历《云南通志》所记当地已广种玉米要早。据此可以认为，广东是我国最早引入玉米的地区，可能从印度、缅甸或中亚传入云南或从南海传入广东，后传播全国。广东地方志直到清代才较为详细地介绍玉米的生态特点。道光《香山县志》曰：“粟米，叶如芦荻，结成花穗，苞生节间，似茭白心，长数寸，松泛不紧，米大如豆，累累密嵌之。嫩白老黄，末垂细须，外裹薄衣，四、五月熟，如苞，炊食。本草小米，亦名粟，与此不同。”③ 但在珠江三角洲地区，玉米不作为主粮，而是一种口果，故种植面积有限，偶种于村前屋后。玉米性宜燥、粗生、抗病强、高产，在不宜稻谷和其他杂粮生长的高阜斜坡以及难以灌溉的山地上均可栽种，故一旦传入这些地区，即芃芃高长。明末清初，玉米传入广西，很快成为主要粮食作物之一，可充山区一二个月甚至半年口粮。乾隆《镇安府志》曰：“玉米……向为天保山野遍种，以其实磨粉，可充一、二月粮。”后在这一地区种植有所扩大，到光绪《镇安府志》已改说：“近时镇属种者渐广，可充半年之粮。”光绪《归顺直隶州志》则曰：“包粟杂粮前止种一造，今则连种两造，及山头坡脚无不遍种，皆有收成，土人以

① 以上转见李炳东、戈德华：《广西农业经济史稿》，广西民族出版社，1985 年，第 159 页。
② 司徒尚纪：《广东文化地理》，广东人民出版社，2001 年，第 103 页。
③ 道光《香山县志》，原佛山地区编：《珠江三角洲农业志》（五），1976 年印，第 34 页。

此充饔餐。”《崇善县志》也说当地山多田少，“人民终岁食包粟”[①]。大抵桂西、粤北和海南壮、黎、苗、瑶人，以及其他山里人，不少人以玉米为生。山区也由此分享海洋所赋予的文明。另外，由于番薯怕冻，只能种在坡下，构成玉米在上、番薯在下垂直分布的农业分布带，化无用土地为有用，成为岭南土地利用的一个新方向。

3．烟草引入

烟草原产美洲，后由西方殖民主义者传入东南亚，继传入闽广。有研究者认为，烟草一路由菲律宾传到闽广，然后再转入江、浙、两湖及西南各地。明人张介宾《景岳全书》载“此物自古未闻也，近自我明万历时，始出于闽广之间”[②]。另一路自菲律宾先入澳门，再经台湾，于17世纪初始进入内地。再有一路自南洋或越南传入广东。志称：“粤志，粤中有仁（烟）草……其种得之大西洋（此即南洋）。”[③] 而《古今图书集成·草木典·广东高要县》条则载，“烟叶出自交趾，今所在有之”。不管有多种说法，烟草是16世纪中后期到17世纪初由海外传入我国，广东是首途之区之一[④]，为海上交通贸易的结果。

烟草具有治寒疾、祛烟瘴功效，音译“淡巴菰”（Tabacco）。但久食成瘾，于健康不利，故初传入时，为明朝廷所禁，重者可判死刑。但抽烟当时已成为社会风气，禁者自禁，抽者自抽，这一禁令后形同虚设而被废止。清初烟草风行全国，成为普通百姓消费品：“坐雨闲窗，饭余闲步，可以遣寂除烦，挥尘闲吟，篝灯夜读。可以远辟睡魔，醉筵醒客，夜语篷窗，可以佐欢解渴。”[⑤] 烟草既有如此高的休闲文化品位，也就为文人所推崇。清顺治文渊阁大学士陈廷敬《咏淡巴菰》可算是第一首赞烟草的诗。其曰：

异种来西域，流传入汉家。
醉人无藉酒，款客未输茶。

---

① 参见颜泽贤、黄世瑞：《岭南科学技术史》，广东人民出版社，2002年，第402页。

② 张介宾：《景岳全书》卷48。

③ 《本草纲目拾遗》卷2，《烟草火》。

④ 同治《凤岗陈氏族谱》卷7，《家传·素讷公小传》。

⑤ 蔡家琬：《烟草谱》，参见颜泽贤、黄世瑞：《岭南科学技术史》，广东人民出版社，2002年，第403～404页。

茎合名承露，囊应号辟邪。
闲来频吐纳，摄卫比餐霞。[①]

烟草既已有广泛群众基础，种植面积很快扩大。道光年间，恩平“所在有之”[②]。广东兵北上，也将烟草带到北方。《玉堂荟记》卷下说：“烟草，古不经见，辽左有事，调用广兵，乃渐有之，自天启中始也”[③]。乾隆年间，烟草在广东一些地方已列入货属，成为商品。[④] 这时在广西平南“种烟之家十居其半，大家种植一二万株，小家亦不减二三千，每万株费工人十或七八，粪二三百担，麸料粪水在外”[⑤]。这些数字，显见烟草进入商品生产，需集约劳动。到道光时，烟草在广东一些地区，成片集中布局。如新会河村田地“种烟者十之七八，种稻者十之二三”[⑥]，经济作物面积压倒水稻面积，是明中叶以后珠江三角洲新出现的新农业文化现象，不仅是资本主义萌芽出土的一种表现，而且是海洋文化占用农业土地利用的结果。烟草何时传入海南岛，史无明文，但清代，“惠潮人入黎者，多于坡地种烟，黎人颇用之”[⑦]。直到民国以前，海南烟主产于黎区，后来才渐次推广全岛。可见移民是烟草从大陆向海岛传播的一种方式，它作为海洋文化载体，先在五指山立足，继流布全岛四周，有如流水四溢，颇具水文化传播方式。

明末西风东渐，所传海外瓜果、蔬菜、花卉中，不少是观赏植物，多带“洋”或“番”字命名，如“洋山茶”、“番菊”等。洋山茶，瓣大而艳丽，清初诗人为其折服，常有咏者。如顺治时吏部尚书宋荦《洋山茶》诗云：

海舶春风初到时，空帘微雨抱芳姿。
从采邢尹多相妒，分付牡丹开小迟。

---

① 查为仁：《莲坡诗话》，转见陈永正编注：《中国古代海上丝绸之路诗选》，广东旅游出版社，2002年，第247页。

② 道光《恩平县志》卷7，《物产》。

③ 参见颜泽贤、黄世瑞：《岭南科学技术史》，广东人民出版社，2002年，第403页。

④ 乾隆《新会县志》。

⑤ 以上转见李炳东、戈德华：《广西农业经济史稿》，广西民族出版社，1985年，第34页。

⑥ 道光《新会县志》。

⑦ 张庆长：《黎岐纪闻》。

另又有咏《番菊》曰：

小草无名不用栽，栽时先合问根荄。
鲜明似剪金鹦卵，气息全轮紫麝煤。
花自霜前篱下发，种从海外舶中来。
盛朝久已图王会，七月江南处处开。①

这两种洋花初时与我国牡丹、黄菊难免争奇斗艳，暗喻中西文化冲撞，后来出现“处处开”盛况，该是中西文化整合的一种写照。②

第四节　以海为田的海洋农业文化的勃兴

1. 珠江三角洲围垦

明代，随着人类活动的频繁，中国南海北部地区各大江河带出入海地区的泥沙不断增加，河口三角洲和沿海滩涂发育日趋旺盛，为人类对其开发利用提供充足资源，海洋农业文化由此获得高度发展，滩涂围垦成为明代海岸带利用的主要项目，尤其是珠江三角洲滨海地区，沙坦增长甚快，成为大规模围垦的主要对象。志称“迨元至明，下流香山（中山）、新会等处，淤积沙坦圈筑围田”③；明初“（坦）田多为顺德、新会暨番禺士大夫豪民所夺，谓之寄庄户，粮至万余石”④。据《珠江三角洲农业志》统计，明代276年珠江三角洲沿海低地筑堤181条，总长22.04万丈，比宋元400年多出1倍以上，且不仅局限于沿河两岸，海滩围垦进入盛期。在韩江三角洲，明代大力整治韩江水利工程，“化斥卤为腴田者三万余亩”⑤。在雷州半岛东海岸，在宋元海堤基础上，到明代“平时潮水利于田亩，惟飓风发则咸潮逆起，稼乃大伤，故东洋田俱筑

① 《西陂类稿》卷9。
② 以上参见司徒尚纪：《中国南海海洋文化》，中山大学出版社，2009年，第122～126页。
③ 嘉庆《桑园围志》。
④ 康熙《香山县志》。
⑤ 乾隆《潮州府志》卷41。

堤岸以遏之"[①]。这使得"雷（州）郭外，洋田万顷……岁登则粒米狼戾，公私充足"[②]，雷州半岛成为明代广东输出粮食最多的地区。入清以后，两广沿海泥质滩涂和河口三角洲大面积向海面伸展。围垦耕地非常普遍，其规模和速度远远地超过了明代。在珠江三角洲，不仅"新成之沙"被围垦，而且味咸之沙"也筑堤围垦。其中以乾隆以后围垦面积最大，主要集中在西、北江三角洲和东江三角洲沿河两岸和各口门一带，包括容桂水道以南，横门水道以北，小榄水道以东的大小洲滩，即东海十六沙、甘竹滩以南至磨刀门水道沿岸的中山、顺德、新会等县市；番禺南部的蕉门和潭洲水道的海涂，为番禺、中山、东莞等的地主豪强霸垦为沙田；东江三角洲麻冲、漳澎一带的狮子洋沿岸；潭江三角洲在新会双水一带，总面积在百万亩以上。据不完全统计，在清代200多年间，珠江三角洲修筑堤围总数达272条，比明代筑堤总数增加50%以上"[③]。这些新垦土地，成为水稻和经济作物重要产区，对于缓解清乾隆以后日益增长的人口对土地的压力，发展商品性基塘农业，促进资本主义萌芽生长，都发挥了重要作用。

明代岭南人民与海争地技术具有很高的科技含量，也是南海海洋文化发达的一个明显标志。为了加速沙坦淤积成田，珠江三角洲人民发明了"种芦积泥"方法。嘉靖《广东通志》记："石岐海，由城西北接浮圩。海中多洲（坦）种芦积泥成田。"这种由河流冲积物淤积而成的土地，一般要经历较长的发育过程，珠江三角洲人民把它分为鱼游（沉积物离水面2～3米）、橹迫（小船可触及淤泥）、鹤立（沉积物随潮水时浮时没，白鹤可在上觅食）、草埗（沙坦可种水草）、围田（草坦露出水面可以围垦）五个阶段，充分体现自然力和人力的双重作用，始能从水中争得土地，围垦成良田。沙田发育蕴涵了河流水文、海岸地貌动力，以及人类活动等诸多自然、人文因素作用。由于沉积环境差异，沙田在河流口门海湾回流处、河岸两边、岛屿尾部静水区、主流线之间等发育最快，得地最多。掌握这些规律就能抓住机遇，加快沉积和及时围垦，造福人类。另外，在围垦中，还采取抛石、种草、打桩等技术，加促淤积，以期早日成田。如中山市坦洲，明代开始浅露，到清光绪年间（1875—

---

① 薛直夫：《渠堤记》，转见蒋祖缘，方志钦等《简明广东史》，广东人民出版社，1993年，第153页。

② 顾炎武：《天下郡国利病书》卷101，广东条。

③ 佛山地区编《珠江三角洲农业志》（初稿）（二），1976年印。

1908年）已形成万顷稻田。今番禺万顷沙，道光十八年至二十九年间（1838—1849年）用桩石圈筑堤坝办法，围得沙坦145顷，平均每年扩大12顷，到光绪十八年（1892年）已围至4000顷，为万顷沙成为珠江三角洲粮仓奠定了强大基础。岭南沿海人民在与江海争地方面是遥遥领先的。明人有感于宋代李岩为官东莞带领百姓筑堤围带来丰收喜悦，作诗赞曰：

长城高下望无穷，遏住潮头不敢东。
获得咸田千万顷，至今村落庆年丰。[①]

这也是海洋造福人类的一个标志。

2. 基塘农业勃兴

明代珠江、韩江、漠阳江三角洲和海滩涂围垦达到高潮。在珠江三角洲前缘被围垦而得的土地，统称为沙田。这种与海争来的土地不仅是新的粮仓，而且是经济作物的重要基地。明代珠江三角洲发达的商品性农业，包括桑基鱼塘、蔗基鱼塘、果基鱼塘等，即建立在沙田开垦基础上。沙田产生巨大的物质财富，这是不言而喻的。这是海洋对珠江三角洲人民的一种赐予。珠江三角洲蚕桑业虽然历史悠久，但明以前并不为人重视，知名度不高。明中叶以后广州几乎垄断全国外贸，澳门又作为一个国际贸易港崛起，大量生丝通过澳门进入国际市场，从而大大刺激了珠江三角洲蚕桑业发展。另一方面，在明代围垦低地、防治水患过程中，珠江三角洲人民创造了挖深为塘、覆土为基这种基塘结合的土地利用方式，包括桑基鱼塘、蔗基鱼塘和果基鱼塘等作物组合方式。其中桑基鱼塘能把栽桑、养蚕、养鱼三者有机地结合起来，充分利用它们之间的物质和能量循环，构成一个特殊的人工生态系统，在珠江三角洲地理条件下取得最佳的经济效益、生态效益和社会效益。故它一旦形成，不是缓慢而是飞跃地发展起来，很快取得珠江三角洲土地利用的主导地位。据《珠江三角洲农业志》（三）统计，明万历九年（1581年）珠江三角洲南海、顺德、番禺、新会、三水、高明、新安（今深圳）、东莞等县课税鱼塘约16万亩，约合基塘面积40万亩。其中南海、顺德各约10万亩，成为最早形成基塘农业的地区，

---

① 崇祯：《东莞县志》卷7。

但直到明末清初，仍以果基鱼塘为主，《广东新语·鳞语》载珠江三角洲“凡堤基堤岸，多种荔枝、龙眼”，而桑基鱼塘为次。清乾隆二十二年（1757年）到鸦片战争前夕，全国独留广州为唯一对外通商口岸，外商大量采购生丝，厚利所在迅速改变土地利用面貌，不但果基鱼塘被桑基鱼塘取代，而且一部分稻田也改作桑基鱼塘。光绪《九江儒林乡志·经政略》指出南海九江、顺德龙山和龙江等乡“境内有桑塘无稻田”，“民改业桑鱼，树艺之夫百不得一”，成为纯粹的桑基鱼塘之乡。

珠江三角洲桑基鱼塘　佛山市文广新局提供

桑基鱼塘获得如此迅速发展和取得多种效益，光绪《高明县志·地理·物产》对此作了总结，指出“近年业蚕之家，将洼田挖深取泥覆四周为基，中凹下为塘，基六塘四。基种桑，塘养鱼，桑叶饲蚕，蚕矢（屎）饲鱼，两利俱全，十倍禾稼”。我国第一家机器缫丝厂创始人南海陈启沅在《蚕桑谱·总论》中还扩大了蚕桑业的文化内涵，更进一步指出：“且蚕桑之物，略无弃材。蚕食剩余之桑可以养鱼；蚕之屎可以作粪土，固可以培桑并可以培木，蔬菜、杂粮，无不适用；更可以作风药：已结之茧，退去蚕壳，化成无足之虫曰蚕梦，若不留种，煨而食之，味香而美，可作上等之菜，偶有变坏之虫亦可饲鱼养畜，更有劣等者曰僵蚕，可作祛风药；即缫丝之水均可作粪土以耕织。”这样一个物质和能量良性循环的方式，为桑基鱼塘注入无限生命力。其次，基高塘低，围基设窦闸控制围内水量蓄泄，既不怕涝也不受旱，雨水多流进塘，干旱从塘汲水，桑基也不受旱。广东虽多暴雨，但塘基上常年生长作物，可以防止水土流失；另塘基上还可以间种花生、黄豆等作物，有的还在基上搭起瓜棚，保持水面清凉，即使盛夏季节水温也不高，适宜鱼类生长；还有基塘使用有机肥，利于保护环境，维持生态平衡；最后，基塘终年可以生产，时间安排合理，农活有轻有重，老弱妇孺都有合适的事干，故劳动力资源得到充分利用，没有一寸荒废土地，没有一段闲置季节，以有限土

顺德自梳女群体 佛山市文广新局提供

地，养活更多人口。屈大均《广东新语·虫语》指出“计一妇之力，岁可得丝四十余斤”，“计一亩之地，月可得叶五百斤，蚕食之得丝四斤，家有十亩之地，以桑以蚕，亦可充八口之食矣”。道光《龙江乡志》总结“顺德地方足食有方……皆仰人家之种桑、养蚕、养猪和养鱼。……鱼、猪、蚕、桑四者齐养”。又由于蚕丝加工需要大量劳动力，可充分吸收当地人工作。据悉，仅缫丝一项，顺德每年可供10万女工就业，有些人为了生计，相约独身，形成一个特殊女性群体——自梳女，在全国独一无二。所以在桑基鱼塘地区，绝少失业现象，男耕女织，家庭和睦，社会和谐，人们安居乐业，各得其所，一派太平富足景象。桑基鱼塘这种资源利用组合既有丰厚的经济收入，维持良好生态平衡，又可保持社会相对稳定，是一种世界罕有的土地利用方式，乃珠江三角洲人民对人类文明的一项重大贡献。这种土地利用模式可综合如下页图所示。

有赖于基塘农业，珠江三角洲自明中叶以来，即成为蜚声全国的富庶之区。基塘景色也别具一格，涌入诗人笔端。清代陶心云《顺德杂事诗》堪为其代表作之一：

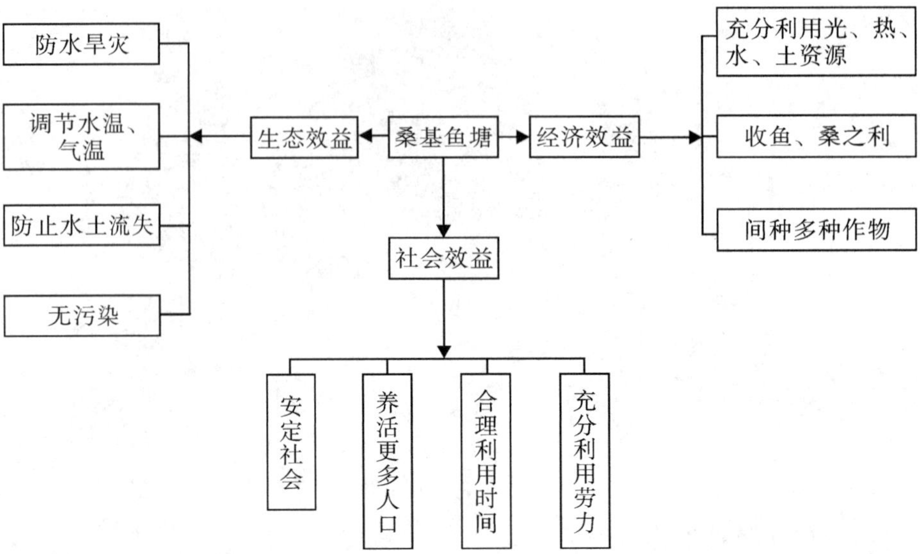

桑基鱼塘土地利用模式

冰鳞七寸泼嘉鱼，甘竹滩头举纲初。
新赋南烹风味好，莼鲈千里转忘渠。
潮长平田夜水时，秋风吹碎碧玻璃。
红红紫紫鱼天变，十万禾虫上市时。

而张琳一首《龙江竹枝洞》，则勾画了蚕乡一派繁忙的劳动情景和丰收的喜悦，其词曰：

剥茧茅寮傍水边，柔桑墙外绿含烟。
鱼蚕毕竟收成好，十亩基塘胜种田。

3．渔盐业成就

明代岭南“以海为田”海洋文化在水产养殖和采集上也有充分表现，且颇多创新。至迟在明末清初，广东沿海已大规模养蚝。虽然这种技术初见于宋，但当时未达规模生产。明末屈大均尝作《打蚝歌》云：“一岁蚝田两种蚝，蚝田片片在波涛。蚝生每每因阳火，相叠成山十丈高”；又曰：“冬月真珠蚝更多，渔姑争唱打蚝歌。纷纷龙穴洲边去，半湿云鬟在白波。”① 属于人工养殖的还有虫雷、蚶等贝类，都是海涂利用最好的形式。但两广最负盛名的应是人工养珠。从汉代开始，历代都很重视采珠，汉有北部湾“合浦珠还”的故事，后采珠成为一项暴政，由专业户——珠户下海采集，死亡枕藉。宋代已发明人工养珠技术，但产量有限，天然采珠仍是珍珠的主要来源。明代岭南沿海采珠规模更大，《广东新语·货语》说：“合浦珠名曰南珠。其出西洋者曰西珠，出东洋者曰东珠。东珠豆青白色，其光润不如西珠，西珠又不如南珠。”广东廉州、雷州、广州府都有珠池，以廉州府最多。据嘉靖《广东通志》载，成化十二年（1476 年）广东采珠 2.8 万两，正德九年（1514 年）仅为 4000 余两。珍珠每为封建官吏掠夺对象，也为富者喜爱。《广东新语·货语》说，数万两珠子运到广州，一个晚上售罄，故时有“金子不如珠子”之语，说明珍珠有很高的文化品位，以致汉初在海南岛初置郡县，其中最大一个叫珠崖郡，即以珍珠命名。

海水富含的盐类也是耕海的一个主要内容。古越语盐称“禺”，故“番禺”一说为盐村，岭南土著越人远古时代就懂得利用海水制盐。《汉书·地理志》说“番禺有盐官”。又《北堂书钞》引《广志》曰：“盐多产于海滨。”唐代潮、广、恩、琼、振各州都有盐场。宋元盐场更为普遍。盐历为官卖，私制私贩被课以重罪。明代广东已普遍采用晒盐技术，有力地加速盐业发展和海水资源利用。洪武二年（1369 年）置广东和海北两个盐课提举司，管辖从海南岛到粤东饶平沿海 29 个盐场。另据嘉靖《广东通志》载，洪武年间（1368—1398 年）广东灶丁约 5 万人，嘉靖年间降为 3 万人。洪武年间广东全省盐年产量为 73800 引，占同期全国盐产量的 20%②，成为全国主要产盐省之一。又据史载，广东盐课岁入太仓银每年约 2 万两，而嘉靖十年（1531 年）广东缴铁课银才 8290 两③，远在盐课之下。所以时人谓“广盐行则商税集而军饷足，广盐止则私贩兴而奸弊滋”④，盐课成为广东财政收入主要来源和左右社会治乱的因素之一，也是南海海洋文化要素与大陆社会发展休戚相关的一个显著表现。

明清中国南海海洋渔业已有长足发展，沿海不少地区以渔为生。如广东宝

① 屈大均：《广东新语》卷 23，《介语》。
② 《大明会典》，《户部》。
③ 孙承泽：《春明梦余录》卷 35。
④ 龙文彬：《明会要》卷 55，《盐法》。

澳门渔民在捕捞弹跳鱼　澳门博物馆提供

安县“一面负山，三面通海，民以海为田，以渔为活”①。地狭的中山县，“土旷人稀，生理鲜少，家无百金，取给于渔农”②。地狭人稠、耕地严重不足的潮汕，以海为田为经济主要来源。澄海百姓“半不务农，而以渔盐为生”③。潮阳县“滨海以渔盐为业，朝出暮归，可俯仰自给。至于巨商逐海洋之利，往来燕齐吴越号富室者颇多”④。南澳县“耕田作海，船只往还，通商贸而广财利”⑤。在雷州半岛，大批人口依靠耕海为生。志称电白县“山民务农圃以尽地力，海人谋鱼盐以养身家”，“渔箔横列，以海为田”⑥，有“白米鲜鱼电白街”诗句⑦。

海洋渔业发展有赖于渔具的进步。明代两广已建立起多层次海洋作业体系。据屈大均《广东新语·鳞语》载，用于江河海滨的渔具，有罾、笼、罩、箔（沪）、橇、跳白（小舟）、钓等，用于浅海的有罛（大网），罛又分深罛、索罛、报罛、围罛、墙罛等，适用于不同深浅、底质、鱼类和季节，鱼获量不同。例如深罛，由六七十艘渔船联合操作，每日捕鱼数百石。而用于更深海域的索罛，规模更大，“相连数百千罛以为一墙，横截海水。……起罛时，鱼多不可胜数”。乾隆年间（1736—1795年）北部湾海域出现抗风力很强的大型渔船，取名“猛头”，排水量30万司斤（合176吨）和50万司斤（合295吨），除了在近岸，已远涉南海诸岛广大海域作业。⑧

---

① 康熙《新安县志》，转见佛山地区编《珠江三角洲农业志》（初稿）（三），1976年印，第67页。
② 康熙《香山县志》，转见佛山地区编《珠江三角洲农业志》（初稿）（三），1976年印，第67页。
③ 嘉庆《澄海县志》卷25。
④ 光绪《潮阳县志》卷11。
⑤ 《港规碑圮碑文》，见吴占才主编：《南澳县文物志》，1985年印，第177页。
⑥ 道光《电白县志》卷1，《疆域》。
⑦ 道光《电白县志》卷14，《观海记》。
⑧ 司徒尚纪：《中国南海海洋文化》，中山大学出版社，2009年，第49页。

第五节　澳门作为中西文化交流中心的形成

澳门在中国南海海洋文化史上是个非常特殊的地方，以其海陆交接地理区位和港口条件，成为16世纪以来中西海上贸易港口，也是中西文化最早接触、交流的中心，深刻影响中国历史进程和对外文化传播。澳门的历史地位和作用，直到鸦片战争后香港的崛起才被削弱和取代，但却在中国南海海洋文化史上留下一座不朽的丰碑。

1. 澳门历史地理环境

澳门在珠江出海口西侧，为香山县（今中山市）南端一个半岛。另有濠镜、镜海、镜湖、濠海、海镜、海觉、濠江、莲洋、濠镜澳、香山澳、龙崖门、马交之称。澳门半岛上原有妈祖庙，福建人称为“阿妈阁”，葡人读为“Macou”，外人读为“马高”。半岛南部耸立氹仔岛和路环岛两个离岛。1840年资料记载：澳门半岛面积为2.78平方公里，后经泥沙淤积和人工填海，面积不断扩大，1910年为3.35平方公里，1927年为5.422平方公里，1993年达7平方公里。而氹仔岛和路环岛1910年面积分别为1.78平方公里和5.61平方公里，到1993年相应增至4.5平方公里和7.8平方公里，同年整个澳门地区为19.3平方公里，到1997年发展到21.45平方公里。有幸的是，由于受地球自转偏向力（即柯氏力）的影响，珠江出海泥沙，向西漂移，沉积在澳门附近水域。这一方面使澳门可以从水中得到宝贵的土地，以供城市扩张；另一方面，泥沙沉积又使港口淤浅，影响船舶停靠和出入港。在帆船时代，船只吃水浅，这对澳门影响不大，但到海轮时代，澳门港水深不足以容纳巨轮，由此逐渐失去海港地区，作为海上贸易枢纽，澳门经济生命线被切断，澳门自此一蹶不振，唯以赌彩业作为其经济支柱，不过这是后话。澳门半岛附近，东面有东澳山、九星洲和九洲洋，再东为伶仃山和伶仃洋，更远为香港岛；西面隔濠江与对面山、马骝洲、灯笼洲、文湾山、磨刀山等岛屿相望；西南面则与蛇尾岛、鸡颈岛、大小横琴岛等对峙，形成“十”字形水道，称“十字门”，屈大均《广东新语·货语》有“洋船争出是官商，十字门开向二洋”之句，即说十字门为澳门通南海和珠江内河的交通咽喉。

澳门又处在东南亚与东北亚海上航线中继点上。其东北距离日本东京约2500公里，西南到新加坡约2600公里，东南至菲律宾马尼后约1200公里，北上广州约105公里，与后起香港仅61公里。澳门这个适中区位使它拥有广阔的海向腹地和陆向腹地，连接东西方，深入中国内地，为名副其实的国际交通枢纽，海上贸易兴盛300多年，伴此而来的中西文化交流，也以澳门为中心展开。

2. 澳门中西文化交流中心的形成和影响

澳门妈祖庙　司徒尚纪

15世纪地理大发现以后，16世纪欧洲殖民主义者东来，寻找黄金、市场，掠夺劳动力，开始了海盗式的殖民活动，也揭开了“西风东渐”的序幕。澳门优越的国际交通枢纽区位，很快被欧洲殖民主义者看中。史载“嘉靖三十二年（1553年），夷舶趋濠镜者，托言舟触风涛缝裂，水湿贡物，愿借地晾晒，海道副使汪柏徇贿许之。时仅蓬累数十间，后工商牟奸利者，始渐运砖瓦木石为属，若聚落然。自是诸澳俱废，濠镜为舶薮矣”①。澳门很快发展国际公共居留地，不同肤色、国家和民族的人群，接踵而来，或在澳门等机会进入内地，西方文化借此在澳门登陆、扎根生长，使之成为一座为多元文化交汇的城市。特别是西方宗教，首先在澳门立足，继向内地传播。1576年罗马教皇在澳门成立天主教区，负责远东地区天主教传教事务，第一站便是广东。1565年在澳门成立圣保禄公学，1609年升格为圣保禄学院（俗称大三巴），成为澳门历史上第一所高等学校，招收学生大部分为欧洲传教士和一部分中国日本修读生，通常每年有学生50人，最多时80人，最少时28人。曾在这家学院攻读毕业并入华传教的耶稣会士约200人，占明清时期入华传教会士472人的50%左右。② 如颇负盛名的耶稣会士郭居静（L'azzaro Cattaneo）、龙华民

① 万历《广东通志》卷69，《澳门》。

② 黄启臣：《澳门通史》，广东教育出版社，1999年，第121页。

(Nicolao Longobardi)、庞迪我(Diego Pantoja)、熊三拔(Sabatino de Ursis)、艾儒略(Giuio Aleni)、金尼阁(Nicolas Trigault)、汤若望(Johann Adam Schall Von Bell)、卫匡国(Martno Martini)、南怀仁(Ferdlnand Verbiest)等，他们不少人是研究中国文化的学者，出版不少成果，为中西文化交流作出了贡献。中国天主教徒在这所学院进修神学的约有30人，几乎全为澳门人，个别为广东新会、陕西城固、江苏常熟人，他们有中国文化背景，对传播西方宗教也发挥了重要作用。圣保禄学院1835年最后一次毁于大火，仅剩框架，供人瞻仰，今已成为澳门名胜旅游地。

澳门马路水波纹和海产品图案　司徒尚纪摄

澳门马路水波纹和海产品图案　司徒尚纪摄

澳门中西文化荟萃，具有很高的文化势能，形成向外传播之势。这包括西学东渐和东学西传双向运动，在当时世界也是罕见的。经澳门传入中国内地的主要有数学，如由利玛窦口授、徐光启译的欧几里得《几何原本》（1606 年），与徐光启合译《测量法义》（1607 年），由利氏口授，李之藻译《同文算指》（1613 年）以及二人合著《测量异同》（1613 年）等书，“在中国数学发展史上是为西方数学传入中国之始”①。另由艾略儒口授、瞿式耜笔录《几何要法》（1631 年），邓玉逐著《大测》，穆尼阁著《比例对数》《天步真原》，杜德美著《周经密率》等，对中国近代数学发展起了巨大推动作用。《几何原本》一书内容至今仍在中学使用。另利玛窦传入西方天文学、历法学、地理学、地图学等。西医学和西药学也以澳门为嚆矢，传入内地。1569 年，卡内罗在澳门开设中国第一所西医院，分内外两种和化验，甚有疗效。此后西式医院在澳门相继兴起，还办起专门性的眼科医院，免费为患者治疗，据悉五六年间有 6000 名病人受惠。同时，英国医生琴纳于 1781—1800 年向中国介绍牛痘接种法，以防止天花。1805 年，英国医生皮尔逊在澳门种牛痘获得成功，并著《牛痘奇书》，后被译成中文出版。此后，种牛痘医术传入广州等地，首先在广州十三行接种，30 年间，累计有 100 万儿童接种，效果甚佳，很快推广至全国，深受中国百姓欢迎和赞扬。南海诗人伍秉镛写诗为证，高度评价这一医术盖世之功，其中曰：

① 钱宝宗：《中国数学史》，科学出版社，1964 年，第 230 页。

人事补天天无功，天心牖人人乐从。
牛痘自种始夷域，传来粤海今成风。
等此批隙导大窍，化尽险厄调鸿蒙。
爷娘来省噢惶恐，保尔赤子硕且丰。[①]

此外，物理学和工程物理学、水利学、建筑学和建筑技术等自然科学基础理论和应用技术也假道澳门传入内地，对中国科技进步功不可没。

澳门同样是西方人文社会科学向内地传播的基地，这包括语言学、音韵学、哲学和伦理学，以及美术、音乐等，有些先在澳门流行，继流布内地。当然，这些西方科技和人文社会科学，是伴随耶稣教士一起传来的，仅是达到传教目的的一种手段，但无论如何，这对开启封闭、保守下中国人的眼界，扩展他们的视野，以及初步应用于实践，贡献匪浅。

中西文化交流是双向、互动的，在西风东渐之同时，也开始东学西传，经澳门由耶稣会士传入欧洲的中国文化同样是发轫于明末的一个时代潮流，中国南海是最主要通道。这包括了中国儒家哲理、中国重农经济思想、中国语言文学、古典文学、中医学和中药学、中国数学、中国工艺美术、中国绘画和建筑艺术、中国风俗等。据粗略统计，16—18 世纪耶稣会士翻译中国典籍及他们所撰汉学著作共 82 种[②]，涵盖多个学科领域，比较重要的有“四书”“五经”《大学》《中庸》《论语》《诗经》《六经》《孝经》《幼学》《赵氏孤儿》《易经》《皇舆全览图》《中国通史》《中华帝国志》《中国植物志》《满法字典》《孔子传》《历代名贤传》等。这些中国文化对西方国家产生深远影响，至今仍未泯灭。儒家学说传入德国，引起德国近代古典哲学的振荡。德国古典哲学家莱布尼兹是儒家学说的真正引入者，也由此成为这个学派的创始人。1697 年他在《中国近事》一书中指出，“欧洲文化的特长在于数学的、思辨的科学，就是在军事方面，中国也不如欧洲，但在实践哲学方面，欧洲人就大不如中国人了”[③]。而中国重农思想，则促进了法国和英国古典政治经济学的形成。法国重农学科创始人魁斯奈研究了从澳门传入的中国经籍，研究了伏羲、尧、

---

① 伍秉镛：《渊六墨妙诗钞》下卷。
② 黄启臣：《澳门通史》，广东教育出版社，1999 年，第 137～139 页。
③ 黄启臣：《澳门通史》，广东教育出版社，1999 年，第 134 页。

舜和孔子思想，吸取他们的自然秩序、自然法则思想精髓，1758 年写成《经济表》，1767 年著《中国的专制制度》和《自然法则》等书，提倡以农为本，只有农业才能增加财富，要求政府改变轻视农业观、妨碍农业的政策。英国古典政治经济学家亚当·斯密吸收了孔子“天然自由”，司马迁“自由经济”思想精华，写成《国富论》，成为政治经济学经典名著，至今仍不失其意义。明末清初，中国才子佳人小说《好逑传》被在澳门、广州的英国商人魏金森译成英文，在欧洲引起极大反响，后又出版法文、德文、荷兰文本和编译本达 20 多种。著名诗人歌德高度评价：“中国人有千万部这样的小说，他们开始创作的时候，我们的祖先还在树里生活呢！”① 中医学和中药学传入欧洲，不但为当地人用于治病，而且为科研提供宝贵材料，达尔文著《人类的由来》《动物和植物在家养下的变异》多处引用李时珍的《本草纲目》。中国瓷器、造园艺术、漆器为欧洲人青睐，广州油漆家具被运到英国，走上大雅之堂。中国茶叶运到欧洲，诱发欧洲人饮茶成风，尤以英国人为甚。连坐轿这种风俗，也由澳门传入欧洲，法国人竞相仿效，成为时尚。诸如此类，说明中西之间，从物质文化到非物质文化各个层面和领域在明末以后都以澳门为中心发生频繁交流和相互效应，使弹丸之地的澳门为举世瞩目而载入中西文化交流史册。这恰如北京大学教授 1993 年为陈炎教授著未刊稿《海上丝绸之路与中外文化交流》一书所写序言指出：“在中国五千多年的历史上，文化交流有过几次高潮。最后一次，也是最重要的一次，是西方文化的传入。这一次传入的起点，从时间上来说，是明末清初；从地域上来说，就是澳门。整个清代将近三百年时间，这种传入时断时续，时强时弱，但一直没有断过（中国文化当然也传入西方，这不是我在这里要谈的问题）；五四运动，不管声势多么大，只是这次文化交流的余绪。可惜的是，澳门在中西文化交流中这十分重要的地位，注意之者甚少。我说这话，完全是根据历史事实。明末清初传入西方文化者实为葡人，而据点则在澳门。”②

① 沈福伟：《中西文化交流史》，上海人民出版社，1985 年，第 469 页。

② 黄启臣：《澳门通史》，广东教育出版社，1999 年，第 131 ~ 132 页。

第六节 利玛窦入粤

16世纪欧洲殖民主义东来之前，影响岭南海洋文化的主要是印度文化、波斯文化、阿拉伯文化以及东南亚各国文化等海外文化，此后，它们才渐渐被欧洲文化取代。在这两种海外文化地位的转变时期，被后人誉为“沟通中西文化第一人”的利玛窦，入粤传教十二年，将文艺复兴以后的西方科技文化首先传入广东，继而又扩散到其他省区，岭南海洋文化自此被注入新的养分和活力，为后来发展为时代先进文化奠定了历史基础，从这个意义上说，利玛窦是个划时代的人物。

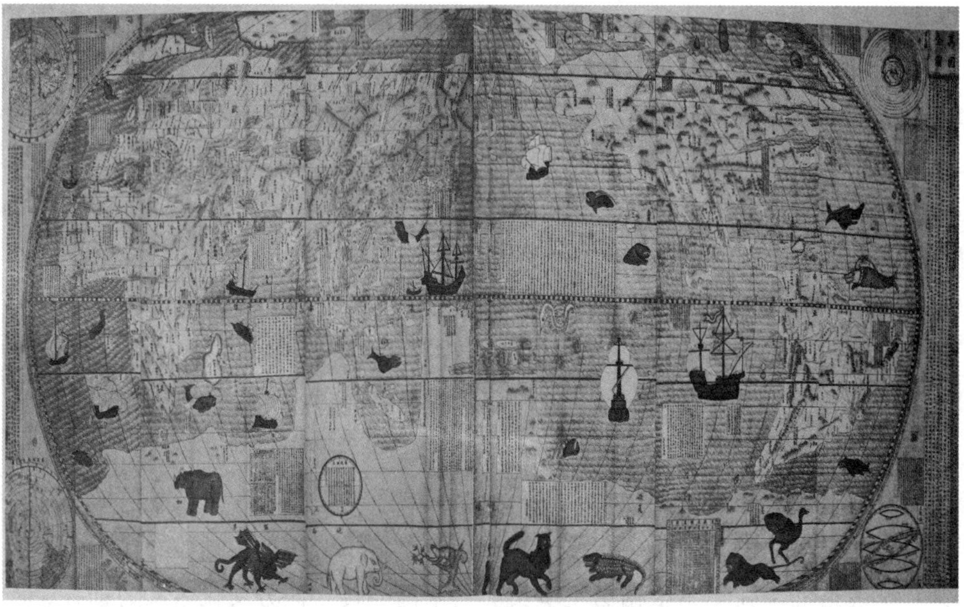

利玛窦在肇庆绘制第一幅中文世界地图　李峰提供

1. 利玛窦在肇庆

利玛窦（Matteo Ricci，1552—1610年）是意大利人，按中国古代传统取号西江，又号西泰，青年时代攻读神学和自然科学，学识渊博，笃信耶稣，决心献身传教事业。明万历十年（1582年），利玛窦奉教会之命由印度来到早已为葡萄牙人租占的澳门。在澳门他接受了中国文化的各种训练，作了充分准备。翌年（1583 年）九月，利玛窦随同另一位传教士罗明坚（Michel Ruggieri）从澳门来到广州，住进专为外国人来华居住的江边怀远驿。他们送给当地官员一幅世界地图和一些西方新式器物，使广州人耳目一新。时明朝政府实行闭关政策，利玛窦深感在广州传教有许多困难，继而选择当时的两广总督驻地，政治、经济和军事重镇，西江下游的肇庆作为传教落脚点。在肇庆，利玛窦受到知府王泮的礼遇和支持，传教活动得以开展。万历十三年（1585 年），利玛窦在西江河边的崇禧塔附近兴建了我国第一座天主教堂——仙花寺。教堂落成以后，利玛窦在内开辟了一个图书仪器室，展出精致的西文图书、天文仪器、世界地图和各种西洋物品，并使用粤语讲解，使上自官员士绅、下逮平民百姓的参观者大开眼界，深为诧异。人们对这些精致美观的图书大为赞叹："其纸如美妇之肌，不知何物也。"画册中欧洲城市的宫殿、拱门、桥梁、庙宇等建筑造型和景观更使许多人大为倾倒，想不到遥远的西方还有如此高度的物质文明。教堂门首悬挂的齿轮式自鸣钟，可自动报时，与当时我国"铜壶滴漏"式计时器不大相同，人们引以为奇；那些见所未见、闻所未闻的天球仪、地球仪、光谱仪、象限仪、浑天仪、日晷等天文仪器，更使人赞叹不已：利玛窦亲自演示和讲解天体运行、日蚀月蚀等原理，则使人无不折服。特别是当场用象限仪测量崇禧塔的高度、井深和路长被验证无误时，人们甚至称他为"伟大的天文学家"。教堂中厅悬挂的西文世界地图，是最早传入我国的世界地图，与我国过去的地图完全不同。中国自称为中央之国，在自编的各种舆图中都把自己放在中心位置，而周围的国家和海岛加起来还不及中国一个省，既非投影所制，也无经纬度，很不精确。而利玛窦带来的这幅世界地图把地球五大洲、子午线、赤道、经纬度和五带等都标示出来，在参观者眼前展开的是一个从来没有见过的世界，人们第一次看到世界是如此之大，国家是如此之多，中国仅占世界东方的一角。这在当时引起很大反响，相信者固然不乏其人，而怀疑者也并不孤单，无知者则说

澳门大三巴遗址　司徒尚纪摄

他信口雌黄、邪说惑众。后来利玛窦应王泮的要求，将这幅地图译制成中文世界地图，并迎合中国人的自大心态，把中国放在地图中央，取名《山海舆地全图》，此即世界上第一幅中文世界地图，在我国和世界地图史上具有重大意义，是一件非常珍贵的历史文物，难怪《明史》说它："域中大地尽矣。"利玛窦在肇庆演示、解释天体运行规律，实际上已把地球是圆球体之说传入我国，动摇了我国自古以来流行的"天圆地方"说，即认为"天员（圆）如张盖，地方如棋局"，大地静止不动，日月星辰则在天空上随天旋转，这种天地观长期禁锢了人们的思想。有人指出明初郑和远航的壮举未能导致地理大发现，而比他晚六十多年的哥伦布却实现了，这其中一个很重要的原因就是中国传统的狭隘天地观限制了郑和的远航不是环球航行，以及中国古代世界地图不发达。所以到清乾隆时地理学者刘继庄在《广阳杂记》中指出："地圆之说，直到利氏东来始知之。"① 这个评价是中肯的。

澳门博物馆利玛窦塑像　司徒尚纪摄

肇庆仙花寺遗址　司徒尚纪摄

利玛窦在肇庆传教布道，发展教徒八十多人，这些人成为我国最早的天主教徒。与此同时，他还做了一些沟通中西文化的事。如他和罗明坚合编了我国第一部中西文字典——《葡华字典》，首创了用拉丁字母注汉字语音。新中国成立之初，中国文字改革委员会曾介绍过利玛窦的这一贡献，指出：这是中国第一个拉丁字母的拼音方案。利玛窦和罗明坚还合译出《天主十戒》和《天主实录》

① 刘继庄：《广阳杂记》卷4。

等，这些都是在我国出版的最早一批天主教教义书籍。利玛窦前后在肇庆传教六年，经常往来于澳门和肇庆之间，使肇庆成为继澳门之后西方文化在内地传播最早的基地。

2. 利玛窦在韶州

万历十七年（1589 年），由于当地一些士绅的反对，利玛窦离开肇庆，取道北江到韶州传教。途经英德时，利玛窦应县官邀请游览了北江名胜碧落洞。在官兵的护送下，利玛窦到了韶州，住进广东名刹南华寺，在韶州建立起内地第二所天主教堂，在那里传教也有六年之久。在传教之余，利玛窦将我国儒家经典“四书”译成拉丁文，使我国传统文化传播到欧洲，在他的其他著作中还向外国人介绍了广东特产龙眼、荔枝以及柑橘等水果。

此期间利玛窦也往返肇庆，在肇庆拜会了被贬谪徐闻的著名剧作家汤显祖，并向他介绍了许多前所未闻的事物，对汤显祖以后的戏剧创作产生了很重要的影响。两人交谈甚欢，汤显祖曾写诗二首以记其事，题为《端州逢西域两生破佛立义，偶成二首》。其诗云：

> 二子西来迹已奇，黄金作使更何疑。
> 自言天竺原无佛，说与莲花教主知。

利玛窦在汤显祖面前颂扬天主，贬斥佛教，使汤显祖大为意外，因而赋诗。此诗流传甚广，已收录近版《肇庆市志》。在韶州，利玛窦还收留了原南京礼部尚书之子瞿太素为徒。此人原是个败家子，不务正业，醉心于炼丹之术，追求长生不老。利玛窦晓之以理，使他放弃愚蠢念头，成为忠实教徒，并刻苦学习西方天文、数学，自己制作精巧的科学仪器，这也是西方系统数学传入我国之始。利玛窦还经常出现在韶州至南雄的交通要道上，并在大庾岭下的南雄布道发展了一批教徒。这些教徒很多都是外省籍的，因为南雄是南北商贾汇集的城市。后来法国传教士裴化行在《利玛窦评传》中引述利氏的记载：“南雄城大小有如佛罗伦萨，它的主要部分位于北江和一条可通舟楫的支流之间。关厢有二条以石桥、木桥与城相连。凡从欧洲、印度、马六甲、摩鹿加来的东西都从这里经过……每日两次开桥放船通过。”利玛窦在南雄时受到了政府官员的尊重和信众的拥戴，同书还说：“官员们率全家人——甚至带上所有的邻居，伫候神父光临，街上挤满了人，许多人迎面跑过来掀起轿帘，看洋人下轿。”洋教狂热很快席卷这座州城。上书引利氏自言：“我承认，原没有料到在中国立刻就目睹了我在此曾默想过的场面。宾客络绎不绝来到大厅，好多老人已经在大厅里安置神坛，上面悬挂着救世主和圣母画像。我竟日（也就是长达七八个小时）坐在那里宣讲我们信仰的真理，有时讲到将近子夜，也没有时间做圣事。……许多听众通宵待在房子里，我在黎明时分做弥撒。”① 这场面与他初到肇庆时的遭遇显然不同，传教获得了成功。

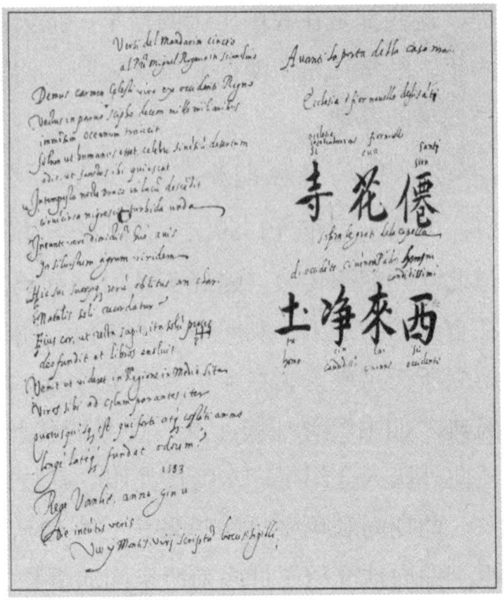

肇庆知府王泮为利玛窦写的两块匾额

澳门《文化杂志》2008 春季刊题刻

3. 利玛窦入粤文化意义

利玛窦在韶州传教六年后，决心把宣扬天主福音的工作打入京城。万历二十三年（1595 年）他离开广东取道大庾岭道北上。在北京，利玛窦结识了一大批士大夫，做了许多如上述传播西方文化的工作，并亲自测量了北京、南京、大同、广州、杭州、西安、太原、济南等城市的经纬度，其结果与现在测值相差无几。利玛窦的工作受到朝野许多有识之士的赞扬，明末思想家李贽怀着十分钦佩的心情，为之作诗曰：

逍遥下北溟，迤逦向东征。
刹利标名姓，仙山记水程。
回头十万里，举目九重城。
观国之光未，中天日正明。

① 裴化行著，管震明译：《利玛窦评传》，商务印书馆，1993 年，第 150 ~ 151 页。

利玛窦来华，其目的虽在于通过传播西方科技文化知识来传教，但实际上却在世界的两半部，在东西方文明之间架起一座桥梁。他所沟通的东西方文明涉及自然科学、技术科学和人文科学等重大领域，较之以往东西方贸易所伴随的文化交流，其作用和影响要巨大和深远得多。因为后者主要是物产交流，相比起利玛窦所带来的文艺复兴以来更具科技含量的西方文化自然要大为逊色。从这个意义上说，利玛窦的历史地位不容置疑。而首得西方科技文化风气之先的广东也就成了东西方文化的结合部以及交融、整合和内外传播的中心。明末清初，广州先于内地最早仿制西洋钟表，时有"广钟"之称。北京故宫博物院现存钟表，即有不少是广州制造的。被称为"广彩"的广东陶瓷工艺也吸收西洋画法，形成独特风格。到道光年间阮元修《广东通志》，即介绍了自鸣钟、风琴、玻璃镜、千里镜等西洋精巧器物，以及西方"设奇器科取人"的考试方法。自此，南海海洋文化开始了在对外交流过程中不断兼收并蓄、吸纳一切能为我所用的异质文化来培植和壮大自己的蓬勃发展的历史。而利玛窦的贡献，恰如英国科技史专家李约瑟评价的："在文化交流史上，看来没有一件事足以和十七世纪时耶稣会教士那样一批欧洲人的入华相比。因为他们充满了宗教热情，同时又精通那些随欧洲文艺复兴和资本主义兴起而发展起来的科学。""总之，耶稣会传教士的贡献虽说内容复杂，但却有一种较高的投机性质。即使说他们把欧洲的科学和数学带到中国只是达到传教的目的，但由于当时中西两大文明仍互相隔绝，这种交流作为两大文明联系的最高范例仍然是永垂不朽的。"① 历史已经证明，李约瑟的这个诊断是客观、公正的。明太仆少卿李日华（1566—1635 年）《赠利玛窦》诗曰：

云海荡朝日，乘流信彩霞。
西来九万里，东泛一孤槎。
浮世常如寄，幽栖即是家。
那堪作归梦，春色任天涯。②

对利氏赞美之辞跃然纸上。这也是中国南海海洋文化史上最可圈可点的一页。

① 李约瑟：《中国科学技术史》第四卷第二分册，科学出版社，1975 年，第 639 页。
② 印光任、张汝霖：《澳门纪略》上卷。

第七节 海盗文化复兴

以海为商是海洋文化的主要内涵，为商主体除了一般商人，还有一部分亦商亦盗，或平时为商、乱时为盗。如此一来，则这个特殊商人群体，他们的部分行为，也是海洋商业文化的一部分。另外，海盗纵横海面，横行无忌，与官府对海洋管理乏力、无能等相关。而在海盗内部，也有自己的奖惩、管理、分配等准则，作为其存在、活动于海洋的支持。这样，从海洋制度文化而言，海盗问题可纳入这个概念之内，故海盗文化被视为海洋文化一个组成部分，也不无道理。正因为如此，海盗问题历受中外学界关注，有关论著也不在少数，如近年面世的专著即有穆黛安著、刘平译《华南海盗》（中国社会科学出版社，1998 年）、郑广南著《中国海盗史》（华东理工大学出版社，1998 年），堪称研究海盗文化代表性成果。

1. 明代以前中国南海海盗文化

中国南海周边国家和地区甚多，经济发展水平不同，社会制度不一，文化背景也大相径庭，在贫富不均、社会动乱背景下，陆地居民走向海洋以盗为命，世代不绝，贯穿整部海洋文化史。秦汉时，已有一些失去人身自由的奴隶、败北皇室成员、海上疍民等逃亡海上、沦为海盗。如秦始皇进军岭南，曾受到土著越人猛烈抵抗，在秦夺取陆梁地（即岭南）后，部分越人离开陆地，逃入江海，成为疍民。汉武帝平定南越国，丞相吕嘉及末代南越王赵建德连夜带家属数百人亡命海上，散处珠江口及南海一些岛屿上，靠海生活，也有一部分人厕身海盗之列。晋末孙恩、卢循在浙江起义，在官军镇压下流窜广东沿海岛屿，以海为生，成为广东疍民一个主要来源，被称为“龙户”，即疍民一种异称。唐代，中国南海海上贸易兴盛，善于经商的阿拉伯人大批来华，侨居广州等地。唐僖宗乾符六年（879 年）黄巢起义从福建海上进攻广州，城破有 12 万阿拉伯人被害。黄巢上表求为岭南节度使即接受招安，看中的是广州依靠海上贸易致富，但为朝廷拒绝。黄巢兵败后，一些起义军从海路逃亡，相信部分人加入海盗队伍。

实际上，唐代中国南海已出现亦盗亦商海盗。这是指岭南地方豪强在沿海势力。如海南万安州豪强冯若芳，“每岁常劫取波斯舶二三艘，取物为己货，掳人为奴婢。……若芳会客，常用乳头香为灯烛，一烧一百余斤。其宅后，苏芳木露积如山；其余财物，亦称此焉”①。南海中大豪陈武振，家有犀象玳瑁仓库数以百计。据唐段公路《投荒杂录》记载，陈武振使用佛教密吃“得牟法”致富，其实是海上抢劫。宋人李昉记曰：“先是西域贾漂舶溺者因而有焉。海中人善咒术，俗谓‘得牟法’。凡贾船经海路，与海中五郡（指唐代海南五郡）绝远，不幸风漂失路入振州境内，振民即登山披发以咒诅，起风扬波，船不能去，必漂于所咒之地而止。武振由是而富。”② 唐代南海管辖松弛，周边地方势力强大，海盗横行，谅不是个别事件。

卢循转战两广、越南，纵横海陆于一时，虽然终归失败，但从海盗文化史视野，被认为是中国海盗活动的揭幕人。道光《廉州府志·纪事》曰：“孙恩寇温、台。恩赴海死，众推卢循为主，从海道寇广州。此中原海寇之始也。”因孙恩卢循建船队，造战舰，据海岛，开辟海上战场，反抗官府，积累了丰富海上用兵经验，为后世所宗，他们甚至成为海盗的代名词。

海上贸易致富，招来海盗蜂起，唐高祖李渊曾诏设招讨海盗使，负责平息江浙、闽广一带海盗。贞观七年（633 年）还派遣特使前往岭南，“巡视海岛”，并在东莞置屯门镇，以防海盗，足见南海是海盗活动最猖獗的海区。

宋代实行开放政策，海洋经济崛起，东南财富地、江浙人文薮已经出现，但贫富差异日趋扩大，浙闽海盗应运而生；广东海盗也接踵而起，相互策应，南海海盗活动进入频繁、炽热时期，为祸海上比过去更加惨烈。南宋宁宗嘉定年间（1208—1224 年），真德秀奏曰：“比年以来，海盗不时出没，舶商间遭劫掠。”③ 南宋理宗淳祐年间（1241—1252 年）海盗活动尤为猖獗。福建提点刑狱包恢奏曰：“海盗虽未尝无之，然未见近年之猖獗；近年虽无岁无之，然未见如今年之凶横。前乎此，但闻就海劫船，后则敢登海岸而放火劫杀矣。前乎此，犹闻舟小人寡，今则聚众至数千而巨艘千数矣。”④ 这与南宋朝廷偏安一隅，赋税来源减少，但无度挥霍不止，加紧对百姓盘剥，激起官民矛盾所致。尤其东南沿海，土地兼并严重，渔民、船户赖以为生的船只时被征用，这

① 真人元开著、汪向荣校：《唐大和上东征传》，中华书局，2000 年，第 68 页。
② 李昉等：《太平广记》卷 286，《幻术·陈武振》。
③ 真德秀：《西山文集》卷 7，《申枢密院乞节制左翼军状》。
④ 包恢：《敝帚稿略》卷 1，《防海寇申省状》。

些人无以为生，铤而走险，下海为盗。也有商人不堪官吏盘剥，不得不放弃合法经营，转而武装走私，亦商亦盗。刘克庄曾指出其根源在于，“愚民以命易货于鲸波万里之外，幸登于岸，重征焉，强买焉，或临陷之罪而干没焉”①。在苛政之下，商人只有冒犯海规，变为海盗。但这些海盗对比宋朝廷海上势力，到底是弱小的，官府一方面对他们招安和剿捕；另一方面又积极推进市舶贸易。故沿海地区海上贸易仍持续发展，直到南宋末年，宋室江山岌岌可危，海盗横行已处于失控状态。海洋管辖制度亦成为一纸空文了。

元代海上贸易制度虽有时禁时开变动，但开海仍是主流，南海贸易远胜赵宋，与广州有贸易关系的国家和地区达140多个，市舶收入仍是朝廷财赋一个主要来源。但元政苛暴，实行高压民族政策，南人受压迫最深，反元斗争此起彼伏。志称约在元文宗天历二年（1329年）南行台御史任格“盛暑乘传诣广州，按问省臣盗海舶罪”②。这反映了贪官污吏破坏外贸之事激化社会矛盾，海盗随而产生。特别是元代福建泉州第一大港的外贸利益甚丰，首先成为海盗劫掠的对象。史称自元顺帝至正八年（1348年）三月“福建盗起”，“大者据州县，小者雄乡里”③。这必然波及广东沿海，助长海盗活动。在宋末抗元斗争中，海盗黎德武装势力至为强大，为抗元一支主力军。另外，元代在广东洋面活动的海盗有李祖山、卢实善、王一与刘进等人，宋元盘踞沿海岛屿，至明初才为官军剿平。但不管怎样，元代中后期，与中国南海周边国家关系有所好转，各方相安无事，无论政府还是民间，海盗侵扰事件不多。元代吴师道记广州为“服岭以南一大都会，临治海岛。近岁以来，贡赋货殖充斥，瑰异比于中州”④。另一位元末明初人杨翮又曰：“世传岭南诸郡近南海，海外真腊、占城、流求诸国蕃舶岁至，象犀、珠玑、金贝、名香、宝布、诸凡瑰奇珍异之物宝于中州者，咸萃于是”⑤。可见总体上而言，元代中国南海平静时候居多，海盗未成为海洋上的主宰。

2. 明代海盗文化复兴

明朝廷对海外贸易，采取“时开时禁，以禁为主”朝贡贸易政策，加之

---

① 刘克庄：《后村大全集》卷69，《赵孟传除泉州制文》。
② 苏天爵：《滋溪文稿》卷16，《真定杜氏先德碑铭》。
③ 贡师泰：《玩斋集》卷6，《送李尚书北还序》。
④ 虞集：《道园类稿》卷23，《广州路文成庙记》。
⑤ 杨翮：《佩玉斋类稿》卷4，《送玉庭训赴惠州照磨序》。

明初方国珍余党仍在东南沿海一带活动，海禁政策愈加严厉。这都严重影响闽广沿海商民生计，故铤而走险商民有一部分不得不贩私或亦商亦盗。明初中国南海海盗已相当活跃。明廷在严禁官民下海律令中规定“奸豪势要军民人等，擅造二桅以上违式大船，将带违禁货物下海前往番国买卖，潜通海贼同谋结聚及为向导劫掠良民者，正犯比照谋叛已行律处斩，仍枭首示众，全家发边卫充军”[①]。明中叶以后，随着新航线开通，海上丝绸之路已形成全球性大循环，海盗活动也获得更广阔空间。特别是西方殖民主义者东来，他们实际上亦商亦盗，东南亚诸国相继沦为葡萄牙、西班牙、荷兰、英国等殖民地。中国一部分破产农民、手工业者、疍民等也加入这支海盗行列。这样中国南海盗烽火不断。明正德十六年（1521 年），葡萄牙一支以迪哥·卡尔乌（Diogo Calvo）为首的远征队和另一支以柯亭何（Goutinho）为首的远征队抵达广东洋面进行海盗活动，为广东海道副使汪鋐指挥舰队驱逐。此为有名的“屯门之战”，葡萄牙人伤亡惨重，被生俘男女 111 人，仅三只船突围逃命。但葡萄牙人在屯门罪行，仍属罄竹难书。保存在大英博物馆的一份手稿《书尔斯利文件集》第 13875 号记录了葡萄牙舰件司令西芒·德·安德拉德（Simao d’andrade）的海盗暴行：“这位司令官对待中国人的态度与葡萄牙人在过去一些时候对待亚洲各民族的态度完全一样。他未经获准就在屯门岛上建起一座要塞。从那里他乘机向出入于中国港口的所有船只掠劫和勒索金银。他从沿海地区掳走年轻女子，捕捉中国人，使之为奴。他放纵自己去干那些最无法无天的海盗行径，过着最可耻的放荡淫乐生活。他手下的那些水手与士兵也就起而效之。”[②] 更有甚者，如陈文辅《都宪汪公遗爱祠记》（按广东海道副使汪鋐）记载：“正德改元，忽有不隶贡者，号为佛朗机者，与诸狡猾凑杂屯门、葵涌等处海澳，设立营寨，大造火铳为攻战具。占据海岛，杀人抢船，势甚猖獗。虎视海隅，志在并吞。图形立石，管辖诸番。脍炙生人，以充常食。民甚苦之，众口嗷嗷，俱欲避地以图存活。弃其坟墓室庐，又极凄婉。”[③] 这些用血泪写成的文字，是对早期西方殖民者的海盗行径的强烈声讨和控诉。万历二十六年（1598 年）已沦为西班牙殖民地的菲律宾总督派遣一只快船经澳门欲入广州贸易，未果。

---

① 熊鸣歧：《昭代王章》卷 2，《私出境外及违禁下海》。
② 转见李庆新：《濒海之地——南海贸易与中外关系史研究》，中华书局，2010 年，第 209 页。
③ 转见李庆新：《濒海之地——南海贸易与中外关系史研究》，中华书局，2010 年，第 209 页。

“遂就虎跳门，径结屋群居，不去。海道副使章廷翰，饬兵严谕，焚其聚落。次年九月，始还东洋。”① 显见，这些西班牙人亦非善类。英国是继葡萄牙、西班牙、荷兰之后最强盛的殖民国家，自东扩张不遗余力，1600 年成立东印度公司，作为其在亚洲殖民活动大本营。崇祯十年（1637 年）东印度公司主任威忒尔（John Weddell）率领舰队从印度果阿出发，欲登陆澳门未果，遂于八月二十二日强行占领虎门，烧毁当地官府衙门，劫掠乡民粮食和财物，又暗中贿赂广东总兵陈谦，行队开入黄埔和广州，购得货物一批，然后“奔走下舡……扬帆离虎门”②。此为英国殖民主义者第一次强行进入广州通商贸易，从一开始就表现出暴力行径和海盗角色。这也说明，早期西方殖民主义者，多半是海盗式商人，中国南海是他们最主要的一个活动场面，全无法律可言，用剑与火的文字写在中国南海海洋文化史上。

实际上，中国南海的海盗，也有不少是两广商人，他们在海上贸易旗帜下，也从事劫掠勾当。史称“广东惠、潮、琼崖狙狯徒，冒险射利，视海如陆，视日本如邻室耳，往来交易，彼此无间”③。如嘉靖二十四年（1545 年）潮州商人“驾双桅船，挟私货，百十为群，往来东西洋”④。嘉靖至万历年间（1522—1619 年），澄海县海盗商人林道乾，“遍历琉球、吕宋、暹罗、东京、交趾诸国”⑤。嘉靖末年，林道乾曾为官军所败，亡命台湾北港昆仑岛（Polu Condoo）。万历六年（1578 年），林道乾慑于官军追剿，率部南航到暹罗大泥（Datni）。史称：林道乾“擅其边地以居，号道乾港”，聚集那里的广东、福建海盗四千余人。⑥ 林道乾后被暹罗附属国北大年女王招为婿，用华人为大臣，鼓励华人移居，北大年成为广东人移居最多地区之一。后有论者说北大年之吉兰丹波赖村，“全村住的都是三百多年前集体移入的华人。他们现在讲的还是汉语客语系语言。传说移入时的领袖张伯才是海盗领袖。考三百年前，正是明

---

① 康熙《广东通志》卷 28，《外蕃》。

② 《明清史料》（乙编）第八本，第 752 页。

③ 谢肇淛：《五杂俎》卷 4，《地部一》。

④ 《明史》卷 322，《鸡笼山传》卷 325，《渤泥传》。

⑤ 郁永河：《海上纪略》，转见郑广南：《中国海盗史》，华东理工大学出版社，1999 年，第 418 页。

⑥ 《明史》卷 322，《鸡笼山传》卷 325，《渤泥传》。

末清初的时候，无须解释这些移民便是抱着反清复明的华侨先民了”[①]。在印度尼西亚诸国，华人流寓的也很多，广东人梁道明、陈祖义、施俊卿等在旧港、杜板、新村等地聚居。“嘉靖末年，闽粤海寇遗孽逋逃至此，积二千余人。”南海县商人梁道明永乐三年（1405 年）贸易于旧港，“久而情熟，挈家住居，积有年岁，闽广军民弃乡里为商从之者至数千人，推道明为长”，“雄视一方”。[②] 自是海盗之首，当然也是开发旧港有功之人。永乐五年（1407 年）郑和第二次下西洋，“航经旧港，派人诏谕陈祖义归降，陈祖义假意投降，企图袭击官军。另一盗首广东施进卿，密告郑和，陈祖义阴谋败露。郑和杀贼党五千余人，烧贼船十艘，获其七艘，及伪铜印二，生擒陈祖义等三人。既至京师，悉命斩之”。[③] 事后，明朝廷在旧港设宣慰司，命施进卿为宣慰使，赐官印及冠带。其死后，位为子孙继承。“其女施二姐为王，一切赏罪黜陟皆从其制”[④] 成为旧港实际统治者。广东侨民也以施氏为靠山，对当地开发作出贡献。在菲律宾，留居的广东、福建人最多。清康熙五十五年（1716 年）曾遣使访问“吕宋、噶剌吧等处，常留汉人，自明代以来有之，此海贼之薮也”[⑤]。万历二年（1574 年），广东著名海盗商人首领、饶平人林凤为粤闽官军追剿，难在东南沿海立足，统领水手和士兵、妇女共 5500 多人分乘 62 艘海船开往菲律宾，欲占其地立国安身。但马尼拉一战失利，继为西班牙军队追剿。林凤只得逃回潮州、惠州，不知所终。

明代除上述亦盗亦商的著名海盗以外，江海疍民流为海盗的也为数不少，有所谓“海阔疍家强”之说。这些疍民通常在鱼汛季节捕鱼，无鱼可打时则抢掠盗劫。两广江河、珠江、韩江等出海口等，常为疍民杀人越货之处。光绪《广州府志·前事略五》载，万历二十年（1592 年）三水一带……夜则十疍衔尾夹以长桅，远望如长船，众力操之，其捷如飞。遇货艘往来无不得者，杀人石沉深潭中，寻解连复为小艇，又为奔报哨守状。官兵无从缉贼，如是不知几何年。知县甘廉得之，适有来告失财命于江，次者问其地即此也，遂密捕其疍

---

① 台静农、余又苏：《明代中国与马来西亚的关系》，转见黄启臣主编：《广东海上丝绸之路史》，广东教育出版社，2003 年，第 452 页。

② 严从简：《殊域周咨录》卷 8，《爪哇》。

③ 《明成祖实录》卷 71，永乐五年九月壬子。

④ 马欢著，冯承钧校注：《瀛涯胜览校注》，《旧港国》，中华书局，1955 年，第 17 页。

⑤ 《清圣祖实录》卷 270，康熙五十五年十月壬子。

鞫，招押以觅尸，曰以石沉之潭中，无能觅矣。押指其地，召设人捞骨。没人入辄如风雷，速瞀恐惧而出云骨多，但持不能出，甘乃焚香告天召。没人朱批其手骨曰取骨申冤，遂没人抱而出贼胥，自此道除。在西、北江湾多险要河段，为疍民为益严重之地，官府认为疍民与盗贼齐名。道光《广东通志·关隘略一》说："（清远）县境南北多盗贼及黎疍之患。"即指这类疍民为盗。

在珠江三角洲沙田区，河海交界地区，官府认为疍民参与行窃商船、抢割田禾等不法行为。屈大均《广东新语·舟语·疍家艇》曰："（疍民）以其性凶善盗，多为水乡祸患，曩有徐、郑、石、马四姓者，常拥战船数百艘，流劫东西二江，杀戮惨甚。招抚后，复有红旗白旗等贼，皆疍之枭黠。……粤故多盗，而海洋聚劫，多起疍家。其船杂出江上，多寡无定，或十余艇为一鯮，或一二罛至十余罛为一朋，每朋则有数乡郕随之腌鱼，势便辄行攻劫，为商旅害。秋成时，或劫抢割田禾，农人有获稻者，各以钱米与之，乃得出沙（田），其为暴若此。"明代王临亨认为："疍民以船为家，以渔为业，沿海一带皆有之。聚而为盗，则横劫海面，亦多为大盗行劫。"① 特别是商船队伍单薄，往往成为疍民作案对象。志称："料船素行鲜良，每伺海面商渔随伴船少，辄纠诸疍乘向行动，则是捕鱼而反捕货矣。"② 其危害性可见一斑。

明代疍民为海盗者主要分布在粤西、粤东和珠江口一带，淡水疍活动于江河，咸水疍盘踞海岛，也常与职业海盗为伍，交相为祸。志称："（花茂）洪武中任广东都指挥使，奏东莞、香山等县逋逃疍户，附居海岛，遇官军则称捕鱼，遇番贼则同为寇盗，殊难管辖，请徙其人为兵，庶车前患，从之。"③ 可见明初，这些疍民海盗已勾结境外海盗横行中国南海洋面了。有鉴于此，明政府采取招募疍民为兵的办法，解决部分疍民海盗问题。"洪武十五年（1382年）三月，命南雄侯赵镛籍广州疍户万人为水军，时疍人附海属，无定居，或寇盗，故籍而用之"④。

在粤东海面，海盗素来猖獗，前述澄海林道乾、饶平林凤等即为其昭著者。而粤西高雷廉琼，也是海盗渊薮。明万历年间，"疍户苏观升、周才雄招

① 王临亨：《粤剑篇》卷3，《风土志》。

② 道光《广东通志》卷123，《海防》。

③ 《大明一统志》卷79，《花茂》。

④ 道光《广东通志》卷173，《经政畧十六》。

亡命数千人，纵掠雷廉间，杀断州千户田治”①。两盗来于安南（今越南），他们不仅危害沿海居民，且偷盗北部湾珍珠，直接损害官府利益。志称，苏观升、周才雄一伙“在雷廉间盗珠为生”②。《万历武历录》载“苏观升、周才雄石城二疍民也。其先皆安南夷，常欵石城塞。……是年，苏观升、周才雄亦以十八艘（船）入合浦犯乾体村，斩疍民林三，焚烧男妇六人，畜产亡算。其后又犯安南永安州，我兵追亡逐北甚急，观升等乃遁逃还”③。这批海盗被官军平定后，又有疍民海盗梁本豪在珠江口外勾结倭寇在万山群岛作乱，万历十年（1582年）被剿灭，俘斩1600余人，沉舟200余艘，招抚投降者2500人。④ 其他小股疍民海盗散见于沿海各地，如正德六年（1511年），“疍民麦冬仔作耗海上，设法捕之，其党悉平”⑤。据诸史不完全统计，明代千人以上规模的海盗集团主要发生在万历年间（1573—1619年），拥有战船450艘，从盗近万人，主要活动于雷州、廉江、珠江口海域。⑥ 这都与这些区域法网宽疏，民风剽悍，或经济发达，吸引海盗前来作案有关。

在明代南海海盗中，又以顺德黄萧养被称为“海寇之雄”。黄萧养本为顺德县龙江乡一位贫苦农民，受雇于人，因争夺田土，殴死人命，被官府拘捕。正统十四年（1449年）越狱成功，流入海洋为盗。广州官府追捕不舍，黄萧养乘势起义，围攻广州和佛山，未果。在官军包围下，景泰元年（1450年）四月十七日黄萧养在广州白鹅潭江面中箭身亡，起义最后归于失败。黄萧养势力最强时，拥兵十余万，楼橹二千艘，盘踞五羊驿，称“顺天王”，建元东阳，在广州海珠岛筑行宫，设置官吏，有比较完善的政权形式，与一般海盗不同，称之为海盗文化甚为典型。事后明政府割南海、新会部分地区建顺德县，取意“顺从德政”，此即为顺德县建置由来。明末清初，屈大均在《广东新语·人语》中专设《黄盗》条称黄萧养为“海寇之雄，莫过萧养。”

---

① 《明史》卷212，《列传一〇〇》。
② 毛奇龄：《蛮司合志》卷15。
③ 瞿九思：《万历武功录》卷3，疍贼苏观升、周才雄、梁本豪传。
④ 嘉靖《钦州志》卷8。
⑤ 魏源：《圣武记》卷8。
⑥ 据《大明一统志》等文献整理而得。

第八节　海疆文化的兴盛

海疆文化是海洋文化的一部分，它包括对海疆管理、海疆意识、海疆岛屿的建设与文化活动等。中国南海有着深厚的海洋文化积淀，其中一个重要组成部分是以海防为核心的海疆文化。秦汉以来，中国政府即实施对中国南海的主权管辖，历代而不衰，由此产生的海疆文化，到明代达到一个历史高峰期。在上述各方面都有充分表现，奠定了后来海疆文化的基础。

1. 中国南海的海疆管理

明代基于加强海疆地区的政治统治、防范倭寇和海盗侵扰，打击西方殖民主义者入侵，保护海上航行贸易安全，不断加强中国南海的海防，有效地捍卫明帝国的海陆国土的安全。

海南岛作为中国南海海上交通枢纽，在海防上具有特殊的重要的意义，明初朱元璋就十分重视经略海南，在给守岛将士敕令中称之为“南溟奇甸”，“必遣仁勇者戍守”,[①] 高度肯定海南的特殊地位和作用。为此，在行政区划上作了重大调整。明洪武二年（1369 年）海南岛结束了历史上与广东大陆行政上分离的状态，第一次划归广东。[②] 自此它作为广东一个地方行政区，面目大有改观。如果说在此以前，主要是由于水陆交通与红河下游、广西盆地关系密切（通过湘桂走廊、南北流江），而长期与广西同属一个政区的话，那么唐宋以降随着东南的开发，国内经济重心的转移，徐闻合浦作为早期的对外交通中心已经逐渐衰落，从广州经本岛东部海域直下东西二洋成为主要航线。珠江三角洲经宋代以来的开发，已崛起为华南主要经济区，广州作为它的经济中心与本岛关系更加密切。海南许多优良港湾，成为南海航线上的停泊所和补给站，仅从这点来看，海南划归广东比留在广西要合理得多。

朱明王朝为加强集权统治，在行政上也多有调整。元代海南属湖广省，省治武昌，距离遥远，鞭长莫及，如受广州节制要有效得多。广西壮族占地广大，居住集中在其西部，而东部则是另一个少数民族——瑶人的根据地，汉人

---

① 《古今图书集成》卷 1383，第 170 册，第 3 页，琼州府部。

② 《明史》卷 45，志二十一，地理六。

杂居其中，海南中部又为黎族所据。封建时代民族关系紧张，汉统治者对黎族用兵连年，而反抗愈烈。洪武初，广西“诸蛮”又先后起义，反对朱明王朝的斗争风起云涌，光是海南会同、文昌、万州、崖州等地各族人民的反抗斗争就达二十次以上，次数是全国最多的地区。[①] 在这种政治形势下，如果壮、黎、瑶三个少数民族仍留在同一省内，对封建统治将是个巨大威胁。因此，采取分而治之的办法，把海南划分出去，也是巩固封建统治的策略之一。加上海南（还有合浦和雷州半岛）划归广东以后，广西变成内陆省，所需鱼盐和进出口完全依赖广东，无疑又加强了对广西的控制。此外，由于本岛在国防上处于特殊地位，明初倭患已相当严重，还有张士诚、方国珍等余党盘踞在东南海岛，平息这两股势力也是朱明王朝当务之急。广西倭患较轻，壮人又不善水，把琼雷这些国防要害之区划归广东管辖，有利于发挥其优越的军事地理位置的作用。所以在这样的历史背景下，海南划入广东是必要而且恰当的，以后的历史也证明，这对本岛无论在政治、经济还是文化等方面，都起了良好的作用。当然，海南与大陆的关系从来都是互为依存的。但从建置上说，这是海南开发史上一个不可低估的变化。

在岛内部，区划调整同样是促进海南发展、加强中国南海防务的条件之一。明代较之过去对海南态度大有区别。虽然岛上州县建置比元代并无增加，唯名称有变，吉阳军、南宁军、万安军分别改称崖州、儋州和万州，但洪武元年（1368 年）改琼州乾宁安抚司为琼州府。[②] 到洪武三年（1370 年），琼州府统辖全岛三州十三县，[③] 后省为十县。自汉开郡以来，海南行政建置，虽间有唐都督府，宋安抚都监这类兼领军政的机构，但不算一种行政区划。全岛没有一个统一的治理机构，缺乏一个首府，各州管各州，互不相干，因而对岛上资源开发、经济中心的形成都是不利的，海域管辖行政指挥也弊多利少。琼州升格为府，成为全岛行政中枢，这是海南政区沿革上一件大事。此外，明代海南也和全国一样，掀起过一次筑城高潮，大部分州县治在明初，或中期得到修建，彻底改变过去大多数州县有治无城的状况。此后州县很少搬迁，建置更趋固定。这对抵御倭寇、海盗进攻，作用匪浅。洪武年间，在完成户口和土地调

① 吴晗：《朱元璋传》，三联书店，1966 年，第 155～198 页。

② 《明太祖实录》，卷三十一。

③ 正德《琼台志》卷 2，沿革表。

查的基础上，在黎区建立基层行政组织黎图，若干黎图为一都，若干都为一乡，并废除元代黎首世袭制，起用黎峒首为土官，从而在建置上为在黎区实行封建统治创造了有利条件。还有明初在减少对黎族大规模用兵的同时，明王朝曾对本岛采取减轻赋役的特殊政策。① 这都为更全面深入地开发铺平了道路。明代建置地域的扩大和深入，并不是州县数目增加，而是表现在以少数民族的归附和收编为标志的实际统治区域的变化上。永乐十一年（1413 年）“招抚诸黎来归千六百七十处，户三万有奇”②。此后又有不少黎峒相继来归，加入熟黎之列。根据对熟黎统治和控制程度不同而分为两类地区，一是与当地汉人一样编入都图，载入黄册和鱼鳞图册，“悉输赋听差，与吾治地百姓无异”③ 者，以后随着汉化程度的加深，也就不再视为黎族，如文昌县斩脚峒，琼山清水、南歧、南坤、定安县南吕、儋州七坊、洛基、万州卑纽、陵水黎停、岭脚等。另一种是过去了解不够多，居地深阻，而明代已见诸文献，经济生活接近汉人，为封建势力所控制的黎族。综合地方文献，这两类熟黎被编入都图者凡二十八都七十五图一百五十五峒。④ 它们以东部北部分布最多，西北次之，南部较少。这种分布的形势，如澄迈县，弘治（1488—1505 年）以后，“黎地渐归豪民，黎人归化既久，与齐民等”⑤，文昌县宋代已无黎⑥。定安、会同建置以来，黎峒大部入籍（会同建置时已将黎归入乐会县，故无黎）。⑦ 儋县“黎居良民五之一”⑧，感恩黎“附版籍者什九、不附者十一”⑨，惟南部“崖州黎其地多于州境，其人十倍之”⑩。到明末清初，已出现“则古之书村峒者今皆为都为图矣”⑪。这样，海南岛内社会相对稳定，使明政府能腾出手来，加强海防力量。

中国南海在岭南有漫长的海岸线，近岸防守向为历代治海之策，在海防制

① 《邱文庄公集》卷 4，《赠琼郡陈同知序》。

② 道光《琼州府志》卷 22，《海黎·防黎》。

③ 海瑞：《平黎疏》，见《海忠介公集》卷 1，《奏疏》。

④ 据广东省民族研究所编《黎族古代历史资料》下册，1964 年印，第 550 ~ 596 页。

⑤ 道光《琼州府志》卷 20，《海黎·村峒》。

⑥ 王象之：《舆地纪胜》卷 124，琼州文昌县。

⑦ 郑廷鹄：《平黎疏》，见《石湖遗稿》，《疏》不分卷。

⑧ 《古今图书集成》卷 1391，《吴会期奏议》。

⑨ 顾炎武：《天下郡国利病书》卷 102。

⑩ 《古今图书集成》卷 1391。

⑪ 顾炎武：《天下郡国利病书》卷 102。

度上也代有变迁。唐代设崖州都督府，督率崖州、儋州、振州军事，管辖以振州（今三亚一带）为起点，由海上向西南千里海域，其边界已达今越南顺化东海岸附近海域。《旧唐书·地理志》曰："振州……南至大海。……东南至大海二十七里，西南至大海千里。"宋代对中国南海保卫、巡逻范围更广，宋太祖开宝四年（971 年）"命王师出戍，置巡海水军"，巡海范围南至"九乳螺洲……占不劳山……陵山东，其西南至大食、佛师子、大竺诸国"①。九乳螺洲即西沙群岛，而占不劳山和陵山即为中越海域分界线。周去非《岭外代答·地理门》指出中国南海中有"长沙、石塘数万里"、"历上下竺与交洋，乃至中国之境"。在这里"交洋"，即交趾洋，为现北部湾。交趾洋与昆仑洋（今越南昆仑岛附近海域）一线为中越海域分界线。元代，我国海运事业更加发达，为加强中国南海海上巡逻，在今海南岛海口港（习称秀英港）外置白沙水军，南海诸岛海域纳入其巡海范围。

明代虽也严加海禁，但变化了的海洋局势，尤其倭寇、海盗活动、西方殖民主义者入侵，使明政府不得不加强海防，实行"文武相制"的军事监察制度，即武将出征也同时派出文官监军。陆上如此，海上防守建设也如此制。所置巡海防官员称巡察海道副使、巡视海道、巡视副使、海道等多个称谓。万历《大明会典·兵部·镇戍》曰："国初兵事，专任武臣，后以文臣监督；文臣重者曰总督，次曰巡抚。总督旧曰军门，而巡抚近皆赞理军务，或提督，详载都察院。其按察司官整饬兵备者，或副使，或佥事，或以他官兼副使、佥事；沿海者称海防道，兼分巡者，称分巡道，兼管粮者，称兵粮道。"按照这一建制，全国设浙江海道、福建海道和广东海道。广东海道地位至为重要，故《苍梧总督军门志》称："广东省会郡属错居海上，东起福建，西尽日南，沿洄六、七千里，中间负海之众，无事则资海为生，有事则藉之为暴。自嘉靖末年倭夷窃发，连动闽浙，而潮惠奸民，乘时遘衅，外勾岛孽，内结山寨，恣其凶虐屠城铲邑，沿海郡县殆人人机上矣。"② 基于此，明代嘉靖年间广东海防分东、中、西三路，沿海设置卫、所、水寨，另置广东按察司巡视海道副使兼广州兵备一员，系兵备兼理分巡，原驻广州，后移至宝安南头。其中东路为惠州、潮州府所辖海域，惠州卫下设河源、龙川、长乐守御千户所；碣石卫下设

① 曾公亮：《武经总要》卷 21，《广南东路》。
② 嘉靖《广东通志初稿》卷 35，《海寇》。

甲子、捷胜、海丰、平海守御千户所；潮州卫下设大城、蓬州、靖海、海门、程乡守御千户所；中路是广州府所辖海域，计有广州左、右、前、后卫、清远卫、南海卫，下设东莞、大鹏守御千户所；广海卫下设香山、海朗、新会、新宁、增城、从化守御45所；西路是高、雷、肇、廉、琼、钦等府州所辖海域，肇庆卫下设阳江、新兴、德庆、泷水、南乡、涵口、封门、雷林等守御千户所；神电卫下设双鱼、宁川、高州、信宜、阳春守御千户所；雷州卫下设锦囊、海安、海康、乐民、石城守御千户所；廉州卫下设永安、钦州、灵山守御千户所；海南卫下设清澜、万州、南山、儋州、昌化、崖州守御千户所。[①] 这些卫所绝大部分沿海岸线分布，镇守附近海域，特别是险要之处，必派兵防守，海面则有巡哨制度，规定出汛日期、地点，以达到安边目的，故时人评曰："守队之制，亦云密矣"[②]。

在卫所以外，明嘉靖中，广东海防三路还设水寨，从潮州到廉州直下琼州，都有水寨以守。广东共设6个水寨，计有潮州柘林寨、惠州碣石寨、广州南头寨、肇庆北津寨、雷州白鸽寨、琼州白沙寨，其中西路占了三个水寨，为海防要区。水寨间设立会哨制度，即相互交换巡海情报，有利于联防出警。例如北津水寨驻扎在阳江海陵岛，兵船从港口出发分两路巡哨，一路往东，至台山上下川岛，与中路的南头兵船会哨，取广海卫情报；一路往西，至电白县放鸡岛，与雷州白鸽寨兵船会哨。这样，广东沿海防务，由于水寨兵船相互会哨而变得更为严密而有效。

明代在卫所和水寨设立之同时，还设立烽堠传警制度。不过，这一制度执行较迟，万历二年（1574年）规定在"沿海地方不拘十里十二三里，择其高阜去处，或就山顶可以瞭望四远者，即建墩台一所……每墩拨军六名，一年一换。"凡遇警报，"日则举烟，夜则举火，仍放大铳三个，鸣锣，令一军机小旗，打小锣，将贼船数目，约贼若干，登犯地方情由，毋分雨夜，走报邻墩，一体传报"[③]。据载，阳江北津水寨防区沿线就有南洋、丹草、北津、合浦、赤水、潭村、黄村、白山、罗浮、南海、莲头、大陈、山尾、辅弼等10多处

---

① 郭棐：《粤大记》，卷之二十七，《政事类·兵职》。
② 顾炎武：《天下郡国利病书》卷102，《广东六》。
③ 应槚：《苍梧总督军门志》卷5，《舆图三》。

烽堠，有效地传递海警信息。[①]

这样，明代由卫所一水寨一烽堠组成海防体系，相互配合，发挥拱卫海疆功能，对防范海盗，打击海上走私，保障中国南海交通畅通，起了重要作用。恰如清初潮阳县令蓝鼎元在《潮州海防图说》对明代广东东路海防评价那样："明人防海知设水寨于柘林，而不知南澳之不可弃，迁其民而墟其地，遂使倭奴、红彝盘踞猖獗，吴平、林凤、林道乾、许朝先、曾一本先后盗兵，边氓涂炭。万历年间，始设副总兵守之，国家镇以元戎，游魂永靖。盖闽、广上下要冲、厄塞险阻，外洋番舶必经之途，内洋盗贼必争之地，去留明效，固彰彰若此也。"[②]

2. 海洋意识的消长

在十五、十六世纪世界大航海时代，中国作为一个航海古国，特别是中国南海是东西交通必经之地，却不能利用这种海洋优势推动资本主义发展，实现传统农业向新兴工业社会转变。其根本原因是封建政治力量压抑、阻碍了这种转变。

这反映明政府在对"怀夷"与"抑商"的认识和政策上，明初，朱元璋认为"朕思是食在于禁末作"。嗣后明成祖也一秉此观念，视"商税者，国家以抑逐末之民，岂以为利！令夷人慕义远来，乃欲浸其利，所得几何，而污辱大体万万矣"[③]。即对外国商人采取优惠外贸政策，而对本国商民出海贸易则用禁止或抑制政策，造成中外商人在航海和国际贸易上不平等竞争。中国商民自然处于劣势，也导致明代海洋力量的衰落。例如郑和七下西洋壮举，旨在扬耀明朝国威，而不在于海上贸易，寻找市场，结果产生悲剧性后果。朱元璋甚至视商人为无业游民，洪武二十四年（1391 年）诏令："若有不务耕种专事末作者，是为游民，则逮捕之。"[④] 明政府还规定，商人家庭只许使用布料制衣裳，而不准穿丝绸，商人地位十分低下，与同时代欧洲君主积极支持、鼓励本国商民到海外经商有天壤之别。而"怀柔远人"政策，则直接或间接损害中国海洋主权和利益，尤以中国南海为著。澳门被葡人租赁就是一个案例，也是

---

① 陈忠烈：《明代粤西的海防》，见澳门大学社会科学及人文学院编《明清广东海运与海防》，澳门大学出版，2008 年，第 169 页。

② 郭子章：《南澳程乡议》，见《粤革》卷 9。

③ 转见陈尚胜：《怀柔与抑商：明代海洋力量兴衰研究》，山东人民出版社，1997 年，第 198 页。

④ 《明太祖实录》卷 208。

这种政策的产物。对于葡人在澳门居留和从事海上贸易，时人已觉察到它是对海防的危害，《正德实录》指出葡人与“两广奸民……招诱亡命，略买女子，出没纵横，民受其害”①。在闽浙等地，葡人也同样从事这种罪恶勾当，“子女玉帛恒满载而去”②。明末葡人“拐掠城市之男妇人口，卖夷以取货，每岁不知其数。而藏身于澳夷之市，画于夷人之幕者更为多焉”③。澳门实际上成了海上罪恶渊薮，所以当时朝野上下一些有识之士，包括万历时广东总督张鸣岗也一针见血地指出：“粤之有澳夷，犹痈之在背也。”④ 甚至有人动议“欲往澳门狭处，用石填塞，杜番舶潜行，以固香山门户。……或欲纵火焚其居”⑤。但朝廷并不理会这些议论，最后采纳了广东籍进士霍与瑕的方案，即“设城地，置官守，以柔道治之”⑥ 的怀柔政策，任凭葡人在澳门久居和活动，充分反映明朝政府的海防意识非常淡薄。葡人正是利用明政府海禁的有利条件和澳门港优势，依托中国货物，垄断中国海上外贸，开辟澳门至日本长崎、至印度果阿、至菲律宾马尼拉航线，成为世界市场上一位暴发户。这其中有多种原因，但明朝廷的怀柔政策无疑起了重要作用。

地图是国家领土主权的一个重要标志。涉及中国南海域地图历史很悠久，1973 年长沙马王堆三号汉墓出土《地形图》最南端为珠江口，显示西汉初已很重视海洋疆域。此后，关于广东疆域地图一直未见，宋代方志兴盛，内中有广东地图，如佚名《交广图》、宋太祖太平兴国三年（978 年）广东李符《海外诸蕃图》、宋真宗咸平六年（1003 年）广州凌策《海外诸蕃地理图》，虽仅有图名、不见实件，但从名称可知已涉及中国南海周边国家，显示宋代海洋疆域、主权意识已很强烈，才有可能编绘以“诸蕃”命名的地图。明代地图编制始进入一个兴盛局面，涉海地图大量增加。广东最早一部省志嘉靖（戴璟）《广东通志初稿·卷首》即绘各府州地图，其中《琼州府地理图》清楚标示海南卫、沿海巡司位置，在图幅边缘注明“外连大海，直抵诸蕃”。《廉州府地理图》则注明“西南至交趾铜柱大海洋”。至嘉靖（黄佐）《广东通志》则在

---

① 《正德实录》卷 149，正德十二年五年辛丑条。
② 谢杰：《虔台倭纂》上卷，《倭原》。
③ 《郭给谏疏稿》卷 1。
④ 《皇明经世文编》卷 357。
⑤ 顾炎武：《天下郡国利病书》卷 102，《广东六》。
⑥ 霍与瑕：《勉斋奏稿》，见卢坤《广东海防汇览》卷 3，《险要》。

各府图经中绘上各自地图，其中《廉州府舆地图》曰“西南至交趾北大洋海”，《琼州府舆地图》东、西、南边缘均表示“外连大海到诸蕃”字样，对中国南海诸蕃关系更加明确。此外，明代《琼州府地图》、正德《琼台志》也有类似表示海洋内容。这是一些官修方志所见地图，代表官府海洋意识和海洋疆界概念。此外，以个人名义编纂的地图同样反映作者对中国南海认识水平和海洋疆界视野，如嘉靖年间广东巡按御史姚虞编《岭海舆图》（一卷）、万历番禺人郭棐《粤大记》所附《广东沿海图》，即以海防形胜和布局为主要内容。如《香山县图幅》还特别标明“番船”，“番人房屋”字样，表示对葡人注意。《广东沿海图》还表示日本、朝鲜、大琉球、小琉球地名，标示倭寇从日本五岛分东、中、西三路入寇东路、广州、惠潮、泉漳、福兴；中路温州、台州、宁波、钱塘、松江、扬子江、淮安等；西路朝鲜、直沽的路线，海防观念和布局十分清楚。明代除《郑和航海图》表示经过中国南海地名以外，广东郑舜功《日本一览》也附有中日之间交通路线与地图，称《桴海图经》（3卷）。明嘉靖郑若曾出于防倭编的《筹海图编》内有《广东沿海郡县图》；罗洪先《广舆图》卷又附图，不仅有广东大陆，也包括南沙群岛。充分反映明代以地图形式表达中国南海的海洋意识，海疆界线都十分明朗，海防空间也同步扩展到更广阔海域。

第九节 海洋文学艺术的辉煌

南海作为我国传统四海之首，生活在其周边的人口最多，涉海生产、生活的海域最大，海岸线最长，历史也很悠久，无论是以海为田，还是以海为商，以及发生在这一片海域上一切悲欢离合的事件，血和铁的斗争，都可以以文学艺术形式表现出来，为过去、现在和将来的人们所欣赏、鉴别、评论，发挥它们的审美、娱悦、教化，以及存史、资政等功能。中国南海海洋文学艺术也由此在我国海洋文学艺术史上占有重要地位。

1. 航海游记中文学

明代随着海上丝绸之路形成全球大循环格局，南海洋面上风帆浪舸，渺茫出没，产生很多的游记文学作品，其中最负盛名的是以郑和七下西洋史实为根据写成的百回长篇小说《三宝太监下西洋记》。作者罗懋登，明万历年间人，字登之，号二南里人，里居不详。小说描述了郑和下西洋沿途经过国家和地区所发生的事件，展现当地社会、经济和风土人情。文字通俗浅白，在民间广泛流传，现有多种版本现于坊间。要了解南海海洋文学，这是一本不可或缺的读物。而辅助郑和一起出航的马欢著《瀛涯胜览》、费信著《星槎胜览》、巩珍《西洋番国志》都记录了这次远航的许多材料和异闻传说，甚有文学价值。这可从《娄东刘家港天妃宫石刻通番事迹记》略见下西洋海上风波险恶，不得不求助于海神。其石刻云："（郑）和等自永乐初，奉使诸番，今经七次，每统领官兵数万人，海船百余艘……抵于西域忽鲁谟斯等三十余国，涉沧溟十万余里。观夫鲸波接天，浩浩无涯，或烟雾之溟濛，或风浪之崔嵬。海洋之状，变态无时，而我之云帆高张，昼夜星驰，非仗神功，曷克康济？直有险阻，一称神号，感应如响，即有神灯烛于帆樯。灵光一临，则变险为夷，舟师恬然，咸保无虞。此神功之大概也。"① 此石刻既有历史的真实，更多的是铺陈海况凶险，祈祷神明的虔诚和出自内心的对神明法力的慨叹。

明嘉靖年间，广东南海人黄衷著《海语》中有《畏途·万里长沙》条云："万里长沙在万里石塘东南……风沙猎猎，晴日望之如盛雪。船误冲其际，即胶不可脱，必幸东风劲风，乃免陷溺。"现代业已探明，南沙群岛水下大部分为海底高原，海山海岭罗列，千沟万壑，非常复杂，向以航行险恶著称，上段描述足以令人生畏。

清初，《明史·外国传》修成，收录91个国家和地区，大部分在东南亚、印度洋、东非等地，记载这些国家的历史、地理、政治、经济、文化、物产等，反映对它们直接或间接了解的成果。其中有些国情介绍，一派异域风光和浓郁感情色彩。如记榜葛剌（今孟加拉）："其国地大物阜，城池街市，聚货通商，繁华类中国。四时气候如夏。土沃，一岁二稔，不待籽耘。俗淳古，有文字，男女勤于耕织。容体皆黑，间有白者。王及官民皆回回人，丧祭冠婚，悉用其礼。男子皆薙发，裹以白布。衣从颈贯下，用布围之。历不置闰。刑有笞杖徙流数等。官司上下，亦有行移。医卜、阴阳、百工、技艺悉如中国，盖皆前世所流入也。"② 中国和榜葛剌源远流长的文化交流，确凿无疑。

① 巩珍著、向达校注：《西洋番国志》，中华书局，1961年，第51页。

② 《明史》卷326，《外国传七·榜葛剌列传》。

明末清初，广东番禺人屈大均《广东新语》，作为广东地方百科全书，不少内容是记述海洋生态、物产、神话、传说的，既有写实，也有想象，融科学与文学为一体，是海洋文学的一部重要读物。如《水语》设“涨海”“海水”“潮”“广州潮”“琼潮”诸条，介绍潮汐由来、运动规律、海与民生等，内中穿插不少神话传说，饶有文学意味。如说“廉州海中，常有浪三口连珠而起，声若雷轰，名三口浪。相传旧有九口，马伏波射灭其六”。予有伏波射潮歌云：

> 后羿射日落其九，伏波射潮灭六口。
> 海水至今不敢骄，三口连珠若雷吼。①

海洋中水族滋繁。《广东新语·鳞语》介绍这些海洋生物，不少是拟人化了的形象。如说“南海，龙之都会。……新安（深圳）有龙穴洲，每风雨即有龙起。去地不数丈，朱鬣金鳞。两目烨烨如电，人与龙相视久之弗畏也”。对于出现海面上海市蜃楼，该书写道：“东莞合兰海……常有积气如黛，或曰白雾，鼓舞吹嘘，倏忽万化。其为城阙楼台塔庙诸状，人物车骑，错出于层峰叠蹂之间，尤极壮丽。舟行其中弗见也。自外望之，变幻斯见。即之辄远，离之复近，虽大风雨不能灭，人以为蛟蜃之气所为云。”又曰：“海市多见于靖康场。当晦夜，海光忽生，水面尽赤，有无数灯火往来，螺女鲛人之属，喧喧笑语，闻卖珠、鬻锦、数钱、量米麦声，至晓方止。”② 此情景，当是滨海某一圩市交易在天上投影。举凡这类描述在《广东新语》中大不乏其例，《广东新语》可以说是集海洋文学之大成者。

2. 颂海诗歌

明末，西风东渐开始，西方传教士、商人等相继借海道来华，首途广东。澳门成为中西文化交流基地，加速了海上贸易发展。故明清涉海或直接写海的诗歌无论内容之广泛，数量之众多，皆超过历代各朝。据陈永正《中国古代海上丝绸之路诗选》统计，收录该书 419 首诗中，明诗 39 首，清诗 239 首，合 278 首，明诗占两代诗歌总数的 14%。这在一定程度上说明南海海上丝绸之路开始进入全盛时期，才迎来涉海诗歌辉煌的金秋。爱海、颂海、卫海、开海、

① 屈大均：《广东新语》卷 4，《水语》。
② 屈大均：《广东新语》卷 22，《鳞语》。

耕海的，上自天子，下至黎民，都以各自方式倾注了对海洋的满腔情怀，表现出高上格调。

明朝定鼎之初，朱元璋父子即把目光转向南海。明太祖亲自赋诗10首，送给出使安南使臣，并寄以开展贸易的厚望，其中《闻人岭南郊行》诗云：

极目山云杂晓烟，女萝遥护岭松边。
陆行尽服岚霞气，水宿频吞虬蜃涎。
晨仰际峰观拥日，暮看临海泊来船。
信知百越风尘异，黑发人居不待年。①

又有《念以宁涉江海》诗也是告诫出使者对外夷“执之以大义，守之以法度，使安南复命而后降印。又速能化夷行中国之礼，可谓智哉”②。其诗曰：

离马乘舟下大洋，风号帆挂几寻樯。
巨鳌闻诏冲前浪，渊底雄鲛翊驾航。
舵转水鸣声霹雳，蚌开珠拥海云光。
我臣劲节遐方静，好把丹衷奉上苍。③

永乐帝既命郑和七下西洋，外国纷纷前来进贡，其中有满剌加国（马六甲）“永乐三年九月至京师，帝嘉之，封为满剌加国王，赐诰印、采币、袭衣、黄盖、复命（尹）庆往。其使者言：‘王慕义，愿同中国列郡，岁效职贡，请封其山为一国之镇。帝从之，制碑文，勒山上，末缀以诗”④。其诗即前述《满剌加镇国山诗》，此略。

广州始终是诗人笔下描绘的港口城市，最有代表性的莫不过洪武年间被誉为“南园五子”之一的顺德人孙蕡（1338—1394年）《广州歌》，写尽广州因海上贸易致城市繁华。诗曰：

① 朱元璋：《明太祖文集》卷20。
② 严从简：《殊域周咨录》卷5，《安南》。
③ 严从简：《殊域周咨录》卷5，《安南》。
④ 《明史》卷326，《外国传七·榜葛剌列传》。

广南富庶天下闻，四时风气长如春。
长城百雉白云里，城下一带春江水。
少年行乐随处佳，城南南畔更繁华。
朱帘十里映杨柳，帘栊上下开户牖。
闽姬越女颜如花，蛮歌野曲声咿哑。
岢峨大舶映云日，贾客千家万家室。
春风列屋艳神仙，夜月满江闻管弦。
良辰吉日天气好，翡翠明珠照烟岛。
乱鸣鼍鼓竞龙舟，争睹金钗斗百草。
游冶流连望所归，千门灯火烂相辉。
扶留叶青蚬灰白，盆饤槟榔邀上客。
丹荔枇杷火齐山，素馨茉莉天香国。
别来风物不堪论，寥落秋花对酒樽。
回首旧游歌舞地，西风斜日淡黄昏。①

宝安赤湾扼海上交通要冲，为海防重地，天妃庙耸立其间，万历年间宝安人王士龙作《赤湾》诗云：

海上群山控海门，古祠终古自晨昏。
诸夷贡篚南溟阔，万国舆图北极尊。
月照琼珠明房外，风云麟角起云根。
胜游此地心逾壮，试看青萍醉一樽。②

万历十九年（1591年）诗人汤显祖贬徐闻典史，路过广州，见广州商人乘海舶远行情景，赋《看番禺人入真腊》诗：

槟榔舶上问郎行，笑指贞蒲十日程。
不用他乡起离思，总无莺燕杜鹃声。

① 《南园五先生诗·西庵集》。
② 嘉庆《新安县志》。

时葡萄牙人入居澳门已有一段时间，汤显祖在澳门所见，一派西洋风光，《香岙逢贾胡》云：

不住田园不树桑，珴珂衣锦下云樯。
明珠海上传星气，白玉河边看月光。①

利玛窦入粤，是中西文化交流史上一件破天荒的大事。浙江人进士李日华《赠利玛窦》，充满了对这位中西文化交流先驱的崇敬之情：

云海荡朝日，乘流信彩霞。
西来九万里，东泛一孤槎。
浮世常如寄，幽栖即是家。
那堪作归梦，春色任天涯。②

中西贸易以广州十三行为代表，屈大均最早把十三行入诗，为广东以海为商海洋文化及其经济效益最好明证：

洋船争出是官商，十字门开向二洋。
五丝八丝广缎好，银钱堆满十三行。③

面对西洋贸易背后的威胁，屈大均早有觉察，在《澳门》诗中指出：

广州诸舶口，最是澳门雄。
外国频挑衅，西洋久伏戎。
兵愁蛮器巧，食望鬼方空。
时腋教无事，前山一将功。④

---

① 汤显祖：《汤显祖诗文选》卷11。
② 印光任、张汝霖：《澳门纪略》卷下。
③ 屈大均：《广东新语·货语》。
④ 屈大均：《翁山诗外》卷9。

随着中西文化交流的加强，西方科技文化也最早传入岭南，包括自鸣钟、千里镜、显微镜、西洋画、西洋音乐、医药、饮食、服饰、作物等时被称为“奇技淫巧”，对中华文化发展是起了巨大推动的。这些西方科技文化，使人耳目一新，因而时时涌上诗人笔端。如风琴在澳门为常奏乐器，梁迪《西洋风琴》诗云：

> 奏之三巴层楼上，十里内外咸闻声。

明末传入烟草，初时禁抽，犯者处以重刑，后弛禁，清初已大行其道，连妇女也加盟其中。梁锡珩《偶咏美人吃烟》诗曰：

> 前身合是步非烟，弄玉吹箫亦上天。
> 红绽樱桃娇不语，玉钩帘外晚风前。①

唐代罂粟已传入我国，但仅作药用和观赏，明代后先是葡萄牙，继为英国人从中提炼鸦片，并大量输入我国，广东是首途之区。乾隆时顺德人罗天尺首先预感到它的危害，作《鸦片诗呈锦州高明府》诗曰：

> 岛夷有物名鸦片，例禁遥颁入贡槎。
> 破布叶醒迷客梦，阿芙蓉本断肠花。
> 何期举国如狂日，尽伴长眠促岁华。
> 醉卧氍毹思过引，腥烟将欲遍天涯。②

罗天尺这种先见之明，不到一百年即为鸦片战争所验证，西方列强最终以船坚炮利打开清帝国大门，并使之变为自己的半殖民地，这当然是后事了。

---

① 梁锡珩：《非水舟遗集》卷1。

② 罗天尺：《瘦晕山房诗删续编》，转见陈永正：《中国古代海上丝绸之路诗选》，广东旅游出版社，2001年，第278页。

第九章　清代前期中国南海海洋文化盛衰交替

这一阶段是指清政权建立到鸦片战争之前，为中国封建社会发展后期，也是崩溃的前夜。满族入主中原以后，采取一系列恢复社会秩序、发展经济措施，出现康乾盛世局面，对广东也采取一些特殊政策和措施。中国南海海上贸易基本上朝继续发展方向前进，范围有所扩大，海洋商业文化呈兴旺状态，且出现地域性海洋商人集团，形成各自的文化风格。一方面，清政府对中国南海周边国家继承明朝政策；另一方面，西方殖民主义、资本主义进一步加紧对中国南海和大陆的窥视和渗透，在实际上又使中国南海局势加入更多的外来因素。这反映在海洋文化上则呈盛衰交替，但总体上仍处在进一步发展，海洋文化水平上升到前所未有的高度。

第一节　清初海禁政策影响下的海上贸易式微

清初，为了防范郑成功等抗清势力的卷土重来，巩固建立不久的满洲贵族政权，清政府实行严格的海禁政策，中国南海的海上贸易受到沉重打击，重创了明代发展起来的海洋商业、海洋农业文化，是中国南海海洋文化史上一次倒退行为，影响甚为深远。

1. 海禁政策实施

顺治十二年（1655 年）六月，清政府严令："沿海省份，应立严禁，无片帆入海，违者立置重典。"[①] 同年另又规定："大海船只除有号票文引，许令出洋外，若奸豪势要及军民擅造二桅以上违式大船，将违禁货物下海前往番国贸

① 《清世祖实录》卷 92，中华书局，1985 年。

易，潜通海贼，同谋结聚及为向导劫掠良民者，正犯处斩枭首，全家发边卫充军。”① 顺治十三年（1656年）规定：“今后凡有商民船只私自下海将粮食货物等项与逆贼贸易者，不论官民，俱奏闻处斩，货物入官。本犯家产，尽给告发之人。其该管地方文武各官不行盘缉，皆革职从重治罪，地方保甲不行举首，皆处死。凡沿海地方口子，处处严防，不许片帆入口，一贼登岸。如有疏虞，专讯各官即以军法从事，督抚提镇并议罪。”② 从顺治十二年到康熙十七年（1678年）清政府颁布了五次海禁令，欲以高压政策，隔绝沿海与外洋一切联系，彻底铲除和防范一切反清势力，保卫清室江山。然而，这种苛政未取得预期效果，海上贸易或明或暗并未完全中断，迫使清政府交替采取更严厉的迁海政策。

顺治十八年（1661年）、康熙元年（1662年）和康熙三年（1664年）三次颁布“迁海”令，将“山东、江、浙、闽、广滨海人民，尽迁入内地，设界防守，片板不许下水，粒货不许越疆”③。强迫居民后退50里，在界外不准任何人居住，房屋全部拆除，田地不准耕种，不准出海捕鱼，凡越界者立斩。后又在沿边筑墩台，树桩栅，派重兵把守。康熙三年又下令再内迁30里，原来不在界外的珠江三角洲一些县，如顺德、番禺、南海及粤东海阳（潮州）居民也纳入内迁之列。海南岛沿海各县，虽未令迁界，但岛四周仍立界2700余里，禁止居民外出。

清初海禁和迁界，给沿海人民带来灾难性的后果，仅广东前后两次迁界，涉及人口数百万，抛荒田地531万多亩。④ 被迁百姓，“多弃其赀，携妻挈子以行”，风餐露宿，死亡枕藉。一些不愿迁走的人，更遭屠杀，或流离失所，生活无着，不得不卖儿卖女，以图救穷，有的“或合家饮毒，或尽帑投河”⑤，制造了历史上一场最残酷的灾难。时广东巡抚胡日乾上书清政府，请求复界。其曰：“伐南山之竹，写恨无穷；绘监门之图，形容难尽。”⑥ 即便未列迁界的海南，也因禁止出海而“商贾绝迹”，“片板不敢下海”⑦ 而失去以海为生的

① 《古今图书集成·祥刑典·律令部汇考》。
② 《清会典事例》卷776。
③ 夏琳：《闽海纪要》上卷，《迁界徙沿海居民于内地》。
④ 据道光《广东通志》卷255统计。
⑤ 屈大均：《广东新语》卷2，《地语》。
⑥ 蒋祖缘、方志钦：《简明广东史》，广东人民出版社，1993年，第331页。
⑦ 光绪《崖州志》卷20。

活路。

清政府的倒行逆施，激起沿海人民的强烈反抗，尤以疍民为甚。反抗迁界令起义运动，风起云涌，最后虽被残酷镇压，但无论禁海还是迁界，使清政府赋税收入大幅度下降，对地区统治也受到巨大威胁。直到康熙二十二年（1683年），平定台湾之后，才废止迁界令，翌年准许广东居民迁回原籍，渔民允许出海捕鱼，历时23年迁界暴政才告结束，但仍不准商民出海贸易。

2. 广东一口通商政策的确立

清政府虽然厉行海禁政策，断绝海上贸易，但对广东而言，铤而走险私自下海贸易并未停止。原因是澳门作为我国最大的转口港仍在发挥它的功能。这必然要依靠广东等地的商货作为进出口商品，而这又与海禁政策相抵触，严重损害葡萄牙等西方国家的利益。为此，澳门、葡萄牙当局于康熙九年（1670年）即海禁实行15年后派耶稣会教士和使臣抵达北京，向清政府提请澳门免于迁界，经传教士汤若望多方斡旋，获得允准，并确认澳门为“化外教区”，且开放澳门至广州的陆上贸易，澳门港的贸易得到一定恢复。如此，广东和内地部分商货源源不断地以陆路经广州运抵澳门，再转运东南亚及欧洲各地，中国南海海上丝绸之路仍得以维持。广东得益于此，在海禁期间海外贸易之路并未中断。而内地和海外诸国商人，也通过行贿清政府官员等方式，走私贸易，成为海禁掩盖下一股强大贸易暗流。据载，顺治十年（1653年），即海禁前二年暹罗商团舶抵广入贡，受到广州巡海当局接待欢迎，此后，荷兰等国船只多次进入广州港互市，未受阻拦。广东还有一批专事走私贸易的商人，被称为“王商”。这个特殊商人集团，资本雄厚，又倚靠被收买了的官府要员为后盾，海上贸易仍通行无阻，获利甚丰。如有个沈上达的广东商人，投靠平南王尚可喜麾下，造船出海，走私贸易，一次获利四五万两，一年则达四五十万两，被称为“藩王”[①]。走这个庞大的私商船队，风帆往来南洋各埠，成为海禁期间南海海洋商业文化并未断层的一个主要原因。

在迁海令解除，但海禁仍生效之下，由此产生的后果日益严重，朝野反对之声不绝。在平定台湾之后，康熙二十三年（1684年）清政府正式停止海禁，宣布“今海内一统，寰宇宁谧，满汉人民相同一体，令出洋贸易，以彰富庶之

① 黄启臣：《广东海上丝绸之路史》，广东经济出版社，2003年，第486页。

治，得旨开海贸易”[①]。为加强海上贸易管理，康熙二十四年（1685 年）清政府在广州设立粤海关，在江苏松江设立江海关，在浙江宁波设立浙海关，在福建厦门设立闽海关，作为管理对外贸易和征收关税的机构，此被认为是中国历史上正式建立海关之始，在海洋制度文化上具有里程碑意义。

海禁解除，四海关设立，沿海百姓纷纷下海贸易，外商也积极来华，形成中外贸易新形势。但清政府从消除“隐患”，巩固海防等出发，多方限制中外贸易，如对来华外商人数、船只大小、居地、期限、出口货物等诸多限制，引起外商不满，违例违禁之事不断增加，尤以新崛起世界海洋的英国为甚。但英国多种开放贸易口岸的要求，受到清政府抵制，最后以英国为首的欧洲国家只好将贸易重点转到广州口岸，并被限定以广州黄埔港为泊薮。而随着中外贸易发展，欧洲商人更看中江浙地区的丝茶，千方百计想方设法进入丝茶产区。由此引起清政府的严重不安和抵制。乾隆二十二年（1757 年）十一月，清政府宣布封闭闽、浙、江三个海关，规定“番商将来只许在广东收泊贸易”[②]。这标志着清代多口贸易时代的结束，也是广州一口对外贸易地位的开端。嗣后，清政府又颁布了《防范外夷规条》，对外商在广州活动作了一系列严格的规定，强化了对外商控制的法律制度，进一步提高了广州的外贸地位，粤海关也成为官方批准的全国唯一对外通商口岸，广州和粤海关这种垄断性的外贸地位，维持到鸦片战争前夕。

在这种外贸体制之下，广州独擅全国外贸之利，也促进中国南海海洋文化发展，以完成产业革命后英国为代表的西方近代文化开始进入广东地区，开始了中西文化新交流和碰撞，且不同于明末开始的西风东渐，这容后述。

第二节　清中叶海上丝路的鼎盛与全球循环大格局的形成

海禁结束以后，中国南海海上贸易不但得以恢复，而且随着西方资本主义国家积极寻找、拓展海上殖民地市场而发生重大改变，即参与贸易国家更多，范围包括欧洲、美洲和澳大利亚、日本等。进口商品具有更多先进技术含量，

---

① 《清朝文献通考》卷 33，《市籴》。

② 《军机处上谕档》，载《清宫广州十三行档案精选》，广东经济出版社，2002 年，第 107 页。

成为中西文化交流一个新内容。而由于造船、航海技术的进步，从广州等港出发的海上航线不但超越浩瀚的中国南海，而且渡过太平洋、印度洋和大西洋，抵达世界各大港口。海上丝绸之路形成全球循环大格局，深刻地改变了中国南海海洋商业文化的面貌。

1. 海上商业贸易的兴盛

16 世纪以后，资本主义在西方兴起，并积极向东方寻找市场，实现其原始资本积累，同时不择手段地占领、扩充、掠夺殖民地。古老的中国成了西方殖民主义侵略的对象。澳门被租赁和后来主权被损害即为这种侵略的一部分。这种世界性形势改变，使中国海上贸易对象从东南亚、印度洋沿岸和非洲各国转变为欧美资本主义列强。这些新兴资本主义国家，具有发达的生产力，一方面是输出自己的商品，另一方面则转输亚洲各地产品，这包括了棉花、毛织品、布类、金属制品、象牙、鸦片等，在 18 世纪到 19 世纪初，还向中国输出大量白银，仅通过广州输入白银即达 4 亿元左右[①]。这种硬通货，对我国沿海尤其是广东商品经济发展起到重要促进作用。

在这种新的海上贸易背景下，清代中国南海贸易发展到历史黄金时期。其主要特征：

一是南海各口岸全面开海贸易。梁廷枏《粤海关志》称："粤东之海，东起潮州，西尽廉，南尽琼崖。凡分三路，在在均有出海门户。"[②] 该志列举重要关口有省城广州大关、澳门总口、庵埠总口、梅菉总口、海安总口、乌坎总口和海口总口及 69 处小口，均可对外贸易，故张心泰《粤游小识》云："粤东（广东）居民返海者，多与番狎。"特别是粤商，争先出洋贸易，竞相高下。志称"海禁既开，帆樯鳞集，瞻星戴月"，"富家巨室，争相造船"[③]。这些海商"通于山海之间，远而东西二洋"[④]。贸易规模巨大，"一年之中，千舡往回"[⑤]，且人数不少。有资料显示："每年出洋船只所用舵工、水手、商伙

① 全汉升：《美洲白银与十八世纪中国物价革命的关系》，转见陈代光：《广州城市发展史》，暨南大学出版社，1996 年，第 259 页。

② 梁廷枏：《粤海关志》卷 5，《口岸一》。

③ 梁廷枏：《粤海关志》卷 5，《口岸一》。

④ 屈大均：《广东新语》卷 9，《事语》。

⑤ 李士桢：《抚粤政略》卷 10，《议复粤东增豁税饷疏》。

等，为数甚多，就粤而论，借外来洋船以资生计者，约计数十万人。"[①] 这些借海谋生者，遍布世界各地。如在泰国即有不少潮州人、海南人前往经商贸易，"每当中国新年，则有海南岛人、广东、福建及其他诸港之船五、六十艘到达，除货以外，并常有数千移民前来暹罗"[②]。而珠江三角洲五邑一带商人多奔走北美。如台山商人甘泽农在道光年间就"经商美洲"[③]；番禺商人潘振亭于乾隆年间"往吕宋贸易"[④]；南海商人简照明创办一家轮船公司，往返于日本、安南、暹罗以及欧美各港从事商业贸易。[⑤] 这类人物大不乏其例。

二是往来南海商舶数量大为增加。这包括中国商船，也有外国商船，广州是主要进出港。据统计，康熙二十三年（1684 年）至乾隆二十二年（1757 年），中国仅开往日本的贸易商船即达 3017 艘[⑥]，相当一部分始发于广州港。其余往南洋各港者难以历数。有研究者指出，"其时海南岛开往东京、安南、柬埔寨、暹罗及新加坡进行贸易的很多小帆船……其中，开往暹罗者约五十艘，往安南者约四十三艘"[⑦]。这仅是中国南海贸易中的一点花絮。当然，世界各国取道中国南海来广东贸易的商船为数更多。这其中有英国、荷兰、丹麦、瑞典、普鲁士等国商船。据《粤海关志》统计，从乾隆十四年（1749 年）到道光十八年（1838 年）89 年中，外国到粤海关口岸贸易商船共 5266 艘[⑧]。平均每年 59. 1 艘，以英国、美国商船居多。又据统计，从雍正八年到道光十年（1730—1830 年）101 年中，外国商船进入广州贸易吨位增加 25 倍，其中英国商船吨位增加 36 倍[⑨]。中国南海作为海上交通枢纽，联结如此众多国家海上商贸往来，其繁忙景象是可以想见的。

三是进出口贸易额和商品种类空前增长，昭示中国南海贸易地位不断提升。据统计，1817—1833 年，广州港出口商品总值达 71103372 银元，同期进口商品总值 107768748 银元[⑩]，广州处于入超状况。广州出口商品来自全国各

---

① 《史料旬刊》第 22 期，《庆复折》。
② 黄启臣：《海上丝路与广东古港》，（香港）中国评论学术出版社，2006 年，第 226 页。
③ 《台山甘氏族谱》，1935 年印。
④ 民国《番禺潘氏族谱》。
⑤ 民国《佛山忠义乡志》卷 14，《人物》八。
⑥ 《史料旬刊》第 22 期，第 226 页。
⑦ 姚贤镐：《中国近代对外贸易史资料》，中华书局，1962 年，第一册，第 288 页。
⑧ 梁廷枏：《粤海关志》卷 24，《市舶》。
⑨ 梁廷枏：《粤海关志》卷 24，《市舶》。
⑩ 黄启臣：《海上丝路与广东古港》，（香港）中国评论学术出版社，2006 年，第 268 页。

地多达80多种，以茶、丝、绸缎、土布、铜、糖为主，而进口商品欧美各国从早期以银元为大宗到后期转到以鸦片为主，特别是英国充当主要角色。鸦片大量输入中国，对中国财政、国民健康、道德、军事、国防都直接或间接产生极大危害，最终导致鸦片战争，中国近代史由此开始，中国南海贸易成了这场战争导火线。

四是外国在广州设立商馆，到鸦片战争前有13家，包括英国、法国、荷兰、丹麦、瑞典等国商馆。这些商馆对促进广东海上贸易发挥了重要作用，也作为西方文化在广州一个桥头堡，有助于西方海洋文明在岭南传播。

与中国南海兴旺发达的海上贸易相适应，中国南海沿岸在清代也保持或新兴不少港口，成为海上经济活动基地。在珠江三角洲，最突出的是江门港，作为河港兴起于明中叶，作为海港兴起于清乾隆年间。志称江门港“远则高、廉、雷、琼之海舶，近则南（海）、顺（德）、香（山）、（新）宁、恩（平）之乡船，往来杂遝，乾隆时号繁盛”①。到道光年间，因西江河道於浅，通航条件大不如前，江门港日渐式微。另为琼州海口港，明代“帆樯之聚，森如立竹”②。清代，海口是粤海关七大总口之一，康熙年间已有商船航行至日本③。乾隆时“商贾络绎，烟火稠密”④，闽、广、潮等地丝织品不断运到岛上，并设多家地缘性会馆。道光七年（1827年），在琼五邑会馆改名为广州会馆，显示广州商业区资本和海上贸易在海南跃居主流地位。在北部湾，海道比过去更加通畅，志称：“自廉州冠头岭前海发舟，水风顺行，一二日可抵交之海东府（海防市）；若沿海岸行，则乌雷岭一日至白龙尾，白龙尾二日到土门山，又一日至万宁州，二日至庙山，三日至海东府。”⑤ 这是广西与越南、海南岛海上交通贸易线。主要港口有大廉港、乌雷港、乾礼港、高德港、冠头岭港等，海上贸易一片兴旺。明人张经国有诗云：“煮海为盐烟万灶，双桅群桨沚千舟。”⑥ 其中冠头岭作为天然良港，“海舶蚁焉”⑦；明人刘子麒《冠头秋霁》

① 同治《新会县续志》卷10。
② 《琼山会稿》卷7。
③ （日本）小叶田淳：《海南岛史》，（台北）学海出版社，1979年，第275~278页。
④ 雍正《广东通志》卷7。
⑤ 崇祯《廉州府志》卷2。
⑥ 崇祯《廉州府志》卷13。
⑦ 崇祯《廉州府志》卷2。

诗中有“多少艨艟冲巨浪，凭虚一览尽秋毫”①。广西出口的商品仍为大米、陶瓷、布匹等，进口“番货”主要是沉香、胡椒、象牙、犀角。廉州府城，为有海陆贸易而呈现商业一片繁华，并被文人写入诗中。如饶秉鉴《阜市人烟》即为明代廉州一景。诗曰：

> 阜市东来接海涯，市中烟火起楼台。
> 几家峻宇相高下，无数征商自去来。
> 民俗喜从今日厚，柴门应为故人开。
> 圣朝自是多丰乐，常动欢声动六街。②

这一派太平富足景象随着鸦片战争的隆隆炮声而结束。

2．全球循环大格局的形成

入清海禁解除后，中国南海海上贸易不但继承前期的贸易对象和地区，而且随着航海、造船技术的进步，中国南海海上丝绸之路航线向全球延伸。明代先后形成经过中国南海海洋面的广东至非洲南端的厄加勒斯航线，广州—澳门—果阿—欧洲航线，广州—澳门—马尼拉—拉丁美洲航线，广州—澳门—长崎航线，广州—澳门—望加锡—帝汶航线等航线。到清代，又开辟了广州—北美洲航线，广州—大洋洲航线，广州—俄罗斯航线，形成全球性航海大循环。同时对外出口贸易港口更多，仅粤东明代就有柘林、南澳、樟林、白沙港，在珠江口外有外舶停靠港口或码头，如清初顾炎武所记“各国夷舰，或泊新宁（台山）广海望峒、或勒金奇潭、香山浪白、濠镜十字门，或屯门虎头等海澳，湾泊不一，抽分有例”③。其中以浪白、濠镜（今澳门）最为繁盛。来往广州港中外船舶多停靠于此及起航。同时，海上贸易也是生财致富之道，时人提出：“华夷同体，有无相通，实理势之所必然。中国与夷，各擅生产，故贸易难绝。利之所在，人必趋之。”④ 在这个潮流下继续发展的广州作为全国最大的外贸基地，“全盛时，番舶尾而至，豪商大贾，各以其土所宜相贸易，得

① 崇祯《廉州府志》卷13。
② 崇祯《廉州府志》卷12。
③ 顾炎武：《天下郡国利病书》卷130。
④ 《明经世文编》卷270。

利不赀”。广州居民，“多务贾以时逐，以香、糖、果、箱、铁器、滕、蜡、番椒、苏木、蒲葵诸货，北走豫章、吴、浙，西北走长沙、汉口；其黠者南走澳门，至于红毛、日本、琉球、暹罗斛、吕宋，帆踔二洋，倏忽数千万里，以中国珍丽之物相贸易，获大赢利”①。中国南海上一派繁忙，公私贸易均赖以得益。早在明万历时：“五方之贾，熙熙水国，刳艅艎，分市东西路，其捆载珍奇，故异物不足述，而所贸金钱，岁无虑数万，公私并赖。”② 广州由此变得十分富足。入清，尤其海禁解除后，广州商贸地位进一步提升，屈大均诗曰：“广州富庶天下闻，四时风景长如春。长城百雉白云里，城下一带春江水。……城南濠畔更繁华，朱楼十里映杨柳，帘栊上下开户牖。闽姬越女颜如花，蛮歌野曲声咿哑。阿峨大舶映云日，贾客千家万家室。……曰濠畔街，当盛平时，香珠犀象如山。”③ 一般繁华商业文化景象。这自是广州作为海上丝绸之路全球大循环格局一个中心的必然结果。

第三节　商帮集团的产生及其海洋文化风格

作为海洋文化的主体之一，即中国南海商帮集团，他们以海为商，把生意做遍全世界，成为最富冒险、超越精神文化的族群，在中国南海海洋文化史上占有崇高地位，也充分表现了中国南海海洋文化的特质和风格。

1. 商帮集团兴起的历史人文背景

中国南海各省区居民虽然早就迈向广阔的海洋，从事商贸活动，但在历史早期，这种活动规模有限，人数不多，未能形成群体力量。商帮集团（或称海商）是指专门从事海上贸易活动的商人集团，主要产生于明清时期，以粤闽商人为主，成为中国海洋文化的一个主要载体。在这里，主要论及的是粤商。他们生活在岭南，深受地理大发现以后欧洲资本主义势力向东扩张，积极寻找海外市场，加快原始资本积累潮流的影响，把商业贸易活动从大陆向海洋转移，从中国走向世界，成为当时中国历史转型时期异军突起的一支重要经济力量，

① 屈大均：《广东新语》卷15，《货语》。

② 张燮：《东西洋考》卷12。

③ 屈大均：《广东新语》卷14，《食语》。

也是中国海洋文化，特别是中国南海海洋文化的一个代表。粤商帮集团的兴起基于以下背景：

首先是世界格局的转变。16 世纪以后，欧洲殖民主义者东来，中国南海海上贸易对象从传统的阿拉伯地区转为以欧洲为主，特别是明中叶澳门为葡萄牙人租赁并发展为一个国际贸易中枢港，极大地促进了岭南地区的海上贸易，形成一个近乎全民性的经商高潮，产生一个庞大商人集团。这其中远涉鲸波、走向大海深处的那部分商人，即海商。他们具有比大陆商人更加冒险的胆识和勇气，更具有市场意识、竞争意识以及适应世界海上贸易的各种行为和方法，从而折射出海洋商业文化的品格。

其次，广东商品农业生产在清中叶达到鼎盛时期，在珠江三角洲地区出现集中布局蚕桑、甘蔗、水果、塘鱼等专业性的农业区。这些经济作物作为手工业原料，所制商品主要供出口国外市场，特别是参与国际市场竞争，造就了一个适于和敢于这种竞争的商人群体，即大海的儿子。与此同时，清代广东手工业生产也有长足发展，成为全国手工业发达的地区之一。广东冶铁业、制陶业、制糖业、棉纺织业以及独具地方特色的手工艺业等，其所生产商品统称“广货”，销行海内外。有研究显示，著名纺城佛山生产的丝织品，供应本地和外埠各占 20% ~30%，远销外国的占 30% ~40%[①]；“南海土丝绉纱，出绿潭堡大岸新村大崎等各乡……尽以贩于蕃商耳”[②]。广东出产的铁锅也大量出口外洋。雍正九年（1731 年）广东布政使杨永斌向皇上奏报：“查粤东（即广东）地方，因向来出产铁锅，凡洋船货买，历未禁止。臣到任后，检查案册，见雍正七、八、九年造报夷船出口册内，每船所买铁锅，少者自一百连至二三百连不等，多者买至五百连并有一千连者，其不买铁锅之船，十不过一二。查铁锅一连，小者两个，大者四五六个不等。每连约重二十斤，若带至千连，则重二万斤。”[③] 类似大规模出口的还有瓷器、蔗糖等，都需发达的商品制造业支持，经营出口者自不是普通商人，而是习惯、熟悉海上的活动者。

再次，明清时朝廷基本上实行时开时禁的对外贸易政策，但对广东却有例外，允许中外商人在广东开展贸易，为广东商人作为一个族群产生提供了独特

① 参见黄启臣、庞新平：《明清广东商人》，广东经济出版社，2001 年版，第 28 页。

② 道光《南海县志》卷 38。

③ 《雍正东华录》卷 19，《雍正九年十月三十日广东布政使杨永斌奏折》。

机遇。史称，海禁既开，广东“富家巨室，争造货船”[①]；“遍于山海之间……远而东西二洋”[②]；“一年之中，千舡往回”[③]；“就粤海而论，借外来洋船以资生计者，约计数十万人”[④]。例如，广州人叶振德康熙二十六年（1687年）“往洋贸易”；广东船主李韬士康熙五十五年（1716年）去日本经商；番禺人潘振承乾隆年间（1736—1795年）“往吕宋贸易”；南海商人简照南创办一家轮船公司，往暹罗、日本、安南、欧美各大商埠贸易；台山商人甘泽农道光年间（1821—1850年）已“经商美洲”。[⑤] 这些海商成为粤商集团的先驱和佼佼者。此外，清代广东人口数量日渐上升，到清末已达2800万人，而耕地日益减少，同期全省人均耕地不足1.3亩。人多地少，生态环境承受不了巨大的人口压力，迫使部分人口或远走他乡，或下海经商，参与广东商帮集团。故志称：“土田少，人竞经商于吴、于越、于荆、于闽、于豫章，各称资本多寡以争锱铢利益，至长治甲民名为贩川生者，则足迹几遍天下矣。”[⑥] 所以，不堪负重的人口压力也是驱使部分人口弃农从商的强大动力之一。

最后，不容忽视的是，岭南人在长期对外开放环境中，形成了强烈的商品意识。作为一种集体精神，这在明清商品经济日益发展的潮流中又提升到一个新高度，即下海经商已成为一种普遍的社会风气，形成“逐番舶之利，不务本业”的信条，选择“以商致富”之路。地方官员也深受这种逐利风气感染，甚至提出重商主张，明代广东巡抚林富上书朝廷，指出开海通商贸易可“足供御用”、“悉充军饷”、“救济广西”、“民可自肥”等四大好处[⑦]。广东总兵俞大猷也深感，“市舶之利甚广”[⑧]。在这种强烈的商品意识和氛围之下，清初广东已到处出现“人多务贾与时逐（利）”的社会现象，连雍正皇帝也慨叹：“广东本土之人，惟知贪射重利……以致民富而米少。”[⑨] 而海上贸易是获重利渊薮，商人趋之若鹜，遂为时尚。

---

① 吴震方：《岭南杂记》。
② 屈大均：《广东新语》卷9，《事语》。
③ 李士桢：《抚粤政略》卷10。
④ 《史料旬刊》第22期，《庆复折》。
⑤ 参见黄启臣、庞新平：《明清广东商人》，广东经济出版社，2001年，第32页。
⑥ 乾隆《大埔县志》卷10，《民俗》。
⑦ 严从简：《殊域周咨录》卷9。
⑧ 俞大猷：《正气堂集》卷7。
⑨ 光绪《广州府志》卷2，《广州典二》。

2. 商帮集团的地域类型

按照在中国南海从事商贸活动的海商地缘关系差异，通常把这些海商划分为广州帮、潮州帮和客家帮。由于他们族群归属不同，经营商品范围、地域有异，虽然在同样的历史时空之下，但在他们身上表现出的海洋文化风格各异，也由此彰显出岭南族群文化的差异。

广州帮是指籍为广州府地区的商人，是明清时期远近闻名的地缘性商人集团。明代广州府包括番禺、南海、顺德、东莞、新安（宝安）、三水、增城、龙门、香山（中山）、新会、新宁（台山）、恩平、开平、从化、花县（花都）、连州、阳山、连山、清远等，清代则不含连州、阳山、连山，相当于今珠江三角洲地区大部。广州府地区居民使用粤方言（又称广州话或白话），故广州帮商人也是讲粤方言的。有资料显示，在广州、佛山等地经商的商人中，有60%属广州帮。有人粗算“省会、佛山、石湾三镇客商，顺德之人居其三，新会之人居其三，番禺及各县各府、外省之人居其二，南海之人居其一”[①]。据黄启臣先生统计，明清时代有姓名、籍贯、经营地点可考的广州帮商人有358人（户）。主要分布在南海、佛山、顺德、番禺、香山、新会、高鹤（高明、鹤山）和广州市，占广州帮商人总数的76.65%。[②] 这只是广州帮商人的一小部分。此外，还有两广沿海使用粤方言的商人也属这个范围，如恩平、阳江、肇庆、惠州、湛江、海康、徐闻、遂溪、合浦以及韶关、南雄、乐昌等内陆地区，也有为数不少的广州帮商人。再还有山西、陕西、湖广、江西、广西等地商人在广州地区经商者，年深日久，在当地设会馆，甚至埋骨于此，这些外省人也是广州帮商人的一部分。

广州帮商人形成于珠江三角洲和两广沿海，除充分利用北、西、东江和沿海航线等便捷的水陆交通与内地做生意以外，也同时利用南海交通，角逐海外市场。诸史、家乘、族谱、方志等资料记载，广州帮商人活跃的国家和地区除中国南海周边的越南、柬埔寨、泰国、印度尼西亚、马来西亚、新加坡以外，还有美国、日本、欧洲、澳大利亚、毛里求斯、夏威夷、朝鲜、大溪地以及港澳等，足迹几遍全世界，均需取道南海、东海、黄海，横渡太平洋、印度洋等海域，抵达他们的经商之地。而且在一个陌生的国度里，还要适应、熟悉当地

① 龙廷槐：《敬学轩文集》卷2，《初与邱滋畬书》。

② 参见黄启臣、庞新平：《明清广东商人》，广东经济出版社，2001年，第143页。

自然、社会文化环境，这需要坚韧的心理质素和包容、忍让地对待海外异质文化；为了融入当地社会，还要克服语言、习俗、法律、生活习惯等障碍，成为生活的坚强者。广州帮商人在这些方面表现出的文化风格，容后一并阐述。

在广州帮商人中，最有代表性的应首推十三行商人。按清初以来，随着海上贸易发展，到广州的外商不断增多，许多国家开始在广州设立商馆，包括英国、法国、荷兰、丹麦、瑞典、美国、西班牙、俄国、普鲁士等，都在今广州西关一带租地建屋，作为外国驻华贸易的管理机构，具有外交和经商功能，但以经商为主要宗旨和基本活动。外国商馆又称十三行夷馆、十三洋行。入清以来，每个时期商馆数量不一，但大概维持 13 家，故名十三行夷馆。据美国人亨特所著《广州“番鬼”录》所载十三行夷馆中文译名是黄旗行、大吕宋行、高公行、东生行、广源行、宝顺行、鹰行、瑞行、隆顺行、丰泰行、宝和行、集义行、义和行等，相应于丹麦、西班牙、法国、美国、瑞典、英国、荷兰等夷馆。[①] 十三行夷馆旧址在今广州文化公园附近，第二次鸦片战争期间被火烧，光绪年间才重建开业，但因沙面兴起，英国占领香港，十三行商馆日渐式微，结束了它们的历史作用。十三行夷馆各有自己的民族特色，是欧洲文化在广州的一道风景线，因而被写入中外著作中。江西人乐钧《岭南乐府·十三行》诗云：

> 粤东十三家洋行，家家金珠论斗量。
> 楼阑粉白旗竿长，楼窗悬镜望重洋。
> 荷兰吕宋英吉利，其人深目而高鼻。[②]

这完全是清代海上贸易在广州的产物。另外，鸦片战争前在广州还有一些印度巴斯商人，随英国东印度公司在广州从事棉花、鸦片等贸易，与十三行关系密切。这些巴斯人信仰印度祆教（火祆教、拜火教），在广州长洲岛至今还保存有巴斯人墓地，俗称无声塔。按其教义，教徒死后实行天葬，但广州无此条件，后变通为土葬。这为广州风俗所接纳，由此也看出中国南海海洋文化博

---

① ［美］威廉·C. 亨特著：《广州“番鬼”录》，冯铁译，广东人民出版社，1993 年，第 16 页注。

② 黄启臣：《广东海上丝绸之路史》，广东经济出版社，2003 年，第 549 页。

清代广州十三行　广州博物馆提供

大兼容性之一斑。

为加强对外贸管理，康熙二十五年（1686年），清政府将国内贸易和国外贸易分离，从事对外贸易的商人也从牙行中分离出来，单独设立“洋货行”，专营对外贸易，分行商制度便成为清政府控制外贸的一项重要制度。后“洋货行”简称洋行。广东十三行即为这样的洋行。其商人称为“行商”或“洋商”。自然，广州洋行商人开始形成一个新兴的商业集团。由于得到官府的认可，代表清政府主持外贸业务，故十三行商具有半官半商双重身份，后被统称为“官商”。基于此，十三行商的商号中，多以“官”字冠后，如“潘启官”、“伍浩官”等昭示了十三行的半官方性质。

这个新兴的商业集团是广州帮商人的精英分子，其中著名商人家族有南海颜亮洲、伍国莹，番禺潘启、梁经国，新会卢观恒，广州冯柏燎等。这些商人家族的活动，在一定程度上反映了广州帮海洋文化风格。兹以下列三家商行为例。

南海颜亮洲创立泰和行，以“开诚布公，为远人所信爱”①。主要与英国

① 《颜氏家谱》，转见黄启臣、庞新平：《明清广东商人》，广东经济出版社，2001年，第252页。

东印度公司做生意，承保该公司来广州贸易的商船最多，计有500吨左右的“莱瑟姆号”“伦敦邮船号”“曼斯菲尔德勋爵号”“伦敦号”“海马号”，750吨~850吨的“莫尔斯号”“皇家亨利号”“皇家夏绿蒂号”“诺思勋爵号”等，在行商中拥有雄厚的经济实力。泰和行实行家族式管理模式，举凡内外业务，均由颜姓兄弟负责，分工明确，运行得井井有条，同时以宽广的襟怀欢迎省城大小官吏，广结社会名流，力争各界支持，结果生意火红40余年，与其经营管理得法不无关系。

番禺潘启创立同文行，在十三行商中也举足轻重。有人称潘启“少有志，知书；长怀远略，习商贾……通外国语言文字，至吕宋、瑞典贩运丝茶，往返数次”[①]。因潘启精通外语，方便与外商沟通，商务发展蒸蒸日上，主要与英国东印度公司开展丝、茶、毛织品等贸易，获利甚巨，后在广州河南购地建置园林豪宅，旧为广州名胜。潘氏家族经商取胜之道，一是务实进取，讲究信用，赢得广阔发展空间。例如，退赔英国东印度公司购买的质量低下的废茶或运输致损废茶的损失，保障商号信誉。这一举措不但为英方满意，而且为其他商号效法，得益的是整个广州帮。二是经营者具有良好素质、卓绝才干、非凡能力和长远目光。同文行首创者三次渡海到小吕宋，非但要战狂风、斗恶浪，历尽海洋旅途之苦，而且向西方人学习贸易经验，吸收西方先进经商知识，同时调查、收集市场信息，树立起盈利观念、信息观念、诚信意识、市场意识、竞争意识、效率意识等。这些近乎近现代商业发展需求的理念，都在潘启身上有不同表现，从而有效地保障了同文行运作。三是勤奋好学、深谙外语、接受新生事物、信息量广。据悉，潘启通英语、西班牙语、葡萄牙语，可以直接与外商交谈，甚有利于双方贸易，有谓“夷人到粤必见潘启官”[②]。后来《潘启传略》称：“当时海舶初通，洋商以公精西语，广兼真诚，极为钦重，是以同文洋行商务冠于一时。”[③] 于是其他洋行商人相继仿效，掀起学习外语热潮。商人把英语融入粤语中，并用粤语注音英语，如“man”（男人）注音“曼”，“soup”（汤）注音“苏披”，“today”（今日）注音“土地”等，这些夹杂了粤方言方便商业活动的“广东英语”应运而生。这被认为是一种创新，也是

---

① 梁嘉彬：《广东十三行考》，广东人民出版社，1999年，第260页。

② 张维屏：《艺谈录》下。

③ 转引自潘刚儿、黄启臣等：《潘同文（孚）行》，华南理工大学出版社，2006年，第23页。

后来在上海流行的“洋泾浜”英语的先声。潘启在与外商的频繁接触中，发现英国东印度公司伦敦董事部使用汇票进行贸易结算具有节省时间、提高效率、胜于现金交易、资金流转迅速、安全兑现等优点，于是将汇票引入同文行的经营，表现了他的超前意识。[①] 这对当时只知以白银为支付手段的内地商人是不可想象的。这可视为十三行商人较早接受西方新鲜事物的一个案例，显示出中国南海海洋商业文化的光辉。

十三行商人伍浩官　广州博物馆提供

南海商人伍国莹创立怡和行，对英国东印度公司进行毛织品和茶叶贸易，贸易额年年直线上升，经三代人苦心经营，发了大财，成为名列世界历史上千年五十巨富和中国六巨富的富豪之一。其成功之处，首先在于“多财善贾，总中外贸迁事，手握赀利枢机者数十年”[②]。即他是总揽、利用善于经商的卓绝人才。外商也评论其“拥有大量资本及高度才智，因而在全体行商中，居于卓越地位”[③]。用现代管理学话语来说，就是人才战略制胜。其次，伍氏集团深得清政府支持，与地方政府建立密切关系，通过各种途径向清政府捐助而获得丰厚回报。志称“计伍氏先后所助不下四万（两），捐输为海内冠州”[④]。充分利用行政力量推动商业经营，从制度文化层面而言，这也是一个成功之道。再次，伍氏集团除经营茶叶等以外，还“投资于美国保险业”[⑤] 和美国铁路事业。史载：“名（伍）崇曜者，富益盛。适旗昌洋行之西人乏资，即以巨万畀之，得利数倍。西人将计所盈与之，伍既巨富，不欲多得，乃曰：

① 章文钦：《十三行行商早期首领潘振承》，载杨万秀主编：《广东名人传》，暨南大学出版社，1991 年，第 66 页。

② 宣统《南海县志》卷 1，《伍崇曜传》。

③ 格林堡著，康成译：《鸦片战争前中英通商史》，商务印书馆，1964 年，第 62 页。

④ 光绪《广州府志》卷 129，《伍崇曜传》。

⑤ F. R. Dulles，The Old China Trade，p. 129，Boston，1930，转引自潘刚儿、黄启臣等：《潘同文（孚）行》，华南理工大学出版社，2006 年，第 282 页。

姑留汝所。西人乃为置上海地及檀香山铁路，而岁计其人以相畀。"[①] 又有载，伍氏"有买卖生理在美利坚国，每年收息银二十余万两"[②]。这些都开创了19世纪中叶中国商人在美国及其他国家投资企业的附股经营的先河。这无疑是吸收海外先进商业文化在广州推广的有益尝试。除了十三行商人以外，广州帮其他商人出海成功者也不少。如南海县商人聂烟波，据《聂氏家谱》载，在明正统七年（1442年）即出海经商，大赚其钱："公嗜航海，巨船装运雷阳之粟，冲风冒雨，历涉大洋，海途险阴，备尝艰苦，皆赖乃祖乃宗之福庇，安稳无虞，由是基业大进，峥嵘阀阅，大振家产。于是田园倍增，扩租无算，以为子孙悠久之计，不可羡欤。"这类商人经商所得一部分用于购买土地，而不完全用于扩大商业资本，也反映在封建生产方式背景下，土地资本仍占商人资本流向的一部分。这种时代的局限，恰是资本主义萌芽时期在珠江三角洲的一种表现。

潮州帮商人是仅次于广州帮的广东第二大地缘性商人集团，指籍贯为清代潮州府的商人，包括海阳（潮安）、潮阳、揭阳、饶平、惠来、澄海、普宁、丰顺、南澳等县商人群体。有人认为，潮州帮商人作为一个群体形成较晚，主要是清康熙以后开海贸易才开始形成。此前潮州商主要是海盗商人集团，依靠走私贸易为生，甚至与明朝武装对抗，且与福建漳、泉海盗商人共同构成我国东南沿海海盗商人的主体[③]。为了便于识别和管理，康熙时清政府规定，"出海边船按次编号，船头桅杆油饰标记"，广东船油以红色，故广东商人称为红头船时代，这也是潮州帮形成的时代。《潮州会馆碑记》说乾隆年间（1736—1795年），潮州帮商人地缘来历"首海阳，次澄海，次潮阳，次饶平，次惠来，次普宁，次揭阳"[④]。潮州商人乘坐自己修造的红头船，每年"春夏之交，南风盛发，扬帆北上，经闽省，出烽火、流江，翱翔乎宁波、上海，然后穷尽山花岛，过黑水大洋，游奕登、莱、关东、天津间，不过旬有五日耳。秋冬以后，北风劲烈，顺流南下碣石、大鹏、香山、崖山、高、雷、琼、崖，三日可历遍也"。这是潮州帮在我国沿海一带商贸活动的状况。至海外，则"占城、暹罗，一苇可航；噶罗巴、吕宋、琉球，如在几席；东洋日本，不难扼其吭而

① 徐珂：《清稗类钞》（第5册），中华书局，1984年，第2332页。
② 《筹办夷务始末》（咸丰朝），第26卷，中华书局，1979年，第973页。
③ 参见黄启臣、庞新平：《明清广东商人》，广东经济出版社，2001年，第144～145页。
④ 《潮州会馆碑记》，载《江苏省明清以来碑刻资料选集》，三联书店，1959年，第340页。

捣其穴也"[1]。即东南亚地区是潮州帮主要活动范围。据黄启臣等在《明清广东商人》一书中所列62家潮州帮商人表格，其在海外经商的国家和地区有日本长崎、马来西亚、印度尼西亚、泰国、新加坡、越南、柬埔寨以及港澳地区等，涉及52家，占84%。[2] 可见，潮州帮以海外贸易为主，似比广州帮更为突出。志称潮州帮既善于经商，又独具冒险、开拓精神。其云："潮人善经商，窭空之子，只身出洋，皮枕毡衾以外无长物。受雇数年，稍稍谋独立之业；再越数年，几无不作海外巨商矣。尤不可及者，为商业冒险进行之精神，其赢而人者，一遇眼光所达之点，辄悉投其资于其中。万一失败，犹足自立；一旦胜利，倍蓰其赢，而商业之挥斥乃益。"[3] 这种冒险精神带来的潮邑商业繁荣，也反映在当地歌谣中。如清乾隆澄海《樟林（港）游火帝歌》[4] 有云：

澄海管落樟林乡，乡中宽阔实非常。
第五就是合兴街，洋华交易在外畔。
第六顺兴多洋行，也有当铺甲糖房。

按樟林港为清康熙二十三年（1684年）开海后兴起的港口，为粤东通洋总汇和枢纽，大批红头船从这里放洋和近航停泊，呈现一派对外贸易的繁荣景象。1971年和1972年分别在澄海东里南洲和东里和洲出土过30～40米长的红头船，使用泰国楠木制成，属远洋商船。上引歌谣中的合兴街，建于嘉庆七年（1802年），两边尽是两层楼货栈，其中"安平栈"仍然留有当年建栈碑记，展示当年潮人"驾双桅船，挟私货，百十为群，往来东西洋"[5]，从事外贸的繁华情景。[6] 这样的双桅船，明代在潮州府注册的至少有145艘，清代更多，组成海上贸易船队，浩浩荡荡，直航海外。外国人Charles Gutgalf曾这样记述道光年间暹罗与中国的海上贸易船队："船只共约八十艘……这样的船叫红头船，通常系在暹罗修造，载重290～300吨，由广东省东部潮州人驾驶。这些

① 蓝鼎元：《潮州海防图说》，载《皇朝经世文编》卷83。
② 参见黄启臣、庞新平：《明清广东商人》，广东经济出版社，2001年，第146～150页。
③ 徐珂：《清稗类钞》（第5册），中华书局，1984年，第2333页。
④ 《樟林游火帝歌》，《潮学研究》第1期，汕头大学出版社，1993年，第105～106页。
⑤ 乾隆《潮州府志》，《风俗》与《艺文·备倭论》。
⑥ 黄启臣：《广东海上丝绸之路史》，广东经济出版社，2003年，第499～500页。

帆船大部分归曼谷的华侨或暹罗的贵族。前者派遣自己的亲戚，常常是女婿到船上做货物管理员；后者所派的是货物管理，由戚属们担保。"① 潮州帮商人具有强烈的乡土观念，无论驾船还是管理人员，都任用潮州人，显然为适应海洋艰苦生活环境和在异地发展，要求潮州人具备坚强内聚力，这在中国南海商帮中是很突出的文化素质。

客家帮商人是指明潮州府和清嘉应直隶州属下的大埔、程乡（梅县）、平远、镇平（蕉岭）、长乐（五华）、兴宁等县的商人群体，其中又以大埔、程乡的商人居多。这些地区操客家方言，故称为客家帮商人。与其他商帮人数难以统计一样，客家帮商人数量也如此。据黄启臣《明清广东商人》一书整理，明清部分有姓名、籍贯、经商地点的客家帮有48家，人数当比广州帮、潮州帮少，而且形成时间较晚，主要是入清以后形成的。但客家帮一经形成就很活跃，"经商于吴、于越、于荆、于闽、于豫章……足迹几遍天下矣"②。这是大埔客家商的状况。兴宁客家商则"多贸易于川、广、湖湘间"③。但客家商也像客家人一样，漂洋过海，从事商贸活动，范围包括印度尼西亚、马来西亚、檀香山、新加坡以及中国香港等。光绪《嘉应州志·礼俗》说："自海禁大开，民之趋南洋者如鹜"。清末，仅梅县松口一堡在"南洋各埠谋生者不下数万人"④。第一次世界大战期间，梅县在乡人口约40万，而在东南亚华侨有20万之多，占在乡人口半数，这其中有一部分人是从事海上贸易，或后来才定居东南亚的。如梅县"李步南，字九香，自海禁大开，中外通商，步南即往南洋，致巨富"⑤。后来他还在当地做了许多公益事业，为乡人称赞。类似的事例不胜枚举。从这个意义上说，客家人虽是山居族群，但也具有海洋文化品格。

广东地缘商人集团在外地经商，必须依靠会馆，以便联络乡情，互通信息，团结互助，保护同乡利益，为同乡谋福祉等。在北京、天津、上海、江苏、广西、四川以及国内其他省区，广东会馆星罗棋布，对广东商业贸易作用匪浅。在海外，广东会馆也不在少数。据暨南大学刘正刚教授《广东会馆论稿》一书统计，清代广东会馆以亚洲数量最多；美洲广东会馆后来居上，在

---

① 聂宝璋编：《中国近代航运史资料》（第一辑），上海人民出版社，1983年，第56页。
② 乾隆《大埔县志》卷10，《民俗》。
③ 嘉庆《兴宁县志》卷10《风俗》。
④ 温仲和：《求在我斋集》。
⑤ 光绪《嘉应州志·礼俗》。

19世纪进入建馆高潮；在澳洲、欧洲及非洲的广东会馆兴起于19世纪中叶以后，数量也较少。这与这些地区开发先后、开发程度，以及华侨迁移等紧密相关。但会馆设立的初衷与海上贸易关系最大，后来才扩展出会馆的其他功能。该书所列广东会馆在新加坡、马来西亚地区共有76所。若按方言划分，属广州帮商人的有35所，占46%，为中山、番禺、广州、南海、台山、顺德、新会、开平、恩平、鹤山、肇庆、惠州、东莞、宝安、增城、龙门、三水等商人所建，分布在槟城、新加坡、吉隆坡、关丹、安顺、太平等地；属潮州帮商人（含操海南方言者）的有17所，占22%，主要是潮州、琼州籍商人所建，分布在马六甲、槟城、古晋、太平、新山、关丹、巴生、安顿等地；其余24所为客家帮会馆，为嘉应州（梅县）、惠州、大埔、增城、龙门、丰顺、永安（福建）等商人所建。其中，在马来西亚槟城建立的嘉应会馆为广东人在海外最早的一处会馆，为客家帮商人1801年所建①。实际上，虽说这些会馆有很强的地缘特别是族群关系，但很多会馆是以广东各府属各县为对象联合组织的。如1805年在马六甲成立的惠州会馆，使用"海山公司"名称活动，由龙川、河源、紫金、和平等县商人组成。这种地域性的联合组织有利于商人相互沟通和相互帮助。1805年广府系香山人在槟城建立香山邑即中山会馆，为以单一县为单位联合的会馆，同样具有很强的凝聚力。

3. 商帮集团的海洋文化风格

无论哪个商帮集团，他们在海外贸易的对象不是新兴资本主义国家，就是这些国家在世界各地的殖民地，都有很成熟的商业技巧和商业制度，同时也会带有欺诈、奸骗等行为，所以要对付这些对象，必须采取行之有效的一整套经商办法，使自己立于不败之地。广东商帮在这方面的所作所为充分表现出他们的海洋文化品格，并以此区别于国内其他帮派商人。这些海洋文化品格可归结为：

第一，灵活性。明清粤商在海外经济活动中，很善于观察、把握商情以及时调整自己的销策略和商品结构，力争赢利。

早在15世纪初，华商在马六甲地区贸易，就充分显示出这方面的优势。有记载说"中国对马六甲的贸易在数量上和价值上都不如爪哇人和古吉拉特人，但是种类比他们多，令人更感兴趣"。16世纪以后，粤闽商人进一步掌握

① 刘正刚：《广东会馆论稿》，上海古籍出版社，2006年，第344～361页。

了东南亚地区海上贸易的主动权，表现了更强的市场意识。未上岸之前，先派人探听商品行情，获取执照，得到法律保护，运给当地别国商人未曾用过或未曾运售过的商品，如水银、火药、胡椒、肉桂、丁香、糖、铁、锡、铜、纹丝、丝织品、面粉，这些商品很多产于岭南三省区。有记载指出："华商比欧洲人具有很多有利条件，最重要的是他们实际上可以自由进入上海以南的中国市场。在那里，他们可以得到茶叶、瓷器和丝绸。……华商还十分熟悉亚洲市场情况，他们精打细算，小心谨慎，善于挑选货物。他们经营许多具有传统特点的货物，这些货物是欧洲人所忽视的，如香木、犀角、乌木、安息香、樟脑和皮革等，华人还能较快地调整适应新的贸易时机。"① 这样就能掌握贸易主动权，把生意做活。有人评曰："为了完成商业交易，他们几乎是无城不到，与西方那种更加系统而规范化的贸易形式相比较，传统的亚洲社会的轻漫随意显为优胜。"② 粤海商因注重市场信息调查，及时买卖进出，每获厚利。如19世纪40年代以前的新加坡，"当一只帆船到达后，住在此地的华商立即到船上捡出各项货物的样品，并调查各类货物的数量。其后接连数日，船长登岸了解市场情况，通常在一二周之内将货物全部售出"③。另外，粤海商在海上贸易中，还很注意利用季节差，囤积居奇，从中牟利。日本学者指出："中国商人为了确保其生丝能以高价在日本市场上出售，在四、五月驶往长崎的春船上装载少量丝货，等生丝价格以较高价格议定后，再在以后夏船和秋船中装载大量的生丝进入长崎港，使得以高价出售。"④ 这些粤海商的经商技巧，无不说明他们因天时、地利、人和而改变自己的经商理念、策略、对策，使之立于不败之地。显然，这是长期商品生产和流通所认识、积累经验的文化成果。相反，也有一些商帮集团固守已有的经商模式，不思变革，跟不上时代潮流而衰败。如在中国商业界中享有盛誉的晋商，原依靠经营茶叶和票号致富，以国内和北部邻国蒙古、俄国为市场，属典型的陆地商帮。当鸦片战争后中国沿海开始向近代工业转型时，晋商未能及时调整自己的经营方向，将商业资本向产业资本

---

① ［美］约翰·F·卡迪：《东南亚历史发展》，上海译文出版社，1988年，第203、418页。

② ［泰］沙拉信·威拉蓬：《清代中暹贸易关系》，转引自陈伟明：《从中国走向世界：十六世纪中叶至二十世纪初的粤闽海商》，中国华侨出版社，2003年，第207页。

③ 姚贤镐：《中国近代对外贸易史资料》（第一册），中华书局1962年，第66页。

④ ［日］山胁梯二郎译：《长崎荷兰商馆日记》，转引《中国近代对外贸易史资料》（第一册），中华书局1962年，第211页。

转变并利用资本主义经营方式，结果随着近代化进程的加快而被远远抛到后面。到民国初年，具有浓厚封建色彩的晋商已经一蹶不振，被淘汰出中国商帮之列。广商和闽商则很快利用战后国门洞开机遇，从内陆走向海洋，把贸易做到世界各地。他们“在近代化转型中积极经营外向性的新兴行业，他们由沙船贩运业到轮船贩运业，由土布到洋布，由钱庄业到银行业，由买办到代理商再到投资近代工业、西药业、房地产业、保险业、证券业、公用事业和新式服务业等行业均是他们投资的主要对象。而晋商却依然在传统经营上徘徊，这在一定程度上决定了他们的命运。虽然在近代化的过程中，具有浓厚封建性的沿海三大商帮（广东、福建、宁波）同晋商一起都不存在了。但随着这一进程的深化，山西商人也基本上退出了国内商界，而广东、福建、宁波等地的许多商人却成功地完成了近代化的转型，仍然活跃于商业领域，并积极投资于近代工业”①。这是粤商文化灵活性最出色的表现。

第二，包容性。郦道元《水经注》有曰：“水德融和，变通在我。”在水文化孕育下的粤商，在海外贸易活动中很注意互助合作，既在平时以个人商业活动为主，又在必要时实行群体合作，集中资金，降低风险，在市场竞争中取胜。有了包容性，就能合作经营，依靠各方优势，合成更大的团体优势，以压倒对方。如粤闽海商在爪哇一带活动，“如果货船的货物太多，以至个人的财力难以承受，几个中国商人便会共同合伙，买下所有货物，然后按个人投资份额分配利润。在爪哇，这种货币市场是公开的，没有欧洲商人援助。这样，那些中国商人便能以较少的风险从事商业活动”②。法国历史学者罗伯铿指出：“中国人有经营大商业的本能，他们按照自己固有的作风实现着西方经济学家所称道的那种企业的联合和横向联合。他们从摊贩、小店上升到大商店，他们布设周密的买卖罗网，使本地生产者不得不上其门”③。借助于这些合作，粤商集团资本像滚雪球一样，越滚越大，继而左右当地商业市场，自己也在这个过程中发展为强大的商业集团。

粤商集团既有包容精神，在经营中也采取纵横联营模式，以谋取更大的经

---

① 刘建生、刘鹏生等：《晋商研究》，山西人民出版社，2000 年，第 372 页。

② T. S. Raffes, The History of Java, Vol I, p. 204, Oxford University Prees, 1978，转引自陈伟明：《从中国走向世界：十六世纪中叶至二十世纪初的粤闽海商》，中国华侨出版社，2003 年，第 211 页。

③ 罗伯铿：《中国人和马来世界》，转引自陈伟明：《从中国走向世界：十六世纪中叶至二十世纪初的粤闽海商》，中国华侨出版社，2003 年，第 212 页。

济效益。19 世纪末，广东澄海人陈焕荣即通过纵向联合，在泰国曼谷创下基业，为人称羡。史称战后陈焕荣“目击时艰，不甘株守，于是伙同族中壮丁远赴汕头、香港，劳役船工。及至航海技术娴熟，经验丰富，乃自购帆船（俗称红头八卦），自任船主（人称船主佛），行驶于汕头、香港、南洋各地，及上海、青岛、天津等地，经营至为顺利。至 1851 年，鉴于出入口贸易之重要，且利用自身航运之便利，遂与族人合作，创设乾泰隆行于香港之南北行街，是我华人在港设立最早之入口行”，后又“复与族人集资创立陈生利行于新加坡，尤以暹罗米之运销。于是联暹罗、新加坡、香港、汕头于一环，发挥其致能”①。粤商充分利用这种地缘和血缘关系所形成的合作经营模式，连西方殖民主义者都无法抗衡。荷兰学者说：“华人之所以比西亚及南亚的民族更能对付欧洲人，因为爪哇和东亚许多地方的中介贸易几乎全部落在他们手中，同时华人不仅在港埠经营出口贸易，而且也深入内地乡间购土产及零售舶来品。”②这也说明，海洋文化的亲和力可以抵达任何一个地方。

粤商合作经营模式也以外商为对象。特别是清中后期，与外商合作经营更加常见。这以粤商在澳门经营至为典型。瑞典人龙思泰指出：“1831 年，澳门的整个航运业，有商船 16 艘，合计 5331 吨；1834 年，有 15 艘，合计 4158 吨。船主中的大部分人缺乏足够的手段使他们的商船装上合适的货物，也支付不了长途航海的收费和开销。因此，不少商船都让中国的冒险家入伙，装载货物前往新加坡、巴达维亚、马六甲、槟屿、加尔各答、孟买、毛里求斯等地。这种方式给双方带来便利，因为尽管用葡萄牙人的船装货运费较高，却比中国帆船安全。中国和澳门的商人也用英国船装载物产到上述各地。”③ 显见，粤商很善于扬长避短，寻找合作伙伴，以求得贸易利益最大化。

第三，务实性。追逐利润是粤商海上贸易的最大目的。为此，粤商一切从实际出发，注重实行产销一条龙经营方式，在有条件的国家和地区建立有关商品生产基地，直接加工出口，减少中间环节，降低成本，增加收入，走的是一

---

① 陈伯筹：《泰国潢利公司》，转引自陈伟明：《从中国走向世界：十六世纪中叶至二十世纪初的粤闽海商》，中国华侨出版社，2003 年，第 213 页。

② M. A. P. Meilink-Roeloyse, Asia Trade and European Infulence in the Indonesian Arehipelago between 1500 and about 1630, p. 245, Hague, 1962. 转引自陈伟明：《从中国走向世界：十六世纪中叶至二十世纪初的粤闽海商》，中国华侨出版社，2003 年，第 213 页。

③ （瑞典）龙恩泰：《早期澳门史》，东方出版社，1997 年，第 154 页。

条务实发展的商业道路。有的粤商尽量利用在海外停留的时间，增加贸易机会。史称："海洋所适之处，风信皆有定期，内地各省往返，因属甚便，即外洋诸番一年一度，亦习以为常，间有货物被番拖欠，以致风信偶逾耽延隔岁者，谓之压冬。然不过两年即可回棹。乃近年以来，竟有内地外洋诸舡，往往借口失风，经久不回，私往各番贸易，在今日不过图取利益，而日久弊生。"[①] 另外，粤商出海常附带一些专业技术人员，方便在海外就地加工、销售商品。16世纪后期，前往吕宋的粤商，除带有各种货物以外，"还有大批在广州码头搭船的低级水手和工人。手工艺者中有理发匠、裁缝、鞋匠、石匠、漆匠、织布匠、铁匠和熟练的银匠。西班牙人同巴达维亚的荷兰人一样，离不开华人的服务"[②]。这些来自广东的手工业者，大部分为山区剩余劳动力，在海外找到出路，对缓解那些地区的人口压力作用匪浅。直接在海外建立农业生产基地，为外贸提供重要货源，也不失为最务实的经营方式。有研究指出："至十六世纪末，有相当多的华人贸易中心出现在爪哇和其他岛屿。这些华人都是福建和广东两省的人。据了解，当时在万丹已有了华人胡椒园和稻田。埃德蒙·斯科特在1602年说：华人种植和采集胡椒，也自己耕种稻谷。……但是他们把这个地方的财富都吸吮走了。"[③] 又新埠"海中岛屿也，一名布路槟榔，又名槟榔士，英吉利于乾隆年间开辟者……闽、粤到此种胡椒者万余人。每岁酿酒、贩鸦片及开赌场者，榷税银十余万两"[④]。粤商在海外利用当地原料加工成商品，开展贸易的也不少。如在印度尼西亚三宝垄，清代"华人的工业日益发展，从中国来的商人也越来越多。因此，三宝垄城市的华人人口总是在增长着。中国的商人从中国带来很多货物，当他们回国时，也从这里带走不少可以在中国出售的商品，如胡椒、肉豆蔻、甘草及其他香料。制花生油和制蜡烛可以说是当时华人的重要工作"[⑤]。在亚齐，"所有来该城贸易的商人中，最著名的是中国人……一同来的有若干工匠——木匠、装修匠、油漆匠等。这些工匠到来后，立即开始工作。他们制造箱柜、家具以及各种玩具。这些东西刚做

① 《明清史料》（庚编第六本），中华书局，1987年，第1471页。
② ［美］约翰·F. 卡迪：《东南亚历史发展》，上海译文出版社，1988年，第301页。
③ ［英］W.J. 凯特：《荷属东印度华人的经济地位》，厦门大学出版社，1988年，第6页。
④ 谢清高口述，杨炳南撰：《海录》，丛书集成初编本。
⑤ ［印度尼西亚］林天佑著：《三宝垄历史》，李学民等译，暨南大学华侨研究所，1984年印，第47～48页。

好，他们立刻设起铺子在门口出售了。这个地方在两个多月的时间就像一个集市一样。如果货物尚未卖完，他们可以希望有小贩要他们的船，只要有人买，他们也愿意出卖。……船只卖掉以后，他们就作为乘客乘搭别人的船只回去"①。东南亚盛产甘蔗，1710 年，在巴达维亚（雅加达）有 130 间蔗糖作坊，大部分属于中国人②，原料取之于当地。也有一些粤商采购外国原料，运回中国加工成精品，再贩卖于市场。清人黄懋材《西鞧日记》载缅甸玉石"萃于阿瓦都城，然缅地无良工，汉商贩取璞玉，择其质之美者至粤中雕琢成器。近世海运便捷，故美玉之至滇南者寥寥无几矣"③。可见，粤商举凡每做一件事，不论商品流通、原材料加工或者提供服务，都很注重脚踏实地，讲究功利，将本求利，一秉岭南文化务实风格，并延伸至海外。

第四，恪守诚信。粤商在海外市场上能站住脚，不断拓展业务和扩大市场占有份额，讲究诚信、交易公正、以信誉取人也是他们的文化优势，从而能在波谲云诡的商海中赢得胜利。美国人 F. 卡迪评价 17 世纪"华人中有许多可依赖的商人，他们从广州和福建沿海其他港口来到这里，从事兴旺发达的帆船贸易。他们总是坚持将全部可以到手的西班牙里尔带回中国，欧洲人完全相信他们，把货赊给他们"④。粤商也很尊重当地人的风俗习惯，树立自己良好的商业形象，从而使交易顺利展开。如在菲律宾一些地区，"当外国人来到他们的村落之一，他们不许上岸，必须留在他们停泊的河流中（或海上）的船上，并鸣锣报告他们的到来。随即番商驶轻舟接近商船，带来棉花、黄蜡、异布、椰子、洋葱、精致的席子和各种供出售交换的货物（以换取中国人的货物）。在对货物的价格发生误解的背景下，又必须召来当地商人的首领，让他亲临现场，安排各方满意的价目表"⑤。这样双方在价格上达成共识，完成一次又一次的交易。如广东南海有个何牧野，"治生产，初营四会杉业，旋经商于日本之长崎、横滨，继续在省佛港澳之间设肆贸易，皆能得人而理。祖择业最慎，

---

① ［英］布塞尔：《东南亚的中国人》，《南洋问题资料译丛》1958 年第 2、3 期合刊本。

② ［印度尼西亚］甫榕·沙勒：《荷兰东印度公司成立在印尼的中国人》，《南洋问题资料译丛》1958 年第 3 期。

③ 转自陈伟明：《从中国走向世界：十六世纪中叶至二十世纪初的粤闽海商》，中国华侨出版社，2003 年，第 217 页。

④ ［美］约翰·F. 卡迪：《东南亚历史发展》，上海译文出版社，1988 年，第 262 页。

⑤ ［菲］欧·马·阿利普：《华人在马尼拉》，载《中外关系史译丛》（第一辑），上海译文出版社，1984 年，第 96 页。

凡稍有乖道德者，虽获万金不屑也。其买卖弃取之间，深得货殖传中，乐观时变之旨，故能酌盈剂虚，事无巨细，靡不资其筹划以解，商业重之”①。这位何姓商人的商业文化道德可算是达到较高水平，亦为粤商在海外市场上的一个典范。

为取得当地人信任，粤商很热心公益事业，深为当地人欢迎，实际上有利于双方贸易。英人凯特指出，在印度尼西亚地区，“一般说来，华籍商人比当地商人高出一筹，因为他们天生有一种经商的资质和其他方面的才能。欧洲商人在中介贸易方面也不能与他们匹配，因为还有其他一些有关因素在起作用。例如，华籍商人比较熟悉当地情况，了解当地人的需要，与当地生产者和消费者有较密切的关系，生活俭朴以及生活水平较低等”②。这以客家商帮的罗方伯最有代表性。清谢清高口述、杨炳南撰《海录》记在印度尼西亚昆甸地区，“乾隆中，有粤人罗方伯者贸易于此。其人豪侠，善技击，颇得众心。是时尝有土著窃发，商贾不安其生，方伯屡率众平之。又鳄鱼暴虐，为害居民，王不能制，方伯为坛于海旁，陈列牺牲，取韩昌黎祭文宣读而焚之，鳄鱼遁去，华夷敬畏，尊为客长”。还有一些粤闽商人出资在当地建设港口，口碑甚好。如道光二十五年（1845 年）“南定护营范维员疏言，巴喇港口水势散漫，沙泥淤浅，商船难以出入，有清商邓贞吉者，请自出家赀于港西旁筑起提防，开垦闲田，依例纳税，许之”③。

在商海竞争中，粤商讲求价廉物美，也是出奇制胜之本。菲律宾人欧·马·阿利普指出，在马尼拉，“华商一直是这个国家最成功的商人。华商分为两类，一类经营市场和商业公司，销售于货……并且经营批发和零售商业；一类拥有小食品店或小杂货铺，销售各种廉价商品。起初西班牙商人试图与华商竞争，但是他们很快就对更加精明、更加节俭和更加坚忍不拔的华人甘拜下风。华人在事业中保持低生活水平，从而通常他们能够用较低的价格挤垮他们的大部分竞争者”④。在柬埔寨，“其地华人居半，灵敏推为巨擘，所贩中国土

① 民国《南海烟桥何氏家谱·坟茔语》，1924 年刻本。

② ［英］W. J. 凯特：《荷属东印度华人的经济地位》，厦门大学出版社，1988 年，第 62 页。

③ 《大南实录》正编第三纪卷六十三，转引自［菲］欧·马·阿利普：《华人在马尼拉》，载《中外关系史译丛》（第一辑），上海译文出版社，1984 年，第 320 页。

④ ［菲］欧·马·阿利普：《华人在马尼拉》，载《中外关系史译丛》（第一辑），上海译文出版社，1984 年，第 108 ~ 109 页。

产，较诸欧洲所贩华物，其值约贱十倍”[①]。在“整个爪哇，贸易通常由中国人主导，他们当中许多人很富有，通过他们的商业知识、企业精神和自信心令财富不断增加”[②]。在暹罗，“而中国人……独当一面的技巧，做起交易买卖，成本最低，时间最快。西方人指出，这种商业的机警灵敏乃是中国人特有的资本”[③]。在苏禄地区，“十人以珠与华人市易，大者利数十倍，商舶将返，辄留数人为质，冀其再来”[④]。粤商在当地取得如此高的信任，甚至当地人扣留人质希望粤商再来，这无疑是粤商恪守商业道德的结果。

以上这些海商文化品格，是在明清时期粤商在海外贸易经营中，在历尽坎坷、屡经风雨之同时形成的。这些文化品格一方面说明粤商具有开拓创业的精神、意志和毅力，能够在异国他乡的困难条件下，自我调适、自我保护、自我斗争、自我生存发展，从而开创出一片新商业天地，使海外贸易成为中国南海沿海地区经济的一条生命线；另一方面，因为他们具备这些文化品格，故能在海外复杂多变的贸易竞争中，长期保持优势，并依靠这种优势，在鸦片战争以后，在东南亚沦为西方列强殖民地以后，仍能保持自己在东南亚的经济地位，继续发挥对当地经济发展的作用，这不能不归结于粤商在明清时形成的海洋文化对经济的作用力。恰如有论者所指出的：“新加坡，幅员甚小，农产亦稀，自英人开埠后，免费以广招徕。由此，商舶云集、百货汇输，遂为海南第一巨埠，华侨二十余万人。工商以外，擅陂沼围林之利。……商务以新加坡槟榔屿为最繁，物产以小吕宋、爪哇、西贡、暹罗为最富，而经营垦辟，全恃华人。故志南洋者辄谓西人虽握其政权，而华人实擅其利柄。”[⑤] 直到近代，粤海商也没有因当地政权落入外国殖民主义手中而退出经济舞台。有人以中国与菲律宾贸易为例，指出：“不管是什么样的船只，或是走什么路线，这一贸易的两端继续由中国人把握着，一边是厦门、澳门和香港华人，另一边是马尼拉的华

---

① 佚名：《金边国记》，转引自陈伟明：《从中国走向世界：十六世纪中叶至二十世纪初的粤闽海商》，中国华侨出版社，2003 年，第 221 页。

② T. S. Raffles，The History of Java，Vol I，p. 203，Oxford University Press，1978。转引自陈伟明：《从中国走向世界：十六世纪中叶至二十世纪初的粤闽海商》，中国华侨出版社，2003 年，第 222 页。

③ ［泰］沙拉信·威拉蓬：《清代中暹贸易关系》，转引自陈伟明：《从中国走向世界：十六世纪中叶至二十世纪初的粤闽海商》，中国华侨出版社，2003 年，第 222 页。

④ 《明史》卷三二五《外国六》。

⑤ 《清代中国与东南亚各国关系档案史料汇编》（第一册），国际文化出版公司，1998 年，第 433 页。

人。只有一项对中国的出口品——大米是由西方人经营的。”[①] 显见粤闽海商经济力量的强大和坚韧，是由上述他们的海洋文化根基支撑起来的。

第四节　中国南海传统疆域的确定与中国政府的主权管辖

中国对中国南海的认识开发和管理有一个历史发展过程。在明代对中国南海海洋意识进一步加强，海防力量向海洋纵深扩大，南海诸岛列入巡海范围的基础上，清代则在行政建置、军事活动和布局、舆图绘制等方面牢牢地奠定了中国对中国南海传统疆域的基石，而民间的海上活动，也为此提供了有力的佐证，标志着清代中国南海疆域文化达到一个新高度。

1. 涉海行政建制

明洪武二年（1369 年）设立广东等处行中书省，九年（1376 年）改中书省为承宣布政使司（简称布政司），但习惯上仍沿用元朝旧名，称为省。海南岛、雷州半岛和合浦地区也从原属湖广省划归广东，自此奠定广东省基本轮廓。海南岛和雷州半岛地当中国南海之中，北接中国内地，南邻中国南海诸邦，自古以来就是中国与中国南海交通的中间站，特别是海南岛和北部湾北部许多优良港湾，成为中国南海航线和渔业生产不可少的停泊所和补给站。它们划归广东，使整个岭南沿海和所属岛群及海域同在广东省统一管理之下，这既是历史发展的结果，也是加强海防、促进边疆和海洋开发的一个重大步骤。洪武元年（1368 年）即设立琼州府，领三州十县，稍后又置一卫十一所，差不多同时成立的还有雷州府和廉州府，具体实施对所属海域和岛群的管理和开发。例如洪武二十七年（1394 年）成立的海南卫所，“于所部海面巡视，有警申报剿除”[②]；“万历四十五年（1617 年），设水寨前司，守崖州、三亚、保平、感恩诸港”[③]。另据明王佐《琼台外纪》（已佚）载，万州在明时辖有“长沙”、“石塘”，海军指挥佥事

① 魏安国著：《菲律宾生活中的华人（1850—1898）》，吴文焕译，转引自姚贤镐：《中国近代对外贸易史资料》（第一册），中华书局，1962 年，第 223 页。

② 顾祖禹：《读史方舆纪要》，卷 105，广东琼州府。

③ 顾祖禹：《读史方舆纪要》，卷 105，广东琼州府。

“统兵万余，巨舰五十艘”，“巡视海道几万里”。当时，外国人称南海为“大明海”①，确认明政府对南海诸岛及其附近海域的主权和管辖。

明朝在中国南海地区的行政建制为清朝继承，保障了对所属海区管辖和开发的连续性和稳定性。清代，“千里长沙”、“万里石塘”划归琼州府管辖。有关防务分由海口营、崖州营、儋州营负责。其中“海口营分管洋面，东自乐会（今琼海）博敖港起，西至临高县进马角止，共巡洋面一千一百余里。北接雷州府海安营洋界，西接儋州营洋界，外通钦州大洋，东接崖州协洋界，外通闽、浙两省及东南诸番”；“崖州协水师营分管洋面，东自万州东澳港起，西至昌化县四更沙止，共巡洋面一千里。南面直接暹罗、占城夷洋，西接儋州营洋界，东接海口营洋界”；“儋州营分巡洋面，南自昌化县四更沙起，北至临高进马角止，共巡海道五百余里，西接廉州洋界，外通越南夷洋，顺风三日可至，南接崖州协洋界，北接海口营界”②。这样，整个南海诸岛海域都在海口、崖州和儋州营巡逻、防守范围以内。康熙年间（1662—1722 年），广东水师副将吴升率领水师巡海，自琼崖，历铜鼓，经七洲洋、四更沙，周遭三千里，躬自巡视，地方宁谧。③ 道光十二年（1832 年）清政府制定巡海会哨制度，规定每年四月和十月的十日为巡海会哨日期，南海巡逻更加制度化和完善有效。这样，中国南海在行政建制和军事防守上都有了制度化的保障，提供了作为中国领土主权无可争议的证据。

2. 中国南海舆图的进一步编绘

清王朝版图达到我国历史版图最大时期，也扩展到中国南海最南边缘。作为国家领土主权标志的地图也反映了这一疆域变迁。

明中叶地图学家罗洪先（1504—1564 年）绘制全国性《广舆图》，绘入南海中的“石塘”与“长沙”。清康熙四十八年（1709 年）清政府实测绘制的《大清中外天下全图》中，继续绘“万里长沙”、“万里石塘”。特别要提出的是高凉总兵陈伦炯在雍正八年（1730 年）所著《海国闻见录》中所附《四海总图》，是现在能见到的关于南海诸岛的较早的地图。这幅图上写的“气”和

---

① 转见鞠继武：《我国历代对南海诸岛的管辖》，载《南沙群岛历史地理研究专集》，中山大学出版社，1991 年，第 63 页。

② 道光《琼州府志》卷 18，上，《海防》。

③ 同治《泉州府志》卷 56，《国朝武绩》。

"沙头"指的是东沙群岛；"长沙"指中沙群岛；"七洲洋"指西沙群岛；"石塘"则为南沙群岛，并把南沙的太平岛叫做"南沙马峙"。该图包括了南海诸岛全部海域，也是明确把南海诸岛划分为四大群岛的开始，以后被各类著作所转载。道光二十二年（1842年）林则徐、魏源在《海国图志·南洋各国沿革图》上，在珠崖之下，依次标明"万里长沙"和"千里石塘"，分别指今西沙群岛和南沙群岛。光绪十七年（1891年）彭玉麟、王之春撰《国朝柔远记》，在《环海全图》上，广东海面顺序标明"沙头气""长沙""石塘"，在琼州东南方标明"七洲洋"。从方向判断，"沙头气"是指今东沙群岛，"长沙"是指今中沙群岛，"七洲洋"是指今西沙群岛，"石塘"是指今南沙群岛。宣统二年（1910年）广东水师提督李准绘制《广东水师国防要塞图说》中有《西沙群岛图》（已佚），在图说中再次重申西沙群岛为我国领土主权。

除了上述出自官方的舆图以外，明清时代各种地图对南海诸岛记载的还很多。比较重要的是明建文四年（1402年）绘制的《混一疆理历代国都之图》，该图在南海中标有两个"石塘"和一个"长沙"。据其分布位置及地名注释上方"石塘"应为东沙群岛，下方"石塘"，应为南沙群岛，居中的"长沙"应为西沙群岛。稍后的张天复《皇舆考》中《东南海夷图》也沿袭了《混一疆理历代国都之图》的画法。此外，张燮《东西洋考》全图也绘有"石塘"和"长沙"。在清代则有康熙五十五年（1716年）测绘的《大清中外天下全图》、雍正二年（1724年）《清直省份图》、乾隆二十二年（1767年）《大清一统天下全图》、嘉庆五年（1800年）《清绘府州县厅总图》，以及嘉庆二十二年（1817年）《大清一统天下全图》等，把西沙群岛、南沙群岛分别标绘为"万里长沙"、"万里石塘"而列入清朝版图。说明对中国南海各海区认识更加详细、具体和深入，牢牢地树立起对中国南海的海洋国土和疆域、版图概念。

3. 关于中国南海文献典籍的记载

明清时期，记载南海和南海诸岛的典籍比以往任何时代都多，其中不少是中国对它们拥有主权的记载。明正德《琼台志》指出海南岛"外匝大海，接乌里、苏密、吉浪之州，南则占城，西则真腊、交趾，东则千里长沙、万里石塘，东北远接广东、闽、浙，近接至钦、廉、高、化"①。明代广东东莞县南

① 正德《琼台志》卷21。

亭门，为过去海舶发航地点，明黄衷《海语》指出，自南亭门放洋南行，“分水在占城之外罗海中，沙屿隐隐，如门限，延绵横亘不知其几百里，巨浪拍天，异于常海。由马鞍山抵旧港（今印度尼西亚苏门答腊东南岸巨港一带），东注为诸番之路，西注为朱崖、儋耳之路。天地设险，以域（划）华夷者也”[①]。这里所说分水界线外罗海（洋），指今越南中部广东群岛附近海面。乾隆四十六年（1781年）暹罗（泰国）使者丕雅·摩诃·奴婆来中国，途经这一海区，在所撰《广东纪行诗》中写道：

> 二日揖山光，山影连绵长。
> 前进复二日，始达外罗洋，
> 自此通粤道，远城迷渺茫。
> 滨海皆大郭，处处进例香。
> 横山迤逦至，地属越南邦。
> 至此边界尽，针转折东方。
> ……
> 道是中华土，闻之喜洋洋。[②]

这不但是一首优美动人的诗歌，而且这位暹罗使者在此公正地指出了外罗洋一带为中越两国水域的分界线。后人研究指出该诗所记路程与我国文献《清通考》卷297所著录相符合，并说暹罗使者从曼谷起航，船行27日半“达外罗洋（Walo），过此则入中国境，人老万港抵澳门，并是碇泊，计程三十三昼夜云”[③]。在清代著作中，一般把西沙群岛称为“万里长沙”。成书于道光二十四年（1844年），谢清高口述、杨炳南笔录的《海录》明确指出：“万里长沙者，海中浮沙也，长数千里，为安南外屏。”[④] 深谙域外地理的魏源也同时说：“凡往来商船，由厦门至广南者，先过安南界，历七洲洋，向广南外之占毕罗山，即入其境。”[⑤] 按占毕罗山即今越南中部岘港附近的占婆岛，在上述广东群岛

① 黄衷：《海语》卷下，《分水条》。
② 姚楠、许钰：《古代南洋史地丛考》，上海商务印书馆，1958年，第89～90页。
③ 姚楠、许钰：《古代南洋史地丛考》，上海商务印书馆，1958年，第80页。
④ 谢清高口述、杨炳南笔录：《海录》（又名《海外番夷录》），噶喇叭（雅加达）条。
⑤ 魏源：《海国图志》，第四卷，《东南洋》条。

以南，西沙群岛以西，为古代中西海上交通所经。连越南古代著作《大南一统志》也认为："大占屿，一名尖笔峰，古名占不劳力。……本国与外国越海者以此为准，往返皆停泊，取薪水。"① 其作为中越海域一个分界的意义十分清楚。

明隆庆元年（1567 年）明政府开始取消海禁，大力发展中国与邻近诸国和印度洋的海上交通。清康熙二十三年（1684 年）清政府宣布开放海禁，翌年下令"开海贸易"，我国对中国南海和南海诸岛的地理认识继郑和远航以后更处于进一步发展之中。仅南海诸岛的命名，就更加复杂化。在宋元时期，一般以"长沙"（或"千里长沙"）称呼西沙群岛，"石塘"（或"万里石塘"）称呼南沙群岛。明代除因袭以上称呼以外，还有一种互相倒置对换的说法，即以"长沙"（"千里长沙""万里长沙""万里长堤"等）指南沙群岛，而把"石塘"（"千里石塘""万里石塘"）指西沙群岛（也可能包括中沙群岛）。入清以后，南海诸岛的名称有 20 多种，记述的图籍不下 70 种。在上述名称基础上，还提出"石塘海""石星石塘""万生石塘屿""石汉"等新的名称。据清代历年 18 种地图对南海诸岛的注记②，今东沙群岛多称"气沙头"、"气"或"沙头"；中沙群岛一律称"长沙"；西沙群岛称"七洲洋"；而南沙群岛一律称"石塘"。至于"南海诸岛"一词，是康熙四十九年（1710 年）由徐葆光在《中山传信录》中首次提出的③。该书作者为康熙时进士，官至编修，曾出使日本，所撰为一部重要域外地理作品。尽管以上地名所包括的地域概念有差异，所指今天的岛群也有明暗、广狭之不同，但基本事实不外三种：即泛指整个南海诸岛；混指南海诸岛中的某两三个岛群；专指南海诸岛中的某一特定岛群。这得视具体史籍、地名在图中的方位及四邻情况，才能确定某个名称究竟是指哪一个区域。

今天南海诸岛各岛礁洲滩等名称，主要是明清时期确定、沿用下来的，并且与我国人民航海、巡防、生产活动、历史人物，以及古代官职和其他地名有关，充分反映南海诸岛与祖国大陆有不可分割的联系。这些地名除与郑和下西洋有关的地名以外，还有更多的地名是与中国政府管辖这些岛礁的活动或中国历史名人密切相关的。宣统元年（1909 年）四月一日，清政府派广东水师提

---

① 《大南一统志》，第五卷，《东南洋》条。

② 广东省地名委员会编《南海诸岛地名资料汇编》，广东省地图出版社，1987 年，第 542 页。

③ 徐葆光：《中山传信录》全一卷，见《小方壶舆地丛钞》本。

督李准率领170余人，分乘“伏波”“广金”“琛航”三艘军舰到西沙群岛等地勘察和巡视。因这次巡海而命名的有李准滩、甘泉岛（发现泉水）、珊瑚岛（发现岛上多珊瑚）、人骏滩（张人骏，清末管理、开发南海的地方官，曾任两广总督），以及琛航岛、广金岛等。以我国历代著名人物命名的有赵述岛（赵述，明驻三佛齐使节）、嵩焘滩（郭嵩焘，清末出使英法）、鲁班暗沙（鲁班，古代木匠）、屈原礁（爱国诗人屈原，楚国大臣）、大渊滩（汪大渊，元末航海家）、东坡滩（苏东坡，宋代文学家）、巩珍礁（巩珍，随郑和下西洋的明代航海家）、阳明礁（王阳明，即王守仁，明朝哲学家、教育家）、孔明礁（诸葛亮，字孔明，蜀国政治家、军事家）、康泰滩（康泰，三国时著名旅行家）、朱应滩（朱应，三国吴人，中国最早到海外旅行家之一）、常骏暗沙（常骏，隋代出使赤土国）、义净礁（义净，唐代名僧、旅行家和翻译家）、法显暗沙（法显，东晋名僧，杰出旅行家和翻译家）。以我国古代官职命名的地名有伏波滩（伏波为汉代将军名号）、校尉暗沙（校尉为汉代军职）、都护暗沙（都护为古代官名）、金吾暗沙（金吾，即执金吾，掌管京师治安长官）、华夏暗沙（华夏，古代汉族自称，亦作诸夏）等。以我国其他地名命名的有漳溪礁（漳溪，韩江支流）、浔江暗沙（浔江为西江在广西桂平至梧州一段）、海口礁（海口，海南省省会）、普宁暗沙（普宁，广东县名），南海礁（南海，一是南海县，二是中国南海）、海康暗沙（海康，广东县名，在雷州半岛）、海安礁（海安，徐闻县南港口）、潭门礁（潭门，琼海县东港口）、琼礁（琼，海南省简称）、琼台礁（琼台，旧址在琼山县城）等。这类地名绝大部分源于两广，为人类活动产生文化转移方式之一。

我国渔民世世代代在南海诸岛的海面上风里来，浪里去，最熟悉那里的情况。他们把那里的情况和航海、生产的经验总结记录下来，形成一种类似今天航海指南或海图一样的文字资料，被称为《水路簿》（或称《更路簿》，“更”为航海路程，一更即60里）。这也是一种航海工具书。据考古博物学者研究，自我国渔民到西沙、南沙群岛活动之日起，《水路簿》有关条文就在孕育之中。到明清时期，我国航海针经书大量出现。正在这个时期，越来越多的我国渔民到了西沙、南沙群岛，扩大了活动范围，加速了《水路簿》形成①，也是

① 何纪生：《水路簿初探》，载广东省地名委员会编《南海诸岛地名资料汇编》，广东省地图出版社，1987年，第542页。

《水路簿》最多的时期。但由于时代变迁，目前能见到的《水路簿》抄本都是当代人所抄，仅六七十年。更早的抄本或许不少，尚待调查发现。1974 年以后，在海南岛渔民中发现的《水路簿》手抄本就有 10 余种，如苏德柳《更路簿》、许洪福《更路簿》、郁玉清《定罗经针位》、陈永芹《西南沙更路簿》、林鸿锦《更路簿》、王昌国《顺风得利》、麦兴铣《注明东、北更路簿》、李根深《东海、北海更流簿》，以及符宏光《西南沙群岛地理位置图》等。据统计，这几种《水路簿》共记录南海诸岛琼人俗名 96 处，其中属于西沙群岛的有 24 处，属于南沙群岛的有 72 处①。这些地名有不少作为“渔民名称”收录中国地名委员会 1983 年 1 月印发的《南海诸岛标准地名表》中，例如西八岛、下八岛、下峙（标准地名永乐群岛）、甘泉岛（圆峙、圆岛）、珊瑚岛（老粗岛、老粗峙）、全富岛（全富峙、全富、曲手）、广金岛（三脚屿、小三脚屿）、宣德群岛（上七岛、东七岛、上峙）、永兴岛（猫注、吧注、猫岛）、石岛（小巴岛）、双子群礁（双峙）、梅九礁（梅九）、中业岛（铁峙）、太平岛（黄山马、黄山马峙）、景宏岛（秤钩）、曾母暗沙（沙排）等。在已公布的南海诸岛 287 个标准地名中，同时作为“渔民名称”出现的有 187 个，占 65%。这类“渔民名称”，多属海南方言称谓，且起源很早，故有些用字生僻，含义难明，但却有很丰富的地理内涵。包括以地貌命名，如标准地名高尖石，俗名（即“渔民名称”）双帆，岛呈三级塔形，远望似船；以水文命名，如鬼喊礁，俗名鬼喊线，因该处波涛汹涌，浪啸之声不绝，令人心寒；以生物命名，如永兴岛，俗名猫注，因岛上多野猫，防鼠；以海产命名，如南屏礁，俗名墨瓜线，海南话墨瓜即墨海参，当地出产甚多。此外，还有以位置、数字、顺序、大小、颜色、传说等命名的地名，有重要的地名学、历史学、地理学、海洋学价值，是一笔宝贵的历史遗产。有的俗名甚至成为外国人翻译南海诸岛地名的依据。例如 16 世纪葡萄牙人称永兴岛为 PoXo，就是从琼人俗名“巴注”音译过去的。1868 年英国海军部海图局编绘的《中国海指南》，记载了琼人“秤钩”（景宏岛）和“南乙”（鸿庥岛）。1918 年日本人小仓卯之助到南沙“探险”，海南渔民告诉他有“罗孔”（马欢岛）、铁峙（中业岛）、第三钥（南钥岛）、黄山马峙（太平岛）等俗名。据考证，在西方殖民主义者擅自给南海诸岛

① 刘南威：《南海诸岛琼人俗名考》，载广东省地名委员会编《南海诸岛地名资料汇编》，广东省地图出版社，1987 年，第 528～529 页，第 535 页。

命名时，被他们音译过去的琼人俗名就有9个，例如Itu Aba（黄山马，海南音Uiduave）、Namyit Island（南乙、南密，海南音namgit，namid）、Sineowei Island（铁钩，海南音Hi Du）、Lon—don Reef（铜铳，海南音Dolang Song）等。[①] 这些事实，同样是南海诸岛自古以来就是我国神圣领土的一个有力证据。

明清时期对南海和南海诸岛的地理特点和成因，除了对单个实体的描述性介绍以外，逐步上升为整体特征和规律探讨。明代有关著作大多数已在南海诸岛明确地区分为四大部分的基础上，指明其方位，描述其地形乃至微地形特征。这在岛礁地理认识上是一个很大的进步。如嘉靖年间（1522—1566年）黄衷《海语》专设《畏途·万里石塘》条，称："万里石塘在乌潴、独潴二洋之东，其产多砗磲……舵师脱小失势，误落石汊，数百皆鬼录矣。"同书还有《畏途·万里长沙》条，云："万里长沙在万里石塘东南……风沙猎猎，晴日望之如盛雪，舶误冲其际，即胶不可脱，必幸东南劲风，乃免陷溺。"[②] 在这里，"万里石塘"指西沙群岛，"万里长沙"指南沙群岛，前者富产砗磲，多石汊，航行危险，一不小心即舟毁人亡；后者不仅有盛雪一样的珊瑚洲地貌，而且在这一海区航行也很危险。现代业已探明，南沙群岛水下大部分为海底高原，海山海岭罗列，千沟万壑，非常复杂，向以航行险恶著称。在一般海图上，往往标注有"险恶区，未经精测，航船切勿驶入"等字体，赫然入目。稍后曾在海南为官的顾岕的《海槎余录》也记载："千里石塘，在崖州海面之七百里外，相传此石比海水特下八九尺，海舶必避而行，一坠即不能出矣。万里长堤出其南，波流甚急，舟人回溜中，未有能脱者。"[③] 非常确切地指出中沙群岛的方位和它在水下分布的状况。其"万里长堤"是指南沙群岛，将"千里石塘"和"万里长堤"相区别。其所描述的中沙和南沙群岛地理方位和地理景观，亦与现在了解的情况相符合。中沙群岛主体发育在中沙台阶的大环礁上，该书所称"一石"，即为黄岩岛，为一个略呈等腰三角形的大环礁，其中北端突出水面的一块礁石，被称为"黄岩"，面积仅1~4平方米；南端突出水面一块，被称为"南岩"，面积近3平方米，巨浪打来，人在其上有动摇之感。至于顾岕所言"万里长堤"，无疑是南沙群岛，那里对航海的威胁，已如上述。此外，明

---

① 刘南威：《南海诸岛琼人俗名考》，载广东省地名委员会编《南海诸岛地名资料汇编》，广东省地图出版社，1987年，第528~529页，第535页。

② 黄衷：《海语》卷下。

③ 顾岕：《海槎余录》，全一册。

代记载南海诸岛岛礁地理特征的，尚有张燮的《东西洋考》、万历年间罗日纲的《咸宾录》和章潢的《古今图书编》有关卷帙。例如《东西洋考》说到“船到七洲洋及外罗，若近外罗对开，贪东七更船，便是万里石塘，内有红石山，不高”[①]。今西沙群岛内确有一石质小山，即永兴岛北面的石岛，面积约0.08平方公里，海拔15.9米，是晚更新世以来由石化了的钙质生物砂组成，与其他由松散的生物砂组成的岛礁不一样。现代海洋地貌研究成果验证了明人的记载。

清代以陈伦炯的《海国闻见录》对南海诸岛的地理见解最为精到。它不仅是如上面提到目前所知我国古籍中将南海诸岛明确分为四个群岛的第一部著作，并且较为确切地表述了它们的各自特征。如“南澳气（即东沙群岛）居南澳（岛）之东南，屿小而平，四面挂脚，皆碟古石。底生水草，长丈余，湾有沙洲，吸四面之流，船不可到，人溜则吸阁不能返”[②]。考今日东沙群岛，发育在水深约3000米的东沙台阶上，东南部为东沙环礁（含东沙岛），西北部为南、北卫滩，环礁中为水深7.3～18米潟湖，附近分布沙丘、小沙洲、暗滩，盛产泛热带性海人草，多生长于潮汐线下2～7米深处珊瑚碎块中。由于地形关系，产生漩涡现象，故险象横生，历来被视为险岛，对航船危害甚大。在海图上，这一带布满沉船符号，历史上不知发生过多少次海难事件。对于南沙海区，指出其“浩浩荡荡，罔有山形标识……水程过七洲洋，见外罗山，向南见玳瑁洲、鸭洲，见昆仑，偏西见大真屿、小真屿，转西南取笔架山，向北至暹罗港口竹屿”[③]，也都符合南海这条航线岛礁分布状况。充分反映中国南海航线的还有《海录》，它指出西沙群岛东西两侧有两条不同航线：“噶喇叭（雅加达）在南海中……海舶由往广东者，走内沟，则出万山（群岛）后，往西南行，经琼州、安南至昆仑。又南行约三四日到地盆山，万里长沙在其东。走外沟，则出万山后，向西南行少西，约四五日过红毛浅（中沙群岛），有沙坦在其中，约宽百余里。其极浅处止四丈五尺，过浅又行三四日到草鞋石，又四五日到地盆山，与内沟道合。”[④] 即西沙东面一条叫外沟航线，西面一条叫内沟航线。这两条航线至今仍在使用，由新加坡直航香港的航线，基本上还是走外沟。而内沟航线起于东西竺（Pueo Aor），沿海岸到马来群岛（即南洋群

① 张燮：《东西洋考》卷9，《舟师考》。
② 陈伦炯：《海国闻见录》卷上，《南澳气》。
③ 陈伦炯：《海国闻见录》卷上，《南洋记》。
④ 谢清高口述、杨炳南笔录：《海录》，《噶喇叭条》。

岛），然后横渡泰国湾，再沿柬埔寨和越南海岸一直到岘港。由此航经海南岛西南海域，沿该岛东海岸至文昌县七洲列岛，再渡琼州海峡，抵电白或阳江海陵岛。此外，晚明的《顺风相送》和清初的《指南正法》这两本真经类著作，都比较详细地描述了南海诸岛海域潮汐变化的规律，指出在这一带航行应注意的潮汐和风信，记载了“出唐”（即冬春季从中国经南海往东南亚、非洲等地）和“回唐”（即夏季由东南亚及非洲经由南海返回中国内地）经由南海一带航线附近的地理差异，包括风力大小及风向、山形、海水深浅和底质等。还着重指出在航海“贪东”、“贪西”和“正路”三种情况下，在海流、鱼类（如“飞鱼”“拜风鱼”“拜浪鱼”等）、鸟类（如“鸟尾带箭”“鸭头鸟”“鸭鸟”“百样禽鸟”等）及漂流的植物（如“芦荻柴”等）或木材方面的差异。特别要提到的还有在中国地理学史上被长期湮没了的明末清初广东番禺人屈大均及其《广东新语》，其中的《地语》《水语》《货语》《鳞语》等涉及南海地理各个方面，在相当大程度上总结岭南人民认识、开发、利用南海及其资源的经验，殊足值得珍视。例如记海门以广州为中心，分中路、东路和西路三条航线，概括了广东近海水道分布大势，有些港湾还列举其深浅、礁滩、暗流等分布。在《水语》中专设“涨海”“海水”“潮”“广州潮”“琼潮”等专条，对南海潮汐、风浪、盐分及其他海况备述其详；对泉水进行介绍，包括其涌水量、水质、季节变化等，并列举它们在新安（今深圳）、阳江、澄迈、文昌、陵水等浅海地带的分布，提供许多珍贵的南海海洋地理资料。而更多的其他公私著作，则比较多地述及南海的水产、生物资源与生态环境等状况。康熙《雷州府志》记载多船联合捕鲸，是一则宝贵资料。其曰：“疍户骤船数十，用长绳系铁枪掷击之，谓之下标，三下标乃得立。……中标后犹负痛行数日，船而尾之，俟其困毙，连船曳至水浅处始屠。……一鱼之肉载数十余船，货钱数万，不数年辄有标而得之者。”雷州人这种捕鲸方法与现代用长绳系箭头置炮口，射中后拖回方法十分相似。一旦捕得一鲸，经济效益甚为可观，但这种机会不多，数年得一头，已非常幸运。捕小鱼容易得多，李调元《南越笔记》：“黄花鱼惟大澳有之。……渔者必伺暮取之。听其声稚，则知未出大澳也。声老则知将出大澳也。声老者黄花鱼啸子之候也。……取澳及黄皮蚬、鲚、青鳞，亦皆听取声。”① 清吴震方《岭南杂记》记载南海鲨鱼胎生现象：

① 李调元：《南越笔记》卷10，《鱼》。

“凡鱼皆孚子卵生，唯鲨鱼胎生。鱼在胞中，多者一二十枚，少者数枚，口吐而生。破腹取胞鱼，目未开，肉嫩中羹。”鲎是一种非常古老的介壳动物，是由距离现在四五亿年的寒武纪三叶虫进化而来的，被称为“海底鸳鸯”。《南越笔记》记载了它的特殊生态：“鲎……背有骨如扇，作两截，常张以为帆，乘风而行，雌雄相积，虽遇惊涛不解，名曰鲎。渔者望其帆取之。”渔民还发现很多鱼类和游动性海洋动物有洄游性，掌握这种规律性，对渔业至关重要。屈大均《广东新语·介语》：“凡河豚以三月从咸海入者可食，以冬十一、二月从淡江出者不可食。”岭南渔民还掌握海洋生物的繁殖期，以捕获到肥美海产。《南越笔记》：“凡鲈鱼以冬初从江入海，趋咸水以就暖。以夏初从海入江，趋淡水以就凉。渔者必惟其时取之。语曰，‘鱼咸产者不入江，淡产者不入海未尽然也’。”① 屈大均《广东新语·鳞语》也有类似说法。岭南人知道某些海鸟等海洋动物有较小的分布范围，因而可以用来导航。在古代航海书中，箭鸟被明确地作为南海航行中识别航向的重要标志。清《指南正法》还记载飞鱼在南海中导航的意义②。

这些舆图、文献典籍和民间记载，充分显示中国政府和人民，已全面、深入了解中国南海的自然和人文历史特征，成为明清时期、主要是清代中国南海的海洋制度文化、海洋农业文化和海洋商业文化高度发展的一个重要标志。

第五节　海盗文化再度兴盛

入清，基于复杂的社会政治经济背景，中国南海的海盗再次抬头，比明代更加剧烈、尖锐，且具有跨境性、国际性和职业性活动的特点。其内部构成组织纪律、攻略方式方法等，都饱含丰富的文化内容，是以名为海盗文化。鸦片战争以后，中国近代海上力量和海防渐渐加强，大规模海盗组织和活动逐渐萎缩和减少，传统海盗文化也走向衰亡。

---

① 《指南正法》，《大明唐山并东西两洋山屿水势》，《独猪山》条。

② 黄启臣：《广州海上丝绸之路的兴起与发展》，载广州古都学会等编：《广州与海上丝绸之路》，中山大学出版社，1993年，第64页。

1. 清初海盗复兴

在明清易代之际，岭南地区发生惨烈的抗清斗争，明王朝的部分文武官员先后在南方拥立朱明宗室诸王，建立弘光、鲁王、隆武、绍武和永历等短命小朝廷政权，最后都归于失败。部分王室成员和愤于亡国之痛的抗清义士，联络海盗，以图恢复明室江山。这支以反清复明为宗旨的海上力量，内中容纳了不少江洋大盗。

在抗清斗争中，郑成功在粤东一带很活跃，与潮州抗清军民相互支援，形成一股强大的军事力量，其中即有海盗加入。如海盗黄海如和陈斌原为明朝官员，闻清兵攻克南京，旋即“逐招亡命，揭竿称乱，籍命兴复”，曾率众驾船攻打海阳（潮安）南桂都和潮州府城。顺治七年（1650 年），“成功入潮，探潮州沿海各县积贮稍饶，岁驾舟索以为常”①。在潮阳县洋面，则有邱辉、李虎子等打着郑氏旗号，攻略揭阳、澄海、惠来、普宁等沿海城邑，后失利，亡命台湾。

在广州地区，受郑成功抗清大军鼓动，番禺疍民周玉和李荣组织武装船队抗清。志称其“郑成功兵至，辄助剽掠”②。最后沦为海盗。

在海南岛，朱明政权副使朱由真、千户曹军辅等乘机发难，打着复明旗号，借海盗王吉之力，合作攻克万州州城，③ 为祸一方。

在广州绍武政权期间，朱明王朝残部也纷纷利用海盗为抗清效力。在东莞有郑、石、马、徐为首的四姓海盗，曾调动战船千余艘，进攻香山县。在新会，有一支称为“白旗贼”的海盗武装，两次围攻新会县城。在惠来、海陆丰，在高、雷、廉州粤西地区，海盗也纷纷加入抗清队伍。包括雷州海盗王之瀚、王之鉴兄弟、钦州龙门邓耀、杨二（杨彦迪）、吴州人陈上川等，抗清声势威壮一时。他们失败后，不少人流亡海上，重为海盗。

清初这个以抗清斗争为主流的海盗活动，遍及中国南海北部省区，既带有明显的政治目的，又不离海盗本性，两者糅合，显示在政权交替时代，海盗文化的复杂性、交叉性。前者在于参与这个队伍的，既有明朝官吏、抗清志士、破产农民、疍民、手工业者，也有原先海盗，在乱世中凑合成一股抗清力量。

---

① 乾隆《潮州府志》卷 38，《征抚》。

② 黄佛颐：《广州城坊志》卷 5，《宜民市》。

③ 嘉庆《万州志》卷 7，《前事略》。

他们被镇压下去以后各奔前程，成不了气候。后者在于组成这个队伍的人员目的不同，虽以抗清为旗帜，实际上各有自己的打算，谋取各方利益，一旦失利，原先的海盗，重操旧业，其余参与者，有的顺应了历史潮流，有的隐逸逃亡。清政权巩固以后，这支队伍烟消云散，退出历史舞台。清初中国南海的海盗问题，也暂告一段落。

2．清中叶海盗活动高潮兴起

经过清初打击，中国南海海盗活动趋于沉寂。海禁解除，海上贸易恢复，社会经济有所发展，海盗事件罕有发生。时称清政权“百数十年休养生息，民物滋丰，诸番来朝，货贝云集，鱼盐蜃蛤之利甲于天下，诚海上之乐土也”[①]。出现“粤东（广东）商贾云集”[②]，一片繁华，尤以广州为著。广东商品经济到清中叶发展到兴盛阶段，珠江三角洲成为著名富庶之区，由此引起海盗垂涎，也势所必然。且海盗也变换过去的明火执仗手法，改为变服潜入市中，探知情报，再另起事。时人曰：“比者，海中奸人往往伪作商贾，厚挟金钱以入省会，而奸牙、愚民之谓其平价与民，毋宁重价与寇，诚养痈之大患也。”[③]这种新的斗争方式，说明海盗活动也很注重谋略。

经康乾盛世，到嘉庆年间，华南沿海地区土地兼并日趋严重，失地农民队伍越来越庞大，不但生活贫困，而且饱受欺凌和官府重赋苛征之苦，除正税以外，还巧立名目，“私取陋规，加额征十数倍”渔课，逼迫沿海百姓无以为生，唯下海铤而走险。

清中叶，华南地区生态环境发生很大变化，人地矛盾十分严重，尤以广东为甚，人多地少，人口过剩成为严重的社会问题。据统计，从乾隆五十二年到嘉庆十二年（1787—1807 年），广东人口以 30% 的速度递增，远远高于全国平均 24% 的水平[④]。人口、资源和环境压力，将广东推上从经济危机、社会危机到生态危险，且三者相互激荡的边缘。

清代，越南作为清朝的藩属国，乾隆五十四年至五十五年（1789—1790年）发生以阮光平（即阮惠）领导的西山农民起义，反对国王黎维祁政权的

---

① 程含章：《上百制军筹办海匪书》，见《皇朝经世文编》卷 85，《兵政》16，《海防》下。

② 乾隆皇帝：《高宗诗文十全集》，转见郑广南《中国海盗史》，华东理工大学出版社，1998 年，第 297 页。

③ 沈德潜：《防海》，转见郑广南《中国海盗史》，华东理工大学出版社，1998 年，第 297 页。

④ ［美］穆黛安著，刘平译：《华南海盗》，中国社会科学出版社，1997 年，第 31 页。

事件。西山起义军后夺得政权，是为阮氏朝廷，但事件并没有平息，黎氏和阮氏政权的争夺动乱延续了数十年。中国海盗介入事件之中，越南海盗也乘势进入粤洋海面，造成内外海盗为祸华南的局面。投奔越南阮氏政权的有中国海盗陈天保、莫扶观（一说莫辅观），受到国王阮光平接见，并接受二人建议，“乃遣乌艚船百余，总兵官十二，以采办军饷为名，多招中国海盗，使为响导，入寇闽、粤、江、浙”[①]。越南由此成为这些海盗的后勤基地和销金窝。魏源《圣武纪》备述其详：“嘉庆初年而有艇盗之扰。艇盗者，始于安南，阮光平父子窃国后，师老财匮，乃招濒海亡命，资以兵船，诱以官爵，令劫内洋商船以济兵饷。夏至秋扫，踪迹飘忽，大为患粤也。继而内地土盗凤尾帮、水澳帮亦附之，遂深入闽、浙。土盗倚夷艇为声势，而夷船恃土盗为响导。三省洋面各数千里，我北则彼南，我南则彼北。我当艇，则土盗肆其劫；我当土盗，则艇为之援。且夷艇高大多炮，即遇亦未必能胜；土盗狡，又有内应，每暂循而旋聚，而是时川陕教匪方炽，朝廷方面注意西征，未遑运筹岛屿，以故贼氛益恶。”[②] 这股以越南为后盾的海盗，后被阮氏政权交还清政府法办。

而纵横华南海面的“土盗”，计有郑七、郑一、乌石二（麦有金）、乌石三、吴知青等，曾投靠越南，后失势返回粤洋。经过分化组合，这些海盗后以色旗为标志，分为红、黄、青、蓝、黑、白等六个帮派，其中红帮主郑一、黄帮主吴知青、青帮主李尚青、蓝帮主麦有金、黑帮主郭婆带、白帮主梁宝（保），其他小股旗帮，难以计数。这些帮派“船日夥，党日益众，剽掠拼噬之势日益张寇氛不可制”[③]。他们各有自己的势力范围，其中粤洋东路潮惠洋面为红、黑帮，中路（广州、肇庆府洋面）也为这两帮地盘；西路（高、廉洋面）为蓝、黄、青、白帮共同活动范围。郑一所部黑帮兵强马壮，势力最大，横行珠江口一带至其东西海域。郑一死后，黑帮分裂成两帮，一帮为郑一妻石氏为首，称“郑一嫂”；另一帮为郭婆带（后改名字显）。这两帮曾武装抗拒官府，得到沿海百姓支持，屡败官军，甚至深入内河，曾攻打香山（中山）、新安（宝安）、番禺、顺德等地，与乡勇恶战多时，互有伤亡。

郑一嫂后又成为红帮首领，也是粤洋各帮海盗之首。盛时拥有大船三四百

① 魏源：《海国图志》卷5，《越南》一。

② 魏源：《圣武记》卷8，《嘉庆东南靖海记》。

③ 温承志：《平海纪略》，转见郑广南《中国海盗史》，华东理工大学出版社，1998年，第301页。

艘，人员1.6万余众，手下有张保（仔）、萧稽兰、萧步鳌、梁皮保等悍将。郑一嫂具有卓越的指挥才干和很强的组织能力，在珠江口、广州湾（今湛江）等屡败政府军，威震华南，甚至拦截西方洋船，在珠江口炮击英国军舰，维护了国家领土主权。郑一嫂后来接受清政府招安，安置好部众，自己不为官，闲居广州终老，备受后人赞誉。而其部将张保（仔）归降后，曾协助清政府剿灭其他帮派海盗，被委任为驻澎湖“闽安协副将”。至此，嘉庆年间粤洋海盗大规模活动基本停止，由此衍生出的海盗文化也凸现出自己的文化特征。

3. 海盗文化的历史价值

清代海盗产生和大规模活动，有深刻政治、经济、生态等根源，从海洋管理、海洋贸易、海岛开发、造船和价值观念方面评价这一现象，可窥见海盗文化是有多方面历史价值的，而不能完全囿于海盗即为在海上剽掠财物团伙这一简单结论。

明清海盗出现在大部分时间海禁时代，而海盗多数亦盗亦商，具有鲜明的以海为商的海洋商业文化色彩，而这又是与封建王朝闭关锁国政策相悖的。即使康熙皇帝统一台湾后开海贸易，仍有许多限制，如不准商民打造二桅海船，垄断多种货物进出口等。这些限制商业贸易的政策，势必引起海商的不满和反抗。他们迫切要求冲破一切妨碍商业贸易发展的罗网，自由地从事海上商业买卖，故一部分海商联合海盗，进行武装贩私、走私活动，掀起海上自由贸易热潮，使明清政府“海禁愈严，贼伙愈盛”，“不可胜防，不可胜杀”①。所以海禁与反海禁，限制通商与自由通商，实际上是新兴资本主义萌芽与古老封建主义之争，是商品经济与自然经济之争，也是当时资本主义蓬勃发展的一种时代潮流。海商联合，海盗武力对抗官府，客观上顺应了这个潮流，而且他们在为盗之同时，也直接经商。如明嘉靖时，潮州海盗许朝光自称“澳长”，占据多个港口，对商船征税。嘉庆年间广东各旗帮也在沿海一些港口征收商税。这对清政府各种贸易征税是一种否定和抵制。从制度文化意义而言，海盗之行为，表达他们自由贸易、发展海洋商业文化的诉求，具有积极要求开放的海洋商业文化品格，有其进步意义。

海盗要求开放、自由通商，势必要开辟海外市场，把生意做到商业利润所

① 章璜：《图书编》卷56，《福建事宜》。

在的一切地方。为此，就要多辟海港和航线，这又是与闭关锁国政策背道而驰的。而华南海盗，在他们占据的地区，即积极营建港口，通番贸易。据载，海南岛南部临川（在今三亚）在南宋度宗咸淳年间（1265—1274 年）就为海盗陈明甫、陈公发据为海上贸易基地，每年组织闽广沿海居民数百人航海往“外番”贸易①，成为后世海盗从事海外自由贸易之先河。明清时期，海盗与海商先后开辟广东南澳、南洋、辟望村、牛田洋、河门渡、鲍浦、甲子所和铺前港等民间海外自由贸易港。另外，在东南沿海，还开辟柘林、烈港、岑港、大员和澎湖，以及广西北部湾龙门港等，经营海上贸易②。

新辟港口必须与新辟航线相接，才能发挥吞吐功能。明代嘉靖至天启、崇祯年间（1621—1644 年），海盗至少开辟南北两条海外航线。一条从山东、江、浙、闽、粤沿海各港通日本和朝鲜；另一条从江、浙、闽、粤通交阯、占城、柬埔寨、暹罗、彭亨、爪哇、旧港、马六甲等国家和地区③。海盗在航海中积累丰富的知识和经验，对航海事业发展也功不可没。

海盗对内部管理，也有自己的制度，有效地约束了海上行为，赢得百姓支持，实为海盗文化一个有价值的部分，堪可供后世参考。如郑一嫂所统领的红帮，就制定了三条帮规：

（1）如有人擅自上岸，就将其逮捕，并当众刺穿双耳。如其再犯，立即处死。

（2）战利品未登记前，不得拿走一针一线。战利品均分为十份，两份分给船员，八份当作公共财物入库。未经许可，不得从库房中拿走任何东西，被抓获者处以死刑。

（3）未经许可，不得私自占有从村落掳掠来的妇女，凡对妇女施暴或强占妇女为妻者，格杀勿论。④

为有这些铁的纪律，郑一嫂海盗帮“独雄于诸部”，每获大胜，堪为“盗亦有道”典范。

中国南海无论是近岸还是海洋，岛屿罗列，多为无人之岛，为封建王朝管治所不及处于荒废状态，往往成为海盗巢穴。他们在这些海岛上修寮棚，造房

---

① 郑广南：《中国海盗史》，华东理工大学出版社，1998 年，第 392 页。
② 郑广南：《中国海盗史》，华东理工大学出版社，1998 年，第 398 页。
③ 郑广南：《中国海盗史》，华东理工大学出版社，1998 年，第 400 页。
④ 郑广南：《中国海盗史》，华东理工大学出版社，1998 年，第 306 ~ 307 页。

屋，建城寨，开田地，辟港口，经营渔盐，开海贸易，发展海洋经济，贡献匪浅。如南澳岛，处于闽粤交界海中，为中国南海南北交通要冲，形势十分重要，加之山高林密，有淡水，土地肥美，附近是著名的东沙鱼场，盛产鱼盐、谷米，可据险扼守，自耕自食。志称“历代居民率致殷富”[①]，也为“内洋海盗必争之地”[②]。明代许栋、许朝光、林凤、林道乾、曾一本、杨老等海盗曾“先后据为窟宅”，苦心经营，南澳岛后成为郑成功抗清的一个根据地。在广东沿海，东从北澎、中澎，经黄冈、大澳、放鸡、广澳、钱澳、赤澳到珠江口外小星、气、沱泞，伶仃山、九洲山、老万山、大横琴、小横琴、三灶岛到北部湾龙门岛，乃至海南岛周边一些岛屿等，都曾为海盗盘踞、亦盗亦商的一个根据地。他们在这些海岛上开发经营，发展渔盐业，开展商贸，形成“海岛经济”模式，对海洋经济发展，不无建树，也为后人积累了宝贵的经验教训。

中国海盗，虽然多出身贫苦农民、疍民，但他们反对的是封建政治压迫和经济剥削，并不是无国家、民族观念的一群。在面对外来势力侵略面前，这些海盗也表现出爱国主义精神。特别是16世纪以后，欧洲殖民议者东来，他们西方海盗式的行为，同样激起中国海盗的义愤和反抗，这些事例史不绝书。

16世纪初，葡萄牙殖民者入侵广东东莞县屯门，抢劫商旅，掳掠年轻女子，犯下无数罪行，后为广东水师击溃，收复屯门。与此同时，葡萄牙殖民者也进攻海南岛琼山铺前港，为海盗施和击败。道光《琼州府志》云：“（嘉靖）四十三年（1564年）五月，佛郎机夷船三只泊铺前港，海盗施和率众攻之，佛郎机桅折，避入港。”[③] 施和这一痛击葡萄牙殖民者的壮举，为后人称赞。清代诗人程秉钊为此诗曰：

> 孙恩设计未全非，不学弦高犒乘事。
> 犹有中朝雄武气，夷船能破佛郎机。[④]

潮州饶平海盗林凤，在明政府军队追剿下曾远走吕宋。当他闻知在吕宋华

① 何乔远：《闽书》卷40。
② 蓝鼎元：《潮州海防图说》。
③ 道光《琼州府志》卷19，《海黎志·海寇》。
④ 程秉钊：《琼州杂事诗》，转见郑广南：《中国海盗史》，华东理工大学出版社，1998年，第366页。

侨备受西班牙殖民者欺凌、迫害时，义愤填膺，万历二年（1574年），组织一支由62艘战船、武装男女5500人组成的远征军，从澎湖起航，直指吕宋国，讨伐西班牙殖民者。林凤深得华侨和菲律宾人民拥护和配合，坚持与西班牙殖民者作战数年之久。后来虽因西班牙殖民者与明朝廷的联合进攻而被迫返回潮州，后又亡命海外，但林凤这一壮举，是中国人民与西方殖民主义者的一次重大较量，他所表现的高度民族气节和民族情怀，却为中菲人民称誉有加，被史学家称为“东方英雄”。

嘉庆年间，红旗帮海盗首领郑一嫂，目睹英国殖民主义者在珠江口洋面种种罪行，非常愤慨，决意伺机痛击入侵者。嘉庆十四年（1809年）十月初三，郑一嫂带领她的海盗武装，对珠江洋面英国战舰发动攻击，大获全胜。光绪《广州府志》记载了这一历史事实：“石氏令贼船入内河也，自乘大舰浮于海，而守港口，防官军掩袭。时有夷船三艘归其国，遇之。贼击获一船，杀夷人数十人。其二船逃回，遇香山知县彭恕所募罛船百艘，夷人与约击贼，又自募夷船6船。觇石氏舟少，往围之。石氏偃旗息鼓，使长龙船入内河，呼张保（仔）港合战。十月初三日，内河贼船尽退。夷船与战，大败，罛船尽逃。”①郑一嫂把英国侵略者打得落花流水，此举堪为鸦片战争前中国人民抗英斗争的第一枪。正是这些海盗长了中国人民的志气，挫败了英国侵略者的威风。

海盗纵横海上，以海为家，舟楫为其实力标志，故造船与海盗生死攸关。华南海盗在这方面的成就，具有很高的技术含量和文化品位，也是海盗文化不可或缺的一个组成部分，在中国南海海洋文化史上占有崇高地位。

东晋卢循航海南下，攻克广州，曾“伐木造船”。史载“卢循新作八槽舰九板，居室四层，高十余丈”②。元代，广东海盗黎德有船7000艘，加上其他海盗船，总数在万艘以上。明正统年间黄萧养起义，有“橹楼二千艘”，其他黄三、徐海、刘季、郑芝龙、李九成和广州郑、石、马、徐四姓海盗，各有海船千艘以上。嘉庆时仅粤洋蓝旗帮海盗乌石二即有海舰千艘，连同其他各帮，总共达2000余艘。③ 这些海船，除征用民船以外，多为海盗自己打造，这需要很高的技艺水平。海盗王直所“造巨船，联舫一百二十步，容二千人，木为

① 光绪《广州府志》卷81，《前事略》七。

② 李昉：《太平御览》卷770，《舟部》三。

③ 郑广南：《中国海盗史》，华东理工大学出版社，1998年，第378页。

城，为楼橹，四门其上，可驰马往来”[①]。林凤远征吕宋，在当地玳瑁港造战舰30艘；郑芝龙“造巨舰于五羊城南”，“艨艟高大，坚劲，入水不没，遇礁不破”[②]，航行迅速，可敌荷兰夹板船。而官府所用船只短小，破旧，战斗性能差，较之海盗舰相形见绌。打造如此规模巨大的战舰，涉及选材、加工、铸造、灰料、绳索、帆、碇等材料和技术等问题，加上对导航、海况、天气等要求，是一项综合性的庞大工程，显见海盗中有一批能工巧匠和技术人员才能胜任这样的制作事业。他们的成就，对造船业的发展，是起了重大促进作用的。

海盗活跃中国南海广阔洋面，与中外势力不断交手，大小战斗不计其数，积累了丰富的海战经验，是一笔宝贵的海洋文化财富。有曰：“海阔疍家强”。海疍“其气劲悍”，“习于风险”，在海战中屡败官军，大显身手。施和、王直、林凤、郑一嫂、郑芝龙等，虽称为海盗，实际上也同是海舰统帅、军事指挥家，有一套成熟的战略战术，颇具海洋军事文化意义。

在火器使用上，明清时已使用火药发射炮弹的火炮，尤用于海战。但明政府官兵不敢使用，原因是“中国诸大神器（指火炮），近来临敌不敢遽用”[③]。恐其威力巨大，伤及自己。而海盗则天不怕、地不怕，不但善于使用这种火炮，而且还能铸造、武装自己。黄萧养船队所用“神机大炮”，重500斤，攻打广州“炮声震地”。嘉庆时粤洋海盗普遍装备火炮，每船数门，配置火药数百斤，其威力令官军闻之丧胆。另在海盗船上护以牛皮、渔网、毡絮等，以稳固船身、防御对方强弩和统炮袭击，这种船只称“艨冲”。嘉庆时，福建海盗蔡牵，曾打造这样的船只。道光年间，有人评其“殊难抵御”，可用于海上抗击英国军舰[④]，其装备和战斗力非同小可。

此外，海盗还在海上活动中不断变换使用旗号、灯火作为军事行动规则。如香港岛上太平山，又名扯旗山，其来历一说即为郑一嫂、张保（仔）占港时，在山顶上设置瞭望台，扯旗导航而得名。

面对强大官军，海盗到底是弱小的族群，为保护自己，战胜对方，海盗也很善于用兵，充分利用海洋地理环境特点，发挥自己的优势，出奇制胜。如根据风涛大小、港汊分布、海流深浅、潮汐高低、时间早晚等，审时度势，相机

① 万表《海寇议后》，转见郑广南：《中国海盗史》，华东理工大学出版社，1998年，第379页。

② 《兵部题行抄两广总督李题》，见《明清史料》乙编第七本。

③ 赵士桢：《神器或问》。

④ 桂超万：《桂超万集》卷1，《平夷议》。

而战，几无不胜。仅明清时期，黄萧养、张琏、林凤、林道乾、郑芝龙、郑一嫂、张保（仔）等驱驰海上，打得官军蒙头转向，自叹不如。所以海盗这套海上作战韬略，具有重要的军事文化价值。毛泽东曾说："历史上所谓'海盗'和'水寇'，曾演过无数次的武剧……都是河湖港汉地带能够发展游击战争并建立根据地的证据。"①

最后值得一提的是，按照中国传统文化观念和很多地方习俗，妇女是不能上船，尤不能参加战斗。而中国南海的海盗却一反这个传统或习俗，不但女性可以加入这个海上武装集团，还可成为其首领。上述林凤远征吕宋舰队，即有1500名妇女，约占全军27%，这对封建势力是一个何等严重的挑战。郑一嫂在其丈夫战死后，不但统领全军，成为一名出色的海盗统帅，而且取其养子为丈夫，这对封建礼教又是怎样一种蔑视和颠覆。从这些女海盗身上，折射了海洋时代新生女性地位的光辉。

正因为如此，海盗的军事文化历受重视。明李贽曾认为海盗可利用为政府服务，主张招抚海盗林道乾，若任其为"郡守令尹"，"是可胜兵三十万"②。鸦片战争期间，魏源认为海盗首领"皆偏裨将才，其属皆精兵"③，是一支抗御外敌的力量。林则徐在广州禁烟，也"使人探夷事，翻（译）夷书，知洋人藐视中国水师，而畏沿海枭徒及渔船疍户，于是招募丁壮五千人"④。这五千人中有相当一部分人则为海盗。他们在抗英斗争中发挥重大作用，完全值得讴歌。

① 毛泽东：《毛泽东选集》，人民出版社，1991年，第421页。
② 李贽：《焚书》卷4，《因忆往事》。
③ 魏源：《海国图志》卷1，《筹海篇》一。
④ 宣统《东莞县志》卷34，《前事略》六。

第十章 近代转型时期中国南海海洋文化的蜕变与新生

鸦片战争的结果，打破了清王朝以朝贡方式为中心的中国海上贸易体系，代之以外国垄断为主的海上贸易体系，华南地区被卷入世界资本主义经济体系，开始了以陆地文化为中心向依托陆地以海洋文化为中心的文化转型时期。一个海洋文化中国首先出现在中国南海洋上，由此引起中国南海传统海洋文化的嬗变，引入更多的西方海洋文化元素，特别是革命思想文化和华侨文化接踵而起，深刻改变中国南海海洋文化的特质和风格，开始了“西学东传”和“东学西传”的新时代，由此产生的区域文化效应，推动了南海北部地区的社会经济进步和历史前进。

第一节 鸦片战争后海上丝绸之路的终结

海上丝绸之路是和平、友好、平等商业往来的代名词，同是一种文化交流。这条以商贸为主体的海上交通线自汉代开辟以来，一直在发挥它作为和平友好使者的功能，因而备受各国人民的欢迎。中国南海作为这条海上通道最重要的一环，也在增进人类进步、传播人类文明方面作出重大贡献，而彪炳世界海洋文化史册。

1. 中西交通性质改变

1840 年鸦片战争，清政府以失败告终，1842 年签订中英《南京条约》和此后签订中英、中法《天津条约》、《北京条约》，以及 1898 年中法《广州湾租界条约》等，都是以中国南海为背景或直接相关的不平等条约。一则近百年来帝国主义列强从海上入侵我国，中国南海是主要通道，直接损害中国对中国南海的领土主权；二则这些丧权辱国的条约，不少内容是针对中国南海的。例如根据《南京条约》规定，英国从中国割让了香港这个中国南海最大的港口，也是英国在鸦片战争中得到的最大一个利益。自此以后，悬挂着帝国主义列强旗帜的军舰，在中国南海横冲直撞，蹂躏、践踏着中国领土主权，完全改变了中国南海文化空间性质和文化风貌，标志着海上丝绸之路的结束。

2. 中国南海周边地区殖民地化

中国南海周边国家和地区，自古以来就与中国保持着和平友好的政治、经济和文化往来，海上丝绸之路作为这种往来的纽带，一直在加深彼此之间的友谊。但自欧洲殖民主义者东来，这些国家先后沦为他们的殖民地，完全失去了国家和民族独立，成为他们的附庸。例如扼中国南海和印度洋交通要冲的马六甲，1511 年即为葡萄牙殖民者占领，1641 年为荷兰取代，继续实行殖民统治。菲律宾 1564 年开始沦为西班牙殖民地，长达 334 年，1899 年被美国取代。18 世纪 30 年代，英国开始向东南亚扩张，60 年代成为世界强国，掠夺、屠杀东南亚地区居民，与荷兰、葡萄牙、西班牙等开展海上角逐。1800 年，荷兰直接统治印度尼西亚，直到 18 世纪以来，19 世纪初英法为争夺对这块土地的统治，而开展一场场角力，当地人也不止一次举行武装斗争，到 20 世纪初，印度尼西亚全境成为荷兰殖民地。在马来西亚，1795 年英国击败荷兰军队，首次占领马六甲，1914 年将整个马来半岛

1899 年建硇洲岛上灯塔及底座　司徒尚纪摄

变为自己的殖民地。在加里曼丹，19 世纪末也被英国完成殖民地化过程。在马来亚，也在 19 世纪末被英国殖民统治，疯狂掠夺那里的锡矿、橡胶等资源。法殖民主义者也步英国后尘，入侵东南亚，先后将泰国、柬埔寨、缅甸、越南等，并吞为自己的殖民地或保护国。这样，整个中国南海地区都成为西方列强的殖民地或保护国。虽然海上贸易依然存在和发展，但已失去海上丝绸之路的本意，而成为用铁和血写成的侵略与反侵略斗争文字。

第二节　中西文化交流的新格局

鸦片战争后，岭南首先沦为半殖民地半封建社会。西方文化随之不断地像潮水一样涌到各个角落，包括物质的、精神的和制度的文化，都以不同方式渗透到它们所能到达的一切领域。作为一种异质文化，西方文化难免与岭南各民族和地域文化发生对撞、摩擦，甚至冲突，但一则西方文化代表的是新兴资本主义文明，从总体上说，是一种时代先进文化，具有很高的文化势能，故能辐射它所及之处，占领那里的文化空间；二则珠江流域各民族和地域文化发展到近代，已近乎成熟、定型，它们所具有的宽广襟怀和兼容品格，不但不排斥西方文化，反能与之和平共处，吸纳其中有益成分，借以滋润和壮大自己。自此，开始了战后中西文化在中国南海北部地区激烈冲撞而发生振动，继为吸收整合的历史过程，这包括西学东传和东学西传两个方面。

1. 西学东传

（1）战后西方先进物质和科技文化传入。

西方物质文化包括西洋武器、电报、船舶、机器、冶炼、摄影等器艺和技术，因其实在、直观、直接验证、效果明显等特性而首先为岭南人民所欣赏、接受和仿造，成为最早传入岭南的西方文化最重要一部分。

鸦片战争期间，西洋火器的巨大威力和制胜作用使朝廷震惊，不能不使清朝一些有识之士产生了购买、仿制西洋火器的观念和意图。禁烟首领林则徐与英人较量后认为“剿夷而无船炮，是自取败也。……彼之大炮，远至十里内外，其接仗相隔远甚，并非觌面，况其放炮之法，与内地排枪同一接连不断。我仅小炮，既不能及彼，且放一炮后，须费多少辗转，然后再放。若不于此求所以制放之方，即远调万军，亦只仅临阵一哄”[①]。林则徐完全改变了以前对西洋军力和火器的轻蔑态度，并开始购置、仿制西洋火器。在广州期间，林则徐奏报道光皇帝，“设法密购西洋大铜炮，及他夷精制之生铁大炮，自五千斤至八九千斤不等”[②]。又“检查旧籍，捐资仿造西船，底用铜包，篷如洋式”[③]。好友魏源曾记林则徐在粤时，“日日使人刺探西事，翻译西书……又于虎门之横档屿设铁链木筏，横亘中流。购西洋各国炮二百余位，增排两岸”，“并购旧洋船为式，使兵士演习攻首尾跃中舱之法”[④]。其时在广州的西洋人曾亲眼目睹林则徐仿制西式战船下水：“1840 年 4 月 25 日，两三只双桅船在广州河面下水，这些船都是按欧洲船式建造的，可能加入帝国海军了。”[⑤] 由于林则徐的这些开先河之举，在广东先后掀起一股股仿造西洋火器高潮，也是一种强有力西方军事文化输入。著名的代表人物有粤闽籍人士潘仕成、丁拱辰、潘世荣、梁汉鹏等。如十三行商人潘仕成，史称其 1841 年投资造战船一艘“仿照夷船作法，木料板片极其坚实，船底全用铜片包裹，以防虫蛀”。这只船后“调拨水师营弁兵驾驶，逐日演放大炮……炮手已臻娴熟，轰击甚为得力”。潘仕成再后“续又造成新船一只，照旧船加长，工料亦仍旧坚固”[⑥]。此外，潘仕成还向洋人学习配火药，制造水雷。广州地方官员奏报朝廷：“所制水雷一物，尤为精巧利用。奴才等曾派人在彼学习技艺，俟将来造成后，如果演试有效，该绅士自行派人赍送到京，听候阅验。”[⑦] 在广州的福建人丁拱辰，精于炮术，曾向道先皇帝进献《演炮图说》一书，介绍西洋制炮技术，为朝廷重视，传旨各地“悉心核酌，按式铸造”。丁拱辰还著有《西洋制火药法》《西洋炮台图说》《铸造洋炮图说》等书。按其说法所造火药，“其药力竟与洋药相等，烟亦白色，见火即燃”[⑧]。其所设计炮台建筑，仿于英国，广布于广东沿海。另一位广东士绅潘世荣，战时曾仿造小火轮一艘，在省河行驶，为时人注目。又有番禺人梁汉鹏，“善铸西洋枪炮，并合造西洋火药”。粤督祁𡎴指

---

① 黄译德编：《林则徐信稿》，福建人民出版社，1985 年，第 5 页。

② 林则徐：《林则徐集·奏稿》，中华书局，1965 年，第 838 页。

③ 林则徐：《林则徐集·奏稿》，中华书局，1965 年，第 865 页。

④ 姚薇元：《鸦片战争史实考》，人民出版社，1984 年，第 55 页。

⑤ 转见戚其章：《晚清海军兴衰史》，人民出版社，1998 年，第 26 页。

⑥ 《筹办夷务始末》（道光朝）五，中华书局，1964 年，第 2395 页。

⑦ 《筹办夷务始末》（道光朝）五，中华书局，1964 年，第 2470 页。

⑧ 转见刘圣宜、宋德华：《岭南近代对外文化交流史》，广东人民出版社，1996 年，第 121 页。

示手下所造枪支“铅丸较英吉利火药所及加远。……以示夷人，夷人惊服焉”①。

广东商民仿制西洋火器热潮也深刻影响到林则徐去粤后其他在粤官员，依法炮制。如1843年钦差大臣耆英曾数次觅购“洋枪”和“洋火药”，并向道光皇帝进呈，请求仿造。②

这个以购置、仿造西洋火器为主流的浪潮，从文化交流视角，自是中西器物文化的一次碰撞与交流，但只限于器物本身外观、功能仿造，因而是表层文化交流，而西洋火器深层技术含量、科技原理等并没有学到。特别是鸦片战争一结束，苟且偷安思想又笼罩朝野上空，这种仿制热潮很快冷却、萎缩下来。例如1842年11月，距离鸦片战争结束还不到三个月，当奕山、祁埙等在粤官员向道光皇帝奏报到澳门雇匠仿制小火轮时，道光皇帝竟下旨说“火轮船式，该省（指广东）所造既不适用，著即毋庸雇觅夷匠制造，亦毋购买”③。皇上态度如此，以下臣僚更冷落有加，不久这种仿制热潮便烟消云散。

鸦片战争后，在购置、仿效西洋火器浪潮之同时，也主要通过西方传教士和其他渠道传进西方医学、摄影术等，使人耳目一新，也为岭南文化增添新的一笔。

早在1805年英国东印度公司医生皮逊（Alexander Pearson）将种牛痘法传进广州，并写成《种痘奇方详悉》一书。自此，种牛痘法在我国广为传播，对预防天花，挽救千百万儿童生命起了巨大的保障作用。继此之后，1827年，英国东印度公司医生郭雷枢（L. R. Collodge，又译哥利支）在澳门开设第一家眼科医院。1835年，美国传教士医生伯驾（Peler Parker）在广州也开设一所眼科医局，招收几个中国学生传授医疗知识和当助手，这是中国人学习西医之始。这所眼科医局即后来著名的广州博济医院的前身，孙中山后在此学医，今已为中山大学附属第二医院。

西医传入广东，建树最大的还有英国医生合信（Benjumin Hobson）和美国医生嘉约翰（Kerr，John Glagow）。1839年合信先达澳门，既传授又行医，1843年转香港，重操旧业。1847年合信到广州，在西关开设惠爱医院。其医

---

① 陈澧：《东塾集》卷5，《梁南溟传》。

② 《鸦片战争》（三），上海人民出版社，1957年，第472页。

③ 《筹办夷务始末》（道光朝）五，中华书局，1964年，第2470~2741页。

术高明，医德高尚，深受病人欢迎，时有“合信氏之名遂遍粤东（广东）人士之口”①。

合信还编译了五种西学书籍，其中四种是医书，合称《西医五种》，其中包括《全体新论》，为一部人体解剖学概要医书，对弥补中医对人体解剖之欠缺，大有启发作用；另有与管嗣复合译的《西医略论》、《妇婴新说》和《内科新说》三种，皆针对各科而作，既有医理又有实证，非常有用。1858 年合信将他译书使用医学术语汇编成《医学英华字释》出版，为我国最早的英汉医学术语词典。此外，合信编译的《博物新编》，介绍许多科学常识，包括天文、鸟兽、物理、化学知识，对时人了解近代科学知识，启迪民智，开阔视野，贡献很大。

嘉约翰于 1853 年受美国北长老会派遣来华传教和行医，开始在澳门和香港悬壶，1855 年 5 月来广州，接替伯驾主持广州眼科医院工作，并积极推广接种牛痘，将眼科医院改造为博济医院，培训医生，著名维新变法六君子之一康广仁即为这所医院的学生。嘉约翰在医务之余，还努力著述，有 20 多种西医著作面世，内容包括基础医学和临床医学等方面。比较重要的有《化学原理》《生理学手册》《药物学手册》《西药略释》《论梅毒》《割症全书》《各种器官疾病论说》等，这些论著对传播西医文化、保护人民健康做出重要贡献。

19 世纪初，摄影术在欧洲发明，据悉到迟在 1846 年传入香港。自此，摄影成为中外文化交流的重要手段，也是真实、准确反映岭南文化风貌最有效的形式。现存最早一张有关中国的照片是 1850—1855 年间拍摄的广州五层塔。有论者认为，这张照片极有可能是印度军队驻澳门医院的医生马可许（John Mccosh）于 1851 年来广州拍摄的②。到第二次鸦片战争时，随英法联军进入广州的摄影记者罗西尔（M. Rossier）和贝多（Felix Beato），拍摄了战争给广州造成的断壁残垣，英军占领的宝塔、珠宝街、妓院，以及都市其他景色，还有澳门、香港、广州其他景观。这些照片 1858 年由那格提与尚巴拉公司出版，并以《中国风景集》为题作为商业照片出售，对中外人士了解粤港澳历史文化提供可靠资料，也是摄影融为岭南文化一种艺术形式最早的社会文化效应。

---

① 转见颜译贤、黄世瑞著：《岭南科学技术史》，广东人民出版社，2002 年，第 583 页。

② 据刘圣宜、宋德华：《岭南近代对外文化交流史》，广东人民出版社，1996 年，第 180 页。

（2）世界史地知识和西式报刊融入岭南文化。

明末清初以利玛窦为首的西方传教士，将欧洲文化复兴以来的地理学传入广东，继扩大至全国许多省区，也是岭南文化史上一个重大事件。但在清初社会大变革中，明末西方地理学传入陷于中断，直到乾隆以后，国门重开，西方地理学重新传入，广东又是首途之区，西方地理学随而更大规模地融为岭南文化的一部分。

鸦片战争前后，先进的中国人清楚地认识到，西方史地知识对了解外部世界和认识中国国情非常重要，于是在这一时期出现一个翻译西方地理著作高潮，成为近代中国地理学发展史上重大事件，影响非常深刻和广泛，并且在战前已经形成高潮。据统计，1819—1840 年西人传入中国的世界史地著译约 13 种，1840—1860 年新增 12 种[①]。清嘉庆二十五年（1820 年）由广东嘉应州（今梅县）人海员谢清高口述、同乡杨炳南笔录，在澳门撰成的《海录》一书是我国第一部介绍世界地理概况的著作。全书分《西南海》《南海》《西北海》3 卷，总共记录了亚洲、非洲、欧洲 85 个国家和城市的风土人情，以及华侨活动、生活等状况。1839 年林则徐到广东查禁鸦片，曾将此书推荐给道光皇帝。光绪《嘉应州志·艺文》说“中国人著书谈海事，远及大西洋外大西洋，自谢清高始”。鸦片战争前夕，林则徐急于了解外部世界状况，亲自和派员到澳门考察、收集资料。如林则徐经过广州附近穿鼻港时，指挥其手下收集英国情报，亲自阅读，离任时这些情报厚厚一集，形成《海外图说毕集》盛况。林则徐还亲自询问英国俘虏，以此了解外部地理概况。美国在广州教士伯驾曾送林则徐一本地图集、一部地理书和一架地球仪。虎门销烟后，林则徐则曾向美国传教士裨治文（Elijah Coleman：Bridgman）索取地图、地理图书等，都扩大了他对外部世界的了解。保存至今的《洋事杂录》就是当时收集翻译的世界地理资料，其中内容以地理为主，包括欧、美诸国特别是英国疆域、历史、军事、政治、风土人情和国际关系等，已成为珍贵的历史地理文献。1841 年由译员梁进德将英国人慕瑞（Hugh Murray）1834 年在伦敦出版的《世界地理大全》译成《四洲志》重版，概述了世界五大洲 30 多国的地理、历史概况，是中国近代第一部系统介绍世界史地的译作，开中国人翻译、研究西洋史地风气之先河。1841 年，林则徐又委托好友魏源在《四洲志》基础上增补多种外

① 邹振环：《晚清西方地理学在中国》，上海古籍出版社，2000 年，第 73～74 页。

国人所写材料，编成《海国图志》100 卷，80 万言，被誉为“国人谈瀛海故实开山之作”，也是我国第一部介绍世界地理知识的地图集。1924 年梁启超在《中国近三百年学术史》一书中专门介绍了《海国图志》，称“此两书（另有徐继畲《瀛环志略》）在今日诚为刍狗，然中国士大夫稍有世界地理知识，实始于此”。1831 年年底，第一个来华德国籍教士郭实腊（K. F. A. Gutzla-1803—1851 年）抵达澳门，后经常栖留广州和澳门之间，编纂出版不少世界史地书籍，主要有《万国地理全集》（1833—1837 年）、《大英国统志》（1834 年）、《古今万国纲鉴》（1838 年），以及由他 1833 年在广州创刊《东西洋考每月统计传》（*'Eastern Western Monthlv Magazine*）所辟的“地理”专栏，较多地介绍世界区域地理和气候、地震、人文地理方面知识。如现在见到的有关西方地理学文章，即有 1833 年 6 月刊登的《东南洲岛屿等形势纲目》、《南洋洲》，8 月刊登的《吕宋岛等总论》、《新考出在南方大洲》，9 月刊登的《苏禄屿总论》《芒佳虱大洲总论》《美洛居屿等与吧布阿大洲》《波罗大洲》，10 月刊登的《苏答剌大洲等总论》《新埔头或息力》，11 月刊登的《呀瓦大洲（附麻剌甲）》，12 月刊登的《暹略罗志略》等。据有关统计，这个刊物到 1838 年在刊登 40 篇有关西方地理学文章中，有气候与经纬度文章各 1 篇，地震 2 篇，南极洲探险与考察 3 篇，全球区域地理综述 2 篇，东南亚、南亚和欧洲各国区域地理介绍的最多，达 27 篇，其他 5 篇。这对外部世界茫无所知的人来说，确实是起到拓展视野、增广见闻，甚至振聋发聩的作用。1830 年抵达澳门的美国传教士裨治文后在新加坡和 1846 年在广州出版《亚美理格合省图志》，介绍美国地理概况。作者在自序中说：“既于粤东，领略华书数载，对与其他之文士相谈论，乃叹华人不好远游，以至我国风土人情，茫无闻见，竟不海外更加有九州也。”此书旨在使中国读者“驰观域之土，必不方隅自封”①，这首先受其熏陶的自是广东人。该书后在上海易名《大美联邦志略》出版修订本。作为第一部中文美国地志，展现了这个新兴国家的概况，影响很大。梁启超在《西学书目表》中列上此书，直到 20 世纪初，仍是中国人了解美国地理、历史、文化的主要资料来源。1847 年葡萄牙人玛吉士（Machis）《外国地理备考》（10 卷），后收录广州士绅潘仕成《海山仙馆丛书》，介绍各种天文、自

① 裨治文：《大美联邦志略·自序》，墨海书馆，见邹振环：《晚清西方地理学在中国》，上海古籍出版社，2000 年，第 82 页。

然、地理和五大洲区域地理，为魏源《海国图志》多次引用。按《海山仙馆丛书》以广州城西荔枝湾之“荔香园”又名“海山仙馆”命名，道光至咸同年间私刻，收录经史考证、人物传记、音韵小学、诗词等凡63种，共1347卷，其中“于算术、地理颇为注意”①。例如上述那本《外国地理备考》分10卷，含数理地理各论、气候、地震、火山、各国分论、地球总论、欧洲、大洋洲，以及各国全志等，对了解世界各国国情，贡献匪浅。这本书后为许多人收藏。华南师大地理系曾昭璇教授家中即藏此书至今，作为他地理启蒙读物，获益良多。

在鸦片战争前后翻译西方地理学之同时，广东学者也在吸收西学基础上，进行地理研究和绘图，颇有成就。代表人物有南海人、著名科学家邹伯奇（1819—1869年）。他在天文、数学、物理、地理、光学仪器制作方面都卓有建树。25岁时即用近代绘图法绘制了一幅全国地图《皇舆全图》，其方法“故复为图，其经度无盈缩，而纬度渐狭。相视皆为半径与余弦之比例，横九幅，纵十一幅，合之则成地球”②。结果“为总图，经纬皆作弧线，为分图，每幅皆下广上狭，合地圆之形”③。另他又将西人《地球正背两面全图》用“圆周视圆法”加以改造，绘成“地球图”，即世界地图，在当时也是凤毛麟角之作。他总结绘图经验说，绘地难于算天，天文可坐而推求，地理必须亲历，强调野外调查的意义，开岭南地理学派重视野外工作之先河。同治年间，他曾协助广东巡抚郭嵩焘绘广东地图，自云：“初余欣然欲教人行测，颇购诸器，又搜求番字（外文）沿海之图，有南洋至黑龙江口数十幅。又得番字行海洋历，所载日月星辰行度，最为细密，可据以测定随地经纬矣。”但事情并不如所企图的那样，因当局“乃绝无过而问者……所为图，但守候州县造送。而方向道里，了无解者，展转斗渎，实难密合”④。邹伯奇非常失望，后编辑有《测量备要》4卷，介绍西方近代测量方法、用具等要义，亦罕见于中国传统地理学。他还指导弟子罗照伦、族弟邹景隆绘制《浔冈洲图》，被陈澧誉为“山水形势，无不毕肖，地图至此，精密极矣”。另绘柳叶格星图及黄道经纬格，时

---

① 徐信符：《广州版片纪略》，《矩园畲墨》册4。

② 褚可宝：《畴人传三编·邹俾奇传》，载《丛书集成续编》第36册，上海书店，1994年，第163页。

③ 陈澧：《东塾集》卷3。

④ 邹伯奇：《与冯竹儒帖》，转见李绪伯《清代广东朴学研究》，广东省地图出版社，2001年，第163页。

人冯焌光称为“千古绝作”“可作数千年星图”“嘉惠后学于无穷”。对于他家乡南海县县志地图，也是他“手定义例”，被赞为“跬步实测，密合无憾，虽以西人为之，微妙不是过也”①。邹伯奇无愧为我国近代地理学一位先驱者。另一位曾任职于粤海关的顺德人梁廷枏，致力于研究外国地理、历史和中外交往，写有《粤海关志》，内中涉及中外地理内容也不少。鸦片战争后，目睹国是日非，遂将收集到的《美理哥合省国志略》一书，参考他过去参编的《广东海防汇览》，以及有关报刊资料，著成《合省国说》。1845 年又将关于英国资料，著成《兰仑偶说》。1846 年又著《粤道贡图说》，详论南海诸贡国和一些西方国家在广州通商的情况，后将以上四书辑成《海国四说》（另一书为《耶稣教难入中国说》），殊足珍贵。

（3）新式报刊传入。

中国近代报刊的出现同译书高潮一样，是与西方国家的入侵和中国的半殖民化同时开始的。最先用中文出版的近代报刊及最先在我国境内出版的近代报纸，都是由外国侵略者在广东所创办。创办者的目的非常明确：“为了扩张精神上的影响花一些钱，即使从物质意义上说，也能够比用别的方法收获更多。商业追随精神上的支配比追随军旗更为可靠。”②

近代报刊在中国的出现以 19 世纪西方传教士的东渐为触媒。第一家中文近代报刊是英国传教士马礼逊（1782—1834 年）主持创办的《察世俗每月统计传》（*Chinese MonthJv Magazine*）。该刊 1815 年 8 月 5 日出版于马来西亚的马六甲，木版雕印，每期 5 页，约 2000 余字，免费在南洋主要是广东的华侨中散发。其写作格式和编排技术成为其后传教士所办中文报刊的基本模式。因其首受者主要为广东华侨，故该报可视为岭南文化在报刊上体现的开端。

《察世俗每月统计传》与岭南文化有一定关系。马礼逊最先来到广州，希望进行翻译印刷等活动，因为受阻方才转往马六甲，但马礼逊的眼光依然盯着华南沿海。《察世俗每月统计传》由专人带往广州，和其他宗教书一起分送给参加县试、府试和乡试的士大夫知识分子。担任该刊刻印、发行工作并参与为该刊写稿的中国人梁发是广东高明人。

---

① 褚可宝：《畴人传三编・邹傳奇传》，载《丛书集成续编》第 36 册，上海书店，1994 年，第 314 页。

② 转见李权时主编：《岭南文化》，广东人民出版社，1993 年，第 352 页。

第一个在中国境内出版的近代中文报刊，是普鲁士传教士郭实立（K. F. A. Gutzlaff，1803—1851年）于1833年创办的《东西洋考每月统计传》，该刊创办于广州。

鸦片战争前，外国人共办了6种中文报刊，除了上述两种外，还有1823年办于印度尼西亚的《特选撮要每月统计传》、1828年创办于澳门的《依泾杂说》、1828年办于马六甲的《天下新闻》、1838年办于广州的《各国消息》。报主人是外国人，但发行地主要在广东，影响也在广东，是当地文化的一部分。

与此同时，外文报纸也陆续在广东出现，如1822年办于澳门的葡文《蜜蜂华报》、1827年办于广州的英文《广州纪录报》、1832年办于广州的英文《中国丛报》、1834年办于澳门的葡文《澳门钞报》、1841年办于香港的英文《香港钞报》等。

由此，可以看到，广东堪称中国近代报刊的滥觞之地。19世纪初，清政府实行严格的闭关禁教政策，对外通商仅限于广州一地，因而只有广东才具备外国传教士办报的条件。直到鸦片战争之后，外国人在中国的办报活动才从华南沿海逐渐扩展到华中、华东和华北。但是中国近代报刊在广东起步并非历史的偶然，广东是一块富于兼容的土壤，商业文化的发展则为近代报刊的产生准备了需求和条件，重商性、开放性使广东文化成为中国近代报刊产生的温床。正因为有这种基础，近代报刊才能迅速在广东立足，并形成氛围。

外国教会和传教士在中国创办的中文报刊除了宣传基督教教义、为西方列强的侵略行径张目外，也同时刊载一些介绍科学技术知识即当时称之为“新学”或“西学”的内容，为时人见所未见、闻所未闻，因而拥有一定数量的社会读者。

随着外国教会和传教士办报活动的日益开展，西方资本主义国家近代报刊的形式逐渐为中国人所了解。报刊的编辑和版面的编排，新闻的采访报道，还有电讯、插图，甚至商业广告，都使中国人耳目一新。由于意识到近代报纸的传播功能和对社会舆论的影响作用，一批关心祖国命运的中国知识分子开始以报纸为改革社会的武器，探求强国富民之路。近代中国资产阶级的报刊就在借鉴和参考外国人所办报刊的基础上登上了历史舞台。

中国资产阶级报刊的最早萌芽依然是在广东，以后渐次向周边地区流布，形成办报时代潮流。这些报刊包括：

1858年，《中外新报》创刊于香港，分类记事，有“羊城新闻”、“中外新闻”等栏目，是中国人自己主办的第一份近代化日报，每日一小张，两面印刷，首创报纸从书本形式中分离开来的形式。

第二次鸦片战争后，广东办报又出现高潮，这一时期的报刊有：

1864 年，《华字日报》创刊于香港，篇幅及栏目大致如《中外新报》。

1872 年，《羊城采新实录》创刊于广州，是内地第一份中国人自己主办的近代报纸。

此外广东还有《维新日报》（1879 年，香港）、《述报》（1884 年，广州）、《粤报》（1884 年，香港）、《广报》（1886 年，广州）等，充分显示了广东在中国报刊史和中国资产阶级发展史上的地位与作用。

作为萌芽时期的中国资产阶级报刊，承担着为资产阶级的诞生和发展而呐喊的历史任务。真正胜任资产阶级政治思想讲坛的第一份报纸是《循环日报》，1874 年 1 月 5 日创刊于香港。这是第一份传播资产阶级政治改良思想的报纸，也是中国报刊史上第一份以政论为主的报纸。郑观应选入《盛世危言》的不少政论文章最先都发表在《循环日报》上。这样一份颇有影响的报纸诞生在广东，除了表明资产阶级思想在广东的深厚积蕴外，也表明中国报刊的发展重心曾经落在广东[①]。特别是《循环日报》主笔王韬，是一位学贯中西学者，他利用香港特殊的政治经济环境办报，宣称“凡时势之利弊，中外之机宜，皆得纵谈无所拘制”，利用粤港澳三地相邻、可以自由往来之便，在报道商业经济行情、新闻、船期消息、电报、告白之同时，对介绍西方文化不遗余力。上从天文，下至地理，声光化电，无所不谈。既揭露西方列强侵略中国的野心和手段，也赞扬西方思想解放、制度优势与科技先进；既刊登中国人的言论，也不时发表西方人士的文章，以收取兼听则明之效。特别是对西方事物报道及其所持观点，该报甚有特色。这主要是追踪西方科技新成就，力倡学习西方最新技术，迎头追赶世界先进水平。如该报创办的第一年 6 月，即持续几天报道美国、法国、英国的新式水雷、火器、炮台制造技术、性质、效果，甚至厂址等。这些科技资讯，对中国国防建设十分有益。但中国仿效西法每多不逮，成效甚微。该报常以针砭，指出“均当改制”。当时中国守旧派反对效法西方，不时指责洋务派。该报则对洋务运动有褒有贬，对其成绩给予肯定和赞扬，对其政策的失误也直言不讳地进行批评，并不失时机地提出建议，献其所知。例如对海运路线、架设电线、

① 以上材料引见李权时主编：《岭南文化》，广东人民出版社，1993 年，第 353 ~ 354 页。

巩固海防等方面，报道过不少消息。特别是1874年5月日兵侵台事件，则从台湾土著风俗、建置沿革，尤其中日军事动态，引起国人对事件的注意，同时发表评论，揭露日本侵台野心，痛斥清政府腐败无能，引起国人的关注和重视。

《循环日报》办在香港，但大量读者在广州，设有“羊城新闻”专栏，深受知识分子欢迎。康有为在广州创办“万木草堂”，培养维新人士，堂中即订有该报，为学生阅读，影响深远。而康有为本人由于接受该报许多新思想，后敢于上书清光绪帝，发起维新变法。梁启超在变法时期办报，也以该报为样板。实际上，《循环日报》创办不久，即引起世人注意。上海《申报》1874年2月13日推介该报云：“披阅之余则见闻广大，笔墨精雅，正主笔乃是王紫铨先生，其余帮办想亦皆属积学名士，故能识见高明、文藻渊博。”因该报对推动中西文化融合有其独到的新思维，故能对中国社会产生广泛、积极的影响。其销售数量现已无法知晓。但据1874年5月20日刊登《中华印务总局告白》称，《循环日报》“在国内各省会市镇及别府州县并外国诸埠，凡华人驻足之处，皆有专人代理销售业务”。订售地点包括广州、澳门、佛山、东莞、厦门、福州、牛庄、日本京都、横滨、长崎、神户、安南（越南）、西贡（胡志明市）、新加坡、美国旧金山、新金山、广东汕头、宁波、上海、镇江、九江、汉口、烟台、天津等地约计有30多处，在广东则有9处，风靡国内外。该报对岭南培养新一代革新人士，对全国中西文化融合和推广都做出很大贡献。

（4）西方工业技术引进与岭南近代产业兴起。

1856—1860年第二次鸦片战争和同时兴起的洋务运动，把中国南海北部首先是广东深深卷入这个时代潮流之中，西洋器物和科技文化传入再度兴起高潮，不但被更多地吸收、融合为岭南文化的一部分，而且由此培养了一批掌握西方科技文化的先进分子，对推动岭南文化走向近代化，贡献匪浅。

广东是全国最早开展洋务运动的省区之一，而洋务运动一个关键内容是需要外语人才，以便翻译西洋科技和政治经济等书刊。1846年6月两广总督毛鸿宾在广州设立同文馆，地点在广州大北门内朝天街，第一任英文教习为美国人谭训（Thoes Sampsorl）。恰如时任上海图书馆馆长冯桂芬说：“惟是洋人总会之地，以上海、广州二口为最，种类较多、书籍较富、见闻较广。凡语言文字之浅者，一教习已足，其深者多在博采周咨，集思广益，非上海、广州二口不可。”①

① 冯桂芬：《校邠庐抗议》，转见《岭南文史》，1985年，第2期，第116页。

其中英语为主要学习科目，后来扩大至法语、德语、俄语。广州同文馆初时只招20人，至1905年结束，存在42年，为我国培养了不少洋务、外交人才。如首届毕业生左秉隆曾随曾纪泽出使英国，任英文三等秘书，后又三届连任清驻新加坡领事，做了不少有益国家民族之事。另两位学生杨枢、长秀合译有《各国史略》(Qutline of the World History)，对开拓国人视野，增广见闻，作用巨大。

在“西学为体，中学为用”的口号下，在与广州同文馆建立前后，购买、仿制西洋船炮的军事近代化活动在广东再度勃兴，并渐次扩大到广西、云南、贵州等地。首先是两广总督劳崇光出于镇压广东农民起义军需要，成立洋枪队，一方面托人向国外采办新式枪炮，另一方面“雇募制造火器、火药之良者数人来粤，由内地选派精细工匠学习制造，并派要员监造，务期得其真传”①。继劳崇光之后，督粤的晏端书、毛鸿宾等对引进新武火器也深感兴趣。潮州人丁日昌随晏端书来广州，奉命在清军中“督办火器”，并在广州市郊燕塘设立炮局，生产大小硼炮及硼炮子②。丁日昌由此名噪一时，后被李鸿章调往上海主持洋炮局。在仿制轮船方面，广东巡抚郭嵩焘、蒋益澧先后向清政府提出在广东设厂仿造，虽未获允准，但广东仍从英法陆续购得七艘轮船，分别命名为绥靖、澄清、镇海、飞龙、恬波、安澜、镇涛，装备广东水师，也是中国海军最早使用的一批轮船，同是西方军事器物文化在广东空间的占用。1873年，粤督瑞麟和广东巡抚张栋委派顺德人候选员外郎温子绍在广州城南聚贤坊办起一家小规模机器局，仿洋法制造枪炮火药和修造小轮船③，但效果甚微。基于各种原因，虽然广东言西学最早，吸收西方科技文化条件也最优越，但洋务运动却发展缓慢，成效不大。直到1884年洋务派另一位首领张之洞莅粤，出任两广总督，广东洋务运动才大有起色，并形成向岭南西江地区扩展之势，成为西方军事和科技文化在岭南传播的一个转折时期。张之洞总结中法战争中国失败是“受制于敌”的教训，认为败在“水师之无人，枪炮之不具”④。而以往“历年设厂购船，仅开其端，未畅其用”⑤，主张大力推进洋务运动，加速“求

① 牟世安：《洋务运动》(三)，上海人民出版社，1961年，第460页。

② 牟世安：《洋务运动》(四)，上海人民出版社，1961年，第7页。

③ 陈真编：《中国近代工业史资料》第3辑，三联书店，1961年，第210页。

④ 《张文襄公全集》，奏议卷11，第16页。

⑤ 徐信符：《广州版片纪略》，《矩园畲墨》册4，第1页。

强”、“求富”步伐。张之洞在广东大规模开展洋务运动，推广西方军事文化方面主要活动和成效包括：①加速广东水师建设。张之洞一上任，即向朝廷提出建立“粤洋”海军，与全国北洋、南洋、闽洋海军并列，并提出配备铁甲船、铁甲鱼雷船等计划，但未获批准。后经多方努力，终在广东省内筹措得资金，在广州黄埔设船局，于 1885 年冬制成广元、广亨、广利、广贞浅水兵舰四艘，后又续造出广戊、广已、广五、广金兵舰四艘，再后又订购广甲，广乙、广丙、广庚兵舰四艘，悉数交付广东水师使用，到 19 世纪 80 年代末广东水师已拥有 20 余艘军舰、10 艘小型炮舰，以及若干艘鱼雷艇，成为一支不可忽视的海上武装力量。②建立石井枪弹厂。张之洞之前军事性质广州机器局不成气候，张到任后奉旨大加整顿，将其并入广州城西增步军火厂；又在城北石井建立新的枪弹厂（即后来石井兵工厂的前身），生产新式枪械和子弹，效果显著。③在广州城西北郊石门筹办广州枪炮厂，采用德国机器、图纸和技术，建成后，“而以新式快枪专给精兵劲旅弹压边海要地，当可使水陆军容肃然改观……不独广东军营取给不穷，并可协济各省”[①]。④筹办广州炼铁厂。张之洞经过调查比较，认为土铁“工本既重，熔炼欠精”，而洋铁“向用机器，煅炼精良，工省价廉”，于是奏清朝廷在广州设炼铁厂，向英国订购炼铁锅，向英国、德国聘请技工，选定广州海珠区凤凰岗为厂址。炼铁厂虽为民用性质，但一俟有需要，即可转为军火生产。⑤创办机器铸钱局。张之洞目睹外国银元大量流入中国市场，造成利润外流，于是积极策划自己铸钱，向英国购得全部铸钱设备，在广州黄华塘（今黄华路）一带开鼓铸铜币和银币，为我国机器铸钱的先河。⑥兴力广东水陆师学堂。1887 年张之洞在过去“博学馆”的基础上，改名为“水陆师学堂”，招收水师、陆师学生，下分管轮、驾驶专业。学堂附设管轮机器厂、铸铁厂、打铁厂等，学生出洋实习，聘洋教习，使该校粗具近代军事学校雏形。张之洞推广洋务运动这些举措，凝聚了西方近代军事科技成果，对岭南文化走向近代化是一个有力的促进。在洋务运动的示范和刺激下，广东民族资本主义在珠江三角洲一带首先发展起来。据有关统计，到 1894 年甲午战争前夕，珠江三角洲地区机器缫丝业已有相当发展，南海、顺德、新会、三水等地兴办缫丝厂有 88 家，工人约 4 万人。[②] 这包括我国第一家

① 牟世安：《洋务运动》（四），第 385 页。

② 许涤新、吴承明主编：《中国资本主义发展史》第 2 卷，人民出版社，1990 年，第 465 页。

民族资本主义工业南海简村陈启沅创办的继昌隆机器缫丝厂。该厂引进外国先进设备和资本主义企业管理制度，生产效率高，工人积极性也高，为学习西方科技和制度文化楷模。与该厂差不多同时创办的还有我国第一家民族资本的广州电灯公司、第一家民族资本火柴厂，佛山巧明火柴厂广东第一家近代造纸厂宏远堂造纸厂、汕头豆饼厂，以及从化铁矿、铅矿、香山（中山）天华银矿等。

新宁铁路车站　江门市文广新局提供

此外，兴修铁路也为近代产业一项重要内容。1903年，梅县松口籍南洋商人张榕轩（1851—1911 年）成立潮汕铁路股份公司，着手修筑我国第一条民族资本创办的铁路。潮汕铁路南起汕头，北至潮州，全长 39 公里，后延至意溪，增至 42 公里。初聘詹天佑为工程师，虽期间发生不少波折，但仍在 1906 年 11 月建成通车。潮汕铁路贯通富饶的韩江三角洲，促进城乡物资交流，推动潮汕地区经济发展。继潮汕铁路之后，新宁（今台山）旅美华侨陈宜禧（1846—1928 年）以其丰富的筑路经验和满腔的爱国热情，于 1904 年回国，成立新宁铁路股份有限公司，提出“不招洋股，不借洋款，不用洋工程师”[①] 的口号，完全由中国人自己承建。1906 年动工，1911 年全部工程竣工。从台城到新会北街，全长 120 公里，成为潭江流域交通大动脉，有力地促进五邑侨乡社会经济进步，尤其昭示了中国人在铁路工程上的技术进步和强烈的民族意识。新宁铁路后在抗战中被毁，但以陈宜禧为代表的五邑侨乡人民的民族气节和善于吸收西方先进科技文化，跟上时代发展潮流的人文精神，却是永远不败的。至今在台山县台城铁路总公司旧址前铸立陈宜禧铜像，成为这一伟大工程永垂不朽的象征。在广西，鸦片战争后，特别是在洋务运动影响下，也出现少数官办、官督商办的新式工矿企业。甲午战争后，部分商人

① 陈延炆：《新宁的铁路的创建与被毁——广东第二条民办铁路》，见《广州文史资料》第 3 辑。

在“设厂自救”号召下，开办了不少商办企业，对改变当地传统经济面貌，起到一定作用。其中最重要的是这些新式产业，离不开西方科技文化的支持，因而也是近代岭南文化在广西地区的一个建树。不过，这些新式产业主要是矿冶业，包括1880年开办富川、贺县煤矿，1907年开办贺县、钟山西湾煤矿，连江合山煤矿，同治年间和光绪初年开办贵县天山、三岔山银矿，1905年开办南丹、河池锡矿，1909年开办富川、贺县、钟山锡矿，1906年开办天保、田阳、宾阳、河池锑矿等。这些矿冶业，规模大小不等，停办不时，在艰难曲折中缓慢发展。

在广西这时新办的还有新式交通运输业，也凝聚了近代科技文明成果。1896年广西提督苏元春组织军民修成镇南关（今友谊关）到龙州军路55公里，初走马车，后行驶汽车，是我国最早通行汽车的公路之一。1915年广西督军陆荣廷修筑南宁至武鸣公路，长40公里，此期间另修成龙州经叫堪、罗回至水口关的龙水公路33公里，以及龙洲城龙江上铁桥一座，上可行汽车，是广西最早的一座新式桥梁。①

西江在广西水网稠密，通航里程可达5000公里以上。在洋务运动的刺激下，西江新式航运也应运而生。1891年龙州商人创办邕龙车船公司，初时行驶木船，后使用小轮船，来往于龙州和南宁之间。广西商业重镇梧州，1897年开埠前航行木船，开埠后为外国轮船垄断航运，往来于梧州到香港、广州、三水、南宁、贵县、柳州等地。1908年成立华资“梧州航业股份公司”，使用轮船航行，标志民族航运业在西江兴起。1907年南宁开埠后，先后成立8家华资航运公司，拥有小汽船60余艘，往来于南宁至梧州、百色、龙州等港。此外，在北海除了外轮经营沿海航运以外，到1919年，华商开始购入小轮船，加入海上航运，进一步扩大对新兴技术的需求，使广西航运逐步走上近代发展历程。

通讯事业充分反映近代科技成果，华南地区得海外风气之先，在这方面也最先迈出坚实的步伐。1883年，两广总督张树声出于加强边防安全，奏请将广州电线延至龙州、全长约800公里，同年开始施工。1884年7月，南宁至龙州，广州至龙州架线竣工，开通官商各项电报业务。1887年在两广总督张之洞的主持下，梧州至桂林全长322.5公里的官办有线电报竣工，后又由桂林接

① 参见覃延欢、廖国一主编：《广西史稿》，广西师范大学出版社，1999年，第241~245页。

通柳州。同年广西与云南电报架接成功，是为南宁经百色至云南剥隘，全长400公里。但这些电报统归广州总局经营，两广电报时分时合，随政治格局而变动。1896年全国正式开办邮政，全国划分为35个邮界，广西属总部设在广州的华南邮界。1910年，两广共设一邮区，1913年又改为每省为一邮区①，开办收发邮件、包裹、邮票等业务，对结束过去驿站制、加快信息沟通，作用甚大，因而备受各界欢迎，可谓开拓了地域和人与人之间交流的一个崭新时代。

（5）西方宗教文化流布中国南海北部地区。

鸦片战争以后，欧美各国天主教、基督教徒一批接一批地来到广东，传教活动逐渐达到高潮。基督教（新教）是1807年由英国传教士马礼逊传入广州的，被认为是基督教传入岭南之始。但鉴于清政府禁止洋教传播政策，基督教只能在澳门和广州秘密传播。1823年马礼逊在广州出版6卷本的《华英字典》，为我国英汉字典之嚆矢。同时问世的还有马礼逊翻译的《圣经》取名《神天圣书》21卷，亦为第一部中文版《圣经》。马礼逊信徒广东高明人梁发也著有《救世录摄要略解》、《劝世良言》等宣传基督义的著作。第一次鸦片战争后，基督教开始在汕头布道，很快把香港、东莞发展为传教根据地，继而伸向粤西客家地区。第二次鸦片战争后，佛山成了基督教宣教基地，珠江三角洲被纳入其布道区域，接着向韶关、东江、西江和潮汕一带扩展，使之成为自己的势力范围。19世纪末，两阳、德庆、罗定和海南沿海被辟为宣教区，以后则在东江流域和海南一些边远地区发展。只是粤西南与广西接壤边境、海南岛中部、英德以西山区和连州附近，由于各种原因，尚未被基督教势力侵入，全省已基本被其覆盖。在人口稠密的珠江三角洲和沿海一些通商口岸，几乎每个镇都有教堂，宗教文化和影响几乎达到无处不在的地步。1914年广东全省有基督教徒48347人，到1919年全省有基督教差会43个、教堂924所、教徒62262人，占全国基督教徒总数的1/6。教会兴办小学797所、中学37所，中小学生4万余人，另办岭南大学一所、医院39所，拥有病床2702张。②

天主教也不在基督教之后，1919年广东全省有天主教堂464所，教徒约10万人。翌年全国有天主教徒为197.1万人，广东有12.4万人，约占6.3%。

① 覃延欢、廖国一主编：《广西史稿》，广西师范大学出版社，1999年，第249页。

② 以上数字见中国社会科学院宗教研究所译：《中华归主——中国基督教事业统计，1901—1920年》上，第三章第十二节，中国社会科学出版社，1987年。

仅新会一县，1908年就有西洋教堂20所，其中10所有教徒1600多人[①]。宗教生活成为一种社会风气，尤以珠江三角洲地区为甚："礼拜之期，附近南（海）、番（禺）、东（莞）、顺（德）、新（会）、香（山）各县赴拜者接踵而至，间有外省之人，唯顺德县紫泥（今属番禺）人最多。"《中华归主》一书也写道："广州三角洲（即珠江三角洲）地带及人口众多、村落稠密之地区，宣教事业蒸蒸日上，几乎每镇都有教堂，并以教堂为中心向附近乡村派遣中国布道员，积极宣传福音，甚至不少地区中基督教之势力及思想影响几乎达到无处不在之地步。"这些数字和现象充分显示近世西洋宗教在广东的流布是全国其他省区难以相比的。

基督教进入广西较迟，清咸丰五年（1855年）基督教才根据《中英烟台条约》有关条款首先在北海立足，渐次向广西内地传播，此为基督教传入广西之始。在此前咸丰年间，基督教曾经试图进入梧州，因当地群众反对而未得逞。传教的道路打通以后，美、英等国的传教士四处活动，基督教很快沿珠江水系推进到广大城乡。到1919年广西已有基督教徒4722人，教堂62座。以后基督教势力继续扩张。到新中国成立前夕，共有17个独立教会在广西传教，在今广西67个县市（约占全广西县市总数的76%）设立堂点280处，有教徒5570人，开办神学院校11所、中小学等普通学校76所、医院11所，以及其他慈善机构。基督教各教会互不统属，美国宣道会以梧州、南宁、桂林为基地，分别向各主要城市和乡镇发展。在梧州基地，传教活动沿北流江伸展到陆川、博白、北流、容县等；在南宁基地，这种活动沿左、右江推进到龙州、百色、靖西以及云贵边境；在桂林基地，传教活动沿柳江向柳州、长安、宜山等地发展。此外，美国浸信会和复临安息日会、英国圣公会、循道会等也有自己的传教基地和活动范围。实际上，这些不同教会的活动范围往往是交叉重叠的，基本上覆盖了广西全境，仅部分少数民族地区还为教会势力所不及。基督教很善于利用江河传教，沿北江推进，1867年抵达清远设总堂，继后于1893年至南雄，并越过大庾岭，进入江西南安府。1897年至从化，1902年至始兴和仁化，1903年在韶州设总堂，基督教势力很快流布粤北。在东江流域，1885年在惠州设总堂，继而溯江向河源、龙川、和平等地推进，大抵于20世纪初基督教势力基本覆盖东江流域。不过，这里主要是英国和德国基督教的势

① 《广东文史资料》，14辑，广东省政协文员资料研究委员会，1963年印，第165页。

力范围。

基督教在沿海和内地的传播可谓无所不至，除了利用各种方式进入山区以外，还特别注重利用华南河网稠密的特点，进行水上传教。据说早在19世纪中叶，水上传播福音已经在广州疍民中开始。第一艘水上福音船是1898年在广州下水的，由一艘200吨的“明车轮”改装而成，取名“启明”号。当初主要在广州码头、港口布道，沙面租界即为一个固定布道基地。沙面白鹅潭一带是疍民集中之地，水上福音船不但向他们传播基督福音，吸收新教徒，而且还开办水上医疗服务以及其他救济事业。水上福音船属“中国华南水上传道会”，由美国的神召会、浸道会等差会的传教士组成。初时以广州为传道重点，以后逐渐向珠江三角洲及西、北江流域发展，抗战前已扩展到西江中上游的梧州、南宁等地，凡疍民出没的江河几乎都有它们的身影。直到新中国成立之初，随着疍民逐渐上岸定居以及形势改变，水上福音船才结束它的布道使命而消失。但它作为基督教在珠江水面上特有的一种传教工具和布道方式，却在岭南宗教文化史上留下浓重的一笔。

广东是天主教传入我国最早的地区，明万历二年（1574年）圣诞节，罗明坚先来肇庆，谒见政府官员，第二年9月他才带利玛窦重来，开始传教。鸦片战争后，天主教开始大规模渗入岭南城乡。到1919年广东全省已有天主教堂464所，教徒约10万人。翌年全国有天主教徒为197.1万人，广东有12.4万人，占6.3%，居全国第一位。① 继明末罗明坚之后，天主教真正进入广西是清咸丰四年（1854年）法国教士马赖（Chapdelaine）从贵州进入广西西林县传教。此后，天主教在广西传教事业全为法国巴黎外方传教会所垄断。到1920年，天主教已传入广西33个州县，修建教堂54所，有教徒5100多人。到1944年，扩展到48个县市，有教堂116所，教徒3.5万人，开设修道院12所、普通学校34所、医院3家和小型诊所100多处，并开办了其他一些慈善事业。

天主教在广西布道，兵分三路而进。一路从贵州取道北盘江河谷，进入桂西北的西林、西隆等州县；一路从广州经粤西进入北部湾沿海，即灵山、合浦、北海一带；一路经肇庆溯江入桂东梧州地区。这样的一个传教网络，覆盖广西大部分地区。

---

① 司徒尚纪：《珠江传》河北大学出版社，2001年，第321页。

天主教非常注重在贫困落后地区的发展，靠施以小恩小惠网罗教徒，形成全家、全村入教的方式，故不少村庄成为清一色的教友村。例如北部湾中涠洲岛原是一个海盗出没的荒岛，后有少数贫民入居。清同治年间闽粤交界地区发生土客械斗，大批客家人被逐，无处安身。法国神甫错士（Hasse）即以种种许愿，劝说1500人入教，并带领他们登上涠洲岛，开垦荒地，建立家园。自此，岛上居民基本上都成了天主教徒，涠洲岛也成了法国传教士一个传教基地。在珠江三角洲，这样的教友村也不少。新中国成立前，顺德即有甘竹、龙眼、马齐、容奇、桂洲五大教友村。其中甘竹200多人，均信奉天主教，村内另建宿舍，供参加瞻礼的教徒临时住宿，圣事活动场面热烈且隆重。在汕头、汕尾这样的教友村也不在少数。

西方宗教作为一种异质文化，与中华本土文化毕竟有很多差异，许多地方不合我国民族传统、民族习惯和民族感情，特别是西方宗教反对教徒祭孔和祭祖先，将这种活动视为异端，这是西方宗教受到抵制的深层原因。加上洋教徒的胡作非为，或威逼利诱，带人入教；或禁奉祖先，强改风俗；或强买田地，盘剥租赁；或戏弄妇女，伤风败俗；或包庇坏人，干预地方政府政事；有的教士直接参与英法军队对华作战，也有负责收集情报、充当向导等。教会的这些劣迹，不但加深教会与群众的矛盾，也引起地方政府不满，所以反对洋教的斗争在各地时有发生。据不完全统计，19世纪下半叶，仅广东发生焚烧和捣毁教堂、杀死教士的案件就有42宗。1856—1919年，这类案件在广西就有45宗。其中影响最大的教案是1856年广东籍广西西林知县张鸣凤处死罪恶累累的法国传教士马顿的“西林教案”，亦称“马神甫事件”，成为第二次鸦片战争的导火线之一。此外，广西贵县、上思、凌云、蒙山，云南浪穹、永北、路南、昆明、维西，贵州也有青岩等系列教案风波，而广东镇平（蕉岭）、河源、紫金、博罗、连州等州县也发生过不同类型的教案。汉族、壮族、苗族各族人民反抗洋教的斗争，尽管有的斗争方式是幼稚、落后的，但这种斗争挫败了教会的种种阴谋，在一定程度上遏制了洋教的传播，在中国南海近代文化史上留下壮丽的一页。

西方宗教的教义虽不足取，但伴随它们而来的西方近代科学技术和先进思想观念，对扩大人们的文化视野，增广见闻，打破一些地区长期封闭局面，却不无一定的历史作用。近代已经成熟、定型了的南海海洋文化，由于具有明显的开放性、兼容性等文化品格，故能对外来异质文化表现出宽广襟怀和博大气魄，不但能与之和平共处，而且能从其身上取有益成分，以此充实、壮大、发展自己，使自己的文化品格更加多元化。岭南人民反对西方教会的种种无耻勾当，但并不排斥先进的文化成分。恰恰是吸纳了西方近代先进的文化成果，南海海洋文化才变得更加丰富多彩。例如西洋宗教建筑，体现了欧洲古典建筑文化风格。它们作为一种新文化景观在岭南各地兴起，不仅是洋教在当地立足的象征，而且也显示了中西文化的结合。据《中国文物地图集》广东分册统计，广东作为文物保护单位的西洋教堂就有58座，分布在35个县市，大部分在珠江三角洲和西江地区。而据《广西通志·宗教志》统计，至1992年，广西境内有西洋教堂94座，分布在大部分县市，其中有一部分属文物保护单位。这些教堂的建筑形式和风格丰富多样，包括①哥特式，广东现存10座，广西3座，如广州石室天主堂，佛山中华基督教堂，江门象溪天主堂，广西涠洲岛天主堂、北海基督教堂、桂林基督教堂等。哥特式建筑特点在于它那高耸入云的尖塔及屋脊和弯而高的拱门，在视感上这尖塔似乎可将信徒带上高深莫测的神秘天空，产生与天国沟通的宗教气氛。大门的宏伟雕刻、廊柱上逼真的浮雕，墙壁、屋穹上那缤纷多彩、风格严谨的壁画，以及色彩美丽的玻璃镶嵌，都造成色彩斑斓、若明若暗的空间环境。其中最负盛名的是广州石室天主堂亦称圣心大教堂，是我国现存最大花岗石构筑的哥特式天主堂，被称为“东方巴黎圣母院”。它占地2700平方米，高57.95米，塔尖上嵌大时钟，报时远近可闻。石室东侧石角上，刻有拉丁语 Jerusalem（耶路撒冷）1863，而西侧的角石上刻有 Roma（罗马）1863，意为天主教创立于东方耶路撒冷，而兴盛于西方罗马。当年修建石室时，曾分别从两地取一公斤泥块作奠基用，这也是东西方文化在广州移植、生根的一段佳话。湛江霞山天主堂外观与石室一样，但规模小得多，目前保存尚佳。其余地区哥特式教堂都受到不同程度的破坏。②仿哥特式。现仅存中山石岐天主堂和环城区鳌溪村基督教堂，但楼顶没有钟楼。③罗马式。现仅存两处，即揭西上砂镇上天子山天主堂和汕尾市捷胜天主堂。圣心殿为圆柱形，殿顶为悬拱形，给人以一种权威的感觉。④意大利式。现仅见于从化市街口镇基督教堂，抗战时被毁，后重修，为钢筋混凝土建筑。⑤中西合璧式。兼具中国宫廷式与西洋式建筑风格，现存23处。院落外观红墙绿瓦，悬山顶，但又有小尖顶式钟楼和哥特式或罗马式门窗，显示西方宗教建筑色彩。⑥其他形式。指建筑风格不明的教堂，也占很大比例，想当初是按一定风格兴建的，后来重修，原来的风格反被湮没了。

在广西，主要的天主教堂有灵山坪地塘天主堂、贵港贵城镇天主堂、涠洲岛盛塘村天主堂、北海天主堂、象州县龙女村天主堂、上思县那蒙村天主堂、梧州天主堂、桂林天主堂、南宁明德街天主堂、柳州天主堂、钦州天主堂等。主要基督教堂有梧州基督教礼拜堂、北海基督教礼拜堂、桂林基督教礼拜堂、柳州基督教礼拜堂等，建筑风格亦多种多样。实际上，不管哪种形式的宗教建筑，外观都有十字架、钟楼、圣母像，内设洗礼堂、经堂、忏悔室、祭台、牧师或神甫室等，有的还有莲花池、小花园之类的建筑。有些教堂功能扩大，将附属建筑筑成一体，构成复杂的建筑群。例如广东梅州圣约瑟天主堂与修道院、传信大学、女修道院等联成一建筑群。江门北街天主堂，同设男女修道院等。雕刻也是教堂的重要文化构景，一般有镶嵌画、玻璃画、湿壁画、祭坛画、细密画等。广州教堂绘画较少，唯石室有玻璃画和祭坛画，表达圣经里的故事，间有红、橙、绿等颜色在阳光的照耀下，包括圣母像、耶稣像等像在发光一样。而广东蕉岭叟乐天主堂却由祠堂改成，增雕了梅雀、梅鹿、羚羊等宗教图案，也是本土宗教与外来宗教的一种结合，同是中国南海海洋文化兼容性的一个表现。

2. 东学西传

中西文化交流是双向的。沿中国南海航线东来广东以及中国各地的西方耶稣会士，十分努力学习中国的语言文字，研究中国儒家哲理，这样中国古典经籍、儒家思想、科举制度、科学技术、工艺美术、音乐曲艺和风俗等优秀文化西传欧美各国，在当地传诵一时，并激起这些国家知识分子的“中国热”，产生了所谓“中国风”。欧洲人研究汉学顿时兴起，出现了研究汉学的组织，使汉学在欧美各国文化学术界中独树一帜，并广为传播，产生了强烈而深远的影响。

（1）儒家哲理学的西传。

罗明坚、利玛窦等耶稣会士经澳门到肇庆、韶州、广州、南昌、南京、北京等地传教，非常重视研究儒家的哲学，崇拜儒家的自然神观，并向欧洲国家介绍。比利时耶稣会士柏应理于1681年著《中国之哲学家孔子》一书，包括柏应理上法王路易十四书、论原书之历史及要旨、孔子传、《大学》《中庸》《论语》译文。接着，比利时耶稣会士卫方济著《中国哲学》和翻译“四书”《孝经》《幼学》等书，向欧洲国家介绍自己研究儒学的心得和体会。18世纪中叶，德国会士魏继晋编辑出版《德汉字典》，有助于德国人学习汉字。

然而，真正把儒学引进德国而创立德国古典哲学的是著名哲学家莱布尼兹。他虽然未到过中国，但他深受来华耶稣会士的影响，对中国儒家文化十分感兴趣。1687 年前，他阅读过孔子、老子的翻译著作。1689 年，他在罗马游览时邂逅在中国担任过钦天监的意大利会士闵明我等人，以后从与他们的通信中获得更多关于中国文化的知识。从此，他发奋研读儒家经典译著与耶稣会士撰写的关于中国文化的著作，例柏应理著的《中国之哲学家孔子》等。后来他根据这些著作提供的资料，于 1697 年编辑出版了《中国近事》，全面地向欧洲国家介绍中国儒家文化。他高度赞扬中国文化的伟大："我们从前谁也不相信在这世界上还有比我们伦理更完善、立身处世之道更进步的民族存在，现在从东方的中国，竟使我们觉醒了。"他指出，中国儒家哲学是超过欧洲哲学的："欧洲文化的特长在于数学的、思辨的科学，就是在军事方面，中国也不如欧洲；但在实践哲学方面，欧洲人就大不如中国人了。"于是，他向欧洲国家的有识之士呼吁："我几乎认为，有必要请中国派遣出人员来教导我们关于自然神学的目的及实践。"① 莱布尼兹极力吸收儒家的哲学思想，特别是吸收老子关于"道"的思想精华，创立他的哲学思想中的单子学说，从而创立了德国古典思辨哲学，即他于 1714 年发表的《单子论》。在此，他肯定中国理学的"理"与"单子"是相通的。

晚年，莱布尼兹把古典思辨哲学传授给他的学生沃尔夫。沃尔夫经过努力研究后，于 1721 年在哈勒大学发表了题为《论中国的实践哲学》的演说，把思辨哲学进一步系统化、理论化，首次将哲学分为本体论、宇宙论、心理学、自然神学、伦理学、经济学、政治学等七部分，认为哲学的一切原理均可以用数学或演绎的方法建立起来。1730 年，沃尔夫又在玛尔堡大学发表题为《论哲学与治国哲人》的演讲，把中国的实践哲学与德国的思辨哲学联系在一起。他的思想后为其学生康德、谢林和黑格尔等人所批判接受，进而创立了德国古典哲学。可见，德国成为近代古典哲学的故乡，与中国儒家哲学的影响不无关系。

（2）中国重农思想在法国和英国传播。

中国以农立国，历代君主实行重农政策。这种重农的经济思想传至欧洲

---

① ［德］利奇温著，朱杰勤译：《十八世纪中国与欧洲文化的接触》，商务印书馆，1991 年，第 71 页。

后，为马克思所说的“现代政治经济学的真正鼻祖”——18世纪法同重农学派学说的形成提供了养料。被誉为“欧洲的孔子”的重农学派创始人魁斯奈从澳门传至欧洲的中国经籍中，研究伏羲氏、尧、舜和孔子的思想，深受中国古代自然秩序思想的影响，并将自然秩序视为法则加以具体化，于1758年撰著《经济表》，1767年著《中国的专制制度》、《自然法则》两书。《经济表》把中国《易经》的六十四卦内容“巧妙地译成为数学的公式”。在《中国的专制制度》一书中，他系统地介绍中国文化，呼吁欧洲国家学习中国，遵循自然法则，建立重农制度，提倡以农为本，并指出只有农业才能增加财富，要求政府改变轻视农业的观念，改变束缚农业的政策。他希望法国政府倡导“中国化”。他利用充任御医之便，鼓动法王路易十五于1756年效法中国皇帝举行春耕“籍田大礼”的仪式。他深受《周礼》一书关于均田贡赋法的启示，主张法国应像中国一样向土地所有者征收田赋，以提供国家财政的需要。之后，重农学派的改革家、法国财政大臣安·罗伯特·雅克·杜尔哥发展了魁斯奈的重农思想，把“重农主义体系发展到最高峰”[①]。他除努力学习中国古典经籍的重农思想外，还说服法国政府邀请两名留法的中国学生高类思、杨德望回中国为他收集中国的土地、劳动、地租、赋税等资料30条，造纸、印刷、纺织等资料30条，物资、地理资料7条，为他进行改革作参考。最后，他利用这些资料写成专著《关于财富形成和分配的考察》。他在书中接受了徐光启关于“工与贾则农之自出”[②]，“商出于农，贸易于农隙”[③] 的思想，提出了国王和人民一样绝不能忘记“农业是国家收入的唯一源泉”的观点和农业生产剩余劳动的思想，首次回答了价值与剩余价值的问题，并提出地租是剩余价值的唯一形式。马克思赞扬了他“在这方面的首创精神”[④]。

中国重农思想也影响了英国古典政治经济学。1764—1766年间，英国古典经济学家亚当·斯密在陪同巴克勒公爵在法国游历两年中，结识了魁斯奈及杜尔哥，并建立了亲密的友谊。他从魁、杜两人处了解中国重农思想和政策的资料，并吸收了孔子的“天然自由”和司马迁的“自由经济”的思想精华，于1776年写成和出版了著名的政治经济学名著《国民财富的性质和原因的研

① 马克思：《剩余价值理论》第一册，人民出版社，1975年，第28页。
② 徐光启：《拟上安边御虏疏》，载陈子龙等：《明经世文编》卷490页。
③ 徐光启：《农政全书》，卷3，中华书局，1956年。
④ 宛樵、吴宇辉：《亚当·斯密与〈国富论〉》，吉林大学出版社，1986年，第16页。

究》，简称《国富论》，多次提到“天然自由”、“自由经济”等中国资料24次，抨击英国重商主义的理论和政策。因此有学者认为“没有斯密与重农学派的接触，就没有他的《国富论》”[①]，这种评价是恰如其分的。

（3）中国古典经籍西传。

耶稣会士在中国传教过程中，在攻读和研究中国儒家经典之余，又将这些经典译为西文，经中国南海出海传往欧洲各国出版。1593年，利玛窦率先将“四书”翻译成拉丁文，从澳门寄回意大利出版发行。1626年，比利时会士金尼阁将《诗》《书》《易》《礼》《春秋》五经译成拉丁文在杭州出版。1752年，孙璋翻译《礼记》出版。1770年雷孝思翻译《易经》为法文出版（第1册），1839年出版第2册，供法国学者研究。1772年，法国会士傅圣泽回国时带去中国古籍共3980种（本），全部捐献给法国皇家图书馆，为法国以至欧洲国家其他学者阅读和翻译中国古典经籍提供极大方便。1772年，法国会士马若瑟（Joseph de Prémare）节译《诗经》、《书经》为法文出版。直至今天，在梵蒂冈图书馆还可以看到当时耶稣会士研究《易经》的中文著作稿本14种，即：《易考》《易引原稿》《易经一》《易经外篇》《总论布列类洛等方图法》《据古经考天象齐》《天象不均齐考古经籍解》《大易原义内篇》《易钥》《释先天未变》《易经总说稿》《太极略说》等。19世纪中叶后，法国神甫顾赛芬编译了法汉对照的“四书”、《诗经》《尚书》《礼记》《左传形》《春秋》等书，更加方便法国学者攻读中国古典经籍，深受各界人士欢迎。据有关统计，16—18世纪耶稣会士翻译中国古典经籍及撰写汉学著作27人，78种，涵盖哲学、史地、文学、舆图、历史、字典、兵法、名人传记等，洋洋大观，集中国历史典籍之大成。[②]

（4）中国语言文字西传。

进入澳门及岭南其他地区传教的传教士为传教需要，努力学习中国语文，并根据自己学习汉语的经验，编写了不少字典、辞典寄回欧洲出版，为欧洲各界人士学习汉语提供方便。1584年，利玛窦和罗明坚入肇庆传教时，合编了一本《葡华字典》，在中文字旁注上罗马字母拼音，见其字即能读其音。这是

① 宛樵、吴宇辉：《亚当·斯密与〈国富论〉》，吉林大学出版社，1986年，第16页。

② 参考黄伟宗、司徒尚纪主编：《中国珠江文化史》，广东教育出版社，2010年，第1239～1242页。

以西文字母拼汉字之始。字典共收录葡文词条6000个，译为中文5461个。1626年，金尼阁在中国学者王征、吕维祺、韩云等人的帮助下，完成了拉丁化拼音汉字的著作《西儒耳目资》。他用5个元音（自鸣字母）与20个辅音（同鸣字母）互相结合，配上5个声调记号，拼切出汉字的读音。1687年，白晋编写了一本《中法小词典》。在此基础上，马若瑟（Joseph de Premare）于1728年编成《中文概说》一书，分析汉字的结构与性质，被誉为欧洲国家研究和学习中国语文的"鼻祖"，全书列举中文例词13000多条。后法国学者傅尔孟据此书编成《中国文典》一书，在马六甲英华书院印行。1894年香港纳匝肋书局重印，发行甚广，至今仍流行于欧洲国家。其他国家的会士也纷纷编写各种字典，方便其本国人士学习中国语文之用。计有：1732年，卡塔利娜编写《拉意中字典》；1733年，格拉蒙纳编写《中拉字典》；1762年，罗马教廷出版奥斯定会士编写的《藏文字典》；1789年，钱德明编写和出版《满法辞典》；19世纪初，马礼逊编写和出版《中英字典》等。这些字典，成为欧洲国家有关人士学习中国语文和中国文化很好的工具书。

（5）中国古典文学西传。

明末清初，中国流行一部才子佳人小说《好逑传》，又名《侠义风月传》，曾被列为"第二才子书"。书中描写青年男女铁中玉和水冰心的婚姻故事。1719年，一个在澳门、广州做生意的英国商人魏金森率先将《好逑传》翻译为英文（其中1/4被译为葡萄牙文）。1761年，汤姆士·潘塞将其中的葡萄牙文译为英文，并调整了全书，加上副标题"好逑传——愉快的故事"并附加注释，出版发行。

《好逑传》英译本出版不久，引起了欧洲各国极大的反响。于是，1766年，有一个署名M的人将其译为法文出版；接着慕尔将其译为德文出版；1767年，又被译为荷兰文出版。这样一来，《好逑传》得以在欧洲国家广为传播和产生影响。据统计，从18世纪中叶至1904年，《好逑传》的外文译本和改编译本有20多种，并被评为"十才子书"中的第二才子书，受到欧洲国家人民的喜爱和赞赏。德国著名作家歌德高度评价说："中国人有千万部这样的小说，他们开始创作的时候，我们的祖先还在树林里生活呢！"①

① 沈福伟：《中西文化交流史》，转见参考黄伟宗、司徒尚纪主编：《中国珠江文化史》，广东教育出版社，2010年，第1243页。

与此同时，元人纪君祥著的《赵氏孤儿》戏剧也西传欧洲。先是耶稣会士马若瑟于1732年将《赵氏孤儿》翻译成法文，取名为《中国悲剧赵氏孤儿》；1734年被译为英文出版；1744年被译为俄文出版；1749年被译为德文出版。于是，《赵氏孤儿》剧本流行欧洲，风靡一时。1753年，法国著名作家伏尔泰将《赵氏孤儿》改编为《中国孤儿》，于1755年8月20日在巴黎上演，引起强烈反响，并于同年在巴黎出版发行。1759年，英国谐剧作家阿瑟·谋飞又将《赵氏孤儿》改编后在伦敦上演，使其成为显赫一时的悲剧作家。《赵氏孤儿》不断在欧洲国家上演，引起了欧洲文艺界的关注和好评。

中国文学在欧洲产生深远的影响，歌德就是一个很好的例子。他阅读过不少有关中国的著作如《马可·波罗游记》，也多次读过《赵氏孤儿》译本。1781年8月，他还根据《赵氏孤儿》和《今古奇观》改编成剧本《埃尔彭罗》在德国上演，轰动一时。1796年，他读到《好逑传》德译本；1797年读到《花笺记》、《玉娇梨》和《中国短篇小说集》等。1827年，他根据《花笺记》创作了《中德四季晨昏杂咏》十四阕。他还认为《好逑传》、《赵氏孤儿》对他创作《赫尔曼与窦绿台》有影响，“书中的人物、思想、行动、感受，都和我们十分相像”。

（6）中医学和中药学西传。

外国传教士经澳门入中国内地传教，对中医治病均感到神奇，纷纷加以研究，并把中医术、中草药向西方国家传播，产生深远影响。

把中医术介绍到欧洲国家的首功者是波兰会士卜弥格，他于1658年著《中医津要》，译出晋代医学家王叔和的《脉经》和中医以舌苔、气色诊病法，并列举中药289味。该书于1688年出版后，又译为欧洲各国文字相继出版。该书原由柏应理带回欧洲，中途交给巴达维亚耶稣会士，被荷兰的外科医生克莱耶攫为己有，于1682年改名为《中医临床》出版，并附有木刻插图143幅，铜版图30幅。从此，中医学在欧洲广为流传。1671年，在广州居住的法国人又将王叔和的《脉经》译为法文，名曰《中国脉诀》，寄往格莱诺布尔出版。

中医传至欧洲有突出贡献的应是法国会士巴多明（Dominicas Parrenin）。他科学地评价中医，认为中医在治疗方面效果是显著的，但在理论方面不如西医，表现在解剖学落后。这个结论后来为伏尔泰所接受，他在《论各民族风俗精神》一书中论及中医学时说：“在他们（中国）那里，医学理论仍属无知和错误，但中国医生在实践上却是相当成功的。”[①]

巴多明还从澳门给法国科学院寄去用阿胶治疗肺结核病的医术资料。他又在《北京教士报告》中，选择了宋慈《洗冤录》为世界首部法医著作。韩国英在《北京教士报告》第4册中也介绍了中国治疗天花病的方法和病理。此后，中医术在欧洲开始流行起来。

传教士对中草药能治百病感到不可思议，但毕竟又是事实。于是，他们亦注意研究中草药，并与植物学联系起来，促进了欧洲国家植物学的进一步发展。英国伟大的生物学家达尔文著《人类的由来》一书时，就引用了《本草纲目》一书关于金鱼颜色形成的资料来说明动物有人工选择的问题。他在另一本著作《动物和植物在家养下的变异》第二章《人工选择》中，一再提到《本草纲目》。据统计，在达尔文的著作中，提到中草药、中医学的地方达104处之多。[②] 这说明中国医学和中草药对达尔文的进化论也有相当大的影响。

（7）中国数学西传欧洲国家。

《易经》经耶稣会教士雷孝思1770年翻译西传欧洲国家后，对欧洲的数学也产生了良好的影响。作为微积分创始人之一的莱布尼兹受到《易经》影响，发明了二进制数学。他在给普鲁士国王的一份备忘录中说，中国两千多年前的《易经》的一些古老的符号虽然现在鲜为人知，但其中确是保存了某种“新的数学钥匙”。这里已涉及他的《函数论》的思想。他认为《易经》中的六十四卦的符号含有二进制数学的因素。比如阴×（— —）表示“零”，阳×（—）代表“壹”。《易经》的六十四卦来自各有三行的八卦，根据数学的规则，可变为各有六×的“六十四卦”。此六十四卦又可根据各种不同的序列排出。此序列开始于第二卦的“坤”（☷），直至第一卦的“乾”（☰），其中还包括另外的六十二卦。这个序列代表的是逐渐有规律地减少阴爻，增加阳爻。莱布尼兹将“坤”卦等于“零”，却发现此序列逐点与自己的二进位数学相对应，直到最后的“乾”卦。唯一的区别是此种数字排列恰将其自己的数字排列倒转过来，从终点的数字开始，回溯到始点的数字。此一事实正好证实东西文化既相似，又互成倒影，犹如照镜一样。他认为，对他来说，从《易

① ［法］伏尔泰：《论各民族风俗精神》，转见参考黄伟宗、司徒尚纪主编：《中国珠江文化史》，广东教育出版社，2010年，第1246页。

② 潘吉星：《中国文化的西渐及其对达尔文的影响》，转见参考黄伟宗、司徒尚纪主编：《中国珠江文化史》，广东教育出版社，2010年，第1246页。

经》中可以得到另一个有力的证据，表示精神方面的真理亦可以由数学的发现加以证实；而数学的真理，是不可否定的。于是他给二进制数学以一种宗教的意义，说："所有的结合都始自'壹'与'零'。这等于是说，神造万物于'无'；而世上只有两项第一原则：神与'无'。"

这就是说，他从《易经》的易卜序列中发现了二进位数学的原则。只用"0"和"1"两个数字。据此，零加在任何字之后，只为该数字增多一倍（不是10倍）。《易经》的易卜序列和莱布尼兹于1679年发明的二进制数学原则是吻合的：《易经》含有二进制数学的因素。

（8）中国工艺美术西传。

16—19世纪中叶，由澳门起航经果阿到里斯本，再运往欧洲国家贸易的中国丝织品、瓷器、漆器等商品，既是精湛的高级消费品，又是优美绝伦的工艺品，深受欧洲人民的欢迎和称赞。特别是各国君主均酷爱中国的瓷器。法王路易十四命令其首相马扎兰创办中国公司，派人经澳门入广州订造标有法国甲胄纹章的瓷器，运回巴黎凡尔赛宫设专室陈列展览。德国一些洛可可（Rococo）式的宫殿也以收藏陈列华瓷炫耀一时。英国女王玛丽二世（Mali II）更醉心于中国瓷器，在宫内专设玻璃橱窗陈列各色华瓷。有鉴于此，欧洲各国纷纷掀起仿造中国瓷器的热潮，并有专家对瓷器进行研究，撰写专著加以诠释和宣扬，使中国的工艺美术得以在欧洲广为传播和影响。1677年，法国人查尔定在希撒诺开设瓷厂，仿造中国青花软质瓷。1750年，英国在斯特拉社设立瓷厂，仿制出首批中国软瓷。1760年，又在博屋建立"新广州瓷厂"，招收工匠三百多人，利用广州运去的制瓷设备，仿制出中国硬质瓷器。这些瓷厂均仿中国瓷器的模型和图案工艺制造，而所造瓷器的质量已接近中国瓷器水平，以至一些欧洲陶瓷史专家把伍斯特瓷厂制造的瓷器误为中国制品。

与此同时，欧洲国家也不断仿制中国的漆器。其中耶稣会士汤执中十分注意研究中国漆器的工艺美术，于1760年撰写和发表题为《中国漆考》的论文，附有中国精美漆器图片多幅。英国商人为了满足英国人酷爱中国漆器的需要，先是到广州购买大块漆器运往英国，然后改制各种规格的屏风出售。有时甚至将英国的木制家具运来广州，请广州漆师上漆加工，然后运回英国出售。

中国的壁纸（墙纸）亦于16世纪中叶由西班牙、荷兰的商人从广州购买后经澳门运往欧洲出售。这种每幅通高4米、阔1.3米的墙纸，上面绘有花鸟、山水和人物图案，甚受英国、法国顾客欢迎。不久，欧洲国家也仿制中国墙纸，生产大批中英、中法混合式墙纸，于1688年仿制成功。虽然如此，英法所制墙纸仍逊色于中国墙纸。所以，直至1766年，英商仍从广州、厦门等地贩运大批中国墙纸供其本国需要。今天伦敦古斯银行客厅内还保留着当年英国特使马戛尔尼觐见乾隆皇帝后带回去的花墙纸，上面绘有302个栩栩如生各不相同的人物，表现了中国极高的工艺美术水平。中国丝绸的工艺美术更为欧洲人（特别是妇女）所艳羡。

（9）中国风俗西传。

中国饮茶的风俗也是从中国南海海路传到欧美国家的。多明我会最早派往亚洲传教的会士、葡萄牙人加斯帕·达·克路士，于1556年到达广州，并在中国沿海一带游览数月，然后回国。他根据在广东及沿海地区的所见所闻撰著《中国志》，于1570年病逝后十六天在故乡里渥拉出版发行，书中首次向欧洲介绍中国的饮茶风俗，说："如果有人或有几个人造访某个体面人家，那习惯的做法是向客人献上一种他们称为茶的热水，装在瓷杯里，放在一个精致的盘上（有多少人便有多少杯），那是带红色的，药味很重，他们常饮用，是用一种略带苦味的草调制而成。他们通常用它来招待所有尊敬的人，不管是不是熟人，他们也好多次请我喝它。"①

1606—1607年，荷兰东印度公司从澳门首次贩运中国茶叶到巴达维亚（今印度尼西亚雅加达），约于1610年贩运到欧洲。于是荷兰人于1637年开始饮茶。1636年中国茶传至法国巴黎，1650年传至英国。从此，英国、法国逐步兴起饮茶风。1660年9月22日，英国人塞缪尔·佩庞斯记述："我要了一杯茶，那是我以前没有用过的中国饮料。"②

与此同时，中国人乘轿及轿式马车的风俗也传到欧洲。法国路易十四国王（1643—1715年）和贵族官吏出行时，已有乘轿的习惯，轿顶围被的质料和颜色，按官吏等级高低严格按定，轿身以漆油绘，一般流行芍药和牡丹等中国的花卉色。但法国人抬轿不像中国人那样用肩抬，而是用手举抬，法语称为"抬椅"。

明清时代以广东为枢纽的中西文化交流有划时代的意义。17世纪德国著

① ［英］C. R. 博克塞编，何高济译：《十六世纪中国南部行记》，中华书局，1990年，第98页。

② 范存忠：《中国文化在启蒙时期的英国》，转见参考黄伟宗、司徒尚纪主编：《中国珠江文化史》，广东教育出版社，2010年，第1254页。

名哲学家莱布尼兹就对这超越宗教层面的文化交流作了很好的评价，说："我认为（在中国）的传教活动是我们这个时代最伟大的壮举。它将大大促进人类的普遍进步，以及科学与艺术在欧洲与中国的同时发展。这是光明的开始，一下子就可完成数千年的工作。将他们（中国）的知识带到这儿，将我们的介绍给他们，两方面的知识就会成倍地增长。这是人们能想象的最伟大的事情。"①

这恰如前述国文化大师、北京大学季羡林教授1993年为陈炎教授著《海上丝绸之路与中外文化交流》未刊稿所写序言中所说的那样，明清时代中西文化交流是中外文化交流史上最重要的、影响最深远的一次文化交流，彪炳于中国南海海洋文化史。

第三节　中西文化交流产生的政治思想文化成就

鸦片战争以后，经中西文化交流碰撞的融合，在岭南地区产生了一批代表时代先进政治思想文化成果及其代表人物，这包括了洪秀全太平天国农民运动理论，洪仁玕《资政新篇》，容闳《西学东渐记》，何启、胡礼垣《新政真诠》，郑观应《盛世危言》，黄遵宪、康有为、梁启超改良主义思想，孙中山三民主义等。他们对变革中国社会，推动中国历史前进作出巨大贡献，是中国南海海洋文化史上最瑰丽的篇章。

1. 洪秀全太平天国农民运动

1851年1月11日，一场震撼世界的农民运动在广西桂平县紫荆山区金田村爆发，这就是太平天国农民运动。这次农民运动是以洪秀全为首的一批乡村农民知识分子组织和发动的，其运动理论是糅合了基督教、儒学及中国传统文化中许多其他因素而构成的宗教观，作为中西文化"均平"思想，成为太平天国运动理论的结晶，也是近代中国南海海洋文化的一个巨大成就，并据此作了一次伟大的实践。太平天国农民运动虽然最后归于失败，但作为这次运动的指导思想，却成为中国南海海洋文化史上一笔最宝贵的财富，辉映于中国近代

---

① ［德］H. 波塞尔编，李文潮译：《莱布尼兹与中国》，转见参考黄伟宗、司徒尚纪主编：《中国珠江文化史》，广东教育出版社，2010年，第1254页。

史册。毛泽东指出："自从1840年鸦片战争失败那时起，先进的中国人，经过千辛万苦，向西方寻找真理。洪秀全、康有为、严复、孙中山代表了在中国共产党出现以前向西方寻找真理的一派人物。"①

花都洪秀全故居　陈许摄

洪秀全（1814—1864年），广东花县（今花都）官禄㘵村人，农民出身，幼年时受过传统的封建教育，参加过田间劳动，后来成为一位乡村塾师。洪秀全自小生活在贫苦农民中间，对农民疾苦和要求有深切的体验。洪秀全家乡村民大部分为清乾隆年间迁来的客家人，客家人俗重读书，青少年时代的洪秀全在村里读完私塾后，曾四次赴广州参加府试，都落第而归。目睹清王朝的专制统治和外国资本主义入侵给中国人民带来的深重灾难，洪秀全的心潮像南海的波涛一样不能平静。他决心放弃科举仕途，开始从事推翻清朝统治的革命活动。1843年，洪秀全最后一次科举考试失败后，研读了此前得到的后来成为中国第一个基督教牧师梁发散的《劝世良言》小册子，并和他1837年卧病时上天见到金发皂袍老人的幻象联系起来，加以附会，假托接受"皇上帝"的天命，下凡救世，创立了拜上帝教，自行洗礼。最初在家乡发展了李敬芳、冯云山、洪仁玕等信徒，组成拜上帝会。洪秀全带头砸毁了村中孔子牌位，遭到

① 毛泽东：《论人民民主专政》，见《毛泽东选集》（合订本），人民出版社，1991年，第1358页。

村中封建势力的强烈反对，无法在乡下立足，于是在1844年转到顺德、南海、番禺、增城、从化、清远、英德、阳山、连山等地继续活动，同年与冯云山到广西贵县赐谷村传教，发展拜上帝会信徒100余人。洪秀全以宗教语言宣称，只有上帝是真神，其他一切偶像，不管是孔子、菩萨、阎罗等都是邪神；人人都是上帝的子女，而上帝是万能、同情大家的；上帝派了自己的儿子下凡来指引大家，通过斩除妖魔，建立人人都能过上平等、和睦生活的人间天国。这些简朴又充满美好理想的道理，虽为当时广大农民容易明白和接受，但到底收效甚微。这给了洪秀全很深的刺激和启示：要发动一场运动，没有理论鼓动群众是不能达到目的的。于是在1844年11月，洪秀全从广西回到家乡，花了两年时间从事神学理论的再创造，写成“三原”，即《原道救世歌》《原道醒世训》《原道觉世训》，奠定了太平天国运动的理论基础，具有重大的历史意义，也是中国南海海洋文化史上一项重大的文化创新成果。

洪秀全关于太平天国的理论，可归结为以下基本方面。第一，“均平”思想。洪秀全针对封建制度所造成的贫富不均的社会现实，提出了带有“均平”色彩的倡议，借此来激发群众的运动热情。洪秀全在书中写道：“遐想唐虞、三代之世，有无相恤，患难相救，门不闭户，道不拾遗，男女别涂，举选上德，尧舜病博爱，何分此土彼土……皇上帝天下凡间大共之父也。”① 在这里，洪秀全借理想中平等和谐的社会生活来“崇拜”“上帝”，并解释这个“皇上帝”就是世间的“大共之父”，他可以给人们带来平等。也就是洪秀全思想中最主要的一个成分，即“天下多男人，尽是兄弟之辈；天下多女子，尽是姐妹之群”，“天下一家，共享太平”。② 这是千百年来中国人追求的理想社会，即天下“大同”“天下为公”等理想。这种“均平”思想成为太平天国行动纲领和最高理想。

第二，帝妖对立。“上帝”或“皇上帝”是给世人带来平等的神，而与“上帝”“皇上帝”对立，妨碍给人平等的就是“妖”，也就是封建统治者。洪秀全一针见血地指出：“近代则有阎罗妖注生死邪说。阎罗妖乃老蛇妖鬼也。……天下凡我兄弟姐妹所当共击灭之，惟恐不速也。”③ 而清朝皇帝就是

① 洪秀全：《原道醒世训》，见《太平天国》（一），上海人民出版社，1957年，第92页。

② 洪秀全：《原道醒世训》，见《太平天国》（一），上海人民出版社，1957年，第92页。

③ 洪秀全：《原道醒世训》，见《太平天国》（一），上海人民出版社，1957年，第93页。

“阎罗妖”的头目，下属臣僚吏则为“阎罗妖之妖徒鬼卒”，群众只有站起来共同“诛妖”，才有可能享受现实的幸福。与此同时，洪秀全也认为，“帝妖对立”这一现实也是可以改变、可以转换的，恰如光明与黑暗必然相互交替一样，即“乱极则治，暗极则光，天之道也”。这无疑给生活在水深火热中的百姓带来某种希望，鼓动他们去战胜黑暗，迎来光明。恩格斯说：“人间的力量采取了超人间的力量的形式。”① 这种形式就是宗教。洪秀全的理论就用宗教形式，注入“诛妖”，打倒皇帝，起来造反的精髓。

第三，天国在人间。洪秀全不但认为“帝妖对立”这一对矛盾存在和可以转化，而且还认为天国不是在天上，而是在人间，可以实现。他曾写道：“天国是总天上地下而言，天上有天国，地下有天国。天上地下同是神父天国，勿误认单指天上天国。……天国迩来，盖来自凡间。”② 无独有偶，我国第一位华人牧师梁发也说：“敬信救世主耶稣，遵从福音真道。”倘若如此，“肉身死了以后，灵魂之生命，至来生获享而得之永远之福、无穷之乐”③。梁发给世人指点的天国在天上，只有在人死后灵魂才能获得享受，而洪秀全主张在人间实现天国。这比梁发的蓝图要现实，更为信众接受，故能燃起他们的造反热情，掀起这场波澜壮阔的农民运动。

第四，武装斗争。怎样达到在人间建立天国的目的，洪秀全一反基督教所谓俟候上帝拯救人类说，认为“基督教过于忍耐或谦卑，殊不适用于今时，盖无足管镇邪恶之世焉”④。为达到诛妖目的，必须采用暴力，实行武装斗争，夺取政权，建立太平天国。1843 年洪秀全在酝酿这场运动时，就与同乡李敬芳各铸重数斤、长三尺的“斩妖剑”，并作《剑诗》云：“手持三尺定山河，四海为家共饮和。擒尽妖邪归地府，收残奸宄落天罗。东南西北敦皇极，日月星辰奏凯歌。天父天兄带做主，太平一统乐如何。”⑤ 诗中充分表达洪秀全决心通过武装斗争，建立统一的农民政权的强烈信念。金田首义后，洪秀全更号召“天下豪杰”，包括“名儒学士”，“各各起义，大振旌旗，报不共戴天之

① 恩格斯：《反杜林论》，见《马克思恩格斯选集》第 3 卷，人民出版社，1972 年，第 354 页。

② 洪秀全：《御批〈马太福音〉》，第五章《天章》，转见李锦全、吴熙钊等《岭南思想史》，广东人民出版社，1993 年，第 276 页。

③ 梁发：《劝世良言》卷 4，《圣经杂解》，转见洪秀全：《御批〈马太福音〉》，第五章《天章》，转见李锦全、吴熙钊等《岭南思想史》，广东人民出版社，1993 年，第 276 页。

④ 《太平天国起义记》：《太平天国》（六），第 854 页。

⑤ 转见司徒尚纪：《珠江传》，河北大学出版社，2001 年，第 327 页。

仇，共立勤王之勋”。此后，武装起义铁流过五岭、克湘江、渡洞庭、下长江、捣南京，建立起震撼全国的农民政权，再一次继承和发展了中国历史上农民武装起义的传统。但其武装起义思想和实践又超过历史农民起义，在南海海洋文化史上留下可圈可点的一页。

洪秀全定都南京以后，由于政权内部不和，丧失斗争锐气，沉溺声色犬马，日渐走向衰退，结果在中外反动势力的夹攻下，这场历时 14 年席卷 14 个省区的太平天国运动终于以失败告终。

从文化意义来说，洪秀全建立太平天国的思想，渊源于西方宗教、传统农民运动和经书三部分内容，是近世西风东渐、中西文化交流与结合在岭南的产物。洪秀全“太平”思想，见于儒家经典《公羊传》，有“三世说”，包括“所见、所闻、所传闻”，其中“所见”相应于“衰世”“所闻”，相应于“非平”，而“所传闻”即“太平”。实际上，“太平”与历代农民起义所追求的“平等”是一脉相承的，两者没有本质的区别。如东汉末年黄巾起义，提出“苍天已死，黄天当立，岁在甲子，天下大吉”，以“黄天”代替“苍天”，反映农民起义军“立致太平”的愿望。南宋钟相、杨么起义则以“等贵贱，均贫富”为口号来发动群众。明末李自成自称“闯王”，更是高举“均平”、“免赋”大旗，一直打到北京，迫得崇祯帝在煤山（景山）自缢身亡。所以洪秀全“太平”观所表达的是中国农民长期追求的愿望，也是农民运动的最高纲领。而“天国”则是基督教新约里所浮现的信徒们身后要生活的天堂。洪秀全把两者糅合在一起，形成自己独特的“太平天国观”，这完全是中西文化融汇结出的奇葩，它盛开在西风东渐最早、最强的广东绝不是偶然的。

2．洪仁玕及其《资政新篇》

以洪秀全的传统平均主义为特点的太平天国运动还在进行之时，洪秀全族弟洪仁玕及其《资政新篇》则力图在农民政权基础上，把中国引向近代化，洪仁玕由此成为近代化一个时代先驱者。

洪仁玕（1822—1864 年），原名益谦，号吉甫，广东花县人，早年参加洪秀全创办的“拜上帝会”。太平天国起义时，洪仁玕因各种原因未能赶上起义部队，后辗转到了香港投奔韩文山牧师，1853 年 9 月在香港接受洗礼，皈依基督教。洪仁玕前后在港四年，将所见闻的太平天国的材料，由他口述、韩文山整理，1854 年在香港出版了《太平天国起义记》（原称《洪秀全之异梦及广西乱事之始原》)，成为研究太平天国运动极为宝贵的资料，也是洪仁玕、韩文山为太平天国做的一件极为有益、影响极为深远的一件事。在港期间，洪仁玕有大量机会接受西方物质文明和政治文明，渐渐了解和熟悉世界时代潮流与西方近代科学技术，以及它们在香港传播应用产生的巨大成果，对他思想转变和写成《资政新编》产生决定性的影响。

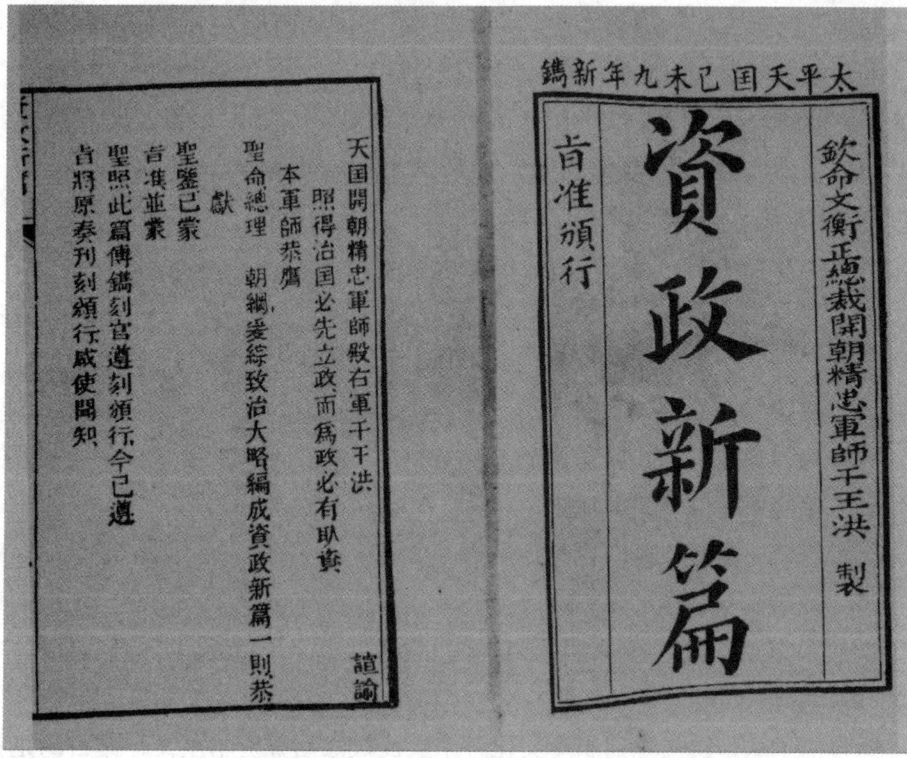
太平天国己未九年新鐫
欽命文衡正總裁開朝精忠軍師干王洪 製
資政新篇
旨准頒行

詔諭
天国開朝精忠軍師殿右軍干王洪
照得治国必先立政而爲政必有取資
本軍師恭膺
聖命總理　朝綱爰綜致治大略編成資政新篇一則恭
獻
聖鑒已蒙
旨准並業
聖照此篇傳鐫刻官遵刻頒行今已遵
旨將原奏刊刻頒行咸使聞知

洪仁玕《资政新篇》　广州博物馆提供

1859 年 3 月，洪仁玕历尽艰辛险阻，终于抵达“天京”，受洪秀全之命主持太平天国大政。为使太平天国成为一个“新天地、新世界”，洪仁玕在“天京”发表了太平天国后期最重要的一部文献，即著名的《资政新篇》。它不同于太平天国定鼎南京时颁布的体现农民“均平”思想的《天朝田亩制度》，而是旨在实现近代化，以求富致强的“富民”思想为核心，力图为太平天国寻求新的出路，比《天朝田亩制度》要进步得多。

《资政新篇》最大的一个特点，是提出建设近代中国文明的创议。洪仁玕在总结魏源在鸦片战争初期在《海国图志》中指出“师夷长技以制夷”的

“变器”思想，曾国藩在洋务运动中提出“师夷智以造船炮”为“今日救时第一要务”，仍不出“变器”思想的基础上，明确提出采用西方文化科学技术以达到“富民”目的。虽说魏源、曾国藩、洪仁玕在“富民”这一点上没有什么不同，但如何达到这个目的，即走什么路，采用什么方法实现中国近代化这个关键问题上，洪仁玕与他们大相径庭。洪仁玕从捍卫太平天国政权立场出发，提出“以资为政”思想作为“立国之本”，即试图把太平天国的新政建立在变革基础上，创造性地提出在天国内进行政治、经济、文化和社会风气，以及法制方面的改革，以期使中国未来社会达到富民、富国之路，即《资政新篇》所效法的“花旗邦即米利竖，礼义富足，以其为最”①。洪仁玕把他的“立政治国之本”归纳为以下九方面：

（1）兴车马之利，效法西方，制造火轮车。

（2）兴舟楫之利，效法西方，推行以“火”“气”“力”“风”为动力之交通工具。

（3）兴银行，便利“商贾士民”。

（4）兴器皿技艺，造精奇产品。

（5）兴宝藏，开发各类矿产。

（6）兴邮亭，建设邮政网络。

（7）兴省郡县钱国谷库。

（8）兴市镇公司，施行工商水陆关税之法。

（9）兴士民公会。②

这包括了从物质文化到制度文化各个层面效法西方资本主义，其目的是挽救日趋衰败的太平天国的灭亡，但却是一种时代先进的卓识远见，只有像洪仁玕这样的先驱者，在岭南面临港澳，并生活在其中的背景下才有可能提出来。当然，由于洪秀全深受封建帝王思想支配，朝天国封建化的道路越走越远，以至不能自拔，洪仁玕的正确主张得不到采纳。过不了多久，太平天国灭亡了。但《资政新篇》作为时代先进文化的代表，却在南海海洋文化史上树立了一座不败的丰碑。

另外，洪仁玕《资政新篇》是中西文化互补的产物，反映了近代南海海

---

① 洪仁玕：《资政新篇》，见《太平天国》（二），上海人民出版社，1957年，第529页。

② 洪仁玕：《资政新篇》，见《太平天国》（二），上海人民出版社，1957年，第529页。

洋文化第一个中西文化结合的新起点。如果说洪秀全的“太平天国”概念和理想，是中国儒家“太平世”与基督教“天国”相糅合的产物，体现了“天国在人间”思想的话，那么洪仁玕《资政新篇》则增加了中西文化互补的内容，包括政治、科技、道德、习俗等新要素，是洪秀全思想中所欠缺的。这包括：一是中西经济上互补。洪秀全《天朝田亩制度》规定“凡天下田，天下人同耕，此处不足则迁徙彼处，彼此不足则迁此处”，达到“有田同耕，有饭同食，有衣同穿，有钱同使，无处不均匀，无处不温饱”。这个规定只是中国历代农民所追求的，也是农民的最高理想。但达到这种“均平”以后又该如何，下一步怎么走，洪秀全没有给出答案。洪仁玕则指出农民政权建设应带上若干资本主义色彩，以“富民”、“富国”来补充小农经济[①]，突破“均平”主义限制，这其中即吸收了西方资本主义文化的合理因素。二是文化的革新，对传统儒、佛、道三教的批判和继承。洪仁玕在天京陷落后被俘，效法宋文天祥殉国献身，在《洪仁玕自述》中处处洋溢着充满忠贞的正气和高度的爱国主义民族气节，令人扼腕叹息。并认为天国失败在于“洋人助妖”[②]，充满了反对帝国主义精神，又继承儒家精神中的浩然正气，批判“儒教贵执中（庸），罔知人力之难”[③] 的中庸之道。洪仁玕还倡导道德革新，将“兵强国富”和“俗厚风淳”作为两项重大国政，尤其指摘“士”阶层“甘居魁妖之下，不务实学，专事浮文”者，不但对此“深为感慨”[④]，而且直斥为“不忠不孝”的道德败坏者。三是提出适应变化了的国际环境，以竞争来促进社会发展。洪仁玕以其生活在岭南，尤其在香港所见，深受西洋教士影响，环顾当时世界形势，深感处在一个新的竞争环境，提出必须有“与番人并雄之法”[⑤]。他列出一个商业竞争例子，说：“开店二间，我无租值，彼有租值；我工人少，彼工人多；我价平卖，彼价贵卖，是我受益而彼受亏，我可永盛，彼当即衰。”[⑥] 他认为一切礼法，“于古所无者兴之，恶者禁之，是者损益之，大率法外辅之以法而入于德，刑外化之以德而省于刑期也”。这种刑德相辅的治国之

---

① 李锦全、吴熙钊等：《岭南思想史》，广东人民出版社，1993年，第293页。
② 《洪仁玕自述》，见《太平天国》（二），上海人民出版社，1957年，第526页。
③ 洪仁玕：《资政新篇》，见《太平天国》（二），上海人民出版社，1957年，第526页。
④ 洪仁玕：《资政新篇》，见《太平天国》（二），上海人民出版社，1957年，第525页。
⑤ 洪仁玕：《资政新篇》，见《太平天国》（二），上海人民出版社，1957年，第525页。
⑥ 洪仁玕：《资政新篇》，见《太平天国》（二），上海人民出版社，1957年，第526页。

道，与儒家劝恶从善与刑法兼用一脉相承，但又汲取基督教某些教义，带有中西文化合璧的浓厚色彩。洪仁玕还卓有远见地提出发展工商与科技，以弥补《天朝田亩制度》在这方面的不足。他把西方文明分为三宝。“夫所谓上宝者，以天父上帝，天足基督，圣神爷之风，三位一体为宝。……中宝者，以有用之物为宝，如火船、火车、钟表、电火表、寒暑表、风雨表、日晷表、千里镜、量天尺、连环枪、天球地球等物，皆有夺造化之巧，足以广闻见之精，此正正堂堂之技，非妇儿掩饰之文，永古可可行者也”。而“中（国）地素以骄奢之习为宝，或诗画美艳、金玉精奇，非无一可取，第是宝之下者也”。洪仁玕将西方文明划分为三宝，基督为上宝，科技为中宝，中国人素所宝贵的骄奢之物为下宝，形成他对西方文化的一个完整体系，亦即他的“西方文化观”。洪仁玕认为，从世界视野看，举凡信仰基督新教的国家，其国力必强，如英国、美国、德国、法国、俄国等；如信仰佛教和伊斯兰教者，则多衰弱不振，如波斯、马来亚、蒙古、新加坡、印度等。这种直观结论，比那时一般士大夫知识分子对基督新教充满鄙视态度要开明得多，也先进得多。洪仁玕对西方文化的思想态度，也代表了近代岭南文化的独特思想，反映了中国近代化过程中岭南人最先自觉向西方学习、追求建设一个近代文明国家的崇高理想。这在中国近代思想上具有不可磨灭的地位。

3．容闳及其《西学东渐记》

太平天国运动失败后，中华民族危机进一步加深，中外文化交流也同时发展，逐渐产生了一批具有资产阶级性质的启蒙思想家及其著作。容闳《西学东渐记》开了这种启蒙思想的先河。

容闳（1828—1912 年）号纯甫，广东香山县南屏镇人（今属珠海）。少时家贫，进入免交学费的澳门马礼逊学校读书，后转学香港。1847 年赴美，几经周折，1850 年进入著名的耶鲁大学，成为中国第一个留美学生，也是真正了解美国和西方世

容闳及其《西学东渐记》　珠海市博物馆提供

界的第一人。他说留美之目的是“以西方之学术灌输于中国，使中国日趋于文明富强之境”①。1855 年，容闳回国，目睹清政府的种种腐败和镇压人民革命的血腥罪行，先后在香港当“书记”、译员，在上海海关任职和经商。1860 年访问天京，见到干王洪仁玕，提出包括政治、军事、实业和教育的七点建议，但在战争背景下无法实施。容闳失望地离开天京，投入曾国藩幕府，筹办国内最先进的机器工厂——江南机器制造局，后又力排众议，促使清政府于 1872 年派遣詹天佑等 30 名幼童赴美留学，后共派遣 4 批共 120 人赴美。他们大部分学成归国，成为中国近代化的栋梁之材。如“中国铁路之父”詹天佑，中国邮电事业的奠基者朱宝奎、黄开甲、周万鹏、唐元湛，中国第一代矿冶工程师吴仰曾、邝荣光，清华学校第一任校长唐国安，中国第一代海军将领容尚谦、蔡廷干、徐振鹏，中国第一代外交官唐绍仪、梁敦彦、梁诚等，容闳由此被誉为“中国留学生之父”②。容闳将其一生经历，写成《西学东渐记》，于 1909 年出版，为岭南人开启了近代启蒙思想的先河。他在给洪仁玕的建议中，提出七项改革建议：

（1）依正当的军事制度，组织一支良好军队。

（2）设立武备学校，以养成多数有学识之军官。

（3）建设海军学校。

（4）建设善良政府，聘用富有经验之人才，为各部门行政顾问。

（5）创立银行制度，及厘定度量衡标准。

（6）颁定各级学校教育制度，以耶稣圣经为主课。

（7）设立各级实业学校。③

这些建议，充分表达了容闳富国强兵的先进思想，虽未被采纳，但丝毫掩盖不了它的时代光辉。二是受曾国藩之托，创办东方第一家机械厂——江南机器制造局。这是为谋求中国近代化，实现“西学东渐”的第一个目标，对中国近代化的继承者有重大的启蒙作用。此外，容闳为实现教育救国，如上述历尽艰辛派遣留学生出洋，为中国培养不少栋梁之外，这在当时都是前无古人的

---

① 容闳：《西学东渐记》第五章《大学时代》，见《走向世界丛书》，岳麓书社，1985 年，第 85 页。

② 刘圣宜、宋德华：《岭南近代文化论稿》，中山大学出版社，2007 年，第 172 页。

③ 容闳：《西学东渐记》第十章《太平军中之察访》，见《走向世界丛书》，岳麓书社，1985 年，第 94 页。

事业。正因为如此，容闳及其《西学东渐记》作为中国近代史上一块碑石，备受后人赞扬，也是近代岭南海洋文化一本杰出著作。

4. 何启、胡礼垣《新政真诠》

洋务运动所推行的“新政”并不能实现中国自强，反而在中法战争、中日甲午战争中惨败，进一步沦为半封建、半殖民地社会，民族危机日益加深。问题的症结何在？这促进中国先进分子作深入思考。广东人何启、胡礼垣在所撰《新政真诠》中对此作了中国改革必须走变末也变本的主张，批驳了洋务派“中体西用”论。认为应从政体上作变革，将资本主义的体和用结合、统一起来，为此，他们提出一整套的社会改革方案，成为这一时期岭南海洋文化先进性的另一个标志。

何启（1858—1914年），广东南海人，字迪之，号沃生。早年毕业于香港中央书院（后为皇仁书院），后留学英国，先后习医和法律。归港后任大律师，尤热心教育事业，是香港大学创始人之一。在港发表多篇鼓吹新政的论文，民主思想日渐成熟。

胡礼垣（1847—1916年），广东三水县人，字荣懋，号翼南。出生于侨商家庭，自小生活在香港。后就读于香港中央书院。毕业后留校任教、办报、译书，后为驻日本外交人员。胡礼垣曾壮游五洲，走万里路，看万卷书，极富爱国热情。深感于中法战争中国失败，他开始从事改变中国社会的宣传和研究。先后发表多篇相关论文，并与何启结下深厚友谊。同声相应，同气相求，两人后将合作撰写的论文编成《新政真诠》出版，为19世纪70～90年代华侨要求改革社会、振兴中华的呼声，并成为华侨社会舆论的中心。

《新政真诠》涉及政治、经济、文化、教育、军事等众多方面，归纳起来，大致包括：

（1）批驳洋务新政。太平天国运动被镇压之同时，以曾国藩、李鸿章、左宗棠等发起的洋务新政，虽然在一定程度上对中国近代化起到某种刺激作用和倡导作用，但却由于其采取的是“官办”、“官督商办”或“官商合办”形式，国家政权力量起了垄断作用，实质上严重妨碍了民族资本主义的发展。故何、胡对此提出尖锐抨击：“富国者莫先利民，利民者莫先于便民，民得其便，则向之农田，以十亩为率者，今且从事于百亩也；向之作贾，以千员为志者，今且相期以万员也，而矿务不难于崛兴，机局不难于竞起，铁路不难于网布，货物不难于丰饶。"[1] 即"富民"必须"便民"，而当时的世态是"官有权而民无权，官有势而民无势，以无权者与有权者竞，则有权者胜，无权者负矣；以无势者而与有势者争，则有势者得而无势者失矣"。民不能敌官，"官督商办而为办法之不善"，他们认为必须革除这种妨碍民族资本发展的政策，并为之扫清道路。另外，何、胡也坚决反对借洋款办洋务，指摘其病在"以中国之地作按，而以中国国家担保，是为一人之私而牵动一国也，是为一人之私而重累国家也，是为一人之私而置中国之民于奴，奉外国之人为主人也；是为一人之私而散四万万民之心，离四四民之志也。兴商者将以利国，今观其事，反以害国"[2]。其锋芒直指清政府，他们不但具有雄豪的胆色和勇气，而且更正确地指出中国要富强必须走独立自主发展民族工商业的道路，依靠官办或官督商办的道路行不通，借外债办洋务有损国家主权，离散中国民心，皆不可行。其高度爱国主义和民族自立精神跃然纸上，感人至深。

（2）建立"民权"政治。为了建立一个富强中国，必须同时进行政治改良，其核心是改革封建专制，建立西方议会制度。何、胡在《新政安行》一文中指出："横览天下，自古至今，治国者惟有君主、民主，以及君民共主而已。质而言之，虽有君主仍是民主。何则？政者民之事而君办之者也，非君之事而民办之者也。事既属于民，则君之属于民……天下有无君之国，不闻有无民之国。民权在则其国在，民权亡则其国亡。"[3] 权力来自民众，民众是国家政权的主人。君王的出现，是为适应人民生存需要，为人民办事而设的。他们根据西方启蒙运动"天赋人权"之说，提出"天下之权，惟民是主"口号，认为"政者民之事，而民不能自办其事，故举一人以为君；君者政之司，而君不能尽之为司，故立官员而行政"[4]。处理这样君民关系最好的模式是英国君主立宪制，他们主张应以英国为榜样，建立这样的"民权"政治。

（3）发展资本主义经济。何启、胡礼垣在考察资本主义世界过程中，看到资本主义带来生产力巨大进步和创造丰厚物质财富，在他们的新政中，主张全面发展资本主义经济，包括农、工、商业和交通运输业，这是中国与西方列强进行竞争的物质基础，也是何、胡先进思想文化的一个最大亮点。他们反对

---

① 胡礼垣：《新政始基》，见《胡翼南先生全集》卷7。
② 胡礼垣：《新政始基》，见《胡翼南先生全集》卷7。
③ 《新政议论》，见《胡翼南先生全集》卷5。
④ 《劝学篇书后·正权篇辨》，见《胡翼南先生全集》卷18。

洋务派推行“官督商办”政策，但不反对发展生产力，相反，他们极为主张听任私人投资办工矿、农牧、水产等企业，国家应出租土地，给予轻税、免税等优惠政策，以促进民族工业发展。他们特别重视交通运输业对繁荣经济、改善民生的作用，指出“天下之利莫大于商，通商之利莫大于轮舶”①。海河运输被认为至关重要，但也指出“开铁路以振百为”。他们总共提出九项“新政之用”，属以上交通运输以外，还有“作庶务以阜民财”“册户口以严捕逮”“分职守以厘庶绩”“作陆兵以保疆土”“复水军以护商民”“理国课以裕度支”“宏日报以广言路”等②，涉及税收、军队、行政、国防、社会舆论等。倘能按此新政实施，中国将“易危为安，转祸为福”，从“富民”变为“富国”，反映了新兴民族资产阶级的良好愿望。

（4）大力发展新式学校教育，培养新型人才。为了建设近代化中国，何、胡还与九项“新政之用”之同时设计了 7 项“新政之体”。包括整顿吏治、高薪养廉、杜绝“捐纳”买官、考试举选议员等，其中很重要的一项为“宏学校以育真才”，即广开各级学校，培养新型人才，包括机器工务、铁路建设和管理、轮船修造和驾驶、开矿、制造电器、化学、地图、数学等人才。

以上这些写进《新政真诠》一书的改革内容，无不反映了中国沦为半殖民地半封建社会过程中，先进的中国人的觉醒和通过“变法”使国家走上近代化道路的热切愿望。而变法已不能单纯像以往那样“变器”，而是上升到“变道”和“变本”层面；学习西方既要学其用，更要学其体，有了其体，才有其用。何、胡这些先进思想，比鸦片战争前后“师夷之长技以制夷”和洋务运动“中学为体，西学为用”思想更胜一筹，实为南海海洋文化在中国近代化问题上的一个创新。

5. 郑观应其人其书与中国近代改良主义思潮

在近代南海海洋文化早期改良主义思想家中，郑观应是一个出色的代表人物。其人其书，彪炳于近代南海海洋文化史册，影响甚为深广。特别是其名著《盛世危言》，振聋发聩，连光绪皇帝也下令臣僚阅读。毛泽东说他读了这部书令他走出韶山冲，到处寻找救国救民的道理。

郑观应（1842—1922 年），广东香山（今属珠江市）人。本名官应，字正

① 《新政议论》何启序，见《胡翼南先生全集》卷 1。

② 《新政议论》，见《胡翼南先生全集》卷 5。

翔，号陶斋，别号待鹤山人等。早年应童子试落第，后弃学从商，以买办为职业，在上海从西洋教士习外文和西学，获益兆丰。晚年从事教育工作，培养大批航运人才。郑观应目睹清政府腐败黑暗，国家积弱，民族危机，以其强烈爱国精神和重商思想，写就《救时揭要》《易言》《盛世危言》三部主要著作，直接宣传了他的改良主义思想和商战理论，成为近代中国南海海洋思想文化的一个最重要建构。

1872 年，郑观应出版第一部论文集《救时揭要》具有三方面内容。一是揭露、痛斥殖民主义罪行，洋溢着强烈的爱国主义精神。郑观应家乡邻近澳门，青年时常履该地，亲见葡萄牙殖民主义者利用澳门贩卖人口、开赌场、藏奸宄，以及种种罪恶勾当，直指葡萄牙人统治下的澳门为“禽兽之域”，其“盗贼之炽，奸宄之多，余足迹半天下，从未见有如澳门之甚者也！推原其故，则以有葡萄牙人为之把持，为了窝顿，遂使一隅之王土，竟分为人鬼之关，竟成禽兽之域；黑浪颠风，昏无日月，岂非病民生，失计之大者哉”①。特别是对葡萄牙不法商人贩卖华工罪行，他不仅深表同情，而且表现了极大义愤，指出：“被骗出洋而死于难者，每年以千百计。有半途病死者，有自经求死者，有凿船只者。要之，同归于尽。”② 这种惨无人道的行为，是中国未能给华人为后盾，给予有效的保护。他提出应“设领事馆”，保护商民安全的利益，是一种民族爱国主义思想之反映。二是提倡改革社会风俗。郑观应对鸦片流毒，深恶痛绝，指陈“吸毒鸦片之人，束缚身心，消铄精神，士

郑观应奉旨出使暹罗令匾
中山市博物馆提供

---

① 郑观应：《澳门窝匪论》，见夏东元编：《郑观应集》上册，上海人民出版社，1982 年，第 19 页。

② 郑观应：《澳门猪仔论》，见夏东元编：《郑观应集》上册，上海人民出版社，1982 年，第 6 页。

农工商，失时废业，舍有用之财，归闲荡之光阴。其害不浅”[①]。对此，他认为应“开民俗”而“固本”，“劝恶必善”，实行“自禁”[②]，当然，在国家积弱、无力抵御鸦片流毒的背景下，仅通过“自禁”是难以达到目的的。三是表达了初步的重商思想。郑观应从考察澳门和亲身从事多年买办经历中，提出“富民之道”在于发展民族资本主义。时人“皆知泰西之长技”，而“不知操泰西立法之大旨本原”，即“改官造为商造”[③]。因为“官改”即由朝廷所办实业，弊病甚多，危害严重，更阻碍民族资本主义发展。其重视发展民族资本主义，达到“富民”思想，已见端倪。正因为如此，《救时揭要》成为郑观应商战思想，初步奠定了他后来这种思想高度发展的基础。

作为郑观应改良主义思想的第二部代表作《易言》，写于1870—1871年，正是民族危机日益加深之时。作者写道：“往余于同治庚午随手札记，内之积感于寸心，外之眷恋于大局。目击时艰，无可不乎，而一言以蔽之，莫如自强为先。”[④] 恰如其时另一位中国近代改革思想的前驱、江苏吴县人王韬所言“非行西法无以强兵富国”[⑤] 那样，郑观应也是一个代表人物。而《易言》则为中国走“富国强兵”道路的一个指南，在多个领域设计了理想的蓝图。特别反映19世纪末深受西学影响的中国先进分子的爱国主义情怀和要求改革的强烈愿望。

首先，《易言》提出了建立一个议院制的新型君主立宪政制思想。郑观应早年在澳门生活，对欧洲上院、下院政制多有了解，认为中国的政治革新应“设有上、下议院”政制，作为向西方学习的一个切入点。他认为西人长处值得学习：“欧洲各国，动以相勇相倾，富强相尚，我中国与之并立，不得不亟思控制，因变达权。”[⑥] 他结合中国古人的愿望，指出借鉴西方议会制度，可以使这种愿望在当时得到满足。他指出：“所冀中国上效三代之遗风，下仿泰

---

① 郑观应：《拟自禁鸦片论》，见夏东元编：《郑观应集》上册，上海人民出版社，1982年，第19页。

② 郑观应：《救时揭要序》，见夏东元编：《郑观应集》上册，第4页。

③ 郑观应：《论中国轮船禁止大略》，见夏东元编：《郑观应集》上册，上海人民出版社，1982年，第56－57页。

④ 郑观应：《易言·自序》，见夏东元编：《郑观应集》上册，上海人民出版社，1982年，第63页。

⑤ 王韬：《易言原跋》，见夏东元编：《郑观应集》上册，上海人民出版社，1982年，第67页。

⑥ 郑观应：《易言·论公法》，见夏东元编：《郑观应集》上册，上海人民出版社，1982年，第66页。

西之良法，体察民情，博采众长。务使上下无杆格之虞、臣民泯异同之见，则长治久安之道，因有可予期矣。"[①] 这里所谓的泰西之良法，实为君主立宪议院制政体。但在封建专制根深蒂固的旧中国，要建立民主议政的议院制，他又深感困难，故又有"谈何容易"之叹，仍不能走出劝说封建统治者之道。这与后来以孙中山为首的革命派有根本不同，亦反映在政制改良问题上，近代南海海洋文化也有一个逐步走向成熟的过程，郑观应的思想可以说是一个起点。

其次，《易言》提出极力推进民族资本主义工商业发展，以达到富强之路。郑观应在《易言》中用大量篇幅，表达他对发展民族资本主义工商业的设想。他认为西方列强敢于欺负、侵略中国，在于其资本主义经济发达、势力雄厚。而中国要摆脱贫困、落后、积弱的状态，必须走西方富强之路。如何向西方学习，学习那些内容，郑观应主张"但学西人之制器，而不学西人之理财"是不能达到富国强兵之路的，理由是"非富无以保邦，非强无以保富"[②]。富与强不可分割，互为因果。为达此目标，必须大力发展"器物"文明，包括轮船、火车、电报、矿务、陶冶、通商、织造、铸银，尤其是发展科学技术。这个见解是很精到的。

再次，《易言》高度重视人才作用。提出建立学校，培育各类人才。包括以各类新型学校代替旧学，以"实学"代替空洞无物的"帖括"之学；按西方的办学模式，建立不同层次新型学校，如"大学院""船政院""技艺院""武学院""音乐院""通商院"等；课程重视应用性，计有"格致""重学""天文""地理""历史""算法""史鉴""外语"以及各类新兴科技学科等。在选拔人才考试制度上，"以考试经史以观实学""策论时事以观卓视""博询政事以考其吏治""兼试诗赋以验才华"等[③]。这样可以选拔到"真材实用"的人才，作为富国强兵之本。这些建议，也是对流行了一千多年的科举制度的挑战，并由此揭开对科举制度兴废争论的序幕。

郑观应《易言》，指望通过改革，"奠我国家万年有道之基"，使中国走上

---

① 郑观应：《易言·论议政》，见夏东元编：《郑观应集》上册，上海人民出版社，1982 年，第 103 页。

② 郑观应：《易言·开矿》，见夏东元编：《郑观应集》上册，上海人民出版社，1982 年，第 191 页。

③ 郑观应：《易言·论考试》，见夏东元编：《郑观应集》上册，上海人民出版社，1982 年，第 145 页。

近代化道路。其愿望良好，改革内容也很全面、具体，但在顽固封建专制下，欲达其目的，仍有很多艰难险阻，甚至流血牺牲。这已为后来康梁变法所验证。

在郑观应改良主义思想中，最具有时代特色、价值最高、震撼力最巨，也最能代表他改良主义思想精髓的代表作即为《盛世危言》，被誉为中国近代改良主义的纲领性文献，辉映于中国南海海洋文化史册。

郑观应和《盛世危言》　广州博物馆提供

第一，郑观应敢以此书是名，是出于强烈的爱国主义精神。一是对外敌入侵之痛恨；二是清政府腐败无能，直指“愤彼族之要求，惜中朝之失策”，虽冒“狂戆潜起之罪”大讳，仍以“危言”警示世人，唤起国人振奋改革，挽救民族危亡，一腔热血，正义四射，野朝佩服。此书出版，一时洛阳纸贵，从初版五卷本先后增订为 8 卷、14 卷，几年间销行 10 万部，在全国形成《盛世危言》热。其产生的冲击波，甚至直达封闭保守湘潭县韶山冲，使年少毛泽东彻夜阅读，曰“这本书我十分喜欢”①。许多章节倒背如流，影响了这位伟人的一生。

第二，郑观应改良主义，具有深厚的哲学基础，充满了体用一致，互相转化精神，对形而上学是一种突破。郑观应认为，“道器贯通，体用兼备”。这其中之“器”，即具体器物；“道”即生命之源，天人之故，自然、社会规律。他指出器与道的关系是：“虚中有实，实者道也；实中有虚，虚者器也。合之则本末兼骇，分之用乃无卷无具。”② 在这里，道和器是统一的，即“道”不

① 斯诺：《西行漫记》，东方出版社，2010 年，第 109 页。

② 郑观应：《盛世危言·道器》，见夏东元编：《郑观应集》上册，上海人民出版社，1982 年，第 243 页。

应简单归结为虚，“器”也不仅仅是实，两者的统一和转化才是事物的本质。但长期以来，流行“变器不变道”之论，甚至还有“变器卫道”论，成为维护封建专制统治的哲学基础。而郑观应的哲学思想是强调学习、引进西方器物文明与采纳，接受西方政治制度文明必须体用一致，而不是割裂分开。这个见解甚为精到。他指出：“余平日历查西人立国之本，体用兼备。育才于书院，议政于议院。君民一体，上下同心，此其体。陈兵、制器械、铁路、电线等事，此其用。中国遗其体而效其用，所以事多杼格，难臻富强。”① 郑观应一针见血地指出清政府只简单地接受西方物质文明，而不敢触动政治制度变革，故事与愿违，难达到富国强兵目的。而中国要走向近代化，不仅要学习西方器物以为用，还要学其体，包括政治制度，两者双管齐下，才能奏效。这在深层思想结构上为改良中国社会提供正确指南，郑观应在当时岭南人才群体中也罕有其匹。

第三，商战理论。为了发展民族资本主义，必须正确处理商战和兵战的关系。郑观应在书中提出最具特色和创新见解的“商战论”，成为他重商主义思想的核心。他在《盛世危言·商战篇》中指出，重兵战，而忽视发展民族工商业是近代历次战争中中国失败的重要原因，也是洋务运动一个致命的弱点。他指出，无形的商战与有形的兵战的关系，应“裕无形之战固其本”②。因为商务是整个社会政治、军事、工业、农业、教育等领域的根本的物质基础，能增强国家的整体国力，其曰“士无商则格致之学不宏，农无商则种植之类不广，工无商则制造之物不能销，是商贾具生财之大道而握四民之纲领也，商之义大矣哉”③。商务的振兴在其中起决定性质作用。相反，“我之商务一日不兴，则彼之贪谋亦一日不辍。纵令猛将如云，舟师林立，而彼族谈笑而来，鼓舞而去，称心餍欲，孰得而谁何之哉？故吾得以一言蔽之曰：习兵战，不如习商战”④，郑观应认为，“兵战”仅为“有形之战”，而“商战”为“无形之战”，兵战治标，商战固本。假如能做到“中国所需于外洋者皆能自制，外国

① 郑观应：《盛世危言·南游日记》，见夏东元编：《郑观应集》上册，上海人民出版社，1982年，第967页。

② 郑观应：《盛世危言·商战下》，见夏东元编：《郑观应集》上册，上海人民出版社，1982年，第594页。

③ 郑观应：《盛世危言·商务》，上海人民出版社，1982年，三编。

④ 郑观应：《盛世危言·商战上》，上海人民出版社，1982年，卷3。

所需于中国者皆可运售”，即“决胜于商战”，中国则可转弱为强，转败为胜，亦即“能富而后可以致强，能强而后可以保富”。否则，国不富，民之素质差，“畴能驱赤身枵腹之人，而使之当前锋冒白刃战哉?”① 这种富国强兵论颇合辩证法，在当时也凤毛麟角。

郑观应在精辟地论述“商战论”之同时，还痛斥了洋务派。指出他们“筹饷则聚敛横征，不思惠工商以兴大利；练兵则购船售炮，不知广学业以启聪明”，“遗其精义而袭其皮毛”，不得要领。并猛烈抨击洋务派“官不能护商，而反能病商”的钳制政策。为了推进商战，郑观应还多次向清王朝提出设立工商部、裁撤厘金、允许商人自由投资、提高商人政治地位等一系列建议，希望中国振兴起来，屹立于世界民族之林。

此外，郑观应《盛世危言》还再次提出开设议院，办新式学校等改良主义思想。他把开议院视为“治乱之源，富强之本”。并根据其时引进的天演进化和生存竞争规律论证自己的主张，以显示政治改革也是合乎时势发展的一种必然选择。他指出，“今日中国大局，列强通商势难拒绝，则不得不律以公法。欲立公法，必先立议院，达民情，而后能张国威，御外侮”，“兴议院而民志合，民气强矣”②。郑观应把议院视为民众群体的组织形式，冀此“君民一体”，虽表明他对清政府仍抱有幻想，希借助君主立宪，限制封建专制政权，这在实际上是行不通的，但将议院看作是富国强兵的一项基本措施，却是有建设性的改革纲领意义的。对于办新学，郑观应更加强调，“学校者，造就人才之地，治天下之大本也”，“富强之基，首重学问”③。强调引进的是天地人三种学问。其中“天学”包括一切算法、历法、电学、光学等学科；“地学”是指以地舆为纲，含测量、经纬、种植、车舟、兵群等学科；“人学”以方言文字为纲，涉及政教、刑法、食货、制造、商贾、工艺等学科。这基本覆盖了自然、人文、技术和社会科学，形成一个较全面的学校科目设置。他在《学校篇》还附录了英、法、俄、日、美、德等国有关“学校规则”和“数目”，作为学校建设参考，显示他对学校教育和人才培养重视有加。晚年他还亲任招商

---

① 郑观应：《盛世危言·商战上》，上海人民出版社，1982年，卷3。

② 郑观应：《盛世危言·议院》，见夏东元编：《郑观应集》上册，上海人民出版社，1982年，第313页。

③ 郑观应：《盛世危言·学校上》，见夏东元编：《郑观应集》上册，上海人民出版社，1982年，第245页。

局公学董事，后病逝在学校宿舍内。

郑观应作为近代资产阶级启蒙思想家，毕生为中国近代化提出系统的理论创议，为社会变革提供了许多有益的启示，即使洋务派首领之一、兵部尚书彭玉麟为《盛世危言》作序也高度评价："今阅是书，所说中西利病情形了如指掌。其忠义之气，溢于行间字里，实获我心。故缀数语，亟劝其刊行问世，以期与海内诸公采择而力行之。将见孔孟之道风行海外，莫不尊亲。彼族之器我能制造，日新月异，自然国富兵强，四夷宾服。"而一切革命者和改革者则从郑观应其人其书中吸取变革社会理论，在19世纪末由康有为、梁启超等维新人士作了一次伟大的实践尝试。而从文化意义来说，南海海洋文化的重商性，自古已然。清初，雍正皇帝就说："广东本土之人，惟知贪射重利……以致民富而民米少。"① 即重商作为一种文化传统，自无可置疑，但罕有将重商性与文化其他特质作比较，而郑观应"商战论"，则将商与战相提并论，使传统商业文化注入新的内涵而更凸现它的近代海洋商业文化精神，吸收更多西方商业文化成分，使之成为时代先进文化，这是近代岭南商业文化发展的一个鲜明特点。

6．黄遵宪变法维新思想转型

在洋务运动向变法维新思想转型过程中，爱国主义思想家黄遵宪（1847—1905年）是一位代表性人物，他改良主义立场的某些特点，折射出这一时期南海海洋文化在变法维新上的过渡性质和向封建专制王朝作最后冲击的态势。

黄遵宪为广东嘉应州人（今广东梅州人），29岁中举，先后任驻日本国使馆参赞、美国旧金山总领事。回国后，加入康有为主办的上海强学分会，从事变法维新的宣传活动。1887年入湖南署理湖南按察使，协助巡抚陈宝箴制定一系改革章程。戊戌运动失败后，罢官归里，从事地方教育事业，直至辞世。

黄遵宪是以一位杰出外交家和诗人，同时又是一位卓越思想家的身份参与变法维新运动的，因而在他身上反映了改良主义立场众多表现，但仍能构成一个统一系统，反映那个时代改良运动的总体特征。这包括以下几个重要方面：

（1）主张中国应积极效法日本明治维新运动，建立资产阶级君主立宪制国家。黄遵宪亲见日本明治维新以后从一个封建专制国家转变为一个资产阶级

① 光绪《广州府志》卷2，《广州典二》。

君主立宪制的国家。日本变法成功，促使他感到社会改良的首要目标是以改革官僚制度为重点的政治体制的改革。黄遵宪认为日本的“三权分立”制度最适合当时中国的社会环境。其中的议政和行政分开可以有效地防止官吏欺凌百姓和独断专行，并起到相互约束和监督作用，保证各项改革措施和政治顺利地推广和得到遵守。次之，政治改革必须与经济改革同步进行，才能取得预期效果。他指出，中国农村的小农经济是在一个孤立、封闭的圈子里运转，很少有商品流动和贸易往来，难以适应国际环境的开放需要。而要改变中国经济这种困境，需要推行一系列新经济政策，包括“植物产、兴商务”，即发展各种制造业和商业贸易。他希望清政府能为民族工商业发展提供各种方便、广开绿灯，采取诸种途径，促进各地商人合作，兴办法商会议和法商学校，建立各类新型工厂，培养大量技术人才，以满足工商业发展需要。借助于这些措施，推动中国走资本主义工业化的道路。

黄遵宪也和其他改良主义者一样，高度重视学校教育、培养人才的意义。他倡导开发民智和国民教育。他认为，中国维新目标是建立君主立宪的国家，欲达此目的，必须极大地提高国民素质。而当时现状是中国百姓大都处于“懵然无知”、“碌碌无能”状态，缺乏独立精神和权利意识，在强者面前唯唯诺诺、麻木不仁，极少有抗争意识。因此，必须兴办各式学校，组织各种学会，对他们进行近代教育，以求“民智渐开，民气渐昌，民力渐壮”，为开设议院、改良宪政奠定良好的社会基础。

黄遵宪的改良主义思想虽然显得温和，但在封建王朝专制下，毕竟是挺起脊梁，敢于斗争的。他对清王朝的文化专制政策，特别是屡兴文字狱，反抗甚为激烈，他愤慨地针砭清王朝“其文字之祸，诽谤之禁，穷在所未有”，结果造成“一切士大夫习为奴隶而后心安”[①]，使学术研究走入无用的死胡同，正直者屡受迫害和打击。黄遵宪厕身官场，能反戈一击，直指其中的丑陋和黑暗，在岭南士大夫中却是值得称道的，也反映南海海洋文化敢于斗争的精神。

7. 康有为变法维新思想体系的形成与内涵

近代中国南海海洋文化史上最重大的一个事件是以康有为、梁启超为首的变法维新运动，也是中国近代史上一件破天荒的大事。它虽以失败告终，但它

① 转见李权时等主编：《岭南文化》，广东人民出版社，1993年，第230～231页。

掀起的革命波澜，自此席卷全国。不久，以孙中山为首的革命党人，武昌首义，清政权倾覆，民国成立，开一代新纪元，戊戌变法功不可没。而变法维新运动所反映的时代先进思想文化，又是领时代潮流、敢为天下之先的，恰是中国南海海洋文化在近代最辉煌的一页。

(1) 康有为变法维新的思想基础。

康有为（1858—1927 年），广东南海苏村人，原名祖诒，字广厦，号长素，又号更生，晚年自号天游化人，学生尊为南海先生。在 1898 年变法前 30 年，康有为生活在广东。早年拜南海朱次琦（朱九江）为师，接受系统儒家训练，后到南粤名山之一的西樵山白云洞“悟佛”，对佛教有深入理解。1879 年到香港考察，接受西学。据其在《康有为自编年谱》里说，这次香港之行，“始知西人治国有法度”，“渐收西学之书，为讲西学之基矣”。这些“西学”，大抵包括文艺复兴以来西方科学文化及其思维方式方法等。康有为早期著作，如 1884 年《实理公法全书》根据《几何原本》的“实测之学”来推断人类公理；1886 年《内外篇》以传统哲学范畴加以采纳西方新理加以演绎而成；1891 年与 1897 年著《新学伪经考》与《孔子改制考》则在接受达尔文等进化论思想而为“托古改制”作理论的阐发。1884 年《大同书》①，是解读孔子大同思想并与西方民约论、空想社会主义等思想糅合在一起形成的。总之，康有为为了变法维新，作了大量的舆论准备工作。

康有为像　广州博物馆提供

变法维新需要大批宣传鼓动人才，1891 年康有为在 1888 年第一次上书变法失败后回到广东，在广州中山四路长兴里创办“万木草堂”，作为培育维新改革人才的基地，先后有各省弟子 3000 人受训。著名的康氏弟子有梁启超、陈千秋、曹泰、韩文举、徐勤、林奎、麦孟华、王觉任、陈和泽、梁朝杰等。

① 《大同书》写作时间历有歧见，这里据宋德华：《岭南人物与近代思潮》，中山大学出版社，2007 年，第 163 页。

其基地命名为万木，意在于“万木森森万玉鸣，只麟片羽万人惊；更将散布人间世，化作长虹万丈明”。取意于培育一批时代精英、改造时代的栋梁之才。传统书院教育，以尊孔读经为教学方针。康有为除了读经以外，还开创了以西方自然科学和时事为教学内容，还有辩论、演说、游历等课外活动。教学方法、形式甚为活泼。每论一事，必引证古今中外观点加以比较，学生视野大为拓展。1893 年入学的学生梁启勋回忆说：“除读古书外，还要读很多西译的书，如江南制造局关于声、光、化、电等科学译述百数十种，皆所应读。容闳、严复诸留学先辈的译本及外国传教士，如付兰雅、李提摩太等译本皆读。”① 万木草堂教学内容和模式与同时代广州地区其他书院大有不同，完全是一所“新学”，其重要意义可以说是“废科举”的先声。康有为在学生梁启超、陈千秋的协助下，写有《长兴学记》、《万木草堂口说》（或称《南海康先生口说》）、《新学伪经考》、《孔子改制考》、《春秋董氏学》等，是他从事教学实践的不朽记录，包括他的教育思想、教育方法，以及对中西文化交汇的真知灼见。可以认为，康有为的思想，诞生于广东，而影响广及全国，具有划时代的意义。不仅如此，康有为还两次来广西桂林进行讲学活动，培养变法人才和传播维新变法思想。当时，在澳门还有维新人物创办的《知新报》，康有为通过广西官员，通饬全省各州府、县、里、卡等人员订阅，进一步扩大变法维新思想在广西的影响。1897 年 7 月，康有为基本完成他来桂林传播变法维新思想的任务后，离桂回到广州，继续他的万木草堂教育事业。临走前，康有为谆谆嘱咐桂林弟子对变法维新之大业“宜扩而充之，善而用之，更发扬而光大之”②。

康有为这些变法维新活动，他的思想基础除了在香港考察的所见所闻，大量采购西学图书以外，深层根源有二。一是接受欧洲自然科学的洗礼，形成进化论思想，由此萌发变革社会思想来源。康有为接受西学中的自然科学，了解地球来源，即接受康德——拉普拉斯关于地球起源的“星云说”。地球由雾状星云经过自转，引集而成，运动成了天体的自然属性。而天体运动又受到“力”的作用，这个力即牛顿发现的“万有引力”，这种力成为宇宙天体运动

---

① 梁启勋：《万木草堂回忆》，见广东省政协《文史资料选辑》第 25 期，1979 年印。

② 廖中翼：《康有为第二次来桂学概况》，见《桂林文史资料》第 2 期，转见覃延欢、廖国一主编：《广西史稿》，广西师范大学出版社，1998 年，第 201 页。

的动力来源。康有为说："知地为游星绕日也。发明地绕日为哥白尼，发明吸拒力为奈端（即牛顿）。"① 在这里，康有为接受了哥白尼的天体运行的日心说和牛顿的天体运动的动力说，属自然科学唯物主义因素。康有为把西方"星云说"与中国古代"元气说"相结合，提出宇宙本原的"星云——元气"说，以解释自然和人生现象。他说："积气而成天，摩励之久，热重之力生矣，光电生矣，原质变化而成焉。于是生日，日生地，地生物。"② 这不仅解释地球生成历史，而且还提出"原质变化"是"以元气为体"，这个"体"即星云的运动，先有气存在和运动，然后再有理之产生。康有为的"气先于理"的思想表述为："凡物皆始于气，有气然后有理。生人生物者，气也，所以成人成物者，理也。"③ 而人类得阴阳二气而生，"能食味、别声、被色、质为之也"④。但对整个宇宙、整个大千世界，人又是非常渺小的，人的思维观念，必须随时空运动而不断更新。他说："夫天久而不弊者，为能变也。地不变者也，然沧海可以成田，平陆可以为湖，火山忽流，川水忽涸，故至变莫如地，夫地久不变者，为能变也。夫以天地不变且不能久，而况乎人乎。"⑤ 人因有思维能力，并通过学习，发展自己的智力。为此，必须学习："同是物也，人能学则贵，异于万物矣。同是学人也，能学则异于常人矣；同是人也，博学则胜于陋学矣。同是博学，通过宙合，则胜于一方矣。……故人之所以异于人者，在勉强学问而已。"⑥ 也就是人与人之间有智力的差异，即使"圣人之言，非必义理之至"，也应该改变，摄人的"三纲"，违反了人类公理，不应视作"圣人之言"而一成不变；"祖宗之法"，也应随时势而变，社会制度、政治体制等都应随形势而"全变"。这样，康有为发端、借助于西方自然科学，特别是康德——拉普拉斯的星云说和牛顿力学，演绎出万物皆变，社会制度、政治体制等都应随形势而变更的结论。其目的很明显，就是为变法维新提供哲学根据。

康有为变法维新的另一个理论基础是"三世"进化与飞跃。1891 年和 1897 年，康有为著《新学伪经考》和《孔子改制考》为武器，借助经学为

① 康有为：《诸天门》卷 2，中华书局，1930 年。
② 《康子内外篇·理气篇》，见《康有为早期遗稿述评》，中山大学出版社，1988 年，第 39 页。
③ 《南海康先生口说·学术渊源》，中山大学出版社，1985 年。
④ 《康有为内外篇·爱恶篇》，见《康有为早期遗稿述评》，中山大学出版社，1988 年，第 22 页。
⑤ 《变则通，通则久》，见汤志钧《康有为政论集》上册，中华书局，1938 年，第 110 页。
⑥ 康有为：《长兴学记》，广东人民出版社，1991 年，第 6 页。

“托古改制”形式，排除改革社会的各种阻力。《新学伪经考》力挺孔子作《春秋》改制精神，力争经学的正统地位，树立以孔子《春秋》托古改制的权威地位，并大力揭露刘歆的古文经左氏春秋之伪，认为古文经是刘歆为“佐（王）莽篡汉”① 而伪造出来的，两千年来，迷惑大批儒生，而无一人敢于站出来揭发，甚至宋明理学亦深受其害，为“歆之余支也”②，应该加以批判。康有为复孔子微言大义，实际是要破除不变论，解放思想，为变法鸣锣开道。故他此书一出，即引起很大的社会振动，甚至被顽固保守派攻讦为“异端”而下令焚毁。

《孔子改制考》借孔子作《春秋》改制的精神，强调要同先秦诸子改制一样，创立一种与社会时势变化相适应的“新制”。这种“新制”首先认同孔子所说的“三世”，即“三世之义，有拨乱之世，有升平之世，有太平之世，道各不同”。但西汉董仲舒在《春秋繁露》对“三世”的注释是“道之大原出于天，天不变道亦不变”。这个注释后被历代统治者奉为至宝，成了不可动摇的真理，实为阻碍社会变革的枷锁。康有为在形式上继承孔子“三世”说，但本质上要阐明达到“三世”的道路各不相同，其隐藏的目的，是为变法维新寻找“变”的理论依据。

康有为还借助日本明治维新成功经验，阐发他变法维新的必要性和必然性，特别是针对当时保守派的“变器不变道”理论作了有力的批判。他说：“购船置械，可谓之变器，不可谓之变事；设邮便，开矿务，可谓之变事矣，未可谓之变政；改官制，变选举，可谓之变政矣，未可谓之变法。日本改定国宪，变法之全体也。”③ 在各种变化中，只有“变法”才是“全变”。这在理论上与“变器”划清了界线。他还总结“自道、咸以来，已稍言变法，然收效莫睹，徒增丧师割地之辱者，不知全变之道”④。只有“全变”而不是部分变才能解决民族危机和社会矛盾。

综上所述，康有为变法维新过程，做了大量的理论创新、宣传和鼓动工作才有后来的“公车上书”行动，也为中国南海海洋文化留下丰富、深厚的积淀。

（2）康有为变法维新的文化思想。

---

① 康有为：《新学伪经考》，《秦亡六经未尝亡缺考》，北京古籍出版社，1956 年，第一。
② 康有为：《自编年谱》，《戊戌变法》（四），中华书局，1992 年，第 128 页。
③ 康有为：《日本变政考》，故宫博物院，光绪二十四年线装本，卷 9，按语，《述评》第 153 页。
④ 康有为：《日本变政考》，故宫博物院，光绪二十四年线装本，卷 9，按语，《述评》第 160 页。

康有为经过长期准备，1888 年首次上京赴试，目击中法战争失败所造成的民族危机，以“布衣”身份，毅然上书清帝，表达其爱国主义情操和变法维新的志向。其上书曰：“自马江败后，国势日蹙，中国发愤，只有此数年闲暇，及时变法，犹可支持，过此不治，后欲为之，外患日逼，势无及矣。”[1]他的这次上书，由于守旧大臣阻挠，未能成功。

公车上书　珠海市博物馆提供

1894 年，康有为与他的学生梁启超，再次赴京考试。1895 年正值中日甲午战争爆发，北洋海军覆没，李鸿章到日本准备签订丧权辱国的《马关条约》。康有为闻讯后，立即发动在京应试全国 18 省举人 1300 多名，联名写了“公车上书”（即《上清帝第二书》），实为应试知识分子集体请愿，提出“迁都、拒和、变法”和“严正议臣之罪”的三项要求，表达了群体的爱国主义激情。这次上书，朝野震惊，康有为由此成为变法维新运动的领袖。

① 康有为：《康有为自编年谱》，戊戌变法（四）第 120 页。

但由于守旧势力非常强大，康有为虽一再上书，要求及时变法维新，但始终未能到达光绪皇帝手里。直到1897年康有为以最激烈的言辞上书，劝请光绪皇帝及时变法，否则将蹈明末崇祯皇帝煤山（今景山）自缢之覆辙。至1898年6月，光绪皇帝终于起用康有为、梁启超、谭嗣同等人，准备变法维新。这样，康有为准备数年的变法维新理论终于变为实践，他自己也达到了一生政治生涯的巅峰。这场从1898年6月11日至1898年9月21日，延续了103天而以失败告终的变法维新运动，史称"戊戌变法"或"百日维新"，在中国近代史上，尤其在发扬岭南海洋文化经世致用，敢为天下先，开创、进取、冒险文化思想方面是前无古人、有口皆碑的，其革新中国文化、引领时代潮流的文化精神绝不因运动失败而失色。

康有为变法维新主要包括相互联系的三个方面，即文化、经济和政治方面的内容。

第一，在文化方面，他继承和发展了容闳和郑观应等人的主张，提议创办各类新式学校，废除科举制度。这是摧毁封建教育制度的伟大创举。康有为认为"泰西之强，由于人才，人才出于学校"①。中国变法维新的成败，一定程度上系在民智开发的水平上，因此废止八股取士制度，广开新式学校，推进科学事业发展，使四亿民众在智能上都有所提高。如果如此，那么中国的变法，在三年内必将大有成功。其实在变法期间，北京已筹办起"京师大学堂"（即今北京大学），在广州则先后成立了"广州时敏学堂""逊业小学""饶平女学堂""原生学会"等，其他各省也都纷纷建立起新式学校。如1897年贵阳学古书院改设经世学堂，学堂山长严修，规定学堂课程，包括"义理之学、孔孟程朱，词章之学，班马韩苏、经济之学，中西并受，中其十一，而西十九"②。经世学堂以孔孟儒学为经，以西学为纬，二者交相为用，既保证了对儒学的传承，礼以道德的恪守，又凸现了对西方文化的尊重与吸收。

在广西，在康有为桂林二次讲学和上书变法、广开新式学校的影响下，各种新式学堂如雨后春笋般在广西各地出现。广西"元老"唐景崧亲任经古书院山长后，改革书院教学内容和课程设置，增设算学和时务两科。1899年又

① 康有为：《日本变政考》，故宫博物院，光绪二十四年线装本，卷4，按语，《述评》第137页。

② 《学古堂肄业条约》，《严范荪先生丛胜》，转见《贵州通史》第三卷，当代中国出版社，2002年，第619页。

将书院改为“体用学堂”，招收学生 100 人，全面改革课程，设政治、数学、英文等科，培养不少新型人才，如马君武、邓家彦、黄宏宪、曾汝、何锡龄、刘崛等，皆为一时之俊彦。

康有为在变法中，还主张通过选派留学生和创办各类学刊、学会途经来提高民智，加速变法维新的进程，特别是在“农工商矿、工程机器、皆我所无”的学科领域，选派大批青年到先进工业国家留学，“通世界知识，养有用之才”①。他特别强调“非派才俊出洋留学，不足以供变法之用”②。康有为这些主张，推动了我国近代留学热潮③。据统计，到 1903 年，我国留日学生人数从 19 世纪末的百余人猛上升到 1300 人④，其他留学欧美的还不算在内。清政府派遣留学生，本为维持其封建统治服务，但结果适得其反，所“育才之举，转为酿乱之所”⑤。许多留学生在海外接受新思想，成为清政府的叛逆者和挖墓人，这与康有为变法维新、倡导大量派遣留学生是分不开的。

第二，在政治方面，康有为认为“治本”须先定“国是”，解决政体选择这个根本问题。他的理想目标是建立“君与国民共议一国之政法”，即三权分立的君主宪政体。三权即议政、行政和司法权，“三权立，然后政体备”⑥。康有为希望借鉴日本的经验，走明治维新道路，建立资产阶级君主立宪的政府。他从《日本变政考》中总结出几条基本经验，作为三权分立的依据。首先是定三权以变政体，在政权中分设立法官、行政官和司法官。“三官立而政体立，三官不相侵而政事举”⑦。“三官之中，立法最要”，“有肢体而无心思不能成人，有行政而无议政、不能成国”⑧。康有为坚信，有了三权分立，君主立宪政体就可以建立起来。

其次是设立“宪法”，即“改国宪以变根本”。康有为深入研究日本变政历史后认为，立宪法是变革政治制度的一项根本内容，宪法是国家的根本大

---

① 康有为：《请广译日本书派游学折》，见《康有为政论集》上册，中华书局，1983 年，第 301 页。

② 康有为：《请派游学日本折》，见《康有为政论集》上册，中华书局，1983 年，第 250 页。

③ 参见丁宝兰主编：《岭南历史思想家评传》、《康有为评传》，广东人民出版社，1985 年。

④ 舒新城：《近代中国留学史》，转见李锦全、吴熙钊等：《岭南思想史》，广东人民出版社，1985 年，第 336 页。

⑤ 《光绪东华录》，故宫博物院，光绪二十四年线装本，总 5807 页。

⑥ 康有为：《日本变政考》，故宫博物院，光绪二十四年线装本，卷一，按语。

⑦ 康有为：《日本变政考》，故宫博物院，光绪二十四年线装本，卷一。

⑧ 康有为：《日本变政考》，故宫博物院，光绪二十四年线装本，卷二，按语。

法。认为日本宪法“论议政、行政、司法之权之故，最透矣”[①]。实际上，他希望中国也有一部君主立宪法，作为国家的纲领。

再次是设立议院以行使民权，康有为多次提出建立西方式的议院，后在对日本明治维新作深入研究后，认为议院应为立法机构和“民权”的政治代表，具有很重要的地位。他称议院为“泰西第一政”[②] 和日本变法的“大纲领”[③]，将在中国建立议院作为变政的最高理想。

第三，在经济方面，在全国各地建立商会、商学和商报，宣传新经济思想，改造旧的经济形态。康有为在《各陈商务折》中说：“夫商之源在矿，商之本在农，商之用在工，商之气在路。”[④] 这是发挥早期改良主义者重商和商战思想的表现。为此，他建议成立“商会”，发行商报，废除封建性的厘金制度，以保障中国达到富强道路。他说：“工业盛而商业荣，农、林、矿、渔、垦殖随之而兴起，中国之富强可计日致也。三年而规模起，六年而人才成，政治立，十年而霸。”[⑤] 这一主张很快为光绪皇帝接受，1898 年 8 月 2 日，光绪皇谕内阁：“通商惠工，务才训农，古之善法。方今力图富强，业经明谕各省振兴农政，奖励工艺，不足以足地力而辟利源，以农为体，以工商为用，现当整饬庶务之际，著各省督抚，认真督导绅民，尽采中西各法，讲求利弊，有能创制新法者，必当于优奖。”[⑥] 康有为还把发展工商业的主导思想立足于“民”，即发展民族资本主义，指出，“（士农工商）四业既兴、小民可富……富民即富国”[⑦]。此外，康有为在他奏折、著作中还有“保民”“惠民”“富民”等思想和表达，都是为发展民族资本主义而呐喊，与当时社会要求变法维新者达成共识，充分显示他在中国发展民族资本主义经济的良好愿望。

此外，康有为在鼓吹发展民族资本主义的同时，也对中国未来的社会出路，怀抱着大同社会的理想。上述他为改造孔子《春秋》的三世说已涉及三

---

① 康有为：《日本变政考》，故宫博物院，光绪二十四年线装本，卷十一。

② 康有为：《康南海自编年谱》（外二种），中华书局，1992 年，第 56 页。

③ 康有为：《日本变政考》卷十一，按语。

④ 康有为：《各陈商务折》，见《戊戌变法》（二），中华书局，1992 年，第 246 页。

⑤ 康有为：《请计全局筹巨款以行新政筑铁路起海军折》，见《戊戌变法》（二），中华书局，1992 年，第 258 页。

⑥ 康有为：《戊戌变法》（二），中华书局，1992 年，第 48 页。

⑦ 康有为：《为万寿庆辰，乞许士民庆祝，并刊贴新政诏书，嘉惠士农工商，以教尊亲而隆恩，宜人心以天祈命》《述评》，第 118 页。

世演绎必然最终达到“太平世”阶段。他著的《大同书》正是基于这一理论升华，从而为人类社会描绘了一幅令人向往的大同美丽的图景。《大同书》发表于戊戌变法失败后，糅合了古今中外各种思想而成。康有为自认为《大同书》并非空想，其实质是以平等之义阐发人道博爱，是资产阶级用平等抽象原理来反对封建专制主义的一种方式。但《大同书》只停留在理想阶段，并没有实施，也找不到一条达到大同世界的道路。

不管怎样，康有为作为中国近代资产阶级启蒙思想的代表，在于他以新思想观念启迪人们的觉悟，对封建制度怀着强烈的批判精神，希望在中国实行君主立宪，进行政治改革。他对中华民族独立，寄予厚望；他相信，提倡兴办学校，废除科举，为建设近代化中国培养人才；他相信改革，接受西洋文化，人民生活得到改善，国家就会富强。为此，他创造性地糅合了古今中外各种文化观念，构成他资产阶级启蒙思想，并形成广泛性的影响，从而在中国近代文化史上，尤其在近代中国南海文化史上占有独特地位。

8. 梁启超变法维新学说及其文化贡献

在康、梁变法维新中另一位旗手梁启超，其变法维新思想、贡献和影响实不亚于康有为，且在不少地方有超越康有为之处，是近代岭南海洋文化史上一位领军人物，同时作为一位文化大师，代表了近代岭南海洋文化的成就和风格。

梁启超（1873—1929 年），字卓如，别号饮冰子，饮冰室主人，世称任公。广东新会县熊子乡茶坑村人。祖父梁延后是村中一名秀才，但他不愿厕身仕途，而终生在乡里授馆课童。梁启超父亲梁莲洞，是个“半农半儒”儒生，家学渊源，对少年梁启超有深远熏陶和影响。梁启超 12 岁考中秀才，被誉为“神童”，17 岁中举，深得主考官李端芬的赏识，将其妹蕙仙许配给他。1890 年梁启超上京会试落第，归途中经上海，购得西学图书一批，扩大了学术视野，由此思想大变，一生投身变法维新，且积极探讨中西学术，在众多领域留下深刻痕迹和卓著成果，是一

梁启超像　广州博物馆提供

位蜚声国内外学坛，由岭南江海孕育出来的杰出的文化大师。

1898年，梁启超在再度上京赴试时，参加康有为发起的“公车上书”运动，列名首位，从此“康梁”并称，一直与变法维新相始终。在变法维新前，梁启超常以其锋利无比的笔端，在《时务报》上发表鼓吹变法维新的文章。他文章的鼓动性，“虽天下至愚之人亦当为之蹶然兴奋，横涕集慨而不能自禁”。用他自己的话说，一支笔等于十万杆毛瑟枪。他曾应湖南巡抚陈宝箴之邀，担任湖南时务学堂总教习，于是湖南民智以启，风气大开，大批有识之士走出三湘，培养了蔡松坡等一大批具有进步思想的三湘学子，使湖南成为近代革命一个摇篮。戊戌变法失败，他和康有为流亡日本。而谭嗣同等六君子杀身成仁，留下“望门投止思张俭，忍死须臾待杜根。我自横刀向天笑，去留肝胆两昆仑”的千古绝句，鼓舞后来的革命者为推翻清政权而奋然于前行。在流亡日本期间，梁启超总结戊戌变法运动失败的历史教训，于1902年创办《新民丛报》，鼓吹“新民说”，创立新理论，对封建专制造成的蒙昧主义发起猛烈抨击，起了巨大的思想解放作用，其功至伟。梁启超作为一位文化巨人，著述甚丰，留下1400万字著作，包括哲学、史学、文学、经济学等都有许多开拓性的建树，在中国文化史上树立了一座不朽丰碑。仅在变法维新方面而言，梁启超的重要贡献主要表现在两个方面。

（1）梁启超变法维新的理论和主张。梁启超的变法主张主要包括废除封建独裁，实行君主宪，开办新式学校，发展民族工商业以及设报馆，鼓吹言论自由，鼓励研究自然科学和发明创造等。在变法维新初期，他对封建专制开展过广泛的批判。在他看来，中国数千年的历史中，思想、风俗、文学、器物等都几无进化之迹，唯独“专制政治之进化，其精巧完满，举天下万国，未有吾中国若者也。万事之进，而惟于专制政治进焉，国民之程度可想也”①。在这里，梁启超明确地指出中国专制政治源远流长、根深蒂固的特点，并模糊地将专制政治史进行清理剖析的理由。

依据对专制政治历史的考察，梁启超认识到封建统治的“总根源”，并不在君主个人，而在于专制政体。他胪列数千年中“君统”，由于遭遇贵族专政、女主擅权，嫡庶争位、统绝拥立，宗藩移国，军人跋扈，外戚横姿，佥任

① 梁启超：《中国专进政治进化史论》，见《饮冰室合集·文集》之九，中华书局，1989年，总5960页。

腹削，宦寺盗柄等大大“恶现象”而“屡经衰化灭绝”的历史。探讨了君主专制在不同朝代表现出来的不同制度，历举君主本人及其家属子孙遭受杀戮、幽废等惨祸，说明君主个人亦难免受专制政体之“毒害”成为专制政体的牺牲品。因此，将原来指向专制君主的矛头便指向了君主政体。“专制政体也，实数千年来彼家之同之总根源也”①。因此，反封建的关键并不在于去掉君主，而在于去掉专制政体。这个认识在当时中国政治思想史上有重要意义。但梁启超迫切希望改变专制政体，但又不愿意根本废除君主制度，这种表面上的矛盾反映了资产阶级改良派的立场和他所代表的那个阶级软弱性的一面。

梁启超在戊戌变法后期论述君主立宪时，紧紧抓住“民权”这一点不放，明确地将其确定为君主立宪的核心。他在《清议报》出版100册写祝辞中指出：“倡民权，始终指定此义，独一无二之宗旨。……百变而不离其宗，海可枯，石可烂，此义不普及于我国，吾觉拂措也。”

梁启超针对中国数千年沿袭下来的以家为国的封建王朝旧观念，明确地提出了以民为国的资产阶级新观念。“国民者，以国为人民公产之称也。国者积民而成，舍民之外，则无有国。以一国之民，治一国之事，定一国之法，谋一国之利，捍一国之患，其民不可得而侮，其国不可得而亡，是之谓国民”②。作为国民的国家，其根本标志就是要立有宪法，以宪法来保限民物，限制君权。梁启超视宪法为国家的根本大法：“宪法者何物也，立万世不易之宪典，而一国之人，无论君主为官吏为人民皆共守之者也，为国家一切法度之根源。此后，无论出何令，更何法，百变而不许离其宗也。”宪法的主要作用，是将“无限权”的专制政体变为“有限体”的立宪政体，用宪法限制君权。他特别强调将民权写入宪法的意义，把民权作为宪法得以实行的保障：“欲君权之有限也不可不用民权；欲官权之有限也，更不可用民权。宪法与民权，二者不可相离，此实不易之理，而万国所经验而得之也。”③ 此外，梁启超在如何限制在君主立宪中君主的权限的程度，如何在宪法中体现国民的主体统治地位，以及自由权利的获得和使用，以及如何实现君主立宪，将封建专制的中国变为资

① 梁启超：《论专制政体有百害于君主无一利》，见《饮冰室合集·文集》之九，中华书局，1989年，第100~101页。

② 梁启超：《论近世国民竞争之大势及中国前途》，见《饮冰室合集·文集》之九，总56、60页。

③ 梁启超：《立宪法议》见《饮冰室合集·文集》之五，中华书局，1989年，第1、3页。

产阶级的君主立宪国家等问题上，都有精辟的论述和见解，无愧为变法维新一位伟大旗手。

（2）梁启超的国民精神批判。梁启超从中国封建专制几千年愚民政策造成严重后果出发，指出自世界海上交通发展以后，民族之间的竞争已成为不可避免的事实。而制约国家强弱的关键，即民族竞争的成败，取决于国民的总体素质，特别是国民精神。梁启超指出："夫列国并立，不竞争则无以自存。其所竞者，非徒在国家，而兼在个人；非徒在强力，而兼在德智，分途并趋，人自为战，而进化遂沛然莫之能御。"① 制约着国民素质的发展和民族力量的发挥。历史的事实是，中国自鸦片战争以来屡战屡败，各种改良运动层出不穷，但都是半途而废而难得成功。考其原因，恰是由于国民精神上的种种痼疾和弊端。

基于此，梁启超高张批判大旗，目标直指国民大众的奴性问题。他在《论自尊》一文中认为，奴性是中国国民性的基本特征。国民不管其地位尊卑、学问深浅，都无不染有奴性。包括了一为天行（天命）之奴隶；二为古人之奴隶；三为世俗之奴隶；四为情欲之奴隶。特别是八国联军破京入侵后，奴性显得更为突出："君相官吏，伺外国人之颜色，先意承志，如孝子之事父母；士农工商，如游妓之媚情人。"② 奴性的危害并不仅止于躯体遇人驱使、奴役，更在于人的整个国民精神都浸染着这种自我屈辱的因素，压抑着人的个性，使人的灵性完全丧失，从而彻底堵害了国民的创造力和社会进化的源泉，危害更为严重③。但国民心灵中的奴性是谁造成的呢？梁启超的回答是，首先是那些奴役他人的人。他们有意制造种种蒙昧的思想，禁锢人们自由思索，以他律代表自律。其次是国民自己造成奴性而不自觉，遂造成国民长期缺少自我意识。他在著名的《论自由》一文中指出："自由者，天下之公理也，人生之要具，无往而不适也。"他同时指出，"自由"不仅是指人们心灵的自由，同时也指民族的自由，人贵自主，国贵自由，是自由的真谛。梁启超还特别提到自由在人与人的关系问题。指出："人人有自由，而以不侵人之自由为界"，"团体之自由，个人自由之积也，不能不离团体而自生存，团体不保其自由，则将有他

① 梁启超：《论进步》见《饮冰室合集·文集》第2册，中华书局，1989年，第4页。

② 梁启超：《论自尊》见《饮冰室合集》第2册，中华书局，1989年，第17页。

③ 参见李权时、李明华等：《岭南文化》，广东人民出版社，1993年，第237页。

团体自外侵之、夺之，则个人之自由更何有也。”最后，梁启超得出结论：“自由”二字，实是千百年来封建专制之公敌。他告诫人们不要做上述“天命、世俗、古人、情欲”的奴隶。

而要清除人们心灵中的奴隶，首先要认识到：“人之奴隶我不足畏，而莫痛于自奴隶于人；自奴隶于人尤不足畏，而莫惨于我奴隶于我。”他正确地揭示，奴隶的奴性既来自封建蒙昧者，也由于人自身觉悟不高而陷于自我奴隶；心灵中自我奴隶比他人制造奴隶于己更加可怕。故梁启超认为，人们若获得真正的自由，消除奴性，“必自除心中之奴性始”①。梁启超对中国千百年来奴性的批判，成为新文化运动的先声，其策源地应是岭南。

（3）梁启超的竞争机制意识。梁启超由于笃信、赞赏进化论而传播、产生“竞争”意识，把竞争机制认作是社会进步之母，是不可抗拒的天然法则。他在《论进步》一文中说：“大一统而竞争绝也，竞争为进步之母，此义始成铁案矣。”进化论引进中国之时，中华民族正处在“生存竞争”、“弱肉强食”的国际环境，梁启超在这种背景下，提出“竞争”概念，意在警示国人要进行改革，否则将面临亡国灭种的威胁，很显然这是在为变法维新张目。梁启超1902年在他创办的《新民丛报》上连载其论文《新民说》，十分肯定地揭露中国社会由于长期缺乏竞争机制，于是产生缺乏公共观念，对外界之说不清楚，无规则，忌嫉等病症，影响了“新思想、新知识、新学术”的发挥。而为了适应竞争，梁启超认为要倡导进取冒险精神。他写过一篇《论进取冒险》文章，把“冒险”精神名之曰“浩然之气”。每个人都极备“希望”“热诚”“智慧”“胆力”的“浩然之气”。梁启超还以哥伦布、麦哲伦环球航海为例，说明冒险才能开拓出新世界。人类应有“道天下所不敢道，为天下所不敢为”的首创精神，这恰是海洋文化所具有的文化风格。

（4）梁启超为变法维新大造舆论。梁启超张扬自尊和人格，反对封建专制，为变法维新大造舆论。封建专制造成奴性，而要自由必须树立自尊的人格。梁启超在《论自尊》中说：“自尊与不自尊实灭民奴性之绝大关头也。”但当时中国人缺少自尊，民族尊严受侵犯，国格被污辱，简直不可容忍。梁氏强调，要自尊，必先自立，包括经济上“自劳自治”，学问上“自修自进”；修身上要“自物”，负担起群体利益为己任的“自任”；放弃以“自尊”对立

① 参见李锦全、吴熙钊等：《岭南思想史》，广东人民出版社，1993年，第343～344页。

的“自贬”“自弃”“自戕”等。特别要革除四亿中国人心灵上“自以为奴隶为生于天分之内”的神学宿命论。如何改变不自尊现状，梁启超提出十四种形式，包括尊重别人的人格，但不放弃自己的信念；常能自治，能治胜者；常重信义，不欺人，不欺己；常欲助人，使全其独立自尊；自劳自活，更要对全社会的人尽自己的义务，遵守纪律，且不劝而能自守，操有遵守公德的思想情操；对自己、家族、国家尽责任，而且要扩大到对全人类尽责任；不要当情欲的奴隶；不要被“天然力”左右；要利用天然力，为人群造福；不要被迷信所左右；不受境遇和不幸所牵制，对自己有中心、信心和恒心；既积累财富，也懂得用财富；要警惕傲慢；要重自己的人格，不侮辱自己的人格等。梁启超还特别强调要使“中国人人固有之权皆平等，与其他民族国民在国中所享有之平等相同”。人权平等，这就是20世纪初中国式的人权宣言书。作为一份启蒙报刊《新民丛报》最高时发行量达1.4万册，在全国各省市乃至海外都有销售，深受读者欢迎。斯诺在《二万五千里长征》中说“（毛泽东）读了又读，直到差不多背得出来”。可见梁启超思想启蒙作用之大、影响之广，他的思想和历史功绩，自然也是南海海洋文化对人类的功绩和贡献。

9. 孙中山民主革命理论

毛泽东在《纪念孙中山先生》一文中说：“纪念伟大的革命先行者孙中山先生！纪念他在中国民主革命准备时期，以鲜明的中国民主派立场，同中国改良派作了尖锐的斗争。他在这一场斗争中是中国民主派的旗帜。纪念他在辛亥革命时期，领导人民推翻帝制，建立共和国的丰功伟绩。纪念他在第一次国共合作时期，把旧三民主义发展为新三民主义的丰功伟绩。”[①] 毛泽东对孙中山功绩的高度评价，从孙中山作为中国人民的伟大儿子视野出发，也是对近代岭南文化的一种肯定。实际上，毛泽东肯定岭南文化两大圣人，一个是六祖惠能，一个是孙中山，[②] 也是对南海海洋历史文化的赞颂。

孙中山（1866—1925年）名文，字德明，号日新，后改逸仙。1887年在日本从事革命活动时曾化名“中山樵”，遂以“中山”称于世。孙中山生于广东香山（今中山市）翠亨村一个农民家庭，家境贫寒，在家乡接受私塾教育后，到美国檀香山、香港、广州等地读书，接受西式教育，逐渐认识清王朝封

① 毛泽东：《纪念孙中山先生》，见《新华半月刊》，1956年，第2号。

② 《缅怀毛泽东》下册，中央文献出版社，1993年，第560页。

建专制的腐败无能，西方资本主义的进步，决心以革命手段倾覆清政府，创建资产阶级共和国。为开展毕生革命斗争，在理论和实践上为岭南海洋文化写下最辉煌的篇章，也代表了近代南海海洋文化的最高成果。孙中山思想文化成就，主要表现在以下几个方面：

（1）自然主义进化论。孙中山受西方启蒙思想家康德、拉普拉斯和达尔文进化论影响，对世界进化由低级到高级划分为三个阶段。第一阶段为物质进化阶段，即整个天体宇宙生成时期。孙中山指出："地球本来是气体，和太阳本来是一体的。初始太阳和气体都是在空中，成一团星云，到太阳收缩的时候，分开许多气体，日久凝结成液体，再由液体固结成石头。"[①] 第二阶段是物质进化到一定时期，世界使进入物种进化阶段。孙中山认为，细胞是构成一切动植物的基本元素，是生命的最大初起源。同时采纳孟子的良知良能说，认为细胞有知觉，具有认知的能力，使他对物种进化的理解笼罩在物活论的神秘氛围中。第三阶段是人类的产生，也是世界进化的最高阶段。孙中山一方面坚信人类是从动物世界中逐步进化而成；另一方面他又认为，人类社会的进化不同于动物世界，不是按照生存竞争、适者生存的原则进行，而是遵循某种互助原则。这种原则根源于人的本性。孙中山不赞成以阶级斗争的学说去理解社会进化[②]。孙中山这种自然主义的进化论，成为他改革、变革社会，使之向高级阶段发展的哲学基础。

在理论和实践，即知和行的关系上，孙中山糅合了东西方思想，提倡"行易知难"，反对"知之非难，行之惟难"观点，特别重视实践的意义，主张"不知亦能知，能知必能行"，彰显了南海海洋文化重实干、轻空谈理性的文化品格和勇于在实践中探索的精神。这用于指导革命，即有百折不回的勇气，不断发动武装起义，不胜利决不罢休的精神，这已在辛亥革命前后多次武装起义中得到证实。

在人的认识发展阶段上，孙中山将人类认知程度划分为三个阶段："第一由草昧进文明，为不知而行之时期；第二由文明再进文明，为行而后知之时期；第三自科学发明后，为知而后行之时期。"他认为，所谓"知"就是科学知识和社会进化的学说、理论；"行"就是人们认识事物的各种活动，包括练

① 中共中央文献研究室编《孙中山选集》，人民出版社，1981 年，第 693 ~ 694 页。

② 参见李权时、李明华等：《岭南文化》，广东人民出版社，1993 年，第 241 页。

习、试验、探索和冒险，其中主要是指各项生产活动。从其对“知”和“行”内涵的理解来看，孙中山的认知水平远远超过传统知行观所到达的水平和境界。这反映在他革命实践上，不断组织斗争，不断总结经验，指导下一次斗争，并最终取得辛亥革命胜利，推翻清政权，建立中华民国，这都验证孙中山哲学思想的伟大胜利。归结南海海洋文化精神方面，孙中山的哲学思想，真实地反映南海海洋文化开创、务实、冒险、领潮的文化品格。

（2）从“和平改良”到暴力革命思想。一般认为，孙中山革命思想是有一个发展过程的，从早期“和平改良”失败后，转而进一步看清清政府反动本质，才确立以暴力革命手段、颠覆清政府的革命思想。1894 年，孙中山有过著名的《上李鸿章书》，希望通过汉族有权势的统治集团，支持他的社会改革方案。但李鸿章没有重视这件事，更没有将上书交给清政府。这恰如孙中山自己所说“兴中会之所以偏重于请愿上书等方法，冀九重之或一垂听，政府之或一奋起”，以拯救民族危机[①]。上书失败，孙中山断然回归，自知“和平之法无可复施”，决心采取“强迫”手段，倾覆清政府。1894 年 8 月，孙中山创建“兴中会”，首次提出“驱除鞑虏，恢复中华，创立合众政府”[②]。翌年 2 月又在香港成立兴中会总部，在《香港兴中会章程》中，更明确提出“集志士之兴中，协贤豪而共济”。可见，兴中会的成立及其章程的确定，孙中山反清的革命目标和采用暴力起义的手段已经十分明确，那就是孙中山 1903 年明确地说的：“中华民族必将使四亿人民的力量奋起并永远推翻清王朝，然后建立共和政体。”[③] 为了实现这一目标，以孙中山为首的“兴中会”（包括后来“同盟会”）取得辛亥革命胜利，迫使清帝退位，成立中华民国。这是孙中山武装革命思想的胜利。从文化意义上看，这是孙中山“和平改革”思想到暴力革命思想转变过程的一个标志，也是后者成熟的成果。

（3）中国同盟会的成立与民主革命纲领。1905 年，孙中山在日本，将国内各地反清革命团体统一起来，于同年 8 月 30 日在东京成立“中国同盟会”，通过《中国同盟会章程》，推举孙中山为总理，以及各部部长，出版《民报》作为同盟会机关报。“中国同盟会”建立，标志着中国资产阶级、小资产阶级

---

① 孙中山：《伦敦蒙难记》，见《孙中山全集》第 1 卷，第 52 页。

② 孙中山：《檀香山兴中会盟书》，见《孙中山全集》第 1 卷，第 20 页。

③ 孙中山：《在檀香山正埠的演说》，见《孙中山全集》第 1 卷，第 227 页。

统一政党的诞生，具有划时代的意义。

孙中山在《民报发刊词》中第一次提出“驱除鞑虏，恢复中华，建立民国，平均地权”十六字纲领，概括为三民主义，即民族主义、民权主义、民生主义。民族主义是推翻封建专制制度而不是种族革命；民权主义是建国共和国政治体制，是政治革命的根本；民生主义是“平均地权”，避免今后“社会革命”。孙中山所追求的是建立美国、法国式的资产阶级的共和国，比康、梁的君主立宪模式又前进了一步。从制度文化意义而言，三民主义给南海海洋文化增添了新的内涵，使之成为当时中国最先进的文化，也反映了南海海洋文化的品格。

一是南海海洋文化的多元性。孙中山民族主义不是针对满族同胞，而是满洲贵族、封建帝皇及其所掌握的整个国家机器。时有所谓“灭尽满洲民族”的讹言。1912 年元旦，孙中山在南京就任临时大总统，在就职宣言中，就强调中华民国是“合汉、满、蒙、回、藏诸地为一国”，彻底清除了狭隘的民族主义，奠定了中国是多民族统一国家的基础。既然中华民国由各民族组成，说明它是一个多元一体的国家。二是南海海洋文化的包容性。孙中山的民权主义是彻底摧毁封建专制统治，建立“主权在民”的真正的共和国。为此，孙中山一再说明，即使“汉人为君主”也是违背民权主义的。他在《民权主义》第一讲中说：“（我）发起革命的时候便主张民权主义，决心建立一个共和国。共和国家建立后，是用谁来做皇帝呢？是用人民来做皇帝，用四万万人来做皇帝。照这样的办法，便免得大家相争，便可以减少中国的战祸。”事实表明，孙中山是历史上一位没有做皇帝欲望的伟大思想家，并且在革命过程中不断同复辟帝制作斗争，从而使不要皇帝的思想深入民心，使任何复辟帝制的企图和行为都受到人民的唾弃，袁世凯和宣统复辟的失败，就是最好的说明。所以，民权主义像民族主义一样，不仅包容了汉、满、蒙、回、藏等民族，而且包容了全国四万万国民。郦道元《水经注》曰：“水德融和，变通在我。”水之本性可溶解万物，中国南海水量最大，它孕育、发展起来的海洋文化也就以包容一切可以容忍的文化元素。对于一个政权、一个主义，它同样可以团结、利用一切积极因素，发挥它们的正面作用，为建立实现共同的目的而斗争。三是南海海洋文化的创新性。为了建设一个真正民主的共和国，孙中山晚年还设想在中国实行“权能区分”的政治体制。他认为，政治包括“政权”和“治权”。政权指人民管理政府的大权，也称“人民权”，包括“选举、罢免、创制、复决”等权利；而“治权”是指国家机器中官员的权限，也称“政府权”，包括有“立法、司法、行政、选举、监察”五种权力。孙中山把西方盛行“三权分立”体制发展为“五权分立”体制，这同样是一个创新。因“三权分立”亦有弊端，为避免政权为少数人垄断，他主张增加“考试”和“监察”两权①。南海海洋文化历史上有很多创新，与孙中山同样齐名的唐代佛教哲圣惠能创立“顿教”，使中国佛教发生革命性变化，洪秀全将中国古代“三世说”中“太平世”与西方基督教“天国”相结合，形成“太平天国”理论和运动。孙中山将“三权分立”创新为“五权分立”，也是继承、发扬南海海洋文化创新精神的体现。不过，这里所说的是孙中山旧三民主义，1924 年孙中山重新解释三民主义，注入新的内容，使之提高到一个更高层次文化内涵，是南海海洋思想文化史上一个重大理论成果，也有效地指导了辛亥革命的实践，并最终取得胜利。

（4）建立革命根据地的战略思想。中国历次农民起义，因没有建立根据地而被称为“流寇”。孙中山吸取这个历史教训，认为革命必须建立根据地，这是一个伟大的战略思想，一种革命文化的创新，无论在理论和实战上都有重大意义。而孙中山认为，为了实现“驱除鞑虏，恢复中华，创立合众政府”这一宏伟纲领，必须选择广东作为革命根据地，通过武装起义，发展革命势力，夺取全国政权。孙中山根据广东远离清朝政治中心，地理区位便于运送军火，进退自如，群众基础好，与西方文化交流早，民主观念强等优势，将广东选择为革命根据地，并以中心城市广州为革命运动中心。孙中山这一英明决策，已为后来革命胜利所验证。从 1895 年 9 月 9 日孙中山领导第一次广州起义开始到 1911 年 4 月 27 日广州黄花岗起义，共 10 次起义，其中有 6 次发生在广东，2 次在广西，1 次在云南，1 次在湘赣间浏阳、萍乡，几乎在以广东为中心的珠江流域。特别是省城广州 10 余间发生 3 次起义，虽都失败，但孙中山的决心一次比一次坚定，深信广州起义具有巨大震撼力，有全局意义。如 1910 年 2 月，广州新军起义失败后，当时革命党人感到：举目前途，众有难色；询及将来计划，唏嘘太息，相视无言。孙中山则正确地分析形势，认为“机局已居成熟”，“一败何足馁？吾昔日之失败，几为举世所弃，比之今日，

① 参见李锦全、吴熙钊等：《岭南思想史》，广东人民出版社，1993 年，第 386～388 页。

其困难实百倍"[①]。一年多以后即举行广州黄花岗起义，虽失败，但只及半年，武昌起义成功，清政府垮台，革命取得成功。事实证明，孙中山建立革命根据地的思想具有牵动革命全局的作用和意义。以革命的武装反对反革命的武装斗争是近代民主革命的根本原则。孙中山同改良派的根本区别，在于他坚持革命，反对保皇，反对自上而下的改良，因此武装起义成了孙中山坚定不移的信念，也是他胜利的法宝。从观念文化的意义上说，10 次武装起义的指导思想，反映了孙中山唯物主义的世界观和立场，特别是重视人群体的作用。他说："夫聚人以为群，群之盛衰，则常视乎其群之人以为进退。"[②]"合大群，集大力"。孙中山这里所说的群体内涵，伴随革命形势发展，阶级的诞生而不断产生新的认识，从早期依靠"兴中会"少数人，到注意发动会党新军，最后到接近依靠工农群众，故孙中山武装起义的指导思想仍是重视人的问题[③]，这是一个很重要的文化飞跃。

（5）孙中山重新解释"三民主义"。1905 年孙中山在《民报·发刊词》中第一次提出"驱除鞑虏，恢复中华，建立民国，平均地权"作为中国同盟会纲领，并概括为民族主义、民权主义、民生主义，即"三民主义"，有效地指导了辛亥革命运动，鼓励广大革命志士为实现三民主义所规定的目标而开展不懈的斗争，并终于取得辛亥革命的胜利。但是，基于复杂的历史原因，辛亥革命的胜利果实，很快落入北洋军阀头子袁世凯手中。孙中山不得不重新发动"二次革命"，但许多革命斗争都失败了。孙中山在痛苦中找到中国共产党，建立国共合作，重新高举革命大旗，继续开展新的革命斗争。这就需要新的革命纲领的指导。在这种背景下，孙中山"重新来研究国家的现状，重新来解释三民主义，重新来改组国民党全体"。经过充分准备。1924 年 1 月 20 日，有中国共产党党员参加的中国国民党第一次全国代表大会在广州召开，孙中山在会上提出了"联俄、联工、扶助农工"的三大政策，完成了从旧三民主义到新三民主义的思想飞跃。从观念文化而言，这是孙中山思想文化一次新升华，也代表南海海洋文化在新形势下的一种新价值取向。

1917 年 10 月在列宁领导下的俄国工人阶级，取得了推翻沙皇为代表的资

---

① 孙中山：《孙文学说》，见《孙中山全集》第 6 卷，第 242 页。

② 孙中山：《中国同盟会意见书》，见《孙中山全集》第 1 卷，第 578 页。

③ 参见李锦全、吴熙钊等：《岭南思想史》，广东人民出版社，1989 年，第 380 页。

产阶级专政，建立起世界上第一个无产阶级专政社会主义共和国。这是人类历史上破天荒的大事，震撼了全世界，给各国无产阶级及其政党树立了一个光辉榜样。

孙中山深刻总结辛亥革命之所以没有彻底成功的经验教训，提出“联俄”作为新三民主义第一个内容，即“以俄为师”“学习俄国”。近代历史表明，帝国主义不断干涉中国革命，支持国内反动派镇压革命势力，从太平天国运动、戊戌变法、义和团运动到辛亥革命前后一系列斗争，帝国主义都站在反革命一边。这使孙中山认识到“联俄”的重要性。他说：“反革命之恶势力所以存在，实由帝国主义卵翼之使然。”这是孙中山一生中沉痛的教训。因为他毕生向西方学习，为革命奔走于东西方之间，但并没有完成革命大业，反受帝国主义的压迫，四处碰壁，这促使他毅然接受俄国十月革命的经验。孙中山说他在日本时虽然想改造国民党，使之成为一个真正革命的政党，但因没有可效法的对象而未能完成。十月革命后，使他有可能借鉴“俄国的方法为模范”。孙中山在给蒋介石的一份手札中明确指出：“今后之革命，非以俄为师，断无成就。”

至俄国无产阶级革命的可用来改造中国的经验，孙中山认为，首先是借助国际无产阶级的力量来支援中国革命，以加速中国的解放；其次是学习列宁领导十月革命关于建党、建军、建设苏维埃政权等经验，吸取俄国的建党经验来改组国民党；再次是用俄国建立工农红军的经验来建立黄埔军校，吸收俄国依靠无产阶级夺取政权的经验来扶助农民和工人。一言以蔽之，孙中山认为，在完成摆脱军阀与帝国主义压迫的斗争中，学习俄国列宁领导的十月革命的各种经验，将是中国革命成功之道。

作为新三民主义第二个内容是“联共”。这是孙中山总结辛亥革命最终未能成功的另一个经验教训。种种事像使孙中山感到，国民党正在堕落中，必须改造它，增加新的血液，所以必须联合中国共产党，容许共产党人加入国民党。他说，“把国民党再来组织成一个有力量、有具体的政党”，才能把革命引向胜利。在国民党一大会议期间，他力排国民党内排斥共产党参加国民党的异议，完成了具有重大历史意义的第一次国共合作，推动了广东革命根据地的发展，同时取得了东征和北伐的胜利。国共合作是一个关键，也是国共两党顺应革命潮流，共同努力的结果。

新三民主义第三个内容是扶助农工，这也是孙中山总结辛亥革命最终未能成功的第三个经验教训。孙中山从历次武装起义失败中深刻认识到，依靠农工是革命成功的基础。孙中山创议建立农民部和工人部，主办农民运动讲习所，建立农民协会，指导农民运动开展。他在第一届农民运动讲习所学员毕业典礼上演讲说，“如果农民不参加革命，就是我们革命没有基础”，“如果这种基础不能巩固，我们革命便会失败”。孙中山特别强调要实行“耕者有其田”，以解决农民的根本利益，这样才能组织农民协会，发动农民来参加革命。第一届农民运动讲习所学员彭湃回到家乡海丰，掀起轰轰烈烈的农民运动，震撼全国。他组织的农民军在东征中发挥巨大作用，树立起全国农民运动一面旗帜。

对于工人阶级，孙中山更从当时中国近代产业发展，已经造就了一批产业工人的现实出发，积极支持工人运动，委任廖仲恺为工人部部长，指出工人将来“可以作全国人的指导，作国民的先锋”，他勉励中国工人要学习俄国经验，为革命作国家的先锋。在国共合作期间，广州工人运动风起云涌，广州各界成立的工会多达130多个，在广州沙面罢工、省港工人大罢工中，广州工人都是运动的主力和先锋，沉重地打击了帝国主义和反革命势力，在中国工人运动史上写下壮丽的篇章。广东农民和工人运动的胜利成果，完全验证了孙中山关于依靠农工思想的卓越预见性和正确性。

孙中山1905年在中国同盟会成立发表在《民报》上旧三民主义到1924年国民党全国一大会议上发表新三民主义，这一思想转变，是孙中山融合中西思想文化结出的丰硕成果。孙中山对此有深切了解，他在《中华革命史》中写道：“余之谋中国革命，其所持之主义，有因袭吾国固有之思想，有规抚欧洲之学说事迹者，有吾所独见而创获者。”即三民主义有三个来源，一是吸取中华民族思想的精华；二是吸取西方各种优秀文化成分，为我所用；三是根据中国国情和个人经验。三者融会贯通，形成自己的思想体系。在这里，孙中山既毫无食古不化、食洋不化、盲目崇外，又同当时流行的“复归”东方文化和“全盘西化”思想潮流有本质的区别。恰如孙中山在《三民主义的具体办法》一文中说：“兄弟所主张的三民主义，实在是集合古今中外的学说。”亦即三民主义是中西文化融合产物的最好脚注。这也是一种文化创新。孙中山将不同文化合理成分熔于一炉，加予提炼，形成新的理论，这就是三民主义。这是近代南海海洋文化发展的一个共同特点和普遍规律，从太平天国、康梁变法到辛亥革命的思想产生和实践，都无不留下中西结合的烙印。但是，无论是旧三民主义还是新三民主义都是一定历史发展阶段形成的理论体系，都不是永恒不变的，而是随着革命形势的发展，不断做出修正补充，使之适应变化了的形势，从而使既成的理论不断发展以致至臻完善。孙中山的新三民主义，就是这样不断发展、完善的过程的产物，堪为南海海洋文化近代发展一个代表。当然，孙中山的新三民主义作为理论指导，也未能完成中国近代革命的任务。这是多种复杂因素造成的，并不能否定三民主义。有幸的是，中国共产党人继承了孙中山未竟之志，根据中国国情，找到了比三民主义更高的理论体系，即马克思主义作为革命救国的真理，并带领全党和全国人民取得了新民主主义革命的伟大胜利，建立了中华人民共和国，这是历史发展的必然结果，也是近现代南海海洋文化发展的伟大成就，同时再一次彰显了岭南南海洋文化多元融合、创新发展的文化风格①。

第四节　华侨文化形成及其对海内外文化的贡献

华侨文化是由于华侨出国、侨居异地，将中国文化与侨居国文化交流、结合的产物。华侨文化载体是华侨，他们借助于探亲、书信，与家乡保持联系；有的回国办实业、教育、医院及其他福利慈善事业，影响或改变当地文化景观或结构，同时也将本土文化流布侨居地。这种由华侨兴起和传播的特殊文化，称为华侨文化。它作为一种文化类型，应是鸦片战争以后形成的。华侨这个特殊社会群体，生活在国外，但根又在祖国，一方面他们保留原有语言、习俗、伦理道德和价值观念，有着深厚的本根文化基因；另一方面，又深受侨居地文化浸染，接受、吸收当地异质文化，加以创新，使之成为自己文化的一部分。所以华侨文化具有国内和国外两个源头，具有明显的跨文化、跨地域的特点，处于内外两种或多种地域文化边缘，是一个特殊文化系统。但对国内某一地域文化来说，它是这个文化系统在海外的延续和空间占用，如岭南文化在海外所拥有华侨群体和地域即为岭南文化的一部分。对于它产生的故土一方，华侨文化同样具有明显的中外文化结合品格，无论在土地利用、聚落建筑，语言文字、习俗、服饰，乃至行为方式、思维理念等方面，都有异于当地文化或深深嵌入后者之中。这是外来文化在当地移植或变异的结果。广东五邑、梅州、潮

① 以上参考李锦全、吴熙钊等：《岭南思想史》，广东人民出版社，1993 年，第 390 ~ 393 页。

汕侨乡所耸立的大量西式建筑，星罗棋布于海南、雷州半岛的橡胶、热带作物种植园，以及各地方言的夹带英语、马来语等，无不显示华侨文化的中西合璧风格，也说明华侨文化是中国南海海洋文化一个不可或缺的组成部分。

1. 中国南海北部居民移居海外历史

濒临中国南海北部边缘的居民，很早就假道海洋，移居海外，传播中华文化，同时也将海外文化带回祖国。这种双向文化交流历史从未中断，但按世界政治经济形势变化，特别是国内外移民政策的历时性差异，中国南海北部主要是广东居民假道南海移居海外的历史，虽然很长，且从未中断，但近代是一个高潮也是华侨文化形成时期。

（1）自由移居阶段。指秦汉到明中叶欧洲殖民主义者东来近1800年岭南人自由移民海外的历史阶段。岭南人充分利用南海地缘，国内经济和文化势力，以及逃避战乱、海上贸易、外出谋生等原因，一批一批地迁徙海外。

秦汉以徐闻、合浦为始发港的南海海上丝绸之路的开通，势必使岭南人流寓海外成为可能，只是地方的文献记载较为贫乏，还难以说明具体人物和事件。虽然《汉书・地理志》明确记载汉武帝时期由宫廷派出一批译使、商人、水手一起，利用海上丝绸之路到达东南亚和印度洋各地，但仍无记载说明他们有人留在当地。然而，据广东省博物馆杨豪研究员近年到印度尼西亚泗水、三宝垄、巴厘岛等考察，发现这些地区博物馆陈列有汉代粤式铜鼓，以广西铸造的最多，一些乡村房屋大门有岭南古越人崇拜的青蛙图腾雕刻，以及同为古越人居式的“干栏”建筑等，从而认为两千多年前，我国人民，特别是两广人可能迁居印度尼西亚一带①，或者通过商业贸易，将岭南文化传播到海外，在当地留下为今人仰止的历史文物。

唐代，广州崛起为世界性贸易大港，“广州通海夷道”的起点，在广州形成以阿拉伯人为主聚居的“蕃坊”，同样也应有中国人移居海外。唐僖宗乾符六年（879年）黄巢起义军攻克广州，大批广东人避乱亡命到今越南、爪哇等地。后阿拉伯施行家马素在他所著《黄金牧地》一书中，提到他曾途径苏门答腊，见到“有许多中国人耕植于此岛，而尤以巴林邦（今巨港）区域最多，盖避其国中黄巢之乱而至者”②。此为史有明确记载岭南人迁移海外之始，所

① 杨豪研究员1995年4月1日在广东省地理学会历史地理专业委员会学术研讨会上的发言。

② 转引于温广益等：《印度尼西亚华侨史》，海洋出版社，1985年，第55页。

以至今南洋人常称中国人为“唐人”，更叫中国为“唐山”，华侨也如此自称，把回国称“回唐山”。

宋代南海交通因指南针用于航海，以及南方开发进入高潮，商业贸易发达而达到一个新时期，自然会有更多岭南人借此抵达南洋地区。南宋末年（祥兴二年，即1279年），宋元军队决战于新会崖门银洲湖，此役以南宋朝廷覆灭而结束。部分宋军遁海道逃跑，不能排除一些人到了海外。与此同时，作为这场抗元战场的五邑地区，不少人为逃避元军镇压，纷纷流亡海外。元代周达观《真腊风土记》载：“唐人之为水手者，利其国中不着衣裳，且米粮易求，妇女易得，居室易辟，器用易足，买卖易为，往往皆逃逸于此。”[①] 这些航海者在东南亚定居，遵守当地法律与当地人和睦相处，得到当地人的信任和爱戴，也传播了南海海洋文化。

明清时期，大部分时间实行闭关锁国政策，但独留广州一口保持对外通商，海上丝绸之路更空前繁荣，移居海外的岭南人更不在少数。郑和七下西洋，在南洋诸国，见广东华侨早在当地沿海一带自成村落，繁衍子孙。在爪哇岛即见一个由1000多家华侨组成的村落，村主由广东人担任。华侨以经商为主，附近港口各国和中国商舶辐凑，一片繁华。在苏门答腊旧港，史称“有梁道明者，广州南海人，久居其国。闽粤军民泛海从之者数千家，推道明为首，雄踞一方”[②]。协助郑和远航的马欢在《瀛涯胜览》中指出东爪哇“其间多有中国广东及漳州人流居此地”；另一位与马欢同身份的费信也在《星槎胜览》中记云，“一等唐人，皆是广东、漳泉等处人窜居此地，食用亦美洁，多有从回回教门受戒持斋者”[③]。这些华侨，除了正常航海贸易者以外，还有相当一部分人是因明朝实行海禁政策，无以为生，铤而走险，组织武装集团，实行“走私”，被诬为“海盗”式商人。如广东潮州人林道乾，明嘉靖年间（1522—1566年）武装贩私，被明政府视为海寇，实行军事打击。林道乾兵败逃亡至泰国北大年，后被大泥女王招为驸马，成为当地开发者和领导者。他带领华人与当地人垦殖田园，修筑房屋，建设港口，发展外贸，不数年，北大年成为商旅汇集、贸易兴盛的城市，并命为林道乾港，保存至今。还有一位广东

---

① 周达观：《真腊风土记·流寓》，载陈显泗等编：《中国古籍中的柬埔寨史料》，河南人民出版社，1985年，第155页。

② 张廷玉等：《明史》，中华书局，1974年，第8361页。

③ 转见王赓武著、姚楠编译：《南海贸易与南洋华人》，香港中华书局，1988年，第214页。

饶平人林凤，也是海上武装集团的首领，万历二年（1574 年）率部 5500 余人进入菲律宾，希望在那里拓殖发展，但受到西班牙殖民者攻击，大部分人折返广东，留下的人员在吕宋山区繁衍生息，与当地人通婚，传播中国耕作技术和手工艺，促进民族交流和融合，当地人至今仍称他们的祖先为广东人林凤[①]。由此可知，明朝在东南亚华侨已达相当规模。

清初为对付郑成功反清活动，在东南沿海实行海禁，迫使大批岭南人逃亡海外谋生。他们"在南洋落户。这时在菲律宾、暹罗和爪哇，不仅有华商，而且还有许多当佃农或劳工的华人，种植大麻、稻米或甘蔗"[②]。不过，自 16 世纪以后，欧洲殖民主义者东来，东南亚先后沦为他们的殖民地，华人移居海外性质已发生改变，自由移居阶段宣告结束。

五邑华侨在海外　江门五邑华侨博物馆提供

（2）世界资本主义劳动力市场需求下的谋生移居阶段。这一阶段从 17 世纪至第二次世界大战结束，历时约两个半世纪。此期间经历了西方殖民主义者积极向东南亚扩张，在亚洲建立殖民地，疯狂掠夺原料，开拓资本主义商品市场，由此引发近代移民高潮。广东民众首当其冲，移民范围广及世界五大洲，但以亚洲和美洲为主，据统计，鸦片战争后，珠江流域有近 600 万华侨，广东籍人居其大半，广西籍人也有百万之众[③]，云南、贵州则有少量人数。岭南在海外华侨群体已经形成。

西班牙、葡萄牙、荷兰等西方殖民主义者是最早进入东南亚的势力，英国则后来居上。17 世纪初以后，马尼拉、马六甲、巴达维亚、新加坡、缅甸、槟榔屿等先后为这些国家征服和掠夺，急需大批劳动力开发这片殖民地。于是

① 刘权：《广东华侨华人史》，广东人民出版社，2002 年，第 112 页。
② 转见王赓武著、姚楠编译：《南海贸易与南洋华人》，香港中华书局，1988 年，第 221 页。
③ 转见司徒尚纪：《珠江传》，河北大学出版社，2001 年，第 346 页。

他们不择手段在南海周边地区诱招、绑架、截捕中国壮丁、妇女、儿童，其数量难以估计。17 世纪初，一位东印度公司总督曾写道："巴达维亚、摩鹿加、安汶、班达等地区，目前正需要很多工人去开发，世界上没有比中国人更适于做这项工作的。现在季风正顺，须派遣战舰前往中国海岸，尽量掠其男女幼童以归。若与中国作战，须特别注意多捕华人，妇女儿童更好，移往巴达维亚、安汶、班达等地，决不可让任何妇女回国，或让她们到公司辖外之地去。"① 在这种背景下，加上两广不少地区人口增加，环境恶化，耕地不足，迫使大量人口外出谋生，正应了海外劳动力市场的需求。不仅沿海地区如此，连深处广东内陆的客家人也不例外。1777 年，梅县人罗芳伯在印度尼西亚坤甸成立兰芳公司总厅（后改称为大唐总制，罗芳伯为首任大唐总长），吸收不少华人前往开采金矿。据有关记载，1832—1834 年间，仅加里曼丹的华人总数在 15 万左右，大部分是客家人②。1850 年前后，以广东梅县、惠州、宝安、揭西客家人为主，约有 1 万人移居沙捞越③。19 世纪初，欧洲产业革命成功，对东南亚原料需求增加是分不开的。这时西方国家在我国沿海地区所招的劳工称"契约华工"，即华工必须做满契约期后才能获得人身自由。19 世纪 30 ~ 40 年间，仅每年被贩运到槟榔屿的华工 2000 ~ 3000 人。又据英国官方统计，1881—1915 年，约有 400 万中国移民抵达新加坡④，主要又是广东、福建移民。特别是鸦片战争以后，国门逐渐洞开，出洋谋生成为一种社会风气，沿海各省区居民移居海外，已不限于东南亚，而广及世界各地。以侨乡台山为例，1870 年到美国的就有 5000 人，1876 年在旧金山宁阳会馆登记在册的台山人达 4.6 万人，到 1880 年在美国的台山人已达 12 万人⑤。19 世纪下半叶北美洲发现金矿和修建横贯美洲大陆铁路，大批广闽劳工加入这个行列，还有不少劳工从事种植业、开发矿山、挖掘乌粪，以及经营洗衣、餐饮业等，足迹遍及南北美、澳

---

① 转引于刘权：《广东华侨华人史》，广东人民出版社，2002 年，第 128 页。

② 饶尚东：《东马客家移民史论》，见谢剑、郑赤琰主编：《国际客家学研讨会论文集》，香港中文大学，1994 年，第 68 页。

③ 饶尚东：《东马客家移民史论》，见谢剑、郑赤琰主编：《国际客家学研讨会论文集》，香港中文大学，1994 年，第 69 页。

④ 饶尚东：《东马客家移民史论》，见谢剑、郑赤琰主编：《国际客家学研讨会论文集》，香港中文大学，1994 年，第 129 页。

⑤ 1931 年《台山县政公报》，转见张国雄、刘兴邦等：《五邑文化源流》，广东高等教育出版社，1998 年，第 56 页。

洲、非洲。这些契约华工又称“猪仔”，这种交易活动称“苦力贸易”，澳门、香港、广州、汕头、海口、北海等，即为苦力贸易出口港。珠江三角洲、五邑、潮汕、梅州以及广西北海、钦州、防城、云南南部等主要在这个阶段形成南方侨乡，海洋文化也成为这些地区主要文化特质和风格。

2. 侨乡历史文化风貌演变与华侨文化贡献

鸦片战争以后，大量华工出国，这些华侨分布在世界五大洲。1985 年统计粤籍华侨约 1034.62 万，其中亚洲为 847.75 万，占 81.9%，美洲 146.82 万，占 14.2%，欧洲、澳大利亚等 40.05 万，占 3.90%①，分布地区包括有各个自然地带，不同人种、风俗、民族、语言、宗教等。通过华侨把这些地区的文化引进国内，在岭南，特别是在广东形成鲜明的侨乡文化风貌。这个过程经历很长时间，主要包括以下几方面文化历史。

(1) 农业土地利用文化史。

农业土地利用或作物栽培作为最基本的文化景观，也是侨乡华侨文化空间占用的最大单元。宋代首先传入广东、福建等地占城稻、花生，明代传入番薯、玉米、烟草、菠萝、南瓜、辣椒、甘蓝作物，都直接或间接与华侨有关。如后来对土地利用影响极大的番薯，即由华侨引进。志称万历十年(1582 年)在安南(越南)经商的东莞人陈益将番薯成功带回家乡，“种播天南，佐粮食，人无阻饥”②；同时，还有高州人林怀兰亦“自外洋挟其种回国”种植③。原产中南美洲的玉米，明嘉靖、万历年间(1522—1619 年)也由海商

传明万历年间从缅甸传进高州缅茄树　司徒尚纪摄

① 司徒尚纪主编：《广东历史地图集》，广东省地图出版社，1995 年，第 49、126 页。
② 《凤岗陈氏族谱》卷 7，《卷传·秦讷公小传》。
③ 道光《电白县志》卷 20，《杂录》。

带回广州惠州始种[①]，清初传遍全国。这两种作物终于成为全国重要的粮食作物，形成“地瓜一种，济通省人之半”[②]和“红（番）薯半年粮”景观，对开垦荒地、救灾、保护大量人口和劳力，贡献匪浅。西方蔬菜也通过华侨纷纷传入广东，乃至内地。如辣椒“大约明末清初由南美洲传入广东，辗转传入中原”[③]。木瓜原产墨西哥，明末清初传入广东。稀有热带乔木槅树，国内无此树种，约于清初由鹤山华侨从南洋带幼苗或种子回来，种于该县雅瑶镇，后推广至广东其他地区[④]。又“暹罗所出产的蔬菜，多数是广东潮州人”引入[⑤]。此外，番茄、马铃薯、荷兰豆等也先后从欧洲、美洲、非洲和东南亚各国经广东引入。这促使大片土地得到开发，明显地改变了传统农业分布面貌，也使人们的食物结构产生变化，丰富了社会文化生活。

近代，由华侨引种于海南的热带经济作物，成为我国土地利用史上又一件破天荒的大事。19 世纪末，南洋华侨从国外引进椰子新品种，果多硕大，很快取代原来的品种，出现不少万亩椰林。1902 年和 1908 年海南的华侨从马来西亚引进橡胶和咖啡种植于儋州那大，1910 年乐会（今琼海）人何麟书从南洋引种巴西橡胶于安定落河沟（今属琼中）获得成功。此后胶园在海南接踵而起，为海南建设成我国最大橡胶林奠定基础，同时引进的还有油棕、海岛棉、剑麻、爪哇蔗、金鸡纳、香茅、木薯、吕宋烟等，都是一种新文化空间占用和新的文化景观。新中国成立后在海南岛、雷州半岛、桂南、滇南建立了 100 多个农场，安置了约 100 多万创业者，尤以广东农垦文化称盛一时，成为华侨文化发展的一个重要标志。历史上华侨引进广东外来作物，可归纳如下表：

华侨引进广东部分作物一览表

名称	引种地	时代	资料来源
占城稻、花生	广东、福建等	宋	正德《琼台志》卷 7、檀萃《滇海虞衡志》卷 10

① 黄启臣主编：《广东海上丝绸之路史》，广东经济出版社，2003 年，第 442 页。

② 施保鸣：《闽杂记》卷下。

③ 民国《广东通志初稿》，《物产·蔬菜类》，1935 年，广东通志馆钞本。

④ 梅伟强、张国雄：《五邑华侨华人史》，广东高等教育出版社，2001 年，第 19 页。

⑤ 刘权：《广东华侨华人史》，广东人民出版社，2002 年，第 175、19 页。

续表

名称	引种地	时代	资料来源
番茄、玉米、烟草、菠萝、荷兰豆、椰菜、辣椒、苦瓜、洋葱、茄子、西洋菜、马铃薯、椰菜花、胡萝卜、芥蓝、沙葛、大蒜、芫荽、蕹菜、南瓜、木瓜、榀木等	广东、福建	明、清	道光《琼州府志》卷5、道光《电白县志》卷20、方以智《物理小识》卷9、杨宝霖《自力斋文史论文集》、广东高等教育出版社，1993年，第313－348页
橡胶、咖啡、油棕、海岛棉、剑麻、爪哇蔗、金鸡纳、香茅、木薯、吕宋烟等	海南、广东	民国	饭本信之《南洋地理大系》2，1942年印，陈植《海南岛新志》正中书局，1949年

（2）建筑文化史。

建筑作为一种最直观的文化符号，是一种动态和充满时代感的文化。有赖于华侨引进西方建筑文化，两广城乡建筑景观才大放异彩，为其他省区所不及。

台山端芬梅家大院骑楼群　林万顺摄

骑楼是地中海沿岸建筑，20世纪初，广见于我国东南沿海城市。广州最早出现骑楼是在20世纪20年代，据研究是由西方殖民者和华侨从东南亚同时传入的，很快由广州传播至全省各地，尤以珠江三角洲和沿海、沿江城镇为普遍。据林琳博士统计分析，广东现今21个地级市，拥有骑楼城镇密度最高的是汕头和潮州（0.7座/千平方公里）；其次为佛山、广州、江门、汕尾、中山、揭阳、东莞、云浮、深圳等，为0.4～0.7座/千平方公里；再次为东莞、肇庆、梅州、韶关、茂名、湛江，为0.3～0.4座/千平方公里。最低为河源、惠州、清远、阳江（<0.3座/千平方公里）。这与广东华侨祖籍分布格局有某种相似之处，亦即两者成正比。潮汕、五邑和海南文昌、广西北海为华侨集中地，拥有骑楼的城镇密度最大，粤西、粤北山区则较少①。骑楼具有上楼下廊、前店后宅，与

① 林琳：《港澳与珠江三角洲地域建筑——广东骑楼》，科学出版社，2006年，第70页。

街道相连，即遮风雨日晒，又方便交易等特点，与广东商业文化发达相一致，故具有强大生命力，留存至今。由于华侨数量、区域商品经济水平差异，侨乡骑楼平面类型多，有单开间、双开间和多开间等。如台山开平、广西北海城镇骑楼多为双开间并联组合而成，沿河或沿路摆布，风格多样，既有中国传统式屋顶，更多的是仿文艺复兴式、仿巴洛克式、仿古典式、仿南洋式等，规模大、空间阔，立面雄伟气派，异彩纷呈，突出中西文化结合特色。而内地非侨乡如粤北、西江、桂北一带骑楼，数量少，类型单调、规模小、体量轻，屋顶多为中国宫殿式或居民式。如在广西贺州镇，骑楼通道宽不过1.5米，仅容2人通过，说明传统文化在当地占优势。

开平碉楼　吴就良摄

碉楼是华侨文化在建筑上的另一形式，19世纪兴起于开平、新会、台山、恩平、鹤山，所谓五邑侨乡。光绪《宁阳存牍》指出："自同治以来，出洋之人多获资回华，营造屋宇，焕然一新。"该县盛时有碉楼5000多座，现仅存2460座①，其他各县也有数量不等的碉楼。这些楼主人侨居世界各地，故其建筑风格丰富多彩，包括传统屋顶式、仿意大利穹隆顶式、仿欧洲中世纪教堂式、仿中亚伊斯兰教寺院穹顶式、仿英国寨堡式、仿罗马敞廊式、哥特式、折衷式、中国近代式等，林林总总，堪为世界建筑文化博览馆。这些碉楼从用材到结构形式乃至内部的陈设，体现了中西文化的交流和整合。开平碉楼于2001年7月被评为全国重点文物保护单位，2007年8月成功申报世界文化遗产，举国欢腾。

在广东客家侨乡，传统客家大屋也吸收西方建筑文化养分，形成中西合璧的围龙屋，即建筑物正面外观与西方建筑相似，但内部结构和布局仍为传统形式，如梅州白宫洋湖尾村联芳楼、程江乡的万秋楼、松口镇南华又庐，即属其例。

---

① 《南方日报》，1997年12月2日报道。

在城镇规划布局上，侨乡聚落也反映了传统文化与西方文化的调适和良好结合，即村镇选址按适应中国风水地理要求，但布局却突破传统的中轴对称原则，采用网格状布局，显系受西方规划思想影响。如鸦片战争后开埠城市汕头，吸纳华侨文化和西方文化，不但建成骑楼和高层建筑的商业、服务中心，而且城市道路网络呈扇形扩散和布局，一反中国传统棋盘式道路格局。侨乡村落，建村前先制定规划，统一安排村内道路系统，主次巷道纵横交错，各户占地面积大小一致，外观整齐划一，整体上显得紧凑、严谨、规范。而附属建筑如牛栏、猪圈等单独配置，集中分布在村外，既节省用地，也保持村落环境卫生。这种功能分区思想，与小农经济下旧式农居无分工或简单分工迥然不同，乃华侨将西方规划思想在故土移植。这种西方规划模式村落，以五邑地区最多。台山海宴镇甄氏家族因人口繁衍，光绪年间按以上思想重新规划村落，建成新旧两围共93村，安置5600多人①，堪为中西规划和建筑布局文化良好结合的范例。华侨热心公益事业，无论过去和现在，都把捐赠建筑物作为一种纪念形式。这些建筑物最能体现中西文化融合风格。现中山大学校址留存原岭南大学，许多以“××堂”命名的大楼，即为华侨捐赠，如“爪哇堂”“哲生堂”“陆祐堂”“张弼士堂”“荣光堂”“十友堂”“怀士堂”等。重檐大屋顶和钢筋水泥建材和西式立面与内部布局，反映了中西建筑文化的完美统一。

（3）语言文字历史演变。

鸦片战争以后，华侨作为一个特殊社会群体已经形成。而香港在英国殖民统治之下，英语更以一种强势文化，牢牢扎根香港，首先向广东沿海、继向内地传播，使广东语言融入大量英语成分。而侨乡的人员、商贸、书信等往来十分频繁，既使用汉语方言，也使用英语和其他外语，两者交相融合，形成侨乡方言有大量外语词汇融入，主要是口语中夹杂英语词汇的文化景观，占有侨乡文化空间，并因华侨侨居地不同、侨乡原有方言的差异而形成语言景观区域分异。

珠江三角洲即广府文化在广东核心地区，使用粤方言，商品经济发达，华侨人数量多，英语和粤语融合广泛且深刻，形成语言景观至为触目。早期形成很多口语和书面用语词汇，如摩登（modern）、摩托（motor）、波（球 ball）、唛（商标 mark）、哈帽（cap）、畅（change 兑换）、士的（手杖 stick）、士巴拿（扳手 spanner）等反映产业革命后西方科技成就和社会生活。到清末民初，

① 宣统《海宴都乡土志》卷4。

学习英语成为一种社会风气，甚至扩及普遍女性社会。据有关研究，仅五邑地区常用英语外来词，包括文化体育、食品饮料、五金工具、日常生活等用词有125个①。如漂亮叫“好泥”（how nice）、好称“骨”（good）、好球称“骨波”（good ball）、出去称“斗晒”（outside），男人称“缅”（man）、老太婆称“老缅婆”（old woman）、文件夹叫“快佬”（file）、自助餐称“布菲”（buffet）、清漆曰“呖架”（Iacquer）、第一叫“林巴温”（number one）、小费叫“贴士”（tips）、乳罩叫“薄络”（bra）、差劲或低档曰“妾”（cheap）等，这在外来人听来可能不知所云，但在当地却是老幼妇孺皆知。

深处广东山区的客家社会，方言中保留大量中原古词汇，反映山区环境和自然经济内涵为主的客家方言。但鸦片战争后，客家人大量迁移东南亚，外语也在侨乡不胫而走，如衬衣叫“恤”（shirt）、商标称“唛”（mark）、水泥曰“红毛泥”（cemerlt）、洋葱曰“荷兰葱”（onion）、马铃薯曰“荷兰薯”（potato）等，反映这种作物转来自荷兰人势力范围的东南亚。也有马来语，如接吻曰“占”（tism）、领带叫“拉西”（tasi）、拐杖称“短划埃”（tongkat）、饼干称“罗蒂糕”（roti）、杂货店叫“阿弄店”（alongtiam）等。但无论词汇数量和分布范围都较广府侨乡地区大为逊色。

广东另一个侨乡潮汕的华侨也引进英语，除了与其他地区相同的通常的音译或意译以外，还结合自己的方言特点，形成不同于广府、客家方言区读音，如商标曰“头目”（mark）、一分钱曰“一尖钱”（cellt）、公斤曰“基罗”（kilogram）、百分比曰“八仙”（peterlt）等。因不少华侨分布在东南亚，带进不少马来语，如接吻称“斟”（tism）、手杖称“洞角”（tongket）、饼干称“罗的”（roti）、警察叫“吗淡”（mata）、事情叫“巴特”（patut）、市场叫“巴萨”（pasak）、可怜叫“朵隆”（tolong）、铁线称“亚铅”（anyan）、合意叫“苏卡”（suka）、苦力叫“咕哩”（kuli）、奶油咖啡叫“咕啤”（kopi）等皆渗入人们的生活用语，使之注入东南亚文化生活情调。而海南侨乡华侨也主要在东南亚，引进外语与潮汕侨乡相类，有英语和马来语。如英语肥皂称“雪文”（soalp）、酒桶称“旦”（tun）、饼干称“戟”（cake）等，马来语接吻曰“斟”（tism）、苦力叫“咕哩”（kuli）、警察叫“吗淡”（mata）等，形成与潮汕相类的语言景观。

---

① 张国雄等：《五邑文化源流》，广东高等教育出版社，1998年，第111、130～134页。

这样，按照外语在侨乡使用多寡，与当地方言结合程度等所形成语言文化差异，广东侨乡大致可分为珠江三角洲、潮汕、海南、梅州四个语言文化区。在珠江三角洲，粤方言为主流语言，英语借词也大量并用，新中国成立前 200 个，近年则 400 多个。潮汕与海南同属闽南方言区，但潮汕商品经济发达，外出人口多，外语在侨乡占有优势。海南和梅州商品经济欠发达，外语多在有一定知识群体中流行，景观空间占用少和单调。

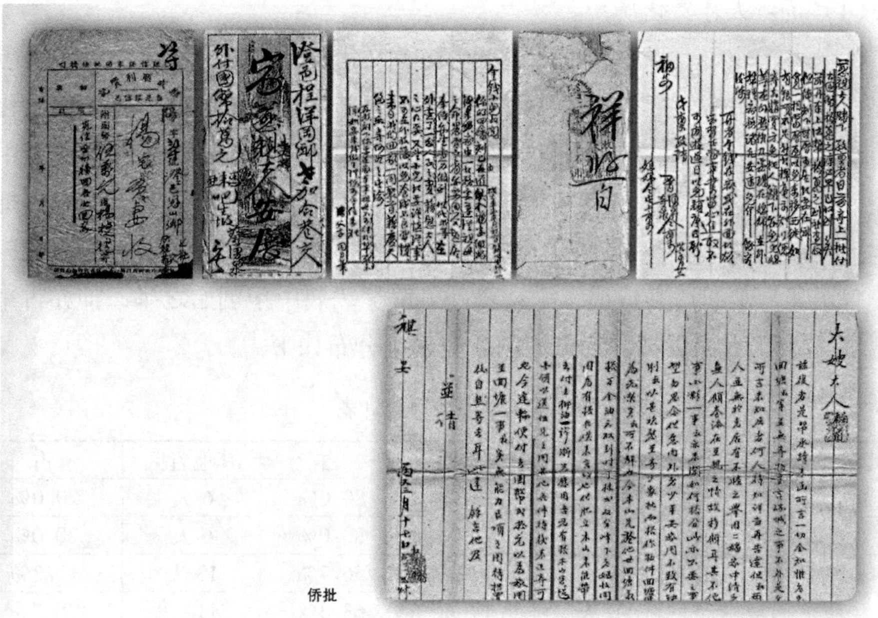

潮汕侨批　汕头市文广新局提供

华侨身在国外，须保持与家乡联系。一种旧称为乡刊、族刊，今称为侨刊的民间刊物应运而生，流行于广东侨乡各地，也是一种特殊的文字景观，成为华侨文化的一个重要组成部分。举凡海内外乡亲关心之事，大从国家、市、县时事，小到生养病死、婚嫁喜庆、圩市物价等，无不在报道之列。由于侨刊最贴近华侨利益，故备受侨乡百姓欢迎和支持，不胫而走，是侨乡一道最富乡土气息的文化风景线。据《广东省志 · 华侨志 · 广东侨务》载，广东最早的侨刊创于清宣统元年（1909 年），为台山《新宁杂志》。此后侨乡办刊物接踵而起，到 1937 年，台山侨刊达 59 种，中山县 1949 年有 42 种，开平、恩平、新会也为数不少。番禺、南海、宝安、梅县、潮州、海南文昌、琼海等也陆续发行，但远不及五邑地区多。到 1949 年新中国成立前夕，侨刊全部停办。新中国成立初，侨刊陆续复办，1955 年，广东全省有 16 种，1959 年增至 61 种。“文化大革命”期间，再度全部停办。1978 年起又大发展，到 1987 年增至 107 种，其中台山占 29 种，开平占 19 种，新会占 9 种。1978—1987 年累计发行 864 万册，其中 1987 年就达 228 万册，近年更多，并发行到世界各地。如著名的台山《海宴侨刊》、开平《教伦月刊》、广州《广州华声》、珠海《珠海乡音》、梅县《侨声》、潮州《潮州乡音》、海南《琼州乡音》等风行海内外。

（4）侨乡人才文化历史。

侨乡民性外向、开放、兼容，深受西方文化浸染，思想活跃，对新鲜事物敏感，通过他们的言行举止反映西方价值观念、行为规范等。由此形成文化景观，主要是文化氛围，在侨乡甚为突出。观念文化寓于人物之中，又以其中的各类人才为主。近代侨乡英才辈出，独领风骚。1872—1875 年，我国四批留美学生 120 人，包括容闳、詹天佑、唐绍仪等时代精英，为中期华侨的代表人物。曾国藩、李鸿章奏折说，派幼童赴美留学“属中华创始之举，抑亦古来未有之事”①。据有关资料，清末中国留美学生分布如下：

留美学生情况统计表

批次	年份	全国	广东	占	其他省区	占
1	1872 年	30 人	24 人	80.0%	6 人	20.0%
2	1873 年	30 人	24 人	80.0%	6 人	20.0%
3	1874 年	30 人	17 人	56.7%	13 人	43.3%
4	1875 年	30 人	19 人	63.3%	11 人	36.7%
合计		120 人	84 人	70.0%	36 人	30.0%

① 周一良主编：《中外文化交流史》，河南人民出版社，1987 年，第 654 页。

中国第一批留美学童　珠海市博物馆提供

侨领司徒美堂　江门市文广新局提供

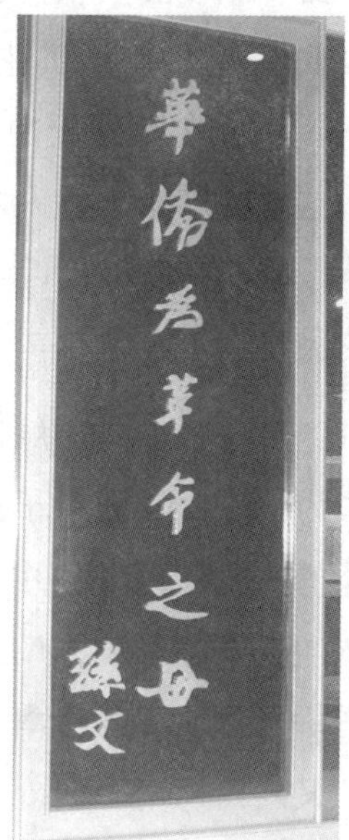

孙中山手书“华侨为革命之母”　江门五邑华侨博物馆提供

留学生中，广东人占多数，其中又以香山（中山）、番禺、南海、顺德等县为主，仅香山一县即有40人，占广东留学生的1/2，故近代广东能首先接受西方先进的文化，成为近代思潮的重点地区与革命的策源地。梁启超说：

被誉为“中国航空之父”的旅美华侨（坐者）冯如和他制造的飞机　广州博物馆提供

“广东人旅居国外者最多，皆见他邦国势之强，政治之美，相形见绌，义愤自生。”又说：“广东言西学最早，其民习于西人游，故不恶之，亦不畏之。”① 在变革现实、改造中国社会的革命运动中，华侨无不在财力、物力上鼎力支持，更有大批热血青年，远涉重洋，回归祖国，参加辛亥革命、二次革命、北伐战争、抗日战争。孙中山曾发出感慨：“华侨为革命之母。”例如1911年参加广州黄花岗起义的800名“选锋队”（敢死队）中，华侨占500人，黄花岗72烈士中，华侨烈士有30人之多。既有广东华侨，也有广西华侨，这说明广东华侨人才产生过巨大的社会效应。是一个具有西方先进思想的群体，故能在各地掀起轰轰烈烈的革命运动，在他们身上反映出华侨文化先进性的品格。

3. 华侨文化在海外传播历史

作为中华民族炎黄子孙一部分的粤琼桂籍华侨，他们在远涉南海鲸波、移居海外的同时，也带去中国的传统文化和思想意识，推动与侨居国的文化交流，产生良好的影响，广及全世界，尤以东南亚地区尤为明显。这种在海外传播的华侨文化，实为岭南文化在海洋的延伸和空间占用，文化特质有鲜明的海洋性，又是借助南海向外传播的，因而也属中国南海海洋文化范畴。

（1）历史早期在东南亚传播。

历史早期，东南亚是华侨分布最多、最广的地区，当地还处在封建农奴社会，先进的中华文化得以很快在这些地区立足、生长，并在当地留下深刻影响，有些甚至成为主流文化。

---

① 梁启超：《世界史上广东之位置》，载《饮冰室合集》第2册，中华书局，1932年。

越南历史上无论疆域和文化，都与我国有不可分割的联系，特别是中国传统文化对越南影响甚大，其中不少是由华侨传播的。17 世纪时广东海康人（今雷州市）郑玖（1655—1735 年）17 岁移居柬埔寨，后转徙今越南河仙，因开发当地有功，被封为河仙镇大总兵，大兴中华文化之风。他在河仙创设"招英阁"，广纳中越名士，探究中华文化精粹，使河仙成为传播中华文化中心，其所写《河仙十咏》诗作和《明渤遗渔》，在当地文化史上占有一席之地。越南历史上另一位名臣吴仁静（1769—1816 年），广东人，担任过越南阮氏朝廷多个要职，著有《义安风土记》（合作）等，在越南文学和史学上留下深刻痕迹。后来广府人和潮州人移居越南日益增多，对当地语言产生影响，越南语中有不少词汇来自潮州话或广州话。过去西贡（今胡志明市）很多人会讲广州话。越南民间音乐、戏剧，亦有不少潮州音乐、广东音乐，以及戏剧韵味。

在泰国，早在明末就有潮州华侨入居，后来潮人大批到来。他们披荆斩棘，把大片荒原辟为沃土，遍地荆榛化作稻粱，潮州文化很快传遍泰国上下。据刘权《广东华侨华人史》统计，泰语中每千字词汇中从汉语借用的就有 325 个，泰语夹杂不少潮州方言词汇，如店主称"头家"（taoga）、粉条称"果条"（gaoteo）、靠背椅称"交椅"（gaoya）、裤子称"kao"等。泰国戏剧和唱腔也学自潮剧。宫廷、庙宇建筑也有潮州建筑风格，如大城的曼音旧宫，即为仿效潮州庙宇的建筑形式营建。中国古典名著《三国演义》、《水浒传》等在泰国拥有广大读者，也是华侨把它们带进去的。

在新加坡，在被英国人占领以前，这里已有不少华侨。1819 年开埠后，广招华人开垦，广东、福建人大量前往，经各族人民努力，新加坡被开发为一个国际性港口城市，华人成为当地居民主体，闽语、潮语、粤语广为流行。吻基是潮州人聚居地、牛车水是广府人集中区，也是潮州文化、广府文化在当地的两个亮点。今广州市海珠区黄埔村人胡亚基，1830 年到新加坡，后在新加坡市政建设上作出巨大贡献，今新加坡有"花园城市"美誉，胡亚基功不可没，也是岭南建筑文化在海外的一段佳话。

此外，在马来西亚、印度尼西亚、菲律宾等中国南海周边国家和地区，在英国势力进入之前，广东、福建移民已经在当地开发经营、传播中华文化。另美洲、大洋洲在西方殖民者占领以后，陆续有广东、福建华侨迁来，从事各种拓殖活动，也或多或少带来家乡风俗文化，但更大规模的中华文化传播，主要发生在鸦片战争之后。

（2）近世在全球传播。

鸦片战争以后，华侨散布各大洲，各种往来日益增多，岭南文化随之传播得更远、更广，在海外发扬光大，开花结果。

不过，这主要是生活习俗、文化教育和传统文化在海外的传播。因为华侨在海外常被歧视，甚至受到迫害，需要借助传统人文精神的支持，维系族群的团结以对外。粤剧是广府系华侨喜爱看的剧种，19世纪中叶以后即风行东南亚和美洲，如新加坡设有戏行组织“梨园堂”和“八和会馆”，马来西亚和美国旧金山等粤剧艺人也在当地设立“八和会馆”，属下多个剧班，且有男班、女班之分，风气较内地开放。20世纪初，广州、香港和粤剧艺人也组团到南洋等地演出，为辛亥革命筹款不少，孙中山曾看过他们的演出，并写信嘉许。广州粤剧名流邝新华等侨居南洋各埠十余年，艺名远播。辛亥革命后，粤剧在海外得到更加广泛的传播，上演内容既有歌颂革命党人的，也有讥讽清王朝丑态以及袁世凯称帝的。如一出《民主革命之父》，就扮演了革命党人暗杀袁世凯的故事，赢得很多观众。到20世纪40年代，粤剧一直在美洲、东南亚各地上演，涌现出的靓少佳、靓元亨、陈非依、马师曾、白驹荣等名艺人，在国内外都颇有影响。新加坡、马来西亚广府华侨众多之地，被称为“粤剧第二故乡”。

马来西亚潮州八邑会馆　周昭京《潮州会馆史》

中国南海周边海域食物资源非常丰富，经人类定向加工制作，形成了闻名遐迩的饮食文化。无论粤菜、客家菜还是潮州菜，都随华侨而走向世界。华侨不但一直保留原有的饮食习惯，而且把开餐馆、酒楼作为主要谋生手段之一。广府系华侨移居美国之初，不少人即在当地打鱼、种菜，或进口原料，经营饮食业，旧金山的粤菜馆就很多。光顾粤菜馆的，不只是华侨，外国人也是常客。他们对粤菜制作和烹调技艺赞不绝口。有一部1851年出版的名为《金色的梦和醒来的现实》的书，提及旧金山最好的餐馆是中国人开的风味餐馆，“小盘送上，极为可口”。早期粤菜馆出现在东南亚，后来转向美国、加拿大、秘鲁、圭亚那，乃至欧洲各国，在当地林立的茶楼酒肆中占有一席之地。此外，产生于清末民初的广式月饼、广式早茶等，不但在唐人街中不胫而走，也为外人所喜爱。抗战胜利后的1947年，有一位菲律宾商人一次就从广州购入月饼千筒，以飨当地各界赏月所需。广州有家老字号的成珠楼，以生产小凤饼（俗称鸡仔饼）名扬天下。昔时东南亚、欧美华侨回国，多携小凤饼作为礼物回侨居地馈赠亲友，这也是岭南饮食文化向海外传播的一种方式。

华侨办报、办学也使岭南文化在海外占有和获得了发展空间。19世纪70年代，仅英属南洋各地52个埠头就有华文报社68家，欧美等地更不在少数。这些报纸不但在维护华侨权益、宣扬中华文化方面发挥了重要作用，而且对推动内地革命也作出了很大贡献。康有为、梁启超先后到东南亚和北美一带，通过报刊宣传维新变法，给海外赤子予以很大影响。1891年在美国旧金山的维新人士创办了近代华侨政党的第一份报纸《文兴报》，鼓吹变法主张。1898年梁启超在日本横滨创办《清议报》，1902年旅日华侨办有《新民丛报》，两报经常刊载梁启超的论战文章，拥有一大群国内外读者。1899年，在孙中山的影响下，在美国创办了民主革命的第一份报纸《华美新报》（后改《中西日报》）。此后，民主革命派办的报纸在南洋、日本等地相继兴起，皆倡导革命，反对保皇，对组织、发动辛亥革命功不可没。

华侨旅居海外，不忘桑梓。他们为延续祖国历史文化，增强民族凝聚力，十分注意华文教育。至迟到清代，华侨已在当地办私学，在越南、马来西亚、加拿大等地即率先出现了这种学校。清末，新式学堂在华侨社会中兴起，如日本横滨有大同学校，越南西贡有穗城学校，印度尼西亚有神州学校等。光绪三十二年（1906年）清政府派员赴美国、加拿大劝学，旧金山、纽约、芝加哥、西雅图和域多利等华侨聚居较多的城市先后办起侨民学校。民国时期，华侨在海外办学更蔚为风气，不仅有普通中小学校，还有女校和工商专门学校。办学层次多而门类广，不少学校以“尊孔”“明德”“广仁”等带有深厚儒家文化色彩的词汇命名，培养了一批又一批对国家民族有着深厚情怀的华侨子弟，其中一些人经过艰苦奋斗，成为杰出的政治家、企业家、种植园主和科技人才，对侨居地开发作出重要贡献，对弘扬岭南文化的优良传统，维护祖国形象，也树起了一面面不倒的旗帜。

第五节　涉海文学艺术的隆盛

鸦片战争前后，出洋的人越来越多，对中国南海和域外地理知识也是越来越扩大和深入，这方面的著作空前增多，内中夹杂的文学成分也呈上升趋势。一些先进中国人，受西方海洋文化影响，也在他们的著作中反映了强烈的海洋意识，描绘了许多新发现的大陆的自然、人文景观，极富游记文学色彩。而面对外国侵略者入侵，岭南诗人更以诗歌形式，痛斥这些海上强盗，热情讴歌岭南人民的斗争，诗歌、民谣，以及华侨文学等，应运而生，成为战后海洋文学艺术一个主流。

1. 游记、舆图作品

清中叶，诞生了一部以游历海外见闻为内容的长篇小说《镜花缘》，作者李汝珍（约1763—1830年），其充满罗曼蒂克情调和五彩缤纷的海外故事，使它至今仍广为流传，在中国海洋文学上独步古今。唐宋以来南海航行不断发展，积累和传播着许多有关海上航行和异国他乡的故事，经作者的艺术加工，即成为一部脍炙人口的文学作品。其中有一段《蛇珠》故事，即发生在郑和下西洋途中。其说："永乐中，下洋一兵病痁，殆死。舟人欲弃海中，舟师与有旧乃丐于众，予锅釜衣粮之属，留之岛上。甫登岛，为大雨淋漓而愈，首遂觅嵌岩居焉。岛多柔草佳木，百鸟巢其中，卵壳布地，兵取以为食，旬日体充。闻风雨声自海出，暮升旦下，疑而往觇焉。得一径如蛇之出入者，乃削竹为刃，伺蛇升讫，夜往插其地。乃晨，声自岛入海，宵则无复音响。往见，腥血连延，满沟中皆珍珠，有径寸者。盖蛇剖腹死海中矣。其珠则平日所食蚌胎云。兵日往拾，积岩下数斛。岁余海航还，兵望见大呼救济。内使哀而收之，具白其事，悉担其珠入舟，内使分予其人十之一。其人归成富翁。"① 这个因祸得福的士兵，最后成为富翁，反映了明代资本主义萌芽时期部分人"以海为商"发财致富的愿望，是海洋文化一个最好的脚注。

战后，周游海外的人越来越多，游记作品比战前更多，也更重于写实。

① 《冶城容论·蛇珠》，转见宋正海：《东方蓝色文化——中国海洋文化传统》，广东教育出版社，1995年，第166页。

徐继畬（1795—1873 年），山西五台人，长期任职两广、福建，与西方人接触颇多，著有《瀛环志略》，为我国最早介绍西方地理知识的著作之一。其中关于美洲、澳洲新大陆的推介，使国人耳目一新。其文字简约，行文流畅，勾画出一幅幅国人从未知晓的海外世界图景。如对发现不久的澳洲，其云："地在赤道之南，天气炎热，海滨多平土，山岭高者，不过三十丈。江河绝少，杂树荒草，灌莽无垠，鸟兽形状，诡谲与别土异。土番黑面，披发裸身，食草根山果，结巢于树，予之酒，一饮即醉。卧泥中，如豕负涂，男役女若畜，怒则杀之。英人流寓者，垦海滨湿土，种麦与粟。草肥茂，牧羊孳乳甚速，毛毳细软，可织呢绒。……英人于东境海口建会城曰悉尼，居民二万，捕鲸之船，时时收泊，贸易颇盛。而流徙之户亦莠民饮博，荡侈相习成风，流寓良民亦染其俗。""其腹地，则奥草丛林，深昧不测，土番如兽，老死无往来，不特风土无从探访，即山川形势亦无由乘轮历览。"① 对于方兴未艾的资本主义制度，徐继畬推崇有加。如说美国"不设王侯之号，不循世及之规，公器付之公论，创古今未有之局，一何奇也"。又说，"华盛顿，异人也，起事勇于（陈）胜（吴）广，割据雄于曹（操）刘（备），既已提三尺剑，开疆万里，乃不僭位号，不传子孙，而创为推举之法，凡于天书为公，驭驳乎三代之遗意。其治国崇然善俗，不尚武功，亦迥与诸国异。余尝见其画像，气貌伟毅，呜呼！可不谓人杰哉"。如此精妙绝伦的文字，使人读之如醍醐灌顶，不禁拍案叫绝。徐继畬在记述南洋各岛时，还旁征博引大量史料和当代人见闻，剔除不少荒诞不经的异闻传说，使所记内容尽可能贴近实际，将科学与文学巧妙地结合，时人赞其人其书"于奇奇怪怪之中，芟夷古今荒唐之说，归于实是"，故能"为世所推重，群奉为指南"②。此实为我国海洋科学和文学史上一株不可多得的奇葩。

此外，清代出洋涉海游记、地方志中也有不少海洋文学成分。如清初福建同安人陈伦炯，父亲出过外洋，他从父辈和出洋商贾访谈中积累不少材料，撰成《海国闻见录》，首次将南海诸岛分成四大岛群，并补充介绍南亚和欧洲各国状况，对南海沿岸一些导航地文风景也收录其中。如记北部湾钦廉沿海，"自廉之冠头岭而东，白龙、调埠、川江、永安山口、乌兔，处处沉沙，难以

① 徐继畬：《瀛环志略》卷 2，《东南洋各岛》。

② 《五台县新志》卷 4，转见赵荣、杨正泰：《中国地理学史・清代》，商务印书馆，1998 年，第 72 页。

名载；自冠头岭而西，至于防城，有龙门七十二径，径径相通。径者，乌门也。通者，水道也。以其岛屿悬杂，而水道皆通。廉多沙，钦多岛”①。龙门七十二径后成为北部湾著名风景名胜区，该书文学式的描述是起了先导作用的。又对七洲洋（即西沙群岛）白腹鲣岛，书中称，“七洲洋中有种神鸟……名曰箭鸟。船到洋中，飞而来，示与人为准，呼号则飞而去。问在疑似，再呼细看，决疑仍飞而来”，“相传三宝下西洋，洋鸟插箭，命在洋中为记”②。海岛与航海家可以对话、导航，被誉为“神鸟”，披上一层神话色彩。

清代，广东编纂了大量附有地图的地方志和海防地图，其中大部分为山水画式地图，文学艺术价值有余而科学性不足。这些山水画式地图，仍有可鉴赏之处。这些山水画或地图收录中国第一历史档案馆。广州市档案局（馆）编著《广州历史地图精粹》中的就有 26 幅③。在珠江三角洲范围内的即有《广州府舆图》《顺德县图》《东莞县图》《从化县图》《龙门县图》《新宁县图》《增城县图》《香山县图》《新会县图》《新安县图》等。省图则有《广东省图》《粤东沿海图》《广东水师营官兵驻防图》《广东沿海图》《广东图绘》等，皆以草绿色、淡黄色、淡灰色彩绘山峦、岛屿、林木、草地；浅黄色表示河流，浅灰色或淡黄色上加鱼鳞表示海洋；另用浅灰或灰黑色线条绘画城郭、官署、宝塔、寺院、学校等人文景观。这些地图地形地物远近有序，轮廓分明，色调和谐，层次有别，立体感强，完全可当作国画来欣赏。最有意思的一幅《广东图绘》，作者不明，成图约在光绪二十五年（1899 年）前，绘的是广州珠江两岸风光。图北部为隐隐山峰，谅为白云、越秀山，中为官署，为西式建筑，顺山麓到江边布局，红棉高耸其中，街道东西延伸，当为惠爱路（今中山路）。下部为海，即珠江（广州人称河为海），河面上有古老的疍艇、单桅和三桅帆船，也有冒着黑烟的轮船，飘扬着英国米字旗和法国三色旗等，一幅百舸争流江景④，复原了一百多年前广州这座海河港城市风貌。而规模最大的是长卷画式的《广东水师营官兵驻防图》。纵 0.32 米，横 5.6 米，东从汕头南

① 陈伦炯：《海国闻见录·天下沿海形势》。

② 陈伦炯：《海国闻见录·南洋记》。

③ 中国第一历史档案馆、广州市档案局（馆）等（广州历史地图精粹），中国大百科全书出版社，2003 年。

④ 中国第一历史档案馆、广州市档案局（馆）等（广州历史地图精粹），中国大百科全书出版社，2003 年，第 79 页。

澳岛，西到今广西东兴街，展现了包括海南岛在内的南海北部海岸自然、人文，特别是海防布局情况。这不仅是一幅海陆军用地图，而且是一幅淡黄色水彩画、万里海疆图，是广东古地图珍品，现存中国第一历史档案馆。

辛亥革命前后，经纬度制图已完全取代传统的“计里画方”制图，所绘制地图具有严密科学性、准确性，山水画式地图自此完全退出历史文化舞台，地图中海洋文学艺术也画上一个句号。

2. 反侵略斗争诗歌

鸦片战争中，岭南人民坚决反对英国殖民主义者输入鸦片，由此涌现出许多可歌可泣的人和事，谱写近代南海海洋文学新篇章。

这个新篇章，以鸦片战争中广东人民反侵略斗争为主题展开，诞生了许多气壮山河、彪炳中国文学史册的诗歌。其中有与林则徐一起坐镇虎门销烟的两广总督邓廷桢，他按捺不住胜利的激情，写下一首《虎门雨泊呈少穆尚书》，诗曰：

戈船横跨海门东，苍莽坤继积气通。
万里潮生龙穴雨，四周山响虎门风。
长旗拂断垂天翼，飞炮惊回饮涧虹。
谁与沧溟净尘块，直从呼吸见神工。

诗作气势磅礴，面对波涛滚滚的江水和险要的虎门形势，这位总督豪情满怀，对林则徐的斗争胆识充满敬佩之情。而林则徐也答诗一首，题为《和嶰筠前辈廷桢虎门即事原韵》，诗云：

五岭峰回东复东，烟深海国百蛮通。
灵旗一洗招摇焰，画舰双恬舶棹风。
弭节总凭心似水，联樯都负气如虹。
牙璋不动琛航肃，始信神谟协化工。

蓄谋已久，企图用武力打开中国大门的英国殖民主义者并不甘心其失败。1840 年 4 月，4000 名英国远征军经 2 个月航行，6 月抵达香港，继而炮轰虎门和广州城。番禺学者、诗人陈澧写了《炮子谣》两首，揭露、痛斥侵略者的罪行。其一首曰：

炮子来，打羊城，城里城外皆炮声。
炮声一响子倒地。
打墙穿孔、打瓦碎，轻者重伤重者毙。
我所畏者鸦片烟，杀人不计亿万千。
君知炮打肢体裂，不知吃烟肠胃皆煎熬。
君知火烧破产业，不知买烟费尽囊中钱。

侵略者的炮火虽然厉害，但它死伤的是人的肢体，烧毁的是房子，可是鸦片却是杀人于无形。诗人用民谣的形式、通俗的语言宣传鸦片的祸害，同时反映反对外来侵略的爱国思想。

后来清政府内部投降派占了上风，林则徐被撤职。接替林则徐抵广州与英军讲和的直隶总督琦善是一个十足投降派。他一反林则徐所为，拆炮台、裁水师、遣散水勇，使英军有机可乘，导致虎门保卫战失败。南海学者诗人朱次琦（1807—1881 年）作诗严厉斥责琦善的卖国行为。诗曰：

卖国通番贼，天津起祸胎。
乱离民似草，远近炮如雷。
江海含冤气，烽烟逐劫灰。
楼船诸将帅，何日得生回。

而在虎门保卫战中为国捐躯的 700 多名烈士或变为荒丘磷火，或化作滚滚江涛，在闪烁，在咆哮，激起后人深切敬意和怀念。福建龙溪人蔡若愚写下《泊舟虎门有怀关军门天培》，诗曰：

怒涛犹卷大江云，旧恨空淘酒半醺。
险阻翻成荒斥堠，英雄谁吊故将军。
亡羊有鉴牢须补，驱鳄无方笔欲焚。
停泊夜深重太息，中流砥柱望弥殷。

虎门靖远炮台　东莞市文广新局提供

虎门抗英遗迹，也为后来志士仁人扼腕凭吊，慷慨悲歌，对以后太平天国、戊戌变法、辛亥革命等都产生过巨大的鼓舞作用。光绪十一年（1885 年）康有为过虎门时，写下一首感慨很深的诗篇，堪为海洋文学一首绝唱：

粤海雄关二虎尊，万龙轰斗事何存！
至今废垒余残石，白浪如山过虎门。

3. 民间涉海歌谣

越人好歌，但越人无文字，后人记录下来的民间歌谣，涉海内容很丰富，是他们靠海吃海生活的心声。

历史早期留传下来的民歌甚少。至南宋淳熙年间（1174—1189 年）广东南恩州（今阳江）人曾跃鳞写过一首《闻西浦渔歌作》，是闻西浦渔歌后“扣舷互答”，可想此歌必相当动人，惜原歌已失传[①]。据阳江文史专家邓格伟先

① 叶春生：《岭南俗文学简史》，广东高等教育出版社，1996 年，第 23 页。

生考证，西浦在今阳江城下濑一带，为疍民集中之地。道光《阳江县志》载“县治八景”即有“西浦渔歌”一景，百姓称为“渔洲晚唱”，是当地歌风最旺之地，皆以耕海为题材，男声女韵，别有风情，至今仍流传多首。兹录二首。

清代阳江贡生林葆莹诗云：

> 刚是推蓬看晚霞，扁舟如叶泊鸥沙。
> 偶来小醉鸣天籁，不觉长歌到月华。
> 钓罢不妨肱作枕，扣船忘却艇为家。
> 曲终鼓枻飘然去，浅渚萧萧芦荻花。

清代阳江禀生冯兰阶也有诗云：

> 烟笼西浦水迢迢，傍晚渔歌乐自饶。
> 红蓼白萍残夕照，歌声一片咽寒潮。①

其景物情真，胸臆抒畅，至为感人。阳江历为渔歌之乡，古风于今尤烈，绝非偶然也。

后世渔歌广泛流行于南海沿岸和岛上渔民中，尤以粤东、粤西和海南岛一带至为普及，内容丰富，曲调繁多，充满江海生活情趣和韵味。如海南文昌县《怨苦歌》：

> 卖下江河人看贱，鱿鱼猪胆苦过黄连。

渔民风里来，浪里长，生活十分艰辛，有道是“出海三分命，上岸低头行”，这首《怨苦歌》即为他们的生活写照。

南海周边盐场很多，汉代以来从未停止开采，但盐丁生活甚为艰辛，深为社会同情。嘉庆《新安县志》收录了明代盐民歌谣《盐丁叹》，读罢催人泪下：

① 邓格伟：《梦蠹集》，（香港）中国评论学术出版社，2005年，第185～186页。

煎盐苦，煎盐苦，煎盐日日遇阴雨。
爬碱打草向锅烧，点散无成孤积卤。
旧时叔伯十余家，今日逃亡三四五。
晒盐苦，晒盐苦，皮毛落尽空遗股。
晒盐只望济君贫，谁知抽羹无虚土。
年年医得他人疮，心头肉尽应无补。
公婆枵腹缺常餐，儿女遍身无合缕。
场役沿例不复怜，世间谁念场役苦。
盐丁苦，盐丁苦，盐丁苦事应难数。
豪商得课醉且歌，总摧得钱歌且舞。
盐丁苦状类圈羊，群恶宣骄猛如虎。
何时天悯涸辙鱼，清波一挽沧溟溥。

哪里有压迫，哪里就有反抗。深圳《咸海谣歌》把盐民这种积怨和反抗情绪表达得淋漓尽致：

条科罪犯煎盐律，役满宁家应计日。
盐丁生本是平民，终日煎办无优恤。
奈何行法遇非人，自叹盐丁生不辰。
户口伪增为足额，混差民灶不相分。
重磨迭害因消索，悍差催盐如虎狼。
冻雀何必恋纥子，愤飞都向生处乐。①

盐丁就像冰冻麻雀，任人宰割，他们忍无可忍，希望冲出牢笼，向他处投生，但这又谈何容易！盐丁苦固不待言，而渔家妇女处在社会底层，受压迫最深重，除繁重的体力劳动外，还带着沉重的精神枷锁，她们情愿“下船流过海”、“下海嫁鱼虾”，也不愿意就范封建婚姻。流行于海南陵水、乐东一带的

① 《深圳民间歌谣》，海天出版社，1985 年，转见叶春生：《岭南俗文学简史》，广东高等教育出版社，1996 年，第 26～27 页。

一首渔歌曰：

汕尾渔歌歌手苏细花　汕尾市文广新局提供

父母强迫女不嫁啦，女就日夜闷成病。

情愿天上嫁明月，情愿下海嫁鱼虾。

但对于自己心仪的婚姻，渔家女却又是一往情深、决不回头的。例如汕头一首渔歌，即洋溢着这种情感：

兄今有心妹有心，有心唔怕水路深。

山高也有人开路，水深也有划船人。

另一首海南渔歌，也十分感人：

汕尾疍艇　汕尾市文广新局提供

有心呢来相挂啦，鱼在深渊用网拉。

有心捉鱼（呢）不怕冷。

这类表达爱情的渔歌，还采用双方对答“猜歌”形式，更富韵味：

你知乜个直溜溜？你知乜个海底泅？
你知乜个随风走？你知乜个独条须？
我知支桅直溜溜。我知支舵海底泅。
我知大帆随风走。我知锚索独条须。

古代有些歌谣，涉海反映气象和气候的也不少，有些后为气象气候预报参考。如清代杜文澜《古谣谚》说海南岛：

海水热，谷不结；
海水凉，谷登场。

海水温度季节反常，影响到气候和农业丰歉，谚语科学道理十分深刻。

另据新编《阳江县志·民谚》，这个临海地区涉海渔谚同样广为流传：

头大初三，尾大十八。（潮水涨落）
初九廿三放船熚。
入云撒网，出云回港。
三月无闲船，六月无闲田。
渔家三月水，农家六月田。
龙高山顶现，海上好收船。
天上鸡爪云，镬底云，不是风就是雨。
水底反光，台风就来。
东闪雨重重，西闪日头红，北闪晚南风，南闪走无功（台风即来）。[①]

海潮涨落，天上云雨，渔家作业等都作为民谚和口头禅，反映气象与渔业生产规律。

江海鱼类有迴游规律，渔民在长期生产实践中，摸清了这些规律，以便安排作业，总结出一套《渔经》，也是一首渔歌。深圳渔民是这样唱的：

春有公鱼百样多，
夏有横栅兼海河，
秋有花瓶、幼鳞、鱿鱼仔。
冬有赤场、鳗鳝、唱歌婆。

① 阳江县地方志编纂委员会《阳江县志》下，广东人民出版社，2000年，第1059页。

广东人很讲究食海产的季节性，深圳《食鱼经》即有代表性：

河沟相连鱼虾香，麻锯可口真堪尝。
人说三分名海味，我说七分山鲇王。
三月鲫鱼四月鲇，三薯山珍美海鲜。
信是梧桐山味好，河山野处鲜果妙。

山珍海味尽在其中，“食在广东”可见一斑。

渔歌更多的是渔民拉网、拉桩、划船时对唱。海南岛《追鱼调》唱道：

渔工们哎，流水好，
快放网哎，捕红鱼！
哟嗳，嗳哩！
升旗满桅快回港哩嗳。

其节奏感甚强，充满力量，闪现出渔民在大海上伟岸、粗犷的形象，令人起敬。

4. 侨乡歌谣

广东是我国著名的侨乡，旧社会漂洋过海、背井离乡是一件很凄惨的事情。尤其是妇女，更不希望丈夫出洋，伤春怨离之歌比比皆是。叶春生《岭南俗文学简史》收录了不少这样的歌谣：

家中贫苦莫过番，过到番邦更艰难。
苦系同人做新客，三年日子样得满？
至嘱亲友莫过番，海浪抛起高过山。
晕船如同天地转，舱底相似下阴间。
汕头出海七洲洋，七日七夜水茫茫。
行船三日唔食饭，记妹言语准干粮。
日想心来夜想肝，两人远隔路头长。
梦中同妹相见面，正好团圆又天光。

日头一出照四海，山高万丈照楼台。
红豆捡来做枕睡，好望相思托梦来。

客家妇女更钟于情，所以对出番男人的依依之情，跃然纸上：

阿哥出门去外洋，郎就孤单妹凄凉。
赤水黄沙门口外，望妹唔到痛心肠。
送郎送到浮桥头，脚踏浮桥浮对浮。
浮子沉里还要起，吾郎去里要回头。

但长期的分隔，秋水伊人，终不得见，备受性压抑的女性，大胆喊出了她们的性追求：

南风唔当北风凉，亲夫唔当夜来郎。
夜来郎子有话讲，亲夫一觉到天光。
今番风流打帮天，云遮月光入妹间。
大风吹乌灯盏火，郎系有福妹有缘。
嫩娇郎来嫩娇郎，涯今眠个冷脚床。
睡到一更思想起，目汁双双挂念郎。

像这类歌谣，虽有悖于封建伦理道德，但在特殊的人文环境下，也是值得谅解和同情的。因难以超越的茫茫大海，逼使她们作出这种选择。

潮汕也是著名的侨乡，有关华侨生活的歌谣在坊间流行，总称《过番歌谣》。内容反映出洋华侨的血泪史，所唱尽是悲歌，同时充满夫妻、亲人分隔的凄苦之情。如据马风先生收集多首“过番”歌谣，其中《火船驶过七洲洋》曰：

火船驶过七洲洋，回头不见我家乡。
是好是劫全凭命，未知何日回寒窑。

又其中一首长歌《十二月思君歌》，按月叹唱，句句催人泪下。歌曰：

八月十五中秋夜，夜昏月朗天又晴。
思君想君来看月，坐看明月到五更。
听得寒蛩啼叫声，凄凄惨惨得人惊。
不知我君在何处，欲托明月传心声。
十二月来年已终，夫妻不久来相逢。
心头紧迫急回返，一夜唾落心羡羡。
睡落眠床暗叫妻，俺今就要来团圆。
想妻情急忍不得，未曾天光就起离。

终于盼到丈夫“过番”回来的一天，夫妻团圆，喜不胜言。此歌结束：

收拾包裹就起行，一程过了又一程。
来到家门日已晚，手叩门环叫一声。
妻子听知来开门，夫妻相见喜十全。
双双上床鱼得水，一夜说话到天光。

这只是短暂的相逢，只要华侨的命运没有改变，很难说最后几句是一首长久的欢歌?![1]

5. 涉海竹枝词

竹枝词明清时在岭南达到高峰，既歌咏地方风物，也反映社会民声，抨击时弊，警世讽人。如借广州海珠石传说，提醒世人对洋人贸易警觉：

番舶来时集贾胡，紫髯碧眼语喑呜。
十三行畔搬洋货，如看波斯进宝图。

更有抨击鸦片战争后，鸦片流毒更甚、害人不浅的：

① 马风：《潮汕“过番”歌谣漫话》，见广东省民族研究所、广东省群众文化艺术馆编《民族民间艺术研究》第二集，广东人民出版社，第209～214页。

珠海风光又一新，卅年回首不堪闻。
自从罂粟花开日，郎貌侬腰减二分。

而广东人民对鸦片的痛恨和对侵略者的反抗却是非常激烈和英勇的，梁芳田《羊城竹枝词》写出了广州人这种惊天地、泣鬼神的壮举：

飞凫一鼓去如风，夫婿家家亦自雄。
我愿郎君起舞剑，斩鲸直出虎门东。

但这类涉海竹枝词，仍以中西贸易，广州、潮州、香港、澳门等港口城市的风土景观为主，都具有咸水妹。兹列数首如下。

史善长《珠江竹枝词》：

金碧洋楼耀眼鲜，旗竿猎猎彩云边。
隔人望望灯初上，星斗都疑落九天。

佚名《广州土俗竹枝词》：

珠江两岸访青楼，花地潘园任浪游。
名胜大通烟雨寺，风光犹胜古琶洲。

按潘园即十三行商人潘仕成“海山仙馆”，时广州闻名园林建筑。古琶洲在今海珠区，清代广州外贸港之一。

何信祥《番禺竹枝词》写的是广州人扬帆过番谋生的凄楚心情：

侬本珠江江畔生，今年烟景更凄清。
扬帆棹去人千里，指点禺山月正明。

罗天尺《珠江竹枝词》借一位妇人口吻，写出对外洋谋生丈夫的怀念：

琶洲塔口月初低，雁翅城头又夕晖。

日月西沉有时出，暹罗郎去几时归。

不管怎样，对外开放仍是广州城市最大特色。春暖花开时节，远涉重洋到来的外舶，给广州带来浓重的海洋气息：

青草年年长越台，鹧鸪啼处木棉开。
花光万点红如火，照见重洋海舶来。

第二次鸦片战争后，汕头开埠，潮梅人多由此出洋，粤东竹枝词也有此题材。

一位客家妇女对丈夫的思念，淋漓尽致于这两首竹枝词中：

半肩行李出柴扉，万里重洋竹报稀。
此去发财浑未卜，寄书先问几时归。

郎出门行昨起身，今朝侬去拜花神。
侬郎心事侬私祝，花母花公莫竹人。

花心男人天下并不孤单，独守空房的侨眷，对远人充满了忧虑和埋怨：

芊子割人两面刀，过番老公等于冇。
有钱又话唔得转，有钱又爱讨番婆。

清初收复台湾后，粤东人到台湾发展的不少，有《过番歌》也采取竹枝词形式，甚为清新隽永，耐人寻味：

黄昏人未掩柴关，明月刚看半吐山。
弦索齐鸣檀板响，开场先唱过台湾。
五月台湾谷价昂，一车闻说十圆强。
澎湖风浪今应静，个个迎门待玉郎。
更深深，夜深深，脚下无鞋冷到心。

影沉沉，梦沉沉，梦到星洲海水滨。

星洲即新加坡，这位闺中怨妇，对丈夫一往情深，如此竹枝词，可称绝唱。

港澳竹枝词又有另一番情调，很多内容反映中西文化在这两个城市碰撞和融合的景观。王轸《澳门竹枝词》云：

心病恹恹体倦扶，明朝又是独名姑。
修斋欲祷龙松庙，夫趁哥斯得返无。①

按“独名姑”为葡语音译，指礼拜堂，龙松庙在澳门西北角，一位葡国少妇既去西方教堂做礼拜，又想到中国庙宇祷告，西中宗教都依附在一个人身上，显示中西文化在澳门珠联璧合。至香港亦如是观，王礼锡《香港竹枝词》曰：

欧美新装各自矜，旗装过市亦婷婷。
短衫右衽腊肠裤，标准差符生活新。②

各种衣着，短袖女装、短裤、西装、旗袍等，堂而皇之在街上招摇，各行其所，和而不同，又是一幅和谐的中西文化交融画图。

这些涉海竹枝词，从粤东唱到粤西，从大陆唱到海南，从渔夫、市民到良家妇女，都无一不倾吐他们吃海、爱海、怨海等复杂情怀，再现港市风土和景观，语言通俗、明快、毫无雕琢，信手拈来，朗朗上口，使人爱不释手，正是中国南海海洋文化务实性的一个表现。

① 印光任、张汝霖：《澳门纪略》卷下。

② 以上竹枝词，凡未注明出处者，皆转引于叶春生：《岭南俗文学简史》，广东高等教育出版社，1996 年，第 211 ~ 230 页。

第十一章　现代中国南海海洋文化在曲折中前进

1911 年 10 月，辛亥革命成功，清政权结束，中华民国政府成立，继为 1919 年"五·四"运动，虽然标志着中国历史进入现代阶段，但并没有改变中国社会的半殖民地半封建性质。基于此，西方列强和东方日本加紧了对中国南海的入侵和掠夺，也开始了中国政府和人民维护自己领海主权的斗争，这成为现代中国南海海洋文化一个主要内容。

1949 年 10 月，中华人民共和国成立，结束了帝国主义对我国领海主权的侵略，南海和南海诸岛回到社会主义祖国的怀抱，比以往任何时代都更加充分发挥自己的作用，进入现代海洋开发的转变时期。在强大的社会政治制度和经济制度背景下的中国南海海洋文化，又明显地划分为两大发展阶段。在新中国成立后头 20 多年计划经济时代，重内地、轻沿海的经济思想占了上风，沿海没有成为经济建设的重心，很少将人力、物力、财力投放沿海，沿海经济基础薄弱，海洋文化失去深厚的经济土壤而举步维艰。而新中国成立初帝国主义对我国封锁禁运，以及我国无时无处在贯彻"以阶级斗争为纲"，沿海被认为是这种斗争最紧张、最尖锐复杂的前线，实际上处于"海禁"状态；加上广东毗邻港澳这两个被视为"西化"和"资本主义化"最敏感的地区，广东沿海经济和文化活动由此受到很大限制；再者，华侨也被视为一种异己力量，华侨与内地联系大为减少，经济和文化作用被窒息，这都严重损害了中国南海海洋文化的正常发展，出现历史发展低谷。

改革开放以后，在党和国家正确方针指引下，中国南海海洋文化才在历经曲折的基础上走上一条为建立社会主义商品经济和文化支持并使自己不断发展与壮大之路。它所取的成就和影响，达到历史发展的巅峰，是中国南海海洋文化史上最辉煌的时期。

第一节 中国政府和人民维护中国南海和南海诸岛领海主权的斗争

鸦片战争以后，英、法、德、俄、美、日等帝国主义列强相继侵入我国，他们对南海诸岛的侵略活动也有增无减，从此开始了中国政府和人民维护南海诸岛领海主权斗争的历史。

1. 西方列强和日本对南海诸岛侵略

西方列强觊觎中国南海的活动由来已久。早在1701年，英船“马恰力士非尔特”号（Macclesfeild）测量中沙群岛[①]，故西方称中沙群岛为马恰力士非尔特滩。1800年，英国商船“蓬勃”号（亦译“孟买”号，Bombay）到达西沙群岛高尖石；1807年葡萄牙船“乌拉多”号（Vulador）入侵玉琢礁；1808年英国人罗斯（Ross）与莫汉（Mallghail）擅自测量西沙群岛；1815年英船“调查者”号（Investgator）船主莫汉入侵中建岛[②]。1813年以前已有西方人士测量东沙群岛[③]。1835年，美国也派遣舰只到中国南海进行所谓的“调查”。沙皇俄国为了与英美争夺太平洋霸权，更不甘落后，先后派军舰到中国南海游弋，计有“希望”号（1805年）、“纳瓦”号（1806年）、“抑里克”号（1819年）、“堪察加”号（1819年）、“波罗的诺”号（1820年）、“企业”号（1826年）、“克罗特基”号（1827年）、“谢尼亚文”号（1829年）、“小行星”号（1853年）、“勇士”号（1889年）等。这一时期，帝国主义列强动辄以航行安全为借口，擅自调查我南海诸岛，编制海图、设置灯塔等。现在南海诸岛许多外文名称，大部分是帝国主义在这个时期擅自命名的。例如1866年英国人蒲拉他士（Pratas）遇风到东沙岛，到1894年，英国海军海道测量局便擅自以其名蒲拉他士为岛名；1866年英国船主里德（Reed）、沃德（Ward）、堤闸（Tizard）在西沙、南沙群岛擅自测量，故将南海郑和群礁取名为堤闸滩（Tizard Bank）；1867年英船“来福门”号擅自测量南沙，该船人员

① 陈寿彭辑译：《中国江海险要图志》补编第一卷。

② 杜定友：《西南沙资料目录》，1948年编印。

③ 陈天锡编著：《西沙岛东沙岛成案汇编》，广东实业厅出版，1928年。

在太平岛询得我国渔民对该岛的海南名称黄山马，英文名称为依都阿巴（Itu Aba）。据有关专门研究，外国人对南海诸岛命名的英文地名来源，以外国人姓名居多。如中沙礼乐滩称为 Reed Bank，Reed 为英国船长；东沙群岛北卫滩和南卫滩称为 North VerekeI 和 South Vereker，Vereker（Hon F. C. P. Vereker）亦为英国船长；南沙乐斯暗沙，乐斯即为英国海军上尉 V. H. Lys；南沙雄南礁 1885 年被定名为 Marie Louise Bank，Marie Louise 即为拿破仑第二个妻子（1791—1847 年）；另有以外国小说家、指挥官、皇帝，甚至总统等名字命名的地名；也有法文地名，如宣德群岛命名为 Grupe de I'Amphitrite，南沙南威岛命名为 Ile de la Tempete，说明英、美、法等列强是长期侵略南海诸岛的主要势力。

20 世纪初以来，又有日本侵略者闯入南海诸岛从事各种阴谋活动，并与其他帝国主义列强争夺海上霸权。1904—1905 年日俄战争时，由 20 艘军舰组成的沙俄“第二太平洋舰队”，受沙皇尼古拉二世的派遣，远涉重洋，于 1905 年航经中国南海，曾泊于越南金兰湾，后被日本海军歼灭于对马海峡。日本侵略者往往打着“探险”旗号，实际上是收集情报、窃取资源，作为日本“南进政策”一部分，为扩大日本版图目的服务。1902—1906 年，日本人西泽吉次受日本汤峙樟脑公司派遣，多次侵入东沙岛。1907 年 8 月，西泽再次带领百余人，乘“四国丸”号，明火执仗地强占东沙岛。他们驱逐中国渔民，焚烧渔船，拆毁祖庙，挖掘坟墓，并把尸骨抛入海中，还将东沙岛改名为“西泽岛”，犯下滔天罪行。后经清政府多次交涉，并付出 13 万元的所谓赔偿费，始将东沙岛赎回。但日本侵略者并不死心，后又通过不法商人盗采东沙岛的鸟粪和海人草。在西沙群岛，日本侵略者也采取同样的手段，进行杀鸡取卵、竭泽而渔式的掠夺。例如 1921—1930 年间，日本南兴实业公司在永兴岛偷采鸟粪磷矿 9 万吨之多。为此他们在岛上建立有仓库、宿舍、办事处、铁道，开辟菜园等，雇工 190 人左右。对于南沙群岛，日本侵略者更不放过。在 20 世纪 30 年代以前，他们就对南沙进行过几次所谓的“探险”。头一次发生在 1917—1918 年期间，时值第一次世界大战，日本经济正处于黄金时期，对于掠夺海外资源不遗余力。南沙的磷粪石，正好为缺肥的日本所急需。1917 年 6 月，日本人平田末治最先窥伺南沙群岛。同年 8 月，又有日本人池田金造和小松重利窜入南沙踏勘，但未作详细调查。第二年年底，日本拉沙磷矿股份有限公司派遣退伍海军中佐小仓卯之助乘一艘 58 吨旧式帆船“报效丸”号到达南沙，寻找所谓的“无人之岛”，叫嚣要把它变为“大日本帝国的新领土”[①]。抵达双子礁的北子岛时，适遇台风，这伙人几乎葬身鱼腹，后勉强登上该岛，小仓却意外地发现岛上有中国海南岛文昌县渔民3人。渔民在岛上留居，看守鱼货已经两年多，更有数百名渔民在该岛与海南岛之间常来常往。小仓等一伙在南沙北子岛、南子岛、西月岛、中业岛和太平岛活动了一段时间，诱骗渔民帮助他们测绘了部分海图。小仓于1929年出版《暴风之岛——新南群岛发现记》一书，记述他们看到上述文昌渔民，还有窝棚、小庙和水井，在长岛（即太平岛）有一座水泥建成的小庙，匾额上写的年代是“民国七年”（1918年）。在该书序言上，日本海军大佐水野广穗将小仓推崇为发现美洲新大陆的哥伦布。还有一个叫森圃氏的日本人，在回忆小仓的诗中，有“台风烈烈海涛狂，岛屿成群敌可防。中佐一探归我有，国威千载压南方”[②]。充分暴露日本帝国主义并吞南沙群岛的野心。而实际上，1918年7月，日本富商、贵族院议员桥本，已向外相内田呈请将南沙群岛划入日本版图[③]。1920年12月，拉沙公司又派遣预备役海军中佐副岛村八为队长共21人，乘坐250吨“第二和气丸”号进行第二次探险。这次他们登上南沙的南钥岛、鸿庥岛、景宏岛、安波沙洲等，连上次共11岛，并对个别岛屿进行了精密调查，次年即开始在太平岛和南子岛开采鸟粪磷矿。尤其令人不能容忍的是，拉沙公司竟将南沙群岛改名为“新南群岛”，并向日本海军省提出呈请，要求将“新南群岛”并入日本帝国的版图，妄图永久霸占。1921年日本人在太平岛上修建了码头、轻便铁路、仓库、办事处、气象站、医疗所、宿舍、神社等，在南子岛也有过类似设施。两个岛上的工作人员约为200人，可以说是日本侵略南沙的“全盛时代”。但贪得无厌的拉沙公司并不满足于所取得的这一切，因为南沙大大小小的岛屿很多，他们两次勘查不过11个，还有大量的岛、礁、沙等未经调查。拉沙公司复于1923年夏天再派副岛村八乘200吨“南星丸”号进行第三次探险，可是途中遇上暴风雨，不得不折回本国。在1921—1929年期间，日本人在南沙共盗采我国鸟粪2.6万吨。第一次世界大战后，经济危机袭击全世界，日本经济不景气，加上1923年9月1日东京大地震的打击，日本侵略南沙群岛的行动不得

① 台湾总督府《新南群岛沿革略记》，见广东中山图书馆编藏资料第452号及493号。

② 转见卓振雄编著：《祖国的南疆——南沙群岛》，中国科学院南海海洋研究所油印本，1979年第7页。

③ 《粤南九岛问题》，见1933年8月7日，《国闻周报》。

不暂告一段落。日本在南沙的得手，早已引起英国、法国、美国、荷兰等国的眼红和不安，其中又以法国为甚。法国侵略者于1858—1884年侵占越南并把它变为殖民地以后，更把魔爪伸入中国南方广东、广西和云南诸省，同时觊觎中国南海交通要冲的西沙和南沙群岛。日本以南沙为军事据点，对法国在印度支那的利益，将是个极大的威胁。1930年4月13日，法国趁日本人暂时离开南沙之隙，派遣军舰“麦里休士”号（Malicietlse）占领南威岛。他们在岛上遇到3个中国人。因碰上风暴，法国人只在岛上树立国旗而还，并擅自将南威岛改名为“风暴岛”。1933年，法舰“亚斯脱洛拉”号（Astrolade）、“阿勒特”号（Alerte）及“达勒逊”号（Delan—essan）又先后侵入南沙群岛。同年7月25日，法国政府非法宣布占领北子岛、南子岛、中业岛、南钥岛、杨信沙洲、太平岛、鸿庥岛、南威岛和安波沙洲。此即所谓“南沙九岛事件”（时称九岛，实七岛）。这首先引起野心勃勃的日本的反对，在法国政府宣布这一占领之后，日本军舰“胜力”号开进南沙海域，与法国对抗。

抗日战争时期，南海诸岛全部沦于敌手。1939年，日本政府将南海诸岛划入台湾总督府管辖，南沙群岛被改名为“新南群岛”，西沙群岛也改名为“平田群岛”，日本继续开采南沙的鸟粪资源。日本把南沙一些岛屿作为“南进”的基地，成为其太平洋环形防线的一部分。如占领太平岛的10余年期间，就在岛上修建了军用仓库、码头、无线电台、防空掩体，还有临时飞机跑道等军事设施。太平洋战争快结束时，盟军从南太平洋开始反攻，为控制南沙与日军展开激烈的争夺战，太平岛遭到盟军飞机的猛烈轰炸。1946年中国海军接收太平岛时，就发现岛上尚有10余枚未炸的500磅巨型炸弹，海滩上遗弃的弹药比比皆是，海岸附近还有沉船多艘，退潮时露出桅杆。在太平岛北6海里敦谦沙洲还有一架坠毁的美机残骸。可知美、日海空军在此曾进行过一场恶战。

2. 中国政府和人民维护中国南海和南海诸岛领海主权的斗争

鸦片战争以后，清政府越来越腐败，割地赔款，大好河山拱手送人。尽管如此，外国侵略者在南海诸岛的一系列阴谋活动，也不能不引起清政府的警觉和注意。1883年德国政府派船擅自测量南海诸岛各岛屿，为清政府广东当局抗议后停止①。1902年以后日本人西泽吉次多次偷采东沙岛鸟粪磷矿和强占该

① 邵循亚：《西沙群岛是中国的领土》，见1956年第16号《新华半月刊》。

岛事件发生后，清政府除派员与日方交涉以外，还派人前往东沙和西沙查勘。如1909年3月25日，粤督张人骏致电外务部："遍查海图及舆地各书，列有此岛（东沙岛），均指粤辖，证据已足。西泽擅自经营毁庙驱船，种种不合，实系日商侵夺，并非华人放弃。"① 同年11月19日，广东当局派补用知府蔡康为代表乘"广海"舰前往正式收回东沙岛。当天中午鸣炮升旗，以兹庆贺和重申主权。1911年4月，英国人莫礼士等到东沙岛勘采磷矿，广东劝业道为此提出抗议。1933年法国"南沙九岛事件"发生以后，立即遭到我国朝野上下坚决反对。7月26日，国民政府外交部专电向法国政府提出严重抗议，指出南沙群岛"仅有我渔人居留岛上，在国际间确认中国领土"②。1933年8月西南政治会议议决"将九岛在粤版图之位置形势及经纬度证据等，详电回府，请据理向法严重抗议，务保领土完整"③。广东省政府"奉命向法当局提出抗议"④。各地工会、农会、船员、渔民及琼崖旅京同乡会等群众团体纷纷致电，请中国政府力争并抗议法国侵略行径。例如上海总工会电文指出："我如默尔而息，不予抗议，则行见帝国主义得寸进尺鲸吞蚕食而已，大好领土或将悉非我有，贻患前途何堪设想，为此迫切电陈，复乞迅向法政府严重交涉，以杜觊觎。"浙江宁海县农会表示"本会谨率全县20万农民誓为后盾，敬祈从速力争，保持领土而固海防"。浙江绍兴商会电说："此例一开，国将不国，应请钧府严重交涉，誓必保此领土。"⑤ 而居留在南沙群岛上的中国渔民，即把法国三色国旗连旗杆一齐砍掉，埋在地下的标记也被挖去，抛入大海，大义凛然地维护了国家的尊严。

"南沙九岛事件"，特别是全国群起抗议和反对法国强占九岛高潮，推动国民政府更加重视维护南海诸岛主权的斗争。1934年12月21日，中国水陆地图审查委员会作出了审定中国南海各岛屿的华英岛名的决议。1935年1月审定公布了《中国南海各岛屿华英名对照表》，包括岛、沙洲、暗沙、暗礁及暗滩的名称132个，第一次将南海诸岛明确地分成四部分：东沙岛（即今东沙群岛）、西沙群岛、南沙群岛（今中沙群岛）和团沙群岛（今南沙群岛）。同年

① 《清季外交史料》第二卷。
② 《申报》，1933年7月27日。
③ 《申报》，1933年7月29日。
④ 《申报》，1933年8月2日。
⑤ 《申报》，1933年8月15日、18日、22日。

4月，该委员会专门绘制、刊行《中国南海各岛屿图》，比较详细地标绘了南海诸岛各岛屿、沙洲、滩礁的地图名和位置，成为以后地图界出版的重要依据。其实，早在1914年上海东亚图书馆胡晋绥编绘的《中华民国地理图·中华领域损失图》上已用一条连续线表示南海疆域，并在界线附近多处注明"中国领海界线"，这可能是迄今见到用画线表示的南海诸岛最早的地图。此后，在20世纪20年代出版的中国非官方地图中，对南海诸岛疆界，有用连续和不连续段线两种画法，所包括范围也不尽一致，也有不画海岛线的。直到1936年我国地理学家、河北师范大学教授白眉初著，北平建设图书馆发行《中华建设新图》中第二图《海疆南展后之中国全图》，为第一次完整地标绘有南海诸岛各岛在内归属中国范围线的最早地图，并将位于北纬4°附近的南沙群岛的曾母暗沙作为中国最南端范围线。自此以后，中国政府和地图出版界都沿用这种画法，仅民国时期这类画法的中国政区地图或专门地图不下20种。

抗日战争胜利以后，1946年冬和1947年春，中国政府在各国公认之下，派遣"太平""中业""永兴""中建"4艘军舰前往接收南海诸岛。其中"永兴"、"中建"两舰接收西沙群岛，"太平"、"中业"两舰接收南沙群岛，"太平"舰后又奉命接收东沙岛。中国接收人员在西沙永兴岛举行立碑、鸣炮、升旗仪式，以志庆贺，宣告中外；在南沙太平岛也举行同样仪式，并派兵驻守。与此同时，还实测和绘制了南海诸岛地图，包括《南海诸岛位置图》（1∶400万）、《西沙群岛图》（1∶35万）、《中沙群岛图》（1∶35万）、《南沙群岛图》（1∶200万）、《太平岛图》、《永兴岛图》等。在《南海诸岛位置图》上所标四大群岛名称与今天地图完全一致。1947年4月，国民政府内政部（方域司）、国防部、外交部、海军部开会确定"南海领土范围应至曾母滩"（即曾母暗沙）①。1947年12月1日，内政部重新正式审定南海诸岛地名172个，公布中外。原南沙群岛改称中沙群岛，团沙群岛改称南沙群岛，当时并无任何国家对此提出异议。1947年6月11～15日，广东省政府在广州举办一次具有学术性和国防性的西沙、南沙群岛物产展览会，公开展出各种实物、标本、图片、图表以及历史文物等珍贵资料，曾引起各界人士的重视，参观者达30余万人次。1947年10月，中国政府确定中国边界四至地点及其经纬度，最南边界定为北

① 鞠继武：《我国历代对南海诸岛的管辖》，载中国科学院南沙综合科学考察队：《南沙群岛历史地理研究专集》，中山大学出版社，1991年，第84页。

纬4°的南沙群岛曾母暗沙。上述1947年在中国政府正式出版的《南海诸岛位置图》即使用11段断续国界线来标示中国管辖的岛礁、沙洲及其附近水域范围。后来取消了在北部湾的两条界线，成为现在9段线断续国界线，称为U形线，或史称南海传统海疆线，广见于我国出版各类地图。由于该线画法采用国际通用的国界线画法，有别于陆上国界线，且符合1982年《联合国海洋法公约》有关规定，因此，这条线至今仍是有效的，是中国南海海洋国土的国界线。在该线段以内的海域自然而然是中国的海域，该海域内的岛礁等就是中国的领土。这说明中国不存在在南海与邻国重新划分海上边界线的问题。但由于这条疆界线是不连续的，有些还是未定部分，而按《联合国海洋法公约》有关规定，有些海域会与邻国海域有重叠，这需要双方通过和平谈判，补充划定这条不连续疆界线的未定部分，公平合理地解决争端。

新中国成立后，南海诸岛的一部分岛屿也获得解放。至今南沙最大的太平岛、东沙的东沙岛为中国台湾军队驻守，但仍有一部分岛屿（主要在南沙群岛）为邻国所占据，计有礼乐滩、马欢岛、费信岛、西月岛、中业岛、南钥岛、北子岛、司令礁、安波沙洲、景宏岛、鸿庥岛、敦谦沙洲、南子岛等。详见下表：

南沙群岛的实际控制状况①

国家或地区	岛礁名称	进驻时间	国家或地区	岛礁名称	进驻时间
中国	太平岛	1946年	越南	景宏岛	1975年
	水暑礁	1988年		安波沙洲	1975年
	赤瓜礁	1988年		染青沙洲	1978年
	东门礁	1988年		中礁	1978年
	南熏礁	1988年		毕生礁	1987年
	渚碧礁	1988年		柏礁	1987年
	华阳礁	1988年		西礁	1988年
	美济礁	1995年		日积礁	1988年
菲律宾	马欢岛	1970年		无乜礁	1988年
	费信岛	1970年		大现礁	1988年

① 见张耀光：《中国海洋政治地理学》，科学出版社，2001年，第129页。

续表

国家或地区	岛礁名称	进驻时间	国家或地区	岛礁名称	进驻时间
	中业岛	1971 年		东礁	1988 年
	南钥岛	1971 年		六门礁	1988 年
	西月岛	1971 年		南华礁	1988 年
	双黄沙洲	1978 年		舶兰礁	1988 年
	马令礁	1980 年		奈罗礁	1988 年
	北子岛	1971 年		鬼喊礁	1988 年
马来西亚	弹丸礁	1977 年		琼礁	1988 年
	安渡礁	1977 年		蓬勃礁	1988 年
	南海礁	1979 年		广雅礁	1989 年
	簸箕礁	1999 年		万安滩	1989 年
	榆亚暗沙	1999 年		人俊滩	1991 年
文莱	南通礁	1982 年		李准滩	1991 年
越南	鸿庥岛	1975 年		西卫滩	1990 年
	敦谦沙洲	1975 年		常骏暗沙	1998 年
	南威岛	1975 年		小南熏礁	1999 年

依表上所列，现时形成中国、菲律宾、马来西亚、文莱、越南五国共争南沙群岛局面。中国除台湾当局驻守太平岛外，所能控制的岛礁全部在高潮线以下，所控制海域几乎是少油带，形成严峻局面。中国政府曾先后多次发表庄严声明，指出“南沙群岛、西沙群岛、中沙群岛和东沙群岛都是中国领土的一部分，中华人民共和国对这些岛屿具有无可争辩的主权。这些岛屿附近海域的资源也属于中国所有”，并一再重申“中国是一个社会主义国家，我们从来不去侵占别人的领土，也决不容许别人侵占我国的领土”。台湾当局也对南海诸岛是中国领土一部分表示鲜明立场。1974 年中越西沙之战爆发，蒋经国先生以（台湾）“国民政府”“行政院”院长身份向美国《时代》周刊记者发表谈话，指出：“许多年以前，我国政府（指台湾国民党政府）就曾在西沙保持一支武装力量。这支力量只是整个海南岛防御系统的一部分。我们撤出这支力量并不意味着放弃我们对西沙群岛的主权。……南沙群岛与台湾光复同时，从日本手中归还了中国。许多年以来，我们的士兵一直驻扎在南沙群岛的主要岛屿上，为了保卫这组群岛，我们将坚决做到可能做到的一切。我必须说明，我们的军

队有赋予他们保卫领土的责任。”1988 年，越南挑起“8·13 海战”，台湾军方表示：“面对中共与越南开战，台湾应帮中共一边。我们同是炎黄子孙。”这对企图染指、插手中国南海诸岛的外来势力，无疑是一个有力的回击。

近百年来，我国政府和人民在维护南海诸岛领土主权斗争中，也颇注重南海诸岛的开发和经营，使之走上近代开发道路。光绪三十三年（1907 年）粤督张人骏派副将吴敬荣等驾轮前往西沙，计划开发、勘明西沙共有岛 15 处；宣统元年（1909 年）又成立西沙岛办事处，制定复勘、开发西沙大纲，包括测绘详细地图，择地修建厂房、马路；采集鸟粪，修筑盐场，察验土性以备种植等；同年李准巡视西沙时亦拟具开采岛上矿砂，兴办农业，架设无线电台，开辟榆林、三亚两港等计划。1910 年东沙岛从日本人手中收回后，清政府委派该岛管理委员蔡康拟定开发东沙岛办法，并由蔡主持开办东沙岛磷矿、海产资源事宜。后因运输困难，磷矿开采仅 3 个月即停办。此后，相继有人分赴东沙、西沙各岛勘查各种资源，许多商人向政府呈请承开东沙、西沙鸟粪和海人草等资源。但以诸种原因，各种开发计划多成泡影或成效甚微。1928 年，广东省政府派遣以中山大学农业和地质人员为主的专业人员 15 人，包括著名学者沈鹏飞、丁颖等同乘“海瑞”号军舰前往西沙调查，回广州后编写成《调查西沙群岛报告书》，成为研究西沙的地理、海洋和自然资源的宝贵的参考资料。同年 6 月，广东省政府决议将西沙磷矿拨归中山大学管理，后由中大转给商人承办。1929 年 4 月，商人宋锡权获准组织协济公司承办西沙鸟粪磷矿，开办后经营一年，销出鸟粪 1 万吨。1931 年 4 月，商人严景技组织“西沙群岛鸟粪磷矿国产田料有限公司”，获准前往开采，并在广州、香港、汕头、厦门设立批发处，推销田料。1933 年广东省建设厅工业试验所筹建西沙群岛鸟粪肥料制造场，集资金 2.2 万元。总之，20 世纪 30 年代前后，对东沙、西沙的开拓经营已经出现前所未有的热潮。抗日战争期间，南海诸岛沦于敌手，一切开发活动遂告停止。抗战胜利后，中国政府在接收南海诸岛之同时，派员在永兴岛开展气象观测，建立航标灯塔，以及进行自然和资源的调查；在南沙也有水产、地质、测绘、土壤科学工作者进行考察。西沙、南沙气象台还发报气象资料，此项工作在国际航运和天气预报方面起到一些良好作用。

第二节　近现代对中国南海海洋观念的产生和发展

鸦片战争以后，中国门户洞开，西方列强一个个从海上入侵中国，进行各种政治、经济、军事活动，严重损害中国领土主权，危害中国人民的生存和发展。在西学东渐过程中，中国一些有识之士深切意识到国家积弱，备受欺凌，最重要的一个根源是丧失海权；而西方列强敢于在世界上横冲直撞、恃强凌弱也在于他们拥有庞大的海上力量，掌握了世界制海权，海权成为制约中国生死存亡的一个关键要素。这种认识随着中华民族危机的加深而变得越来越强烈，日益深入人心，由此产生了一批最先具有近现代海洋观念的时代先驱，他们的海洋思想和言行，主要以中国南海为背景而产生，也代表了近现代中国南海海洋观文化的重大成就。

1. 清末海南建省动议

海南岛作为中国南海交通和海防要枢，因自明初划归广东省政区以来，制约了它的海洋地区和作用，故到清末，随着海疆危机的加深，海南单独设省渐为一些有识之士所认识，成为这一时期中国海洋观念一个核心内容。

首先提出海南建省的是海南文昌人潘存。光绪九年（1883 年）经粤督张树声奏请朝廷，潘存被委任为雷州府和琼州府团练，主持琼雷海防。洋务派首领张之洞督粤时，潘存仍主持团练，有政声，受朝廷论功加四品衔，并成为张之洞至交。后来，潘存离开团练一职，先后受聘于惠州丰湖书院、琼州苏泉书院、蔚文书院，并参与筹办溪北书院，但未果，不久病逝。生前潘存曾与海南贤达商议，撰写《琼崖建省理由与建议方案》呈递给张之洞，提出从海南地位、政治、军事、经济、交通、文化等六大问题来说明建省理由，洋洋数万言。但这一方案文本，至今仍无法找到，也未收录潘存《潘孺初集》中①。

张之洞认为潘存建议有理，时台湾已经建省，海南也应该建省，继与粤督岑春煊先后奏报朝廷，但未果。不久张之洞调离广东，海南建省一事第一次告罢，而潘存的建议，却在中国南海海权史上留下深深的足迹。

① 参见唐玲玲、周伟民：《海南史要览》，海南出版社/南方出版社，2008 年，第 415 页。

2. 孙中山的海洋观

在中国南海海权史上，孙中山是千古第一人。孙中山为推翻帝制，建立民主共和国，长期奔走于海外，目睹西方海洋文明，多次穿越太平洋、印度洋、大西洋，深知海洋对于国家、民族生死攸关，故在他的一系列论著、讲话中，充分表达了他的海洋观。

孙中山从历史视野出发，总结中国长期海禁，忽视海权，导致国家领土主权丧失，西方列强入侵的历史教训，深刻地指出“自世界大势变迁，国力之盛衰强弱，常在海不在陆，其海上权力优胜者，其国力常占优胜”。并针对中国海权逐步丧失事实，痛斥这“使中国不成其为国家”，所以从帝国主义手中夺回海权，是实现中华民族独立和国家富强的重要条件。

进入20世纪，第一次世界大战结束以后，太平洋成为西方列强海上角逐、争取海权的重心。孙中山以一位海洋战略家的眼光，在为《战后太平洋问题》一书作序指出，“昔日之地中海问题、大西洋问题，我可以付诸不知不问也，惟今后之太平洋问题，则实关于我中华民族之生存，中华国家之命运者也”，“海权之竞争，由地中海而移至大西洋，今后则由大西洋移至太平洋。……盖太平洋之重心，即中国也。争太平洋之海权，则争中国之门户耳。谁扭有此门户，则有此堂奥，有此宝藏也。人方以为我争，我岂能付之不知不问乎？”为了取得海权，孙中山强调一定要从帝国主义手中夺回海关、租界和领事裁判权。他极力主张中国派代表团去美国参加对恢复中国海权有重要意义的太平洋会议。

基于甲午海战北洋水师全军覆灭的惨痛教训，孙中山认为，一个国家要掌握海权，必须有控制海洋的手段，建立一支强大的海军，这是国家“富强之基”。他指出，当时“中国海军大小军舰不过百只，兵船不如外国坚利，枪炮不如外国精锐，海岸设防不如外国坚固，外国军舰可以随时冲入我国，制我们于死命”。没有强大的海军，不仅会丧失海权，甚至会导致亡国，故应将“海军建设列为国防之首要”。1912年1月1日，中华民国政府成立，孙中山就任临时大总统，当天就宣布成立中华民国海军，在中央政府内设立海军部，着手建设海军事宜。

建设海军，必须发展造船业，用最先进的技术装备发展海军。孙中山指出必须以此扩大海军，使中国海军成为世界上最强大的海军之一，使中国成为一等强国。为此，孙中山还描绘了一幅系统的海军发展蓝图。只因时局变动，1925年孙中山逝世，这一蓝图未能实现。

作为中国南海人民的伟大儿子，孙中山十分重视发展海洋经济，作为建设海防，巩固海防，保卫海权的重要手段。他在《建国方略·实业计划》中，拟定了一个庞大的海洋开发战略，勾画了发展蓝图和布局方案。仅海港建设而言，孙中山提出建设北方、东方、南方三大港，营口、福州、海州、钦州四个二等港和辽宁至海南的15个三等港。其中在广东沿海就有汕头、电白、海口港，形成中国海港体系。孙中山将港口建设与海军基地建设相结合，认为开发海洋资源，加强外贸，发展海上航运，与海军基地建设都是不可分割的。而孙中山这一开发海岸、建设海军的计划，中国南海无可置疑是一个最主要的对象和建设目标。

台湾和海南是我国海上的两只眼睛，也是最大的海防基地。孙中山十分关注海南岛的海洋开发和海防建设，指出海南岛是“南洋门户”，“因海疆之要区，南方之屏障”，强调海南岛在中国海防上的战略地位，要把它建设成为重要的“海军根据地”，并首先从“固海防”立场，提出海南岛应改设行省。

1911年9月11日，孙中山到北京商谈国家大计，广东旅京同乡梁士诒等，假座京都南横街粤东新馆，开会欢迎孙中山，孙中山对海南建省问题发表谈话。

孙中山先生在会上针对琼山人陈发擅就海南对国家的价值和有利广东人移民开发应设省的问题提出精辟见解，认为：“近日江苏人欲将江北改省，然其地与江南仅隔一扬子江耳。改省与否，无关要紧也。琼州则孤悬海外，当中华民国之南，其海峡之最狭者，只与内地口岸隔十八里（应指海里），万一不能关照，先去琼州，则高、廉、雷等府，及广西之太平等处都有危险。今为边防起见，宜将琼州另立一省。其五指山黎峒所未开辟之地，则移广东八府之人以实之，则琼州或可自守矣。况且琼州有一榆林港，极合军港之用。此港为欧亚航路所经之地，如建为军港以守之，则不特可以因中国之门户，且可以控制南洋一带。”“至于实业，则琼州四面滨海，海产丰富；琼多山木，其材木是供数省铁路枕木之用。农田岁中数熟，矿产又丰富，琼地又能种植树胶之木，近日树胶用途极广，树胶一磅值银数元（即银元），一树能出十余磅。琼之粮产及槟榔等又极丰富，若为外人所占，则大利外溢，遗患无穷。试看美国檀香山，面积不过六七方里，从前粤人侨此者四万，日本七万，土人数十万，亦足供殖民之用。今琼地万余方里，地大于檀（即檀香山），美人为海防起见，尚极力保全檀香山，何以中国不以琼为意乎？今陈君（指陈发檀）倡议设法保卫琼州，琼全则粤全，诚急务也。”事后，由孙中山及梁士诒、陈发檀等36人联名，写《琼州改设行省理由书》，由孙中山、梁士诒、陈发檀等36人联名上书国会，[①] 提出了海南建省的必要性。理由书的前提是把海南岛与台湾岛作比较。台湾已割让给日本，海南岛由于“有形势之险而不知固守，有天然之富源而不知利用”，对这个商贾货物云集、山海物产鳞屯的宝岛，“各国学者、政治家、旅行者，不绝于道，探险者纷至沓来，而吾国人昧然也”。因此提醒国人重视这一现实，必须把海南改设行省。其理由是：①巩固国防；②开发天然资源；③推行民族平等的文化政策；④推行国内移民政策；⑤为了行政工作的方便。理由书上还驳斥了琼州土地狭小，财务不足，不宜建省等论调。最后说：唐贞元五年（789年），就已置都督府于琼州，也即海南已设置为一个独立的行政区，所以“改省之说，乃所以复古制，非创议也。海南建省，早在唐朝已开始实施”。这篇理由书甚至认为“琼全则粤全”，所以要保琼州必须改省。孙中山还从历史的实际出发，将台湾与海南作了对比，指出“台湾一岛，其幅员与琼州相等，自日本经营之后，每年岁入数千万。倘琼州改设行省，数年经营以后，其收入必有可观，无庸疑也”。孙中山又将海南岛与西方国家作了比较，指出：“欧美诸小国其面积不如琼州之广，人口不如琼州之多，尚自立为一国，以数百万住民，十万万里之土地，而不能划为一省，直隶中央者，断无是理”。孙中山在这次广东旅京同乡会举行盛大欢迎会上，大声疾呼：“图救海南，从建省开始”“赞成琼州改设行省，琼州幸甚，民国幸甚！”。

这份建议书提出后，旅居广州的海南同乡成立“海南建省促进会”，咨请国会将该案列入议程。后因第二次北伐受挫，这一建议未能实现。

1921年，孙中山任非常大总统，国会议员王斧军、广东省议会议长郑里铎、江海防司令陈策等，设立“琼崖改设行省筹备会”聘胡汉民、廖仲恺、吴铁城诸人为顾问，将海南设省重新提到议事日程。王斧军谒孙中山时陈述筹备情形，孙中山先生指示，可名为“广南省”。广南一名，始于宋之广南路。其地即唐岭南道之全境，后分广南东西两路，即广东、广西两省来源。以琼州及南宁（儋）、万安（万）、吉阳（崖）三军属广南西路。孙中山以海南建省

① 孙中山：《琼州改设行省理由书》，见《孙中山全集》第12卷，中华书局，1986年。

后取名广南省，其意似以广南与广之东西方呈三足鼎立状，保存唐宋以来历史地缘政治关系。虽然王斧军、陈策等热心筹建，但此事又因陈炯明叛变、广东局势不稳而作罢。

1923年春，联军东下，陈炯明被驱逐出广州，孙中山回粤组织帅府，担任陆海军大元帅，又重新提出海南改省的问题。当时，琼籍革命先辈徐成章与琼崖各界人士12人，因西沙问题当请愿代表，往帅府谒见孙中山。孙中山为此特别指示他们发起改省。并说："诸位是琼崖人，要图救琼崖，须先将琼崖改省，直隶于革命政府。"徐成章等第二次请愿，提出讨伐盘踞琼崖军阀邓本殷，再次谒见孙中山。孙中山又要求他们发起组织海南改省大会，以促进琼崖改为行省。①

1923年12月，国民党进行改组，孙中山公开系统地讲解三民主义，又深入浅出地阐释了海南建省的方略、方法、政策等问题。按照孙中山的说法，即要实行"军政、训政、宪政"，也就是"在琼崖把军阀—伪革命—土匪—恶地主—基督教徒—劣绅的压迫摧残干净，进而设立公共事业，使人民能够运用民权主义，各县完备法律，由各县人民代表选举省长，受中央的指挥"。孙中山认为，这三个步骤若能如期完成，改省问题自会解决。②

1925年3月13日，孙中山病逝于北平（今北京）。这样，海南建省的方案，随着军阀的混战、国事的混乱而被束诸高阁。此后，1932年陈铭枢主粤，1935年和1947年文昌人虎门要塞司令陈策，以及1949年4月海南特别行政区公署长官陈济棠等都提出或着手筹办海南建省事宜，但由于政局动荡等原因，始终未能实现。

新中国成立初，海南建省也有过动议，并曾拟名为"琼崖省"甚至连"琼崖省人民政府印"公章都刻好了，惜未使用，现存广东省博物馆。③ 基于多种原因，也未能实现。直到改革开放后，随着国内外形势的改变，才在1988年4月13日经第七届全国人民代表大会第一次会议通过设立海南省的决定，并于同日实施。自此，历经105年海南建省的历史问题，才画上一个圆满的记号。这不仅是中国行政区划和海南开发史上一件头等重要事件，而且也是

---

① 参见唐玲玲、周伟民：《海南史要览》，海南出版社/南方出版社，2008年，第416页。

② 参见唐玲玲、周伟民：《海南史要览》，海南出版社/南方出版社，2008年，第417页。

③ 参见唐玲玲、周伟民：《海南史要览》，海南出版社/南方出版社，2008年，第420页。

中国南海海洋文化史的一件盛事，孙中山厥功至伟，是他海洋思想的一个重大胜利。

第三节　港澳领土主权的丧失和回归

明嘉靖三十二年（1553 年）葡萄牙人虽租赁澳门，但领土主权仍属中国，只是清光绪十三年（1887 年）《中葡和好通商条约》签订以后，葡萄牙才实际上实施对澳门的殖民统治，破坏并夺取了中国对澳门的领土主权。但基于各种特殊情况，澳门不是葡萄牙的殖民地，而是在中国领土内一个主权与治权分离的特殊政治区域，而香港则是鸦片战争中割让给英国，并由英国实行殖民管治的中国领土。港澳领土主权的丧失，完全是西方列强船坚炮利政策的产物，它们发生在中国领海无权的时代，实际上也属中国海权问题，而港澳回归，其性质并未改变，自然属海权范围。

1．近代英国占香港地区的形成

1842 年 8 月，中国在鸦片战争中失败，被迫与英国签订《中英江宁条约》（即《南京条约》），其中第三款为有关割让香港的条文："因大英商船远路涉洋，往往有损坏须修补者，自应给予沿海一处，以便修船及存贮所用物料。今大皇帝准将香港一岛给予大英国君主暨嗣后世袭主位者常远据守主掌，任便立法治理。"[①] 1843 年 6 月 26 日，中英举行条约换文仪式，英国政府当天正式宣布香港为其殖民地。

1860 年 10 月 24 日，中国由于在第二次鸦片战争中失败，又被迫与英国签订中英《北京条约》。其中第六款规定："将粤东九龙司地方一区，交与大英驻扎粤省暂充英、法总局正使功赐三等宝星巴夏礼，代国立批永租在案。兹大清大皇帝即将该地界付与大英君主并历后嗣，并归英属香港界内，以期该港埠面管辖所及，庶保无事。"[②] 这样一块原属宝安县政区范围的九龙落入英国人之手，加入香港"殖民地"范围。这使香港范围伸入广东大陆，港岛与九龙间海域成为香港"内海"。

---

① 邓开颂等：《粤港澳近代关系史》，广东人民出版社，1996 年，第 67 页。

② 邓开颂等：《粤港澳近代关系史》，广东人民出版社，1996 年，第 90 页。

新界石碑　深圳文广新局提供

1898年3月，英国又乘中日甲午战争中国失败、被迫与日本签订《马关条约》，帝国主义列强掀起瓜分中国高潮之机，迫使清政府签订《展拓香港界址专条》，租借了沙头角海到深圳湾之间最短距离直线以南、界限街以北地区以及附近岛屿和大鹏、深圳两海湾，期限99年。

1898年10月，英国政府发布《新界政令》，宣布“新界”“是女皇陛下殖民地香港的重要组成部分”，“香港总督有权制定法律”，以管治“新界”，“香港所有在当时有效的法律和条例”都将在“新界”生效。后经中英双方谈判，以深圳河作为租借地界线。这块后称“新界”的土地又成为英国占领香港地区的一部分。

1899年12月27日，香港总督和香港行政局发布命令，宣布在“新界”内原属中国管辖的九龙城寨为“女皇陛下殖民地香港的一部分”。虽然清政府立即声明九龙城寨是中国领土，管辖权仍属于中国，但无力采取有效的保护措施，英国事实上并吞了九龙城寨。

这样，英国占香港岛、九龙半岛和租借“新界”，以及强占的其他岛屿连成一片，形成香港地区，并以深圳河为界，与广东政区分隔，成为一个英国人管制下的特殊政治地理区域。新中国成立后，为了表示香港地区与广东大陆的区别，我国出版的地图在香港地区范围加上虚线。这是一种特殊线条，既不同于一般省（区）、市、县界线，更不是国界线，它仅适用于表示香港地区界线。

2. 中国政府和人民为收回港澳主权的斗争

港澳虽为英国和葡萄牙强占，但它们作为中国固有的领土，其主权从来就是而且永远属于中国。所以历届中国政府和人民都不承认英国对香港、葡萄牙对澳门拥有主权，并为恢复对港澳行使主权进行着不懈的斗争。

在英国武力强占香港之初、《南京条约》签订前夕，1842 年 6 月广东绅民曾计划收复香港，后因两广总督祁埙的压制而未果。此后，中国人民特别是广东人民反对英国对香港殖民统治的斗争从未停止。1942 年中英两国政府在签订有关两国间平等新约的谈判中，中方提出中国一向将租界与租借地一体看待，故收回租界也包括香港“新界”租借地在内，但因英方反对未能实现。1943 年 1 月 11 日中英签订《关于取消英国在华治外法权及其相关特权条约》中，虽无英国归还“新界”租借地的条文，但中国政府已表示它将保留日后再提“新界”问题的权利。1945 年 8 月日本投降后，根据盟军最高统帅部的划分，香港包括在中国战区之内，应由中国军队接收，此即为中国对香港主权的一种表现，也得到同盟国的承认。香港光复后，中英双方曾将香港沦陷期间为日军破坏了的“新界”北界界址作了重新勘定，并在原来地点重新竖立界石。中方由广东省民政厅厅长徐景唐、港英方面由“新界”民政署长班格代表各方签字，并将勘定后界址标明于地图。这说明英国管理这一界限以内地域，即重新肯定“新界”租借地地位，而不是英国对“新界”拥有主权。1948 年欧阳缨在《本国析类分省图》关于广东幅文字说明中指出港澳为“急待收回地”，“以上两地关系我国国防经济甚大。葡本无功，又不善理。鸦片之役，其屈在英。故不平等条约取消后，我向英葡交涉取回”①。1949 年后，鉴于香港的特殊地位和作用而维持其现状，但这并不说明中国承认英国对香港拥有主权。这恰如邓小平同志 1982 年 9 月在会见英国前首相撒切尔夫人时指出的：“关于主权问题，中国在这个问题上没有回旋余地。坦率地讲，主权问题不是一个可以讨论的问题。现在时机已经成熟了，应该明确肯定：1997 年中国将收回香港。就是说，中国要收回的不仅是新界，而且包括香港岛、九龙。”②

---

① 欧阳缨：《本国析类分省图》，亚新地学社，1948 年。

② 《邓小平文选》第三卷，人民出版社，1993 年，第 12 页。

至于澳门，早在明万历时广东总督张鸣岗已一针见血地指出，“粤之有澳夷，犹疽之在背也”[①]，不少人主张以暴力驱逐葡人，收回澳门。清代，中国人民反对葡萄牙殖民统治的斗争也没有止息。清末武昌起义前夕，广东民众曾强烈谴责澳葡制造“路环血案”的罪行，大声疾呼“收回澳门”。抗战胜利之初即1945年9月国民政府外交部曾向葡萄牙政府表明中国收回澳门的意望。同年10月中山县县长和当地驻军师长刘绍武秉承在广州接受日军投降的第二方面军司令官张发奎将军旨意，提出收回澳门口号，得到中山、澳门各界人士支持。中山县人民还组织代表团入澳门请愿，说明我国人民收复澳门的决心。1947年国民党参议会通过《及早收复澳门》议案，广东省组织了“广东民众收回澳门活动促进会”，研究收回具体事宜。该会还组织过一次民意测验，在1265545张问卷中，有70%的人回答赞成以武力收回澳门[②]，只因各种历史原因未能实现。

新中国成立后，中国政府多次阐明对港澳问题的立场，指出香港、澳门是中国领土，中国不受过去英国政府和葡萄牙政府同清政府签订的不平等条约的约束，中国将在条件成熟时恢复对整个香港和澳门地区行使主权。1972年3月8日中国常驻联合国代表黄华在致联合国非殖民地化特别委员会主席的一封信中说：“香港、澳门是属于历史遗留下来的帝国主义强加于中国的一系列不平等条约的结果。香港和澳门是被英国和葡萄牙当局占领的中国领土的一部分，解决香港、澳门问题完全是属中国主权范围内的问题，根本不属通常所谓‘殖民地’范畴。”[③] 后来联合国接受中国政府意见，已将香港、澳门从世界殖民地名单中剔除出去，从而否定了英国和葡萄牙把香港、澳门当作它们的殖民地的做法。但它们主权问题的最后解决，还是1997年和1999年中英、中葡关于香港、澳门问题联合声明的发表和香港、澳门两个特别行政区的成立。这标志着中国人民洗百年丧失海权耻辱，反对外国殖民主义的伟大胜利。

3. 香港、澳门两个特别行政区的建置

经过中国政府和人民为收回港澳主权的长期坚决斗争，特别是20世纪80年代以来与英、葡政府艰苦的谈判，在中国改革开放后和平崛起的背景下，港

---

① 《明史·佛朗机传》。

② 邓开颂等：《粤港澳近代关系史》，广东人民出版社，1996年，第348页。

③ 转见施汉荣：《一国两制与香港》，广东人民出版社，1995年，第70页。

澳终于回到祖国怀抱，实现了主权回归，并建立了香港、澳门两个特别行政区，从海洋制度文化而言，这也是一种海洋行政建置的创新，具有不寻常的海洋文化意义。

（1）香港特别行政区。

1984 年 12 月 19 日中英两国政府正式签署《中英关于香港问题的联合声明》，中国政府向世界宣布，中国政府决定于 1997 年 7 月 1 日对香港恢复行使主权；英国政府则声明于 1997 年 7 月 1 日将香港交还给中国。

1990 年 4 月 4 日，第七届全国人民代表大会第三次会议通过《关于设立香港特别行政区的决定》。该决定规定：自 1997 年 7 月 1 日起设立香港特别行政区；香港特别行政区的区域包括香港岛、九龙半岛，以及所辖的岛屿和附近海域；香港特别行政区的行政区域图由国务院另行公布。这就第一次明确规定了香港特别行政区的建置时间和所辖行政地域范围。

这次会议同时通过《中华人民共和国香港特别行政区基本法》第一条规定："香港特别行政区是中华人民共和国不可分离的部分。"第五条规定："香港特别行政区不实行社会主义制度和政策，保持原有的资本主义制度和生活方式，五十年不变。"第十二条规定："香港特别行政区是中华人民共和国的一个享有高度自治权的地方行政区域，直辖于中央人民政府。"另外第七条规定："香港特别行政区境内的土地和自然资源属于国家所有。"这些规定都体现了国家主权原则，明确了香港特别行政区的法律地位。

香港特别行政区不同于我国一般省区，其特别之处有四：第一，它是实行单一制即一个国家只有单一的宪法和一个最高国家行政机关的中国的一个特别行政区，其地位相当于省区或直辖市一级，由中央人民政府直接管辖。第二，它的制度和政策由国家权力最高机关——全国人民代表大会制定的《中华人民共和国香港特别行政区基本法》规定，被授予包括行政管理权、立法权、独立司法权和终审权及其他权力等高度自治权力；外交和国防由中央人民政府管理；行政长官和行政机关的主要官员由中央人民政府任命。第三，它既直辖于中央人民政府，又享有高度自治权。其自治程度之高是举世无双的。第四，"一个国家，两种制度"，即在香港特别行政区内，继续实行资本主义制度，五十年不变，与内地的社会主义制度在一国之内长期并存，和平共处，互不伤害，互助互利，共同发展。

香港特别行政区的成立，它的法律地位和以上特征，成为广东和其他省区与之建立政区空间关系和可能产生各方面影响的基础。

（2）澳门特别行政区。

根据1987年4月13日中葡两国政府《关于澳门问题的联合声明》，中国政府将于1999年12月20日对澳门恢复行使主权，同时设立澳门特别行政区。

1993年3月31日第八届全国人民代表大会第一次会议通过《关于设立中华人民共和国澳门特别行政区的决定》。该决定规定：

①自1999年12月20日起设立澳门特别行政区。

②澳门特别行政区的区域包括澳门半岛、凼仔岛和路环岛。澳门特别行政区的行政区域图由国务院另行公布。这次会议同时通过《中华人民共和国澳门特别行政区基本法》，成为继《中华人民共和国香港特别行政区基本法》（以下该两法分别简称为《香港基本法》、《澳门基本法》，合称时简称为《两个基本法》）之后又一部特别行政区的行政法典。

《澳门基本法》确认“澳门特别行政区是中华人民共和国不可分离的部分”，是“一个享有高度自治权的地方行政区划，直辖于中央人民政府”。连同上述决定，澳门特别行政区同样具备了与香港特别行政区一样的国家行政区基本要素，体现了“一国两制”和“澳人治澳”的方针政策，同样成为与广东和其他省区建立和发展政区空间与其他关系的基础。至此，香港、澳门主权回归和两个特区政府成立，标志着中国最后两块饱受殖民统治的海洋国土历史翻开新的一页，在同一个主权国家里开始新的海洋文化里程。

第四节　现代海洋农业文化成就

滩涂围垦和海产捕捞、养殖自古以来即为中国南海地区海洋农业文化主要内涵，但代有兴衰，尤以现代为著，近年则呈蓬勃发展态势，充分分享高新科技所赋予的海洋文明。

1. 新中国成立后滩涂围垦成就

新中国成立后，滩涂围垦在南海三省区得到普遍重视，并常与沿海水利建设事业相结合，解决防海潮、引淡脱盐去卤等问题，使大片荒滩化为沃壤，遍地荆榛化作稻粱，有效地解决这些地区粮食和生态环境等问题，同时昭示海洋农业在这方面达到一个新的发展高度。据调查统计，到1983年，广东（时含海南岛）围垦滩涂面积达159.6万亩，占同期全国已围垦滩涂面积1680万亩的9.5%。[①] 在已围垦滩涂中，已利用的为101.6万亩，即利用率为63.7%，尚有部分滩涂围而未垦。大陆沿岸已垦滩涂较多，但利用率低，海南岛已围滩涂较少，但利用率高。大陆沿海的海堤，以珠江口两侧为集中岸段，已筑海堤135条，堤线总长1661公里，捍卫面积210.8万顷，人口130.64万人[②]。这些海堤包括斗门、中山之间白蕉联围，中山、珠海之间中珠坦洲联围，中山北部民三联围，番禺南端万顷沙围，跨番禺、顺德的番顺联围等，都是规模巨大的海堤，涉及珠江口伶仃洋海区、磨刀门海区、黄茅海海区。珠江口这些滩涂，分布在顺直的海岸边滩，泥沙来源欠充，加上受沿岸潮流的影响，不利淤泥沉积，滩涂分布零散，沙粒较粗，肥力不高，围垦开发价值不大，但对水产养殖有利。而海滨黏质泥坦、壤质草坦、盐渍沼泽土等土层深厚、肥力高，围垦意义重大。宝安沙井、深圳湾沙河口、番禺南沙嘴、鸡抱沙、万顷沙、中山横门口、珠海银坑、香洲、大横琴、三灶岛、新会崖南、赤鼻岛、台山黄茅岛、赤溪东、都斛东等都属这类可围滩涂。这些滩涂，有的自清中叶以来即有小规模围垦，新中国成立后相继围垦，建立平沙农场、八一大围、军建大围、红旗农场以及上述各大联围，皆为向海洋进军、向海滩要地的重要成果。特别是改革开放以来，南海三省区沿海经济建设迅速发展，城市建设、交通建设，以及扩大工业加工区、经济技术开发区等开发项目大量占用耕地，使各地区各部门普遍重视滩涂围垦，以缓和用地矛盾。而随着外向型经济的发展，沿海地区不断引进外资开发滩涂，使圈垦速度不断加快。围垦滩涂成为海岸带资源开发的重要内容。广东近年围垦滩涂主要集中在珠江口，粤东次之。因为珠江口所背靠珠江三角洲，是我国南方经济高峰区，各项事业发展较快，用地大增，围垦后能很快取得明显的经济效益。例如番禺万顷沙新垦区，围垦成田率达80%，一般围垦当年即可利用。在围内工程未配套以前，以种植莲藕为主；配套后，可种植甘蔗、香蕉等经济作物，收入不菲。大抵伶仃洋东岸（东莞、深圳等），围垦滩涂以发展海港、城镇和工业用地为主；伶仃洋西岸（番禺、中

---

① 广东省海岸带和海涂资源综合调查大队等：《广东省海岸带和海涂资源综合调查报告》，海洋出版社，1988年，第351页。

② 水利部珠江水利委员会编：《珠江志》第三卷，广东科技出版社，1993年，第201页。

山、珠海等），以及磨刀门、黄茅海围垦滩涂则以发展大农业为主，都已取得巨大的社会、经济效益。一般说来，围垦初期宜种甘蔗、香蕉、水草以及放养塘鱼、牛、鹅、鸭等，产品质佳味鲜，深受港澳市场欢迎。珠江八大出口附近还有很多滩涂，规模大，高程高，紧靠大河，淡水来源丰富，近期内也宜围垦。沿海岸滩地受咸潮影响大，土壤盐度高，只要建设引淡工程，仍可围垦，不过这需要大量资金投入。近年，珠江三角洲经济崛起，有财力开发这项事业，也是南海海洋文化建设一项大的希望工程。

粤东大部分岸段面对浩瀚的外海，水动力作用强，仅有局部港湾或以岛屿为屏障岸段的水动力较弱，故滩涂资源比较贫乏。分布较为集中的有饶平、澄海、汕头、海丰、惠东等县市。这些滩涂，有河口湾型（汕头牛田洋）、三角洲前缘型（韩江河口）、溺谷湾型（柘林湾、范和港）、潟湖湾型（神泉、乌坎、长沙湾）等，类型众多，开发利用方式也不尽一致，海洋文化景观更为丰富多彩。如汕头市西北部河口湾型牛田洋，1956 年以来多次围垦而成，堤围长 1807 公里，原为土堤外加干砌石防浪墙，颇为坚固，为当地围垦工程一景，颇负盛名。1969 年遭强台风、海啸袭击，堤围溃决，后按原样加高增厚，可抗 10～11 级风暴潮水位，捍卫着围内大量产业、人口和财富，今已成为地狭人稠的潮汕地区与海争地胜利的一个典范。

粤西滩涂性质差异较大，西部岸线平直，以沙质为主，而东部岸线曲折，沙质和於泥质相间。大部分滩涂集中分布沿海一些港湾，如台山广海湾、镇海湾、阳江北津港、阳西织篢丰头河湾、沙扒湾、电白水东湾、广州湾（湛江湾）、雷州湾、徐闻外罗港湾、流沙港湾、廉州安铺湾等。粤西滩涂约有 110 万亩，大部分在这些港湾、河口地段，其余则呈零星分布。淤泥质滩涂，多形成于大河河口或港湾，有岛屿为屏障，陆源细粒物质供应充裕，有机质高，养分丰富，宜于围垦或养殖。其他含沙淤质滩涂，分选性和肥力较差，围垦价值较低，但宜海水养殖。粤西沿海是广东最缺水岸段，特别是雷州半岛是广东最干旱地区之一，除靠近河口淡水资源较为丰富岸段以外，一般不宜围垦种植作物，故雷州半岛很多滩涂尚为处女地，或围而未垦。粤西东部岸线，只有台山、阳江淡水资源较为丰富，被围垦滩涂较为充分利用。如建于 20 世纪 50 年代中期的阳江平岗农场，50 年来一直在发挥效益，成为一个重要的粮食和甘蔗生产基地。

海南岛虽然四周临海，但以北部和东北部岸线曲折，滩涂面积较大，主要又集中分布在新英、铺前、清澜等港湾之内。滩涂物质来源于玄武岩台地风化物，以淤泥质为主，加之这一带有南渡江、万泉河、陵水河等供应淡水，滩涂围垦成为可能，但总的面积仍很小，主要用于养殖、种植和晒盐。海南西部沿海，苦旱缺水，滩涂以沙质为主，夏天人履其上如炮烙，无法围垦种植，但却是上等盐场（如莺歌海）。而南部滩涂以沙质为主，水清坡缓，沙白如银，极宜游泳、冲浪等水上活动，如大小东海、牙笼湾、天涯海角等已被辟为天然浴场，无论冬夏游客如云，成为当地经济支柱产业。

广西北部湾滩涂多达150万亩，以泥质或泥沙质为主，多集中分布在港湾，但目前利用率很低，尚有大片黄金海岸等待开发利用。北部湾是祖国大西南唯一的出海通道，故岸线开发有非同寻常的经济、文化意义，也展示着光辉前景。

在南海白云蓝天的映衬下，这些围垦滩涂主要种植水稻、甘蔗和其他作物，多呈集中连片分布，堪为稻作、经作文化景观范例。番禺万顷沙、斗门白藤湖、新会崖南等新垦区，其土地利用是随地势高低和水利条件来决定其作物安排，因而具有它的科学性和合理性，赋有丰富文化品位。尤其是珠江三角洲沙田是有规划的，一般成方形，每块农田都有一定比例的面积，田块之间有渠道（俗称涌）作为田间的交通孔道，同时兼有排涝、洗咸作用。靠近渠道的田块筑有坚固的堤围，抵御风浪袭击。这种田沟相间而整齐划一的农田，是珠江三角洲滨海地区农田的特色，也是滩涂围垦形成的文化景观。著名作家陈残云在《沙田水秀》一文中写道："沙田的景色是迷人的。丰收后一望无际的田野，显得特别宽广和美丽，纵横交错的小河涌，小艇穿梭如织；一排排翠绿的蕉林相映着乌黑的牛群。这仿佛是一幅色彩鲜明的织锦画。"① 展示出沙田景观是那样的自然和秀美。

2. 滩涂围垦的文化生态教训

滩涂围垦一方面创造巨大的物质文化财富，另一方面又改变当地的生态环境。这就要求滩涂围垦必须符合自然规律，并使之永续利用和可持续发展。恰如恩格斯说的"大自然是辩证法的试金石"。人类利用自然，符合自然辩证法的行为及其创造物质和精神财富，是一种先进文化，反之，则是一种落后文化。在滩涂围垦上，也有这种文化分野。南海三省区上述围垦滩涂，在肯定其

① 转见司徒尚纪：《广东文化地理》，广东人民出版社，2001年，第92页。

作为一个海洋文化主流的同时，也不能不看到这个过程中也产生不少经验教训，可视为落后海洋文化的一种折射。它们是：（1）盲目和片面围垦。滩涂形成发育有自己的规律，不可逾越。新中国成立后的资料显示，凡在南海区河口、溺谷港湾中大规模围垦的，多得不偿失。有关方面调查显示，新中国成立后30多年间，广东围垦滩涂约140万亩，但开发得当、经济效益、社会效益、生态效益显著的仅占1/3，如斗门平沙农场、番禺珠江农场等，其余的不是经济效益一般就是经济效益差，甚至无法利用。如粤东澄（海）饶（平）联围，1973年建成，但可垦为农田的面积仅占全围滩涂的58%，后又降到41%[①]，利用效率不高。而更为严重的问题是，围垦前这一大片滩涂是粤东海水养殖良好场所，原有大片蚝田，近海盛产多种鱼虾、贝类而闻名遐迩。围垦后蚝田荡然无存，鱼虾绝迹，晒盐业日益式微，生态环境恶化，只能种植单一性水稻，但经济效益远不及围垦前各业产量总和。澄饶联围被认为是生态系统破坏最严重、开发利用条件最差的一个垦区。近年花大力气对其进行综合整治，情况才开始向有利方向转化，由此留下深刻经验教训，殊足值得反思。（2）围垦过度，危及港湾功能。过去很长一段时间，片面强调“与海争地”，结果围垦过量，港湾纳潮量大为减少，引起港湾动力改变，导致一些港湾功能下降，甚至废弃。惠来县神泉港，原为广东一等渔港。20世纪70年代，在流入该港龙江和雷岭河口围垦造田和修筑堤围，使纳潮量锐减，水域面积缩减几至一半，几乎变为“死港”。后来花大力气加以整治，才使神泉港死里回生，恢复渔港功能。（3）围垦失时，失其地利。滩涂围垦时间必须恰当，过早围垦，围后淤沙不足，难以成田，成为积水洼地；过后围垦，滩面高程过高，难以自流灌溉，所以围垦贵在适时。珠江三角洲农民在千百年围垦实践中，摸索、总结出滩涂淤积演变过程规律，即鱼游、橹迫、鹤立、草埔四个阶段，具有很高的文化品位。珠江三角洲明初以来新围垦的成田的滩涂，有不少是按照这个过程演变而来的。在珠江三角洲，围垦过早的有中山东七围、珠海横琴中心沟围等，结果围外淤积，围内积水洼地过多。围垦过迟的如斗门平沙农场前锋分场，结果垦区地面高程过高，灌溉困难。这都难以发挥地利，达不到围垦应有的经济效益，在滩涂利用上留下深刻教训。（4）围而不垦，浪费资源。近几十年，

---

① 广东省海岸带和海涂资源综合调查大队等：《广东省海岸带和海涂资源综合调查报告》，海洋出版社，1988年，第587页。

一些地方滩涂围垦一哄而起，不顾环境和条件，竞相高下，形成盲目或片面围垦的现象。也有围后欠缺水利配套工程，未能进一步改造成围田，使大片滩涂地弃荒，既浪费土地资源，又损失不少人力物力，可谓劳民伤财。上述潮汕地区澄饶联围即是一个围而不垦的典范。而围后土地基本上没有利用的事例还很多，如台山海晏华侨农场、海丰长沙湾的虎头山围、湛江市郊官渡围、雷州（海康）企水围等。（5）围垦后经营项目单一，经济效益低下。这主要是围后各项工程未配套，只能单一化种植水稻，未能综合利用，发挥地利，因而收益甚低，达不到围垦目的。如中山东七围围海 1160 亩，因地势低洼，排水不良，过去一直种水稻，单产很低。1981 年后投资将低洼地改成蔗基鱼塘，种蔗养鱼，收入大增。两种经营模式，两种不同效果。这说明综合开发、多种经营是围垦海上土地资源开发利用的正确方针，也是发展海洋经济的一种文化模式。

3．海水养殖文化模式演变

新中国成立初以来很长一段时间，在“以农为一”，“以粮为纲”计划经济经营方针指引下，南海三省区兴起海水养殖高潮，并由于海洋科技进步，而获得较高文化品位。1952—1955 年，原广东省（含今海南岛和广西合浦地区）调查统计可开发利用滩涂为 173 万亩。[①] 主要养殖牡蛎、贻贝、珍珠贝、泥蚶、文蛤等贝类 10 多种，紫菜、麒麟菜、江蓠菜等藻类，以及 50 多种鱼类，10 多种贝壳类，还有海参、海胆、星虫、海兔等，但以贝类养殖为主，也是在这个领域，技术进步最大。据新编《广东省志·科学技术志·水产科学技术》介绍，1952 年起在部分地区采用“筏式”（可移垂下式）和“栅式”（固定垂下式）养殖牡蛎生长率最高，可充分利用水体，单位面积产量高，被视为一种技术革新。1956 年以后，使用水泥条附着器养蚝，比原来投石养蚝增产 6～8 倍。80 年代，这一技术普遍推广，蚝田大面积增加，产品源源供应市场。差不多在此前后，采用人工孵化育苗方法，养殖贻贝、扇贝、鲍鱼获得成功，并采取基地养殖形式，取得良好的经济效益。特别是 70 年代，成功创造出马氏珍珠母贝从天然采苗到室内人工育苗、插核育珠一套比较完整的人工育珠技术，培养出大型珍珠。1981 年收获一颗珍珠直径达 19 毫米 ×15.5 毫米，重 6 克，在国际上争得地位。南海水产研究所有关科研人员由于在人工育珠技术上

① 广东省地方史志编纂委员会《广东省志·科学技术志》，广东人民出版社，2002 年，第 647 页。

的重大贡献，1987 年获国家科技进步一等奖。

鱼塭是南海三省区一种传统海水养殖方式，利用港湾、港汊或滩涂，经过筑堤、开沟、建闸，利用潮汐涨落引纳鱼、虾进入内蓄养。受自然条件制约，这种方式产量低而不稳定。20 世纪 60 年代，南海水产研究所费鸿年先生等经过科学调查，发现鲻鱼、虾、杂鱼等在鱼塭内出现的季节性变化规律，提出《鱼塭纳苗群聚的形态变化》等报告，为改善鱼塭生产、合理纳苗提供科学依据。80 年代，鱼塭养殖转为向人工精养方面发展，初步取得成功。水产科技进步，鱼塭有望成为海水养殖一项重要方式。

鱼塭养虾在 20 世纪 60 年代主要依靠纳苗，产量有限，70 年代在湛江、深圳、海丰、海南文昌一带采用人工孵化育苗养殖技术，有所收效，但产量较低，未能普遍推广。80 年代，市场对虾需求大增，南海三省区广泛利用滩涂养虾，并形成热潮，仅广东养虾面积从 1985 年 3 万亩，骤增至 1987 年 24 万亩。由于全人工虾类繁殖技术已经过关、成熟，并配合人工饲料使用，虾类产量节节上升，市场供应非常充裕，不但进入大小食肆，而且是千家万户常见食品，根本改变其与人类传统关系，此乃南海海洋农业的一朵奇葩。

20 世纪 60 年代，香港发明海水网箱养鱼，使不少名贵海产如赤点石斑、鲑点石斑、真鲷、尖吻鲈等 10 多种不受天然限制而产量大增。这种养鱼方法，70 年代传入两广沿海，到 1987 年广东网箱养鱼已达 1 万多箱。至今网箱养鱼已遍及南海沿海大小港湾，成为一项巨大海洋生产方式。由此生产各式海鲜，供应全国内地以及日本、台湾等地市场，极大地改变了人们的饮食和消费习惯。湛江、阳江、惠东、深圳、珠海、北海、清澜、陵水等港湾网箱养鱼，连绵数公里，蔚为大观，展示海洋农牧化非常的光明前景。

20 世纪 90 年代以后，南海三省区海水养殖业发展为当地一项支柱产业，呈现规模化、集约化、立体化发展格局，形成耕海致富热潮。从海洋文化层面而言，实为海洋经济与海洋文化相结合产生的硕果。

据有关统计，2003 年，南海三省区鱼类、虾蟹类、贝类、藻类等海水养殖面积达 29.6 万公顷，占全国同类面积 153.2 万公顷的 19.3%，产量 295.9 万吨，占全国 1253.3 万吨的 23.6%。而从养殖品种结构看，广东以鱼类、虾蟹类为主，广西以贝类优先，海南则以虾蟹类比重最大。这个品种结构，显示南海区海水养殖以高价值海产为主，兼顾藻类，亦说明它们有较高科技含量，以及消费者有较高消费能力。从海水养殖水域类型来看，南海三省区养殖面积

海南陵水湾网箱养鱼　司徒尚纪摄

分配依次为滩涂（占 30.5%）和陆基（占 23.5%），即前两者占海水土地利用的主体。陆基是指海岸线上高位地和工厂化养殖，容易人为调控，使用先进技术，其所占面积自然不大，但劳动生产率高，是海水、滩涂养殖的几倍甚至十几倍，社会经济效益优良。陆基以海南岛分布为主，这与岛四周滩涂面积狭小，不得不人工营造养殖池有关。

现代海水养殖是一项很有科技含量的耕海工程。南海三省区在这方面独具特点和优势，它们折射出的海洋农业文化特点是：

（1）养殖海产品价高质优，总量巨大，居全国领先地位。据统计，2003 年，南海三省区鱼类养殖产量占全国的 44.3%，对虾养殖产量占全国的 64.3%，鲍鱼养殖产量占全国的 44.3%，对虾养殖产量占全国的 64.3%，鲍鱼养殖产品占全国的 30.5%。[①] 这种领先地位，必须得到先进的海洋文化支持，包括养殖技术、政策和管理等。

① 麦贤杰主编：《中国南海海洋渔业》，广东经济出版社，2007 年，第 114～118 页。

（2）鱼类、虾类和贝类养殖达全国先进水平。网箱海水养鱼技术发明后，这种新式养鱼法迅速推广。90年代后半期以来，一批海水鱼类人工繁殖相继成功，海水养鱼业异军突起，成为南海三省区海洋渔业一个重要领域。2003年，南海三省区海水鱼类养殖产量达23万吨，占全国海水鱼类养殖产量51.9万吨的44.3%①，特别是珠江三角洲深圳、东莞、番禺、中山、珠海等临近珠江口市县，先后开发海河水交会地带建立大片咸淡水鱼塘，在我国率先建立河口近岸带鱼类养殖业，养殖鲈鱼、黄鳍鲷、金钱鱼、眼斑拟石首鱼等。这些养殖鱼类主要供应港澳市场和广州、深圳、珠海等大中城市，各大宾馆酒家“生猛海鲜”多来自于这些咸淡水鱼塘。这些鱼塘也成为沿海最触目的农业文化景观。另外，浅海浮筏式网箱养殖也是南海三省区海水养鱼的主要方式，所养皆为经济价值较高的鱼类，如石斑鱼、鲻鱼、鲈鱼、鲷鱼、军曹鱼、鲳鲹等。浅海易受台风和环境污染影响，初时由此引起损失颇大，近年引进国内外先进的抗风能力强深水网箱进行养殖，效果甚佳。每到台风莅境，大片网箱沉入海水深处，避免损失。如湛江海湾特呈岛一带湛蓝海水到处是养鱼网箱。该岛由此脱贫致富，成为全国网箱养鱼一面旗帜。

4. 海洋捕捞渔业的嬗替

新中国成立初，南海区海洋捕捞渔船以风帆木质渔船为主体。全靠风力、

海南陵水湾渔船　司徒尚纪摄

① 麦贤杰主编：《中国南海海洋渔业》，广东经济出版社，2007年，第114~118页。

人力航行和捕鱼，属传统渔业文化范畴，景观单一，发展滞后。1953 年开始，南海区才出现机动渔船，到 1957 年达 174 艘，总共 8541 千瓦，采用拖网、围网、刺网、钓具、张网等渔具，后来这些渔网使用化纤材料制成，延长使用寿命和提高捕鱼效率，渐渐增加海洋捕捞文化内涵，吸收近现代科技成果。南海区海洋捕捞产量从 1958 年的 40.3 万吨到 1987 年的 104.6 万吨，增长了 1.6 倍。[①] 此期间，南海三省区海洋捕捞渔船进行技术更新改造，增大渔船吨位，添置先进助渔导航设施和甲板机械。特别是港澳渔船，早在 1958 年机动渔船就占很大比例，以后更占绝对优势，并且到 80 年代，渔船通常配备雷达、对讲机、彩色探鱼仪、卫星导航仪、海底声呐、卫星云图仪、无线电话等先进设备，实现驾驶自动化，船上都有制冷和冷藏设备。这种用现代科技成果装备来自于港澳船，有双拖、单拖、机虾艇、围网船、钓艇、网艇等类型。70 年代以前，多活动在珠江口浅海渔场；80 年代以后，已驱驰于江浙、台湾乃至西沙、南沙和北部湾海域。考其故，离不开这些先进设备和技术，实际上是现代海洋科技文化驱使港澳渔船远涉鲸波，取得同时期远胜内地渔船的收获量。

阳江东平渔港 司徒尚纪摄

① 麦贤杰主编：《中国南海海洋渔业》，广东经济出版社，2007 年，第 50 页。

80年代末以来，南海三省区海洋渔业进入稳步快速发展时期，2003年，三省区海洋捕捞产量达356.6万吨，比1988年的116.6万吨增长2倍多①。90年代初期，南海近岸浅海渔业资源严重衰退，南海三省区及时调整海洋捕捞业方向，大力发展远洋渔业。2004年，仅广东即有远洋渔船170艘，产量12.43万吨。捕捞海域扩大到印度洋、西南太平洋、大西洋，到处都有广东远洋船队和远洋基地，后者如斯里兰卡、马尔代夫金枪鱼作业经营基地。

5. 海洋捕捞渔业中科技和制度文化

无论滩涂养殖还是海水捕捞，其发展必须依靠科学技术，海洋科学技术是海洋文化一种形态。改革开放以来，南海三省区在这方面获得的成就斐然。有关渔政主管部门针对各地深海作业渔船少、设备陈旧、技后落后、竞争能力薄弱状况，进行了大机拖、大机围和中深海刺钓渔船的技术改造。增大渔船马力，配备先进的导航助渔仪器，改善渔获保鲜技术，仅1983—1987年广东在这方面总共投入8.5亿元，使23472艘（次）渔船受惠②。又基于南海三省区传统海水养殖业粗效经营的特点，近年积极推广和应用海水育苗技术、人工配合饲料技术、海水养殖技术和养殖装备（如增氧机和深水网箱），均取得良好经济效益。如近年高位池养虾技术的推广和应用，使对虾产量迅速飙升。2003年海南省对虾养殖产量达22.8万吨，为上百万人提供就业机会，带动了育苗、养成、饲料、冷藏、加工、运输、销售等产业链发展，创造了巨大的社会物质财富，带来社会和谐安定。又广东1999年从挪威引进外海升降式抗风浪大型网箱养鱼技术，比传统的浮筏式网箱养鱼成活率高1倍多，鱼质量接近野生种，经济效益增加40%左右。2003年，广东名贵海水鱼类养殖产量达19.6万吨，占全国同类产量的37.8%，居首位。另外，蚝养殖从平面石头养殖到水泥柱立体插养，发展到现在的浅海吊养。蚝肉产量从1.5吨/公顷上升到现在15吨/公顷，增长了9倍③，有效地保障了蚝的市场供应。

从制度文化层面而言，无论滩涂养殖还是海水捕捞、养殖都必须纳入法治轨道。改革开放以来，从中央到地方，相继制定、颁布一系列渔业法规，包括1979年国务院《水产资源繁殖保护条例》、1986年和1987年实施《中华人民

① 麦贤杰主编：《中国南海海洋渔业》，广东经济出版社，2007年，第79页。
② 麦贤杰主编：《中国南海海洋渔业》，广东经济出版社，2007年，第147页。
③ 麦贤杰主编：《中国南海海洋渔业》，广东经济出版社，2007年，第145页。

共和国渔业法》、《中华人民共和国渔业法实施细则》，以及一些地方性法规等，形成海洋渔业法律体系。这其中有“养殖证制度”“捕捞许可证制度”“种苗生产许可证制度”“质量认证制度”“养殖投入品的管理制度”等，对规范海洋渔业管理，强化质量监督，保证水产品质量、安全以及加大渔政执法力度，保护海洋渔业资源和海洋环境等都发挥重大作用。

第五节　现代海洋商业文化异军突起

中国南海地区向以海商业文化领先许多海区，近现代更呈异军突起之势，居中国南海海洋文化主流地位。

1. 近代中国南海海上贸易的曲折发展

鸦片战争后，南海各省区首先沦为半殖民地半封建社会，在帝国主义列强逼迫之下，实行全方位开放，成为近代中国开放通商口岸最多的地区，先后有广州、汕头、海口、北海、九龙、拱北、三水、广州湾（湛江）、惠州、新会、甘竹、香州埠、公益埠、中山港、雷州港等对外开放。抗战时，为打破日伪经济封锁，广东又开放汕尾、广海、阳江、电白、水东等 12 个口岸。1947 年全国共有 27 个总关，在广东的即有 6 个，为粤海关、九龙关、潮海关、拱北关、江门关、雷州关，基本上将南海北部连成一线，亦充分说明战后广东海上贸易地位持续上升，在全国有举足轻重地位，但呈现不稳定状态。

战后五口通商，中国外贸的重心转移到上海，广州港在全国地位下降。第一次世界大战时期，西方列强无暇东顾，日、美乘虚而入，广州对日、美贸易额增加。据粤海关资料，1931 年广州外贸出超额比 1921 年减少了近 5 倍，比 1912 年减少了 2 倍①，但 1932 年反而有外贸入超 2000 余万海关两，呈现出超和入超反差强烈。另从进出口商品结构看，20 世纪 30 年代，广东进口的主要有毛织品、汽油、水泥、化学、钢铁、机器等工业品，而出口的主要是农副产品，包括生丝、丝织绣品、土布、烟叶、红茶、生牛皮、猪鬃、鲜蛋等。两者价值相差甚远，充分反映广东外贸的半殖民地性质。在抗战和内战时期，基于

---

① 《中国对外贸易问题》（中行月刊）5 卷 1 期，1930 年 7 月。

战争形势变化，广东外贸也起伏不定。如新中国成立前夕，国民党势力南移，力图借助外贸挽救自己，1949 年，广州港进口额占全国 13.53%，出口额占全国 29.97%，均位列全国第二①，仅次于上海。其他九龙、汕头、拱北、琼州、广州湾等口岸，也具有类似变化，出现随时局动荡而兴衰的特点。

这一时期南海贸易最大的一个事件是香港作为一个国际贸易港的崛起。香港具有扼太平洋航运中枢位置和深水港的条件，以及依托中国大陆广阔腹地，很快取代澳门航运地位发展起来，相继开辟了香港至我国沿海和澳门，以及至欧美和日本的远洋航线。1869 年苏伊士运河通航，欧洲往东方的航程大大缩短。香港作为一个自由港，“万商云集”。1880 年约有中国进口物的 1/5，出口货物的 1/3 经香港转口和分配。到 1900 年，欧美各国与中国贸易货物的 1/2 经香港转运。19 世纪末到 20 世纪初香港已发展为一个国际性贸易港。20 世纪 30 年代，内地输港商品占香港总输入的 1/3，抗战后到 1951 年则为 24%。与此同时，香港输往内地商品分别占总输出的 40% 和 30%，其中香港对华南贸易额约占其对中国内地贸易额的一半②。以香港为枢纽的外洋和内河航线抵达世界各大港口和省内各地，输出内地土特产，输入各种洋货，集散东西方货物一直是香港对外辐射的主要功能和基本活动，这种情况继续到新中国成立前夕。

香港在英国管制下，实行殖民主义加资本主义的政治、经济制度，以及自由港政策，特别是以英国海洋文化为主的西方文化得以畅通无阻地在香港传播、生根、发展，并与当地文化相结合，形成独具一格的香港文化，不断向内地主要是珠江三角洲传播。当然，内地文化也传播到香港，形成双向文化互动关系。这种传播载体，一方面是人员往来，另一方面是海上商品运动。特别是后者，战后大批洋货从海上涌入中国，岭南首当其冲，传统封建自然经济很快被摧毁，代之以半殖民地、半封建经济。这种变化，恰如时人指出：“我们之丝被花旗打败，我们之棉被红毛（印度）打败，我们之茶被日本打败，我们之纸被红毛花旗各国打败。”③ 而这一切变化，与香港作为一个世界贸易转口港有不可分割的关系，它的直接后果，是将广东特别是珠江三角洲卷入资本主义世界体系，并成为这个体系边缘地区的一部分，从而在实际上给广东带来更

① 程浩：《广州港史》（近代部分），海洋出版社，1985 年，第 289、311 页。

② 郑天祥等：《以穗港澳为中心的珠江三角洲经济地理网络》，中山大学学报编辑部，1991 年，第 76 页。

③ 李文治：《中国近代农业史资料》(2)，三联书店，1987 年，第 449 页。

多世界海洋文化特色，并融合为南海海洋文化的一部分，这是一个很重要的历史转变。

2. 当代中国南海海上贸易的崛起

新中国成立后直至1978年改革开放前，中国实行高度集中计划经济体制，对外贸易虽然是南海三省区经济支柱之一，但在这种体制束缚下，出口商品生产减少，后来采取出口生产基地制，主要生产出口农产品，以取得外汇，同时鼓励有选择地进口，主要是进口原料，再加工成商品出口港澳和东南亚，以及少数欧美国家，经济效益非常有限。故有论者指出，1978年以前，“广东沿海地区已从原来的地区贸易经济和适当的专业分工体系倒退到单一的自然经济状态，”而“文化大革命”期间，“外贸相对萎缩，重新走上闭关锁国道路。……这种情景可以说是一种历史的倒退”[①]，也是中国南海“以海为商”商业文化最低迷时期。

1978年改革开放以来，南海三省区充分利用中央赋予的各项优惠政策和灵活措施，发挥毗邻港澳、华侨众多、面向东南亚区位优势，积极发展外贸，开创了前所未有的海上经济活动，不但进出口贸易总额大幅度增加，而且在利用外贸和先进技术方面取得很大成绩，投资环境日臻完善，出现南海海上贸易崛起的新格局。

改革开放初期，广东（含海南）外贸在经历权力的集中和下放过程，并取得种种教训以后，终于形成从国家直接干预转向宏观调控格局，从而使广东外贸走上腾飞道路。据统计，广东外贸出口额已从1984年的21.15亿美元上升到1987年的55.6亿美元，增长了2.21倍。1984年广东出口总额占全国第一位[②]。这个地位的改变，昭示着南海海上贸易地位同步增长。

1978—1987年间，广东、海南在对外经济活动中出现过许多地下经济现象，在外贸上表现为走私和反走私。前者使用中国金、银、古董、中药、珍珠等作为“通货”，换取舶来家用电器、小汽车、电脑和各种高档消费品，充斥了南海三省区和全国市场。这种地下经济活动后来受到严厉查处。有人统计，在1982年全国“从速从严”打击非法经济运动中，许多犯案干部被判处死

① 王荣武、梁松等：《广东海洋经济》，广东人民出版社，1998年，第223页。
② 王荣武、梁松等：《广东海洋经济》，广东人民出版社，1998年，第248页。

刑，在全国1万名死刑罪犯中，广东占了1/10多①。有记者在总结这一特殊时期走私与反走私斗争经验教训时指出："广东沿海地区的历史告诉我们，由于封建社会本质上是'重农抑商'的，并往往推行闭关锁国的政策，因此常有海禁与'走私'的事端发生，致使广东沿海的自由贸易经济往往被作为'走私'看待而屡遭官府取缔。……事实上，这种名为'走私'而本质上属于自由贸易的经济活动方式，由于它比较适应社会经济运动的客观规律，甚至在一定程度上代表了历史发展的潮流，因而具有历史的进步和强大生命力。所以，一旦社会变得比较适宜于自由贸易的时候，它就会很快发育成为一种新的经济形态，即海洋经济形态。"② 其深层文化根源即为海洋文化在支持着海洋经济发展。这些议论到90年代以后，逐步得到验证。随着改革开放的进一步深入，国家对经济事务的直接干预继续减少，市场经济从"自由放任"逐渐转入规范化。广东对外贸易总体战略作了新的调整，即充分利用港口优势，以外贸为导向，大力发展现代化的外向型经济，把产业结构和产品结构的调整纳入对外开放轨道，建立高新科技产业，参与国际竞争，带动全省经济全面振兴。这种转变，进一步发挥了南海航运和贸易优势，并很快表现出它的经济效益。

据海关统计，2006年广东全省实现进出口贸易总额5272.1亿美元，比上年增长23%，其中出口3019.5亿美元，增长26.8%，进口2252.6亿美元，增长18.7%③。这种出超状况，说明我方已经掌握南海海上贸易主动权。又据商务部统计，广东全省新签外商直接投资项目8452宗，合同金额245.7亿美元，增长3.5%，实际投资145.1亿美元，增长17.4%。全省新批准境外企业108家，协议投资6.33亿美元；新签境外工程承包和劳务合作合同金额50亿美元，增长38.9%；完成营业额38.2亿美元，增长37.4%④。这些数字说明，广东外资外贸质量进一步提升，不少跨国公司入粤投资，来自发达国家的英国、意大利、西班牙、瑞士等实际投资增长最快，显示广东进一步加入和扩大世界金融市场。而广东外贸出口，不但居全国之冠，而且出口对象进一步拓展到中东、南美和非洲，国际化程度显著提高。大型企业固然是走出国门、通向世界市场的主体，近年民营企业也不甘人后，成为加盟这个出口大军的一支劲

① 王荣武、梁松等：《广东海洋经济》，广东人民出版社，1998年，第240页。

② 王荣武、梁松等：《广东海洋经济》，广东人民出版社，1998年，第243页。

③ 谢鹏飞主编：《广东发展蓝皮书》，南方日报出版社，2007年，第67页。

④ 谢鹏飞主编：《广东发展蓝皮书》，南方日报出版社，2007年，第67页。

旅。如广东省农垦集团公司即在越南、泰国设立橡胶加工厂，后又延伸至马来西亚设厂和种植橡胶。广东在非洲、拉丁美洲、中东等劳务市场签订工程承包合同占全省一半，第三世界成为广东海洋经济一个庞大覆盖地区。特别是中国加入 WTO，广东既是最大一个受惠者，也是最积极一位参与者，外向型经济正进一步发展和高涨，与国际市场发生千丝万缕的联系。它带来的不仅是可观的经济效益，而且还有管理制度、价值观念、生活方式等方面的更新和替代，这都是海洋经济时代已经和正在发生的中国南海海洋文化巨变。

第六节　改革开放背景下的中西文化大交流

基于新中国成立初期的国际背景，以中国南海为纽带的中西文化交流基本中断。唯广州仍保持一个中国出口商品交易会，主要是海外物质文化借此保持与中华文化的接触与交流。而为了保持内地社会主义意识形态的纯洁性，基本上中断了包括港澳和华侨在内的各种制度文化和精神文化的对外文化交流，几乎成了中国南海海洋文化一个断层，留下历史的遗憾。这种状态维持了近 30 年，直到 1978 年实行改革开放，中国重新从大陆走向海洋以后，才迎来中西文化大交流时代，深刻改变中国南海地区文化面貌，并跟上 21 世纪世界海洋时代发展潮流，令全球刮目相看。

1. 粤港澳文化交流和互动

粤港澳本为一个区域文化综合体，在内地闭关锁国的背景下，各朝着独立的方向发展。首先是港澳文化不断自我更新、完善，形成自己的文化风格，积累了很高的文化势能，形成对内辐射之势。

20 世纪 50 ~ 60 年代以来，香港经济迅速起飞，崛起为“亚洲四小龙”之一，同时变成一个法治社会，形成中西文化并存、传统文化与现代文化并存、殖民文化与本土文化并存、商业文化与非商业文化并存的多元文化，及其共荣共生，并对全世界文化开放的格局。这种格局的深层根源在于香港人主流的现代化意识，法治观念，讲效率、讲功利观念，从而促进了生产力快速发展，也保障了社会稳定和繁荣，这完全符合文化创新的内涵。

而介于广东文化和香港文化之间生长的澳门文化，善于从多元文化中吸取养分，形成最具特色的开放性、兼容性和和谐性文化风格①。有人对此总结出："澳门的确是在中国文化所有的'创造性调整'力量支配下使触及它的生活模式的一切东西都发生变异，使在澳门长久定居下来的葡萄牙人的'民族性'，甚至语言表达方式都发生了变异。同样令人感到惊奇的是，作为海洋民族的葡萄牙人一旦在澳门这块中国的土地上'定居'下来以后，竟然失去了冒险精神。混在一起的时空与人在澳门产生一种非欧洲、非亚洲的与众不同的生活模式，存在一种特有的不同于其他民族风俗习惯的葡萄牙人生存方式，一种共存的能力，一种力图入乡随俗而又不干涉他人的方式，和一种在世界各种生活方式中求和平的渴望。"② 在多元文化冲融中能保持自己个性的澳门文化，也源于自身强大文化的适应性和创新能力。

1978 年中国改革开放，不但在经济上，而且在文化上打破了长期封闭的樊篱，粤港澳文化交汇创新达到空前鼎盛时期。首先是香港文化观念涌入广东，包括经济意识、市场观念、价值观念、行为规范、生活方式等，促进了广东文化革新。如深圳人敢于第一次在国内引用美国 100 多年前就流行的"时间就是金钱，效率就是生命"的口号，重商观念、竞争观念、消费观念深入人心，经济特区的创办就是一种文化创新。这类事例实在难以列举。而港澳在 1997 年和 1999 年先后回归祖国以后，也经历了空前的文化创新，"一国两制"在港澳实施，即为我国制度文化的一项创举。普通话在港澳推行，一些学校使用普通话教学，更多的港澳青少年回广东上学，参加夏令营、军训营及歌唱、舞蹈、体育比赛、观光旅游等，以及内地访港澳人数不断增加等，都扩大和加快了港澳文化创新的内容和进程。

特别是价值文化方面，粤港澳各有自己的价值观念和体系。香港人的一切讲究实际利益的文化功利性、香港人群中多种价值观并存的文化多元性、处在中西文化价值观之间的香港文化边缘性等，成为香港价值文化特质。这与英国对香港百年殖民统治所带来的西方文化，以及中国传统文化根深蒂固的双重影响是分不开的。而澳门则因经济地位低微，葡国文化势力弱小等而形成澳门人传统与现代相融合的文化协调性，恪守中庸之道的文化中度性，随时代变迁较

---

① 魏美昌：《澳门文化特色·优势与前景》，见澳门《文化杂志》，1996 年。

② 刘月莲、黄晓峰：《澳门·从历史失语症看跨世纪文化整合》，见吴志良主编：《东西文化交流》，澳门基金会出版，1994 年。

小的文化稳固性等。至于广东人所具有的对外来文化宽容的文化开放性，处世或判断的理性和兼容性等，又是广东价值文化的特质。这三地价值文化有差异，因此制约文化传播的攻治、经济地位也有高下，故三地价值文化相互影响和空间交流也势所必然。直到20世纪50年代初，当广州经济胜过香港时，不少港人流回广州；在20世纪50年代和改革开放之初，内地不少人被香港经济繁荣所吸引，掀起一次又一次合法和非法入境风潮。特别是20世纪80年代初，香港文化价值观首为广东人崇尚，其时装、流行歌曲、影视作品、口头用语、社交礼仪、明星崇拜等大举进入广州，继而风靡内地。但进入90年代以后，珠江三角洲经济崛起，粤港澳经济差距缩小，这种风潮很快减弱。文化互动关系表现为两地优势互补和双向流动。如港人休息日大批进入深圳、广州等城市采购各种商品；内地更多人进入港澳观光旅游、探亲访友、学术和民间交流，这显然是缘于粤港澳独特历史文化和割不断的亲缘、史缘、族缘等关系。而这种交往结果，一方面是广东价值观发生改变，金钱、功利、娱乐、消费等观念和行为越来越向港澳看齐，由此而形成文化景观在广州、深圳等城市甚为触目，仅各种名目的桑拿、按摩场所之多，即不亚于港澳。另一方面，普通话在港澳越来越流行。广州、深圳等地高校接受港澳公务员培训，人民币也在港澳市面流通，这同是港澳文化景观的一种变化，由此改变港澳人对内地的价值观。有人在90年代初对广州大学生作婚前发生性行为的问卷调查，回答可以理解的占32.4%，而四川大学生同样的问答只占21%，显然较广州大学生为低①，这显示广东比内地更富有开放性价值观，这与港澳文化价值观十分相似。

而从家庭结构来看，在婚恋、生育、家庭规模、男女在家庭地位等方面也反映三地价值取向的共同性及相互影响。有研究显示，三地青少年都选择自由恋爱，视感情为婚姻基础，在家庭内强调成员间自由平等，男主外、女主内分工；在商业经济高度发达背景下，男女独身在三地日见流行，离婚率、再婚率在上升，小家庭观念深入人心，是“婚外恋”、“地下情”的集中地区②。广东人对金钱、物质崇拜和占有欲越来越向香港人看齐，说明香港文化处于强势，广东人随而更多地崇尚、追随香港价值观念。但近年广东经济崛起，加上港澳

① 许锡挥、李萍主编：《粤港澳文化关系》，中山大学出版社，2001年，第200页。

② 李伟民主编：《粤港澳社会关系》，中山大学出版社，2001年，第40－43页、50页。

回归，不管是否存在港澳文化回归问题，反正港澳与广东文化价值观共同性在增加，差异在进一步缩窄。而从表面上看，港澳主要在行为、消费、大众文化上扩散到广东，而广东则在政治制度、意识形态上影响港澳。前者扩散容易，而后者较困难，说明价值文化扩散不是对等的。

改革开放以来，英语更大量渗入广东，变成日常用语。据有关统计，1949年前，广州话中英语借词有160多个，现有400多个①。英语和汉语在香港整合成特殊的"港式中文"，与标准汉语有较大差异，常用"有"作常态动词，如曰"当局证实至少有找到62具尸体"②"今日睇真D""我唔like it"等。这种偏离标准中文的"港式中文"现今已流行广东城乡。

民初、抗战及内战时期，大批上海人来港，吴语渗入香港，"大闸蟹"、"交关"等成为香港粤语成分，后又传入广东的城市，至今已被广泛使用。这些创新语言，早期从广州向港澳输出，后来随着香港经济社会现代化而从香港传入广州，继而扩散省内城乡乃至全国大中城市，至今被普遍使用，但许多人不知其来源。

风俗是较为稳定、世代传承的一个文化层面，但在中西文化冲融中，在粤港澳也不乏文化创新，且扩散得非常迅速，被认为是三地文化互动的一张晴雨表。

中西风俗混合首先源于港澳，继而扩及广东内地。岁时节日，在港澳完全是中西合璧。内地传统节日与西方节假日同等欢度，春节、复活节、圣诞节一样热闹非凡，西方情人节、母亲节、愚人节等在青年人中尤有市场。春节期间港澳数以百万计的居民浩浩荡荡涌入内地探亲旅游，为世界上罕见的风俗活动。

经过变异的港澳风俗，伴随港澳经济崛起而在改革开放后以高屋建瓴之势传入广东。西方节日在广州、深圳等大城市大行其道，先生、老爷、太太、阿太、小姐等广东旧有称谓重新由香港传入，并很快取代"同志""服务员""工友"等。中国古代和国外已婚女性名字前面冠以夫姓，这种土洋结合的习惯在港澳流行多年又传入广东，出现所谓"新复姓"，但未能成为风尚。

---

① 许桂灵、司徒尚纪：《英语在岭南传播的历史影响》，见《岭南文史》2003年第4期，第49页。

② 香港《星岛日报》，2000年9月28日A4版。

香港在现代化进程中，西方快餐大量涌入，“快餐文化”有很高占有率，大有与中餐平分秋色之势。近年又迅速进军广东和内地市场。肯德基、麦当劳、必胜客、大快活、“港式粤菜”、“香港名厨主理”等招牌至为触目，是当地未有过的文化景观。而港澳“开 party（派对）”“穿 nike（耐克）”等流行语在广东青少年中扩散，香港舞台设计、广告创意等无不在广东城镇传播。香港大众传媒、娱乐文化也无不为广东仿效。香港人消费风尚与时俱进，世界各种名牌、珍品等，每年每季每月都会在香港市场出现，为港人首先使用，再扩散到内地，首先是广州、深圳等城市，同样是一种前所未有的文化现象。

文艺作为社会生活的反映，粤港澳既因文化本底同源，社会经济制度有异，以及频繁的社会往来而出现创新和互动的不断变化局面。民国初期，港澳文艺主要受广东影响，从广州流向港澳。如粤剧名伶在三地交替演出。20 世纪 30 年代，粤剧在香港得到创新，即一方面吸收北派功夫、京剧武术、梅派花式、电影表情、西剧置景和内容，另一方面《茶花女》《罗密欧与朱丽叶》也被编成粤剧，甚至还有英语粤剧①，饮誉一时。

20 世纪 50 ~ 70 年代在粤港澳独立发展背景下，大众文艺或曰通俗文艺在港澳崛起，包括通俗小说、流行歌曲、电影、电视连续剧等，因迎合港澳观众商业性、娱乐性、功利性等心态，而获得很大发展。金庸、梁羽生武侠小说就风靡一时，后来又传入内地，赢得大批读者。这些文艺形式的产生不在港澳，而源自西方国家，但经过港澳文艺工作者的创新，如运用西方现代小说、电影手法把传统武侠小说改造成新派武侠小说，在流行歌曲中以普通话为基础，又大量使用粤语；内容上既有中国传统观念，又注入西方生活方式。这些内容和形式深刻地反映了港澳社会变迁和市民心态、理想和追求，不但在港澳占有广大市场，而且传遍海外华人社会，甚至外国人，并成为他们了解中国文化的一个途径。

20 世纪 80 年代以后，港澳文艺大量传入广东，包括电影、电视、流行歌曲等，并很快占领广东各个角落。香港无疑是最大的产品制作中心，而广东也从当初模仿达到创新，形成自己的地域风格。1979 年广东电视台与香港无线电视台合作在广州举行“欢乐今宵”春节联欢晚会，获得轰动效应，也开创了广东广播业向娱乐性、商业性发展的序幕。香港曾以独创功夫片打进欧洲电

① 许锡挥、李萍主编：《粤港澳文化关系》，中山大学出版社，2001 年，第 119 页。

影市场，这也推动了广东电影业的发展，如20世纪80年代以后产生了《孙中山》《周恩来》《洪秀全》《黄土地》《情满珠江》《雅马哈鱼档》等一大批优秀电影、电视片。电影、电视与流行歌曲三者结合是香港文艺发展的一种模式，也是一种创新。20世纪80年代广东电台设立全国第一个流行乐坛，电视台则先后举行流行歌曲、歌手大赛，培养了一批饮誉全国的歌手和词曲作家，这离不开香港文艺模式的移植和发展。

2. 对外文化大交流

岭南人从海洋走向世界，也开展了对外文化交流，除了与港澳间的文化交流，华侨也是一个不可或缺的载体，历史上华侨文化交流事例和作用不可胜数。广东时下有华侨华人约2000万，加上广西、海南、南海三省区华侨占全国大多数。改革开放以来，广东华侨、港澳同胞捐赠内地资金折合人民币约360亿元，占全国70%左右；捐建道路、桥梁、学校、医院、图书馆、体育馆等逾2.4万项；设立各种公益基金会近3000个。全省有侨资（含港澳）企业3.68万家，约占广东全省外资企业总数的63%；华侨华人、港澳同胞投资额达965亿美元，约占全省累计利用外资总额的64%[①]，还引进大量人才、先进科技、管理理念，网络遍及全球五大洲，是最庞大的一个文化交流平台。

文化交流是双向的，且囊括各个文化层面。广东通过中国南海而走向世界的对外文化交流活动十分活跃，20世纪80年代以来，广东派出文化访问、演出、展览、讲学、考察的文化艺术团体逐年增加。如广州杂技团就先后为也门、肯尼亚、斯里兰卡、澳大利亚等国家培训几十名杂技演员，至广东有关博物馆、美术馆、演艺团体等外出交流不胜枚举。据有关统计，“九五”广东各类文化团体双向交流活动共736批、8568人次，居全国之冠；“十五”期间，广东这些方面在全国仍独占鳌头；2000年以来，这种交流更向提高文化品位方向发展，广东文艺单位积极参与“中国文化年”、“中国文化周”等活动，遍及世界各个角落。这些活动，对推介岭南文化、吸收海外文化精华，作用匪浅[②]。

更为重要的还在于，改革开放以后，外出留学成为社会风气，其人数之

① 黄伟宗、司徒尚纪主编：《中国珠江文化史》，广东教育出版社，2010年，第1963页。

② 李宗桂：《文化精神烛照下的广东——广东文化发展30年》，广东人民出版社，2008年，第52～53页。

多、涉及地域范围之大、学科之广，超过任何一个历史时期，由此引进海外先进理论、技术、信息和管理经验等，在自然科学、社会科学、技术科学，以及人们日常生活等领域发挥巨大作用，深刻改变人们的思想观念、生产和生活方式，产生了重要的经济效应、社会效应和生态效应，充分显示对外文化交流，是建设社会主义强大国家不可或缺的，而中国南海无论过去、现在还是将来，都是这种交流的一条强大通道和工作平台。

第七节　花繁果硕的涉海科技、史地和文艺作品

海洋的风险和富饶，至今仍是人类认识较少，有待深入探讨、开发的领域。中国人民自古以来就活跃在中国南海这片蔚蓝色的国土上，在认识、利用和管理海洋中虽然也积累了不少知识、经验和技能，但相比于大陆，这方面的成果要少得多。直到近代，中国科学工作者才对中国南海某些岛屿进行科学调查，他们取得的成果，成为涉海科技重要组成部分，也是中国南海海洋文化在科技领域的标志。而海洋的魅力和神秘，自古以来就激发文学艺术家的创作热情，写出许多脍炙人口的文学艺术作品。近现代，中国南海海上商贸、海产捕捞、养殖、文化交流、军事和旅游活动更多，无论是专业还是业余作家的涉海作品，或写捍卫海上国门的战争、军旅生涯，或写海岛、渔村、海滨城市生活等，都充满激情、浪漫、新奇，感人至深，佳作连连，在海洋文化史上留下厚重的一笔。

1. 海洋科技和史地论著

1928 年，广东省政府派遣以中山大学农学和地质学为主的专业人员，包括著名学者沈鹏飞、丁颖等 15 人，同乘“海瑞”号军舰前往西沙群岛调查，翌年编写《调查西沙群岛报告书》，后成为研究西沙群岛地理、海洋和自然资源的宝贵参考资料。

1933 年，法国占领南沙 9 座小岛，遭到中国反对，并由广东省政府派 3 艘军舰开赴南沙调查。1935 年中国“水陆地图审查委员会”审定公布南海诸岛地名中 132 个，并出版《中国南海各岛屿图》。

1947 年，南京大学郑资约在 1946 年参加接收南海诸岛的基础上，编写了

《南海诸岛地理志略》一书，为民国时期中国第一部公开出版（商务印书馆，1947 年 11 月）的南海诸岛地理志，收录许多相关科学内容。

中华人民共和国成立后，中国科学院、国家海洋局、水产、地矿、海军、文物考古、石油、测绘、高校等有关部门对南海诸岛、南海海岸带等作过多次海洋科学、历史地理科学、水下考古、地名、边疆史地等考察，编纂出版多部科学、历史、考古等论著，成为涉海科技、史地的权威性文化典籍。这包括在 1964 年完成《广东沿海第四纪地质及新构造运动调查研究报告》及相关地图，1975 年完成《华南沿海第四纪地质调查研究报告》（内部出版，1976 年）和专著《华南沿海第四纪地质》（科学出版社，1978 年），1988 年《广东省海岸带和海涂资源综合调查报告》（海洋出版社，1988 年），1986 年《广西壮族自治区海岸带和海涂资源综合调查报告》，《南沙群岛自然地理》（科学出版社，1996 年），以及南海的海洋渔业资源、水文、地球物理、海洋地貌、古生物、海洋气象、海洋灾害等调研报告一批。此外，还有《南海诸岛地名资料汇编》（广东省地图出版社，1987 年），《南沙群岛历史地理研究专集》（中山大学出版社，1991 年），《西沙文物》（文物出版社，1975 年），陈史坚著《浩瀚的南海》（科学出版社，1985 年），《南海诸岛志略》（海南人民出版社，1989 年）等。

实际上，仅关于南海诸岛和海南岛史地论著资料含论文、资料、译文，自清末到 1991 年，共 4000 多条①，涉及政治史、经济史、军事史、文化史、民族史、地方史、历史人物等，提供了中国南海地区历史文化一系列纵横剖面，具有重要参考价值。

2. 涉海文化艺术成就

海洋是文学艺术创作一个永恒的主题。中国南海作为一个热带海洋是近现代中国历史风云一个最重要的策源地，具有无限丰富多彩的创作素材，经文学艺术家的提炼加工，精品不绝如缕，蔚为大观。据近年被收录《岭南文化百科全书・文学艺术》的涉海小说，以杜埃《风雨太平洋》（1985 年）、陈残云《热带惊涛录》（20 世纪 80 年代）作为代表。前者写作者在太平洋战争期间参加菲律宾华侨抗日武装斗争的故事，其中有不少南海周边岛国浓郁风土人情、自然风光和战火中罗曼蒂克的故事。著名文艺批评家阳翰笙说：“在我国的文

① 李国强、寇俊敏编：《海南及南海诸岛史地论著资料索引》，中州古籍出版社，1994 年。

学创作中，反映海外华侨组织武装与当地人民一道进行正义斗争的鸿篇巨制，《风雨太平洋》还是第一部。”① 后者也是写作者在南洋一带参加抗日武装斗争的故事，同样获得很高的评价。两书堪为南海文学双璧。新中国成立后，涉海小说和诗歌多取材于海战、海防和渔村里的阶级斗争。颇为闻名的有中长篇小说《海岛女民兵》、《海螺号》，张永枚编著诗报告《西沙之战》（1974 年），浩然著《西沙儿女·正气篇》和《西沙儿女·寄老篇》（1974 年），广东省军区和海南军区政治部合编《南海民兵》（1973 年），李挺奋《蓝色的眷恋》（1986 年），蔡远民《天涯诗帆》（1940 年），陈修发等《海韵椰情》（1991 年）；戏剧有章明编《西沙清泉》（1975 年），赵寰、梁信《南海战歌》（1959 年），周行《海上渔歌》（1956 年）；曲艺有上海人民出版社编《西沙来信》（1974 年），浩然著、汪泽改编《西沙儿女》（1975 年）；等等。

改革开放以后，涉海小说一改以阶级斗争为主题的局限，题材更加丰富，人物也更加多彩多姿，迎来南海文学阳光灿烂的春天。近年，著名作家朱崇山推出“深、港、澳”三部曲，即写深圳特区建设的《鹏回首》、写香港回归的《风中灯》、写澳门生活和回归的《十字门》三部长篇小说，深刻反映珠江口三座不同类型城市的社会生活和变迁，具有很高的文学艺术和社会价值，是涉海文学瑰宝。

著名作家洪三泰最近问世的长篇小说《女海盗》（花城出版社，2003 年），写一位雷州半岛巾帼英雄带领当地人民反抗法帝国主义和各种黑社会势力的斗争。小说中翻滚着南海洋面上带血的波涛，再现了中法战争在雷州半岛、在北部湾、在雷州湾的历史画卷，是一部少见的以海洋为背景展开人物活动的杰作，投放市场后很快售罄，彰显了海洋小说迎合 21 世纪海洋时代潮流，正走进千家万户。

电影作为一种新兴艺术形式，对海洋文学也注意有加。在 20 世纪 30 年代，由著名编导蔡楚生导演、王人美主演的电影故事片《渔光曲》，描述了一个贫苦渔民家庭的悲惨故事，以其深刻的主题、魅人艺术和巨大感染力，征服了广大观众，该片 1935 年获莫斯科国际电影节荣誉奖，也是中国历史上第一部获国际电影奖项的作品。

① 岭南文化百科全书编委会编《岭南文化百科全书》，中国大百科全书出版社，2006 年，第 260 页。

蔡楚生和王为一编导的电影故事片《南海潮》，描写一个南湾渔乡儿女抗日和反渔霸斗争的故事。在一幅幅南海渔乡风情画中，有情有致地表达了爱国抗暴的深刻主题，具有鲜明的民族化和大众化风格特色，1963 年在全国公演，轰动一时，至今仍令人回味无穷。另外，饮誉一时的还有电影《南海长城》、《海霞》等，皆反映了特定时代的海洋生活和斗争，为时人百看不倦的艺术之作。

湛江人龙舞　郑峰摄

雕塑在岭南历史悠久，广见于出土文物和地域建筑。尤其近世以降，受西方文化影响，岭南雕塑洋味十足，但又不失其传统，形成自己的文化风格。新中国成立后，岭南雕塑更异军突起，人才济济，不少优秀作品以南海为题材。代表作有唐大禧的《海的女儿》，叶毓山的《北部湾广场雕塑》，潘鹤、殷积余、殷起来的《珠海渔女》，潘鹤的深圳《开荒牛》，林毓豪的《鹿回头》，以及湛江城徽三支帆、三亚天涯海角广场两伏波将军（西汉路博德、东汉马援）塑像等，皆表现了海洋文化、经济结构和海洋历史主题，充满了大海气势和艺术魅力，成为城市、广场、旅游景区等标志性建筑物和各种事件的象征，赢得广大观众，已成为所在地区的一张名片。

在长期的生产实践中，一些涉海的风俗活动经过艺术加工，形成群众性的舞蹈或登上舞台，成为海洋文学艺术的一颗璀璨明珠。这类舞蹈广见于沿海地区，比较有代表性的如深圳沙头角渔灯舞，即以渔灯为道具，配以音乐和锣鼓组成。相传百多年前沙头角海域出现过一种龙头鱼尾的称为“黄沥角”的神鱼，每当这种鱼出现，则海面风平浪静，渔船满载而归。这种传说后被加工、创作为“渔灯舞”。20 世纪 80 年代在沙头角上演，轰动一时。又湛江东海岛盛产鱼盐，古代土著居民性格粗犷、民风剽悍，有角力风习，后经舞蹈工作者加工成“人龙舞”，龙全由人群组成，含龙头、龙身、龙尾三大部分，少则 50～60 人，多达数百人。人龙起舞时极为威武壮观，再现了大海磅礴气势和巨大力量，为当地一个保留节目，在全国也是独一无二，曾多次赴广州、北京等城市上演，轰动一时，现已成为海洋舞蹈一个亮点。另外，在雷州乌石港，作为疍民聚居之地，从明洪武年间开始就流行“蜈蚣舞”，以船缆系人腰相互连成蛇形前进，队形宛如蜈蚣，故名。此舞在于消灾祈福，于每年中秋节举行。蜈蚣舞现已成为世人喜爱的特色舞蹈。与东海岛“人龙舞”同样齐名的还有雷州沈塘镇“人龙舞”，舞蹈风格、造型与前者相类似。沈塘位于雷州通明港区，以“龙”名舞，反映当地人镇海沃、保耕海丰收的愿望。

其他关于南海的海洋文学艺术作品，浩如渊海，实在难以一一历数。特别是改革开放以来，不但本土文学艺术家在关注海洋文学艺术创作，而且南下作家群体也纷纷加盟这个创作队伍。现在虽然也有不少佳作问世，但深受多种因素影响，在很多人海洋意识还很淡薄的背景下，要创造出有生命力的海洋文学艺术传世之作，仍需倾注更大努力。

后 记

中国南海是中国最大一个海区。从远古时代起，中国人民就开始认识、开发利用和管理这片蔚蓝的国土，创造了光辉灿烂的海洋文化，并与它周边国家和地区的各族人民，保持着和平友好的往来，建立了深厚的友谊，共同谱写了它的海洋文化史。

世界海洋是一个整体，由此孕育、产生的海洋文化，其文化特质和风格应是一致的。虽然海洋文化有别于大陆文化，但它到底要以大陆为依托而产生，并深受大陆文化的影响。大陆文化有时代差异和地区差异，海洋文化也不例外。而中国南海海洋文化，一则全发生在热带海洋范围内，二则又是多元一体的中华文化一个组成部分，三则深受周边国家和地区，乃至世界各地区文化影响，故有其丰富多样的文化特质和风格，并以此区别于中国其他海区文化。正是在这些因素的共同作用下，在历史发展的长河中，中国南海海洋文化历史，既有其发展的时间阶段性和连续性，又有其空间分布的差异性和统一性，两者共同构成自己历史发展的时空变化规律。但中国南海幅员辽远，涉及国家和地区众多，各自历史进程复杂，发展水平不一，给研究工作带来不少困难，在这里，仅以中国南海最主要国家中国为对象，傍及周边相关国家和地区，阐述其海洋文化自古至今在各个历史阶段的发展过程、特点、性质和规律，并力图提供它的一系列纵横剖面。在此基础上，总结中国南海海洋文化发展历史经验、教训和启示，为中国方兴未艾的海洋产业发展，提供海洋文化的软实力支持；同时也想作为菲薄献礼，迎接21世纪海洋时代的到来。

基于时下仍有不少人海洋观念薄弱，海洋国土意识不强，时有错误事件发生，或者囿于传统海洋知识，而不了解变化了的世界海洋大势，甚至对根据《联合国海洋法公约》规定，中国可拥有300万平方公里新海洋国土，也茫无所知，以致在不少涉海场合出现常识性错误，这是很不应该的。故通过中国人民创造海洋文明历史的回忆及其在世界海洋文明史地位和影响的比较，有助于改变上述错误或模糊观念，加强海洋观念，提高民族的自信、自爱和自尊，这也是本书写作的一个旨趣。

笔者涉海研究近20年，期间虽也出版过《岭南海洋国土》《中国南海海洋国土》《中国南海海洋文化》等著作，供有关部门和读者参考，但中国海洋文化史研究是一个薄弱研究领域，已有研究成果甚为寥落，中国南海海洋文化史研究也如是观。况且，海洋文化是一个庞大的知识体系，它的发展历史离不开大陆文化发展史，两者的整合，才有可能进入海洋文化史大门，进行专门研究，中国南海海洋文化史研究，尤其如此。笔者在这些方面深感力不从心，特别是区分海洋文化和大陆文化的差异的联系，仍有许多理论和实际问题须作深入探讨。也基于文化概念就是历史积淀或时间投影，不能离开历史来谈文化。故海洋文化史和海洋文化之间存在不少内容的交叉或重叠，两者的基础理论也颇多共性，材料的使用也会穿插互见。拙作的海洋文化基本理论即沿用《中国南海海洋文化》有关章节，海洋文化发展各阶段的内容也使用前书相关材料，难免产生拙作面目似曾相识现象，请读者见谅。

中国南海周边国家和地区很多，基于多种原因，涉及它们的海洋文化史内容很单薄，只在与中国文化交流中有所交代，作者对此深以为憾。

由于作者海洋学基础理论、知识和技能修养不足，海洋文化史研究历练短浅，史料积累欠充，加上水平所限，时间仓促，拙作中错漏、可议之处，在所难免，敬请读者批评指正，是所欣幸。

在拙作选题、写作过程中，得到广东省委宣传部、广东经济出版社大力支持和帮助，许多热心人士也提供有关照片，在此一并致谢。

作者

2012年4月12日于广州康乐园

望江斋